EDICIONES MORATA, S. L.

Tema: **Nuevas tecnologías aplicadas a la educación**

Nuevos alfabetismos

Su práctica cotidiana
y el aprendizaje en el aula

Por

Colin LANKSHEAR
Michele KNOBEL

Traducido de la segunda edición inglesa
por Pablo Manzano Bernárdez

Obras en coedición con el Ministerio de Educación

1. **Zimmermann, D.:** *Observación y comunicación no verbal en la escuela infantil* (3ª ed.).
2. **Oléron, P.:** *El niño: su saber y su saber hacer* (2ª ed.).
3. **Loughlin, C. y Suina, J.:** *El ambiente de aprendizaje: diseño y organización* (5ª ed.).
4. **Browne, N. y France, P.:** *Hacia una educación infantil no sexista* (2ª ed.).
5. **Selmi, L. y Turrini, A.:** *La escuela infantil a los tres años* (4ª ed.).
6. **Selmi, L. y Turrini, A:** *La escuela infantil a los cuatro años* (3ª ed.).
7. **Saunders, R. y Bingham-Newman, A. M.:** *Perspectivas piagetianas en la educación infantil* (2ª ed.).
8. **Driver, R., Guesne, E. y Tiberghien, A.:** *Ideas científicas en la infancia y la adolescencia* (4ª ed.).
9. **Harlen, W.:** *Enseñanza y aprendizaje de las ciencias* (6ª ed.).
10. **Selmi, L. y Turrini, A.:** *La escuela infantil a los cinco años* (3ª ed.).
11. **Bale, J.:** *Didáctica de la geografía en la escuela primaria* (3ª ed.).
12. **Tann, C. S.:** *Diseño y desarrollo de unidades didácticas en la escuela primaria* (3ª ed.).
13. **Willis, A. y Ricciuti, H.:** *Orientaciones para la escuela infantil de 0 a 2 años* (3ª ed.).
14. **Orton, A.:** *Didáctica de las matemáticas* (4ª ed.).s
15. **Pimm, D.:** *El lenguaje matemático en el aula* (3ª ed.).
16. **Moyles, J. R.:** *El juego en la educación infantil y primaria* (2ª ed.).
17. **Arnold, P. J.:** *Educación física, movimiento y curriculum* (3ª ed.).
18. **Graves, D. H.:** *Didáctica de la escritura* (3ª ed.).
19. **Egan, K.:** *La comprensión de la realidad en la educación infantil y primaria.*
20. **Hargreaves, D. J.:** *Infancia y educación artística* (3ª ed.).
21. **Lancaster, J.:** *Las artes en la educación primaria* (3ª ed.).
22. **Bazalgette, C.:** *Los medios audiovisuales en la educación primaria.*
23. **Newman, D., Griffin, P. y Cole, M.:** *La zona de construcción del conocimiento* (3ª ed.).
24. **Swanwick, K.:** *Música, pensamiento y educación* (3ª ed.).
25. **Wass, S.:** *Salidas escolares y trabajo de campo en la educación primaria.*
26. **Cairney, T. H.:** *Enseñanza de la comprensión lectora* (5ª ed.).
27. **Nobile, A.:** *Literatura infantil y juvenil* (3ª ed.).
28. **Pluckrose, H.:** *Enseñanza y aprendizaje de la historia* (4ª ed.).
29. **Hicks, D.:** *Educación para la paz* (2ª ed.).
30. **Egan, K.:** *Fantasía e imaginación: su poder en la enseñanza* (3ª ed.).
31. **Escuelas infantiles de Reggio Emilia:** *La inteligencia se construye usándola* (4ª ed.).
32. **Secada, W. G., Fennema, E. y Adajian, L. B.:** *Equidad y enseñanza de las matemáticas: nuevas tendencias.*
33. **Crook, Ch.:** *Ordenadores y aprendizaje colaborativo.*
34. **Gardner, H., Feldman, D. H. y Krechevsky, M. (Comps.):** *El Proyecto Spectrum. Tomo I: Construir sobre las capacidades infantiles.*
35. **Gardner, H., Feldman, D. H. y Krechevsky, M. (Comps.):** *El Proyecto Spectrum. Tomo II: Actividades de aprendizaje en la educación infantil.*
36. **Gardner, H., Feldman, D. H. y Krechevsky, M. (Comps.):** *El Proyecto Spectrum. Tomo III: Manual de evaluación para la educación infantil* (2ª ed.).
37. **Cooper, H.:** *Didáctica de la historia en la educación infantil y primaria.*
38. **Cummins, J.:** *Lenguaje, poder y pedagogía.*
39. **Haydon, G.:** *Enseñar valores. Un nuevo enfoque.*
40. **Gross, J.:** *Necesidades educativas especiales en educación primaria.*
41. **Beane, J. A.:** *La integración del currículum* (2ª ed.).
42. **Defrance, B.:** *Disciplina en la escuela.*
43. **Siraj-Blatchford, J. (Comp.):** *Nuevas tecnologías para la educación infantil y primaria.*
44. **Peacock, A.:** *Alfabetización ecológica en educación primaria.*
45. **Abdelilah-Bauer, B.:** *El desafío del bilingüismo* (2ª ed.).
46. **Hargreaves, A. y Fink, D.:** *El liderazgo sostenible.*
47. **Lankshear, C. y Knobel, M.:** *Nuevos alfabetismos. Su práctica cotidiana y el aprendizaje en el aula* (4ª ed.).
48. **Arnot, M.:** *Coeducando para una ciudadanía en igualdad.*
49. **Jarman, R. y McClune, B.:** *El desarrollo del alfabetismo científico.*
50. **Stobart, G.:** *Tiempos de pruebas. Los usos y abusos de la evaluación.*
51. **Sanuy, M.:** *La aventura de cantar.*

— Colección *Proyectos curriculares*

Aitken, J. y Mills, G.: *Tecnología creativa* (6ª ed.).
Dadzie, S.: *Herramientas contra el racismo en las aulas.*
Suckling, A. y Temple, C.: *Herramientas contra el acoso escolar. Un enfoque integral* (2ª ed.).
Barkley, E. F. y cols.: *Técnicas de aprendizaje colaborativo* (2ª ed.).

Colin LANKSHEAR
Michelle KNOBEL

Nuevos alfabetismos

Su práctica cotidiana
y el aprendizaje en el aula

Cuarta edición

EDICIONES MORATA, S. L.

Título original de la obra:
New Literacies
© Original edition copyright 2003 Open University Press UK Limited.
All Rights Reserved.
(Spanish language of New Literacies by Colin Lankshear and Michelle Knobel)
2nd edition copyright (2008) by Ediciones Morata, S. L. All rights reserved

Primera edición: 2008
Segunda edición: 2010 (reimpresión)
Tercera edición: 2011 (reimpresión)
Cuarta edición: 2012 (reimpresión)

Cualquier forma de reproducción, distribución, comunicación pública o transformación de esta obra solo puede ser realizada con la autorización de sus titulares, salvo excepción prevista por la ley. Diríjase a CEDRO (Centro Español de Derechos Reprográficos, www.cedro.org) si necesita fotocopiar, escanear o hacer copias digitales de algún fragmento de esta obra.

© EDICIONES MORATA, S. L. (2012)

Coeditan:

MINISTERIO DE EDUCACIÓN, CULTURA Y DEPORTE
Secretaría de Estado de Educación y Formación Profesional
Instituto de Formación del Profesorado, Investigación e Innovación Educativa
Secretaría General Técnica
Catálogo de publicaciones oficiales: educacion.gob.es
Catálogo general de publicaciones: publicacionesoficiales.boe.es

Y

EDICIONES MORATA, S. L.
Mejía Lequerica, 12. 28004 Madrid
www.edmorata.es-morata@edmorata.es

Derechos reservados
Depósito Legal: M-29348-2011
ISBN: 978-84-7112-520-0
NIPO: 660-08-077-X

Compuesto por: Ángel Gallardo Servicios Gráficos, S. L.
Printed in Spain - Impreso en España
Imprime: Closas-Orcoyen, S. L. Paracuellos de Jarama (Madrid)
Cubierta: Imagen de una alumna abatar en una escuela en Second Life, sobre pizarra tradicional, por Equipo Táramo. Imagen de Second Life cedida por Alja Sulčič, Project Manager de Artesia.

A JPG, colega, compañero y amigo.

Contenido

ÍNDICE DE FIGURAS Y TABLAS	11
PREFACIO	13
AGRADECIMIENTOS	15
INTRODUCCIÓN A LA SEGUNDA EDICIÓN	17

PRIMERA PARTE: ¿QUÉ HAY DE NUEVO? 21

CAPÍTULO PRIMERO: De la "lectura" a los "nuevos" alfabetismos 23
Introducción, 23.

CAPÍTULO II: Los nuevos alfabetismos y el problema de las mentalidades 43
Introducción, 43.—"Mentalidades" y "la fractura contemporánea del espacio, 44.—Un espacio indicativo: De los átomos a los bits, 46.—Las dos mentalidades divergentes, 47.—Estudio de las mentalidades, 51.—Las mentalidades en acción en los medios educativos, 84.—Hacia los "nuevos" alfabetismos, 70.

CAPÍTULO III: "Nuevos alfabetismos": Conceptos y prácticas 73
Introducción: ¿Cuánto tiempo son "nuevos"?, 73.—Conceptualicemos los alfabetismos, 74.—"Nuevos": En teoría y en la práctica, 82.— "Nuevos" alfabetismos: Paradigma y casos periféricos, 100.

SEGUNDA PARTE: LOS NUEVOS ALFABETISMOS EN LA PRÁCTICA COTIDIANA 109

CAPÍTULO IV: Los nuevos alfabetismos como *remix* 111
Introducción, 111.—Lawrence Lessing con respecto al remix digital como escritura, 112.— Remix 1: Fanfiction: Remix de palabras y contenidos, 114.— Remix 2: Fan manga y fan anime: Remix de palabras y gráficos, 122.—Remix 3: El photoshopeo: Remix de imágenes por diversión, solidaridad y política, 132.—Remix 4: Anime y AMV: Remix de animación, voz y música, 139.

© Ediciones Morata, S. L.

CAPÍTULO V: **Noticias, opiniones y música: El blogueo y el mediacasteo como actividades de participación** 142
Introducción, 142.—Bloguear, 142.—El blogueo como actividad participativa, 162.—Participación en blogs en acción: Ejemplos concretos, 169.—El *mediacasteo*: Desde los enlaces con archivos de sonido hasta el *audiobloqueo* y los ubicuos *podcasteo* y *videocasteo*, 175.

TERCERA PARTE: EL ENCUENTRO ENTRE EL APRENDIZAJE DE CLASE Y LOS NUEVOS ALFABETISMOS 181

CAPÍTULO VI: **Planificación de la enseñanza para el *i-mode*: El aprendizaje en la era de "la red móvil"** 183
Introducción: La llegada de la red móvil, 183.—El *i-mode* ausencia de cables y movilidad, 184.—Tres ventanas sobre la Internet móvil, el aprendizaje y la vida cotidiana, 186.—Tecnologías móviles digitales, 190.—Iniciativas *i-mode* actuales en el currículum y la pedagogía, 192.—Algunos principios y criterios para planear la "pedagogía para el *i-mode*", 195.—Hacia unos criterios para decidir, 199.—Escuelas productoras de saber: Una iniciativa de base en el terreno de la educación, 200.—Unas situaciones de posibilidades no artificiosas: Producción de saber móvil, cooperativo, contemporáneo, experto, 204.—Conclusión, 208.

CAPÍTULO VII: **Memes, A/alfabetismo y aprendizaje en clase** 210
Introducción, 210.—El concepto de *meme*, 211.—Problemas con los "*memes*", 211.—Los *memes* y las redes electrónicas, 212.—Características de los *memes*, 213.—Estudio de algunos *memes* de Internet, 216.—*Memes*, educación alfabetizadora y aprendizaje en clase, 231.

CAPÍTULO VIII: **¿Qué más?** 242
Introducción, 242.—Un enfoque "dialéctico" para reflexionar sobre los alfabetismos nuevos y establecidos, 245.—Algunas consecuencias provisionales, 250.—Algunos otros frutos potenciales de la participación en los espacios en línea, 253.—Epílogo, 254.

BIBLIOGRAFÍA 257

ÍNDICE DE NOMBRES 267

ÍNDICE DE MATERIAS 269

© Ediciones Morata, S. L.

Índice de figuras y tablas

Figura 2.1	Algunos ejemplos típicos de la Web 1.0 frente a la Web 2.0	54
Figura 4.1	La octavilla de la rana perdida de Terry	134
Figura 4.2	*The True Colors of Benetton*	137
Figura 4.3	Lo sentimos, ¡llegamos tarde, Nueva Orleáns!	139
Figura 5.1	Captura de pantalla del *blog* de Lawrence Lessing	145
Figura 5.2	Una taxonomía provisional de los *weblogs*	148
Figura 5.3	Una muestra del enlace a los comentarios a continuación de un *post* de un *blog*	167
Figura 7.1	Diálogo de la secuencia inicial del juego de ordenador *Zero Wing*, que establece el contexto, en su versión inglesa	222
Figura 7.2	Extracto del *meme* "*Nike Sweatshop Shoe*"	224
Figura 7.3	Tipología de *memes*	230
Tabla 2.1	Algunas dimensiones de la variación entre las mentalidades	50
Tabla 7.1	El acervo memético	217
Tabla 7.2	Preguntas clave para analizar los *memes* en línea	219

Prefacio

La segunda edición de *Los nuevos alfabetismos: Práctica cotidiana y aprendizaje en el aula* no pierde el tiempo en presentarse como la sucesora legítima de la primera edición. Aunque, a primera vista, esta observación pueda parecer una afirmación extraña, innecesaria incluso, dado que es bastante corriente que se publiquen varias ediciones de los libros que han tenido una buena difusión inicial, yo la mantengo por diversas razones. La primera y principal es que quiero enfatizar que Colin LANKSHEAR y Michele KNOBEL destacan una vez más, demostrando lo que tan bien saben hacer como escritores, transmitir sin esfuerzo a los lectores unas ideas complejas que hacen comprensibles gracias a un estilo de escritura interesante y atractivo. Es palpable su profundo y pertinaz interés por desarrollar un concepto aceptable de los nuevos alfabetismos y este interés hace que sus conocimientos se mantengan actualizados y sus escritos sean creíbles.

Otra razón para proclamar lo que, en otras circunstancias, parecería obvio es ésta: no todas las segundas ediciones se mantienen a la altura debida cuando se comparan con las primeras. *Los nuevos alfabetismos: Práctica cotidiana y aprendizaje en el aula* sí mantiene el nivel, y lo hace con solvencia, tanto en el plano práctico como en el pedagógico. En los pocos años transcurridos desde la publicación de la primera edición, han aparecido tecnologías nuevas que aumentan la distancia entre los usuarios con categoría de iniciados y los que tienen relativamente poca experiencia de comunicación digital. En vez de dejar atrás a los usuarios menos experimentados, LANKSHEAR y KNOBEL se preocupan por invitarlos a participar en la conversación. Por ejemplo, a lo largo de cada capítulo, plantean cuestiones importantes que promueven la reflexión e indican sitios web en los que es posible experimentar de primera mano algo de lo que ofrecen las nuevas tecnologías.

El hecho de que la segunda edición de *Los nuevos alfabetismos* mantenga el nivel de su predecesora se debe en gran parte a la visibilidad global, cada vez mayor, de LANKSHEAR y KNOBEL. Mediante sus viajes y conferencias se mantienen en contacto frecuente con algunos de los pensadores más destacados del mundo en relación con los nuevos alfabetismos, las nuevas tecnologías y las nuevas prácticas sociales que implican ambas. No sólo es cuestión de estar en contacto. Lo que estos dos autores aportan a su trabajo es una integridad a toda prueba y la capacidad de extraer ideas de las prácticas de nueva alfabetización de todo el mundo que puedan tener (o no) aplicaciones sobre el terreno. Una de las cosas que más valoro de la segunda edición es que sigue cuestionando el valor del cambio por el cambio. Al mismo tiempo, deja claro que los cambios están en marcha; algunos de ellos o todos influirán en nuestra forma de pensar y de responder, como educadores, a los nuevos alfabetismos. Esta tensión es la que más provocativa y directamente me afecta, como alfabetizadora del profesorado.

No obstante, como persona, no estoy encasillada en una sola clase y, por tanto, tampoco en un único tipo de lectora. Cuando leía y hacía anotaciones al margen del manuscrito que se convertiría en esta segunda edición de *Los nuevos alfabetismos: Práctica cotidiana y aprendizaje en el aula*, me resultaba evidente que no se trataba de un texto profesional al uso. Había demasiados temas interesantes, redactados de un modo demasiado atractivo, como para considerarlo así. Por ello, con curiosidad, seguí la sugerencia de los autores de "echar un vistazo" a diversos sitios web que presentaban *fanfiction**, un alfabetismo nuevo que, hasta entonces, no me había llamado lo más mínimo la atención. De hecho, en más de una ocasión, había dado la lata a alguna alumna, a la que dirigía la tesis doctoral, pidiéndole que me explicara qué la había llevado a escribir su propio tipo de *fanfiction*. Ahora, yo misma, la persona responsable de redactar este prefacio, aquí estoy alucinada con la lectura por Internet de *fanfiction* escrita por autores desconocidos (para mí), mientras pienso continuamente que pronto escribiré algo para este nuevo foro de alfabetismo.

En dos palabras, esta segunda edición de *Los nuevos alfabetismos: Práctica cotidiana y aprendizaje en el aula* se convierte en punto de referencia con respecto al cual podrán juzgar los lectores por sí mismos hasta qué punto están preparados para un mundo en el que las relaciones —participación, colaboración e inteligencia colectiva, no información per se— se valoran como indicadores de alfabetismo, en el que los textos son fluidos y están sometidos a cambios sin mandato autorizado y en el que todavía están por aclararse las diferencias productivas entre el alfabetismo escolar y las ajenas a la escuela. LANKSHEAR y KNOBEL amplían con contenidos nuevos el mensaje de la primera edición: lo "nuevo" de los nuevos alfabetismos estará con nosotros durante mucho tiempo. Los iniciados, no los pusilánimes, comprenden este mensaje y actúan a diario de acuerdo con él. Teniendo esto en cuenta, ¿quién de nosotros puede permitirse prescindir de ello?

Donna ALVERMANN
University of Georgia

---

* El Capítulo IV presenta una explicación detallada de la *fanfiction*. (*N. del T.*)

Agradecimientos

Muchas personas, con las que estamos en deuda, han estimulado y apoyado de diversas maneras este libro. Queremos agradecer aquí su apoyo y su generosidad.

En primer lugar, varias ideas que presentamos en la Primera Parte del libro las desarrollamos en colaboración con Chris Bigum y Leonie Rowan. Hemos aprendido mucho trabajando con ellas durante años y queremos expresarles nuestro profundo agradecimiento.

También hemos aprovechado hasta la saciedad la inspiración proporcionada por otros amigos y colegas, con quienes trabajamos de distintas maneras y en contextos diferentes. Debemos mucho a Rebecca Black, Kevin Leander, Angela Thomas y, como siempre, a James Paul Gee. A su modo, cada uno de ellos ejemplifica el espíritu crítico, investigador y progresista que maximiza el bienestar humano utilizando los recursos materiales y no materiales que tenemos a nuestra disposición. Mucho tienen que decir.

Donna Alvermann y Donald Leu han intervenido activamente para ayudarnos a comprender con más claridad a quienes estamos tratando de dirigirnos y por qué lo hacemos. Han apoyado nuestro trabajo del modo más generoso y discreto, continuando al mismo tiempo su incansable y desinteresada labor en aras de una mejor educación para todos y en especial para quienes han recibido menos beneficios sociales de lo que merecen de los sistemas en los que se han visto obligados a vivir. A pesar de que ya tienen más que suficientes tareas que completar, Donna aceptó generosamente nuestra invitación para escribir un prefacio para este libro. Sabemos lo que implica este tipo de presión añadida y no solicitada y apreciamos muchísimo la colegialidad plasmada en su texto. Don nos invitó a presentar la conferencia inaugural de la *National Reading Conference* de 2004, encuentro anual que se celebró en San Antonio, que fue para nosotros una importante oportunidad para desarrollar ciertos materiales que se han elaborado más para este libro. Con Julie Coiro, Don ha ampliado también nuestro ámbito de interés por los nuevos alfabetismos a través de nuestra colaboración en el *Handbook of New Literacies*, que publicará Erlbaum.

© Ediciones Morata, S. L.

Otros colegas han colaborado con valiosas aportaciones de distintos tipos. Al igual que las personas que hemos mencionado, también tenemos que reconocer la utilidad educativa de sus aportaciones que aparecen en las páginas siguientes, sin que se les puedan imputar los errores del libro. Queremos mostrar especialmente nuestro agradecimiento a Neil y Chris ANDERSON, Dana CAMMACK, Bill COPE, Christina DAVIDSON, Mary KALANTZIS, Chuck KINZER, Joanne LARSON, Lawrence LESSIG, Jackie MARSH, Guy MERCHANT, Michael PETERS e Ilana SNYDER. Agradecemos también las contribuciones de Johnny CAKESDEPP y SILVER EXCEL FOX a nuestro estudio de la *fanfic*.

Como siempre, apreciamos considerablemente el apoyo de Shona MULLEN y del resto de nuestros colegas de *Open University Press*, en particular, de Fiona RICHMAN, Laura DENT y James BISHOP. Constituyen un maravilloso equipo con el que trabajar y esperamos que nuestros esfuerzos en este libro sean suficientes para compensar su continuada fe en nuestro trabajo.

Algunos capítulos de este libro se basan en trabajos ya publicados en revistas y actas de congresos. Hemos aprovechado las oportunidades que hemos tenido para poner a prueba nuestras ideas en otros lugares. Manifestamos aquí nuestro agradecimiento a *The International Journal of Learning*, *Literacy Learning in the Middle Years* y *The 54th Yearbook of the National Reading Conference*.

Durante el período en el que se concibió y redactó este libro, hemos contado con el apoyo de amigos, colegas e instituciones de México, Australia y Canadá. Sin ello, nuestro trabajo durante los últimos cuatro años no hubiese sido posible. Queremos manifestar nuestro agradecimiento a Ángela GUZMÁN, Hilario RIVERA RODRÍGUEZ, Roberto LUGO LUGO, María del Pilar ÁVILA GUZMÁN, Gustavo CABRERA LÓPEZ, Ana María SALMERÓN, Toni CHAO, Annette PATTERSON, Roger SLEE, la *Coordinación de las Humanidades de la Universidad Nacional Autónoma de México* (UNAM), las facultades de *Education* de la *Montclair State University* y la *McGill University*, la *School of Education* de la *James Cook University* y la *Faculty of Education and Creative Arts* de la *Central Queensland University*. Merecen un reconocimiento y aprecio especiales los colegas de la *School of Education* del *Cairns Campus* de la *James Cook University*, por sus extraordinarias amabilidad y amistad durante el período de enero a marzo de 2006, cuando Colin estuvo recuperándose de la fractura de dos vértebras. Gran parte de este libro se redactó en posición horizontal en una cama improvisada en un despacho durante todas las horas del día y de la noche. No hubiéramos podido hacerlo sin una amistad y una paciencia enormes, por las que estamos muy agradecidos. Dirigimos también la misma gratitud y aprecio al personal de seguridad y de limpieza del campus, cuyas visitas regulares y su camaradería nos facilitaron la chispa necesaria cuando el fuego se apagaba.

Queremos agradecer a las siguientes instituciones y personas su autorización para utilizar materiales de cuyo *copyright* son titulares: *Adbusters Media Foundation*, por el permiso para reproducir la Figura 4.2, "Loa auténticos colores de Benetton"; Micah WRIGHT, por el permiso para reproducir su imagen "Lo sentimos, ¡llegamos tarde, Nueva Orleáns!", como Figura 4.3, y a Lawrence LESSIG, por su permiso para reproducir una captura de pantalla de la página principal de su *blog*, como Figura 5.1.

Por último, queremos dar las gracias a los revisores anónimos de la versión original de este libro que respondieron a las invitaciones de la *Open University Press* para que informaran con el fin de orientar esta nueva edición. También queremos dar las gracias a los autores de las revisiones publicadas del libro original por sus constructivas críticas y el impulso que dieron en el mercado a la primera edición.

© Ediciones Morata, S. L.

Introducción a la segunda edición

Cuando la *Open University Press* propuso una segunda edición de *New Literacies: Changing Knowledge and Classroom Learning*, aceptamos con agrado la oportunidad de revisar y actualizar el texto original. Nuestro plan inicial era reemplazar dos o tres de los capítulos principales por temas nuevos y dedicar el resto del proceso a actualizar el texto original, poniendo al día ejemplos clave, señalando brevemente algunos cambios recientes importantes relacionados con temas ya tratados, etcétera. Sin embargo, cuando llegó el momento de redactar esta nueva edición, este escenario cambió hasta tal punto que lo que tenemos aquí es, a todos los efectos, un libro nuevo. En esta nueva edición, menos del 10% de su contenido procede del texto de 2003.

La orientación del libro ha cambiado de tal modo que exigía un subtítulo diferente. El tema del "conocimiento cambiante" ha dado paso a la "práctica cotidiana", que refleja de qué manera hemos asumido el concepto de la Web 2.0 como marco de referencia clave de nuestro trabajo. En vez de abordar las implicaciones de nuestra forma de comprender, enfocar, generar y evaluar nuestros *conocimientos* a consecuencia de las tendencias y orientaciones relacionadas con la aparición de la Web 2.0, hemos optado por centrarnos en los nuevos alfabetismos como *prácticas sociales cotidianas* y en lo que estas prácticas puedan significar para la educación.

En el período de cinco años que media entre el momento en que empezamos a escribir el texto original (en 2001) y cuando comenzamos a redactar éste han ocurrido tantas cosas que nos pareció conveniente abordar un nuevo conjunto de temas. Algunas prácticas que eran simples "aditamentos marginales" en la primera edición —como los *"memes"** y los *weblogs*— se han convertido ahora en el centro de capítulos enteros. Otros fenómenos —como la informática y las comunicaciones móviles— que sólo aparecían en el horizonte en 2001, se han generalizado y adquirido una enorme influencia y, en consecuencia, los tratamos aquí detenidamente.

---

* Puede verse la explicación de memes en la pág. 132. *(N. del E.)*

© Ediciones Morata, S. L.

Esto no quiere decir que nos parezca que el contenido del libro original haya quedado anticuado, porque no es así. Por ejemplo, las "evaluaciones" son más habituales, pertinentes y diversas hoy que cuando examinamos la participación en los sistemas de evaluación en espacios como *eBay* y *Plastic.com*. De igual manera, las observaciones que hacíamos acerca de las apropiaciones "escolares" de las nuevas tecnologías en el capítulo sobre la *National Grid for Learning* mantienen la misma vigencia en la actualidad. Así, por una parte, creemos que, en el libro original, hay muchas cosas de plena actualidad y educacionalmente pertinentes que merecería la pena actualizar. Al mismo tiempo, hay otras muchas cuestiones importantes de las que hablar. Aquí hemos optado por esta última posibilidad. Creemos que el libro original sigue teniendo suficiente actualidad para mantenerse como texto y que lo más útil será leer los dos libros conjuntamente. Por estas razones, nos pusimos en contacto con *Open University Press* para poner a disposición del público en formato electrónico todo lo que permitan los acuerdos de *copyright*. Así, es posible acceder a partes importantes del texto original en la página http://www.newliteracies.com.

Además de estas importantes diferencias en cuanto a los temas tratados, este nuevo libro difiere de la primera edición en otros dos aspectos, que esperamos sean útiles. En primer lugar, desarrolla de forma más completa nuestra idea de cuándo es conveniente considerar *nuevo* un alfabetismo y por qué puede ser útil la categoría *nuevos alfabetismos*. En la primera edición, utilizamos dos herramientas importantes para conceptualizar los "nuevos" alfabetismos y distinguirlos de los alfabetismos "convencionales" o "establecidos". Una era la distinción entre "lo *ontológicamente* nuevo" y "lo *cronológicamente* nuevo". La otra era una explicación de la diferencia entre la *mentalidad* del "principiante"* (o "inmigrante") y la del "iniciado" (o "nativo"). Ambas herramientas se desarrollan aquí con mucha más profundidad conceptual, teórica e histórica que en el texto original. Este nuevo trabajo ocupa gran parte de los Capítulos II y III y va acompañado por una exposición detallada del alfabetismo como práctica social. Nuestra descripción del "alfabetismo como práctica social" se basa en la obra pionera de los estudios de alfabetismo sociocultural de Silvia Scribner y Michael Cole (1981). Se basa también en la descripción de los "Discursos" de Jim Gee (1997), que nos parece especialmente provechosa. El resultado final es una descripción de los nuevos alfabetismos mucho más *robusta* que la original.

En segundo lugar, esta nueva edición presenta a intervalos regulares actividades de reflexión y comentario. Éstas indican posibles formas de utilización del texto, tanto en clases universitarias como en el caso de lectores "privados", para reflexionar sobre los nuevos alfabetismos en relación con la educación alfabetizadora en clase y también para reflexionar críticamente sobre nuestros propios conceptos y argumentos. Hemos tratado de presentar estas actividades del modo menos molesto posible, incluyéndolas en recuadros que las separan del resto del texto. Los lectores a quienes no les interesen las actividades

---

* Los autores emplean en el original los términos *insider* y *newcomer*. No hay un término castellano que traduzca con precisión la palabra *insider*, el individuo que está en el interior, miembro de una sociedad, etc. *Newcomer* es el recién llegado; tampoco hay un término castellano que lo traduzca exactamente. Por eso, hemos optado por traducir *insider* por *iniciado* y *newcomer* por *principiante*, que se ajustan bastante bien a la idea que los autores quieren transmitir. (*N. del T.*)

© Ediciones Morata, S. L.

sugeridas pueden pasar por alto los recuadros que contienen las actividades y seguir adelante.

Un revisor del texto original recomendó que una nueva edición contuviese un glosario de términos relacionados con aspectos de las tecnologías digitales y las prácticas sociales relacionadas con ellas que pudieren resultar poco usuales a los lectores con experiencia limitada de las nuevas tecnologías y tecnoculturas. Nos pareció una buena idea y comenzamos a recopilar un glosario. Sin embargo, abandonamos el intento porque, al realizar el trabajo, nos vimos acudiendo una y otra vez a dos recursos especialmente útiles: *Wikipedia* y *How Stuff Works*. Además, cuando elaborábamos las entradas del glosario, parecía siempre que ofrecía mucho "menos" de lo que podía conseguirse acudiendo directamente a estas fuentes. Nos dimos cuenta de que la conveniencia de tener "a mano" definiciones de expresiones al final de este libro era muy inferior a la recompensa derivada de acudir a Internet y teclear las expresiones en cuestión en los respectivos motores de búsqueda de los sitios (o, alternativamente, en una potente herramienta de búsqueda como *Google.com*). En realidad, el uso de estos recursos es, precisamente, el tipo de iniciativa que este libro pretende estimular.

En consecuencia, tanto para aumentar la comprensión del lector como para conseguir nuestros propios objetivos, el glosario sería más un inconveniente que una ventaja. Por eso, en los puntos en donde los lectores deseen aclaraciones de la terminología técnica y de aspectos específicos de la tecnocultura, les recomendamos que acudan, en primer término a las siguientes URL*:

- http://es.wikipedia.org**
- http://en.wikipedia.org
- http://www.howstuffworks.com

;-)

Por último, nos interesan mucho los comentarios que hagan los lectores al texto: al argumento y la postura mantenidos en general, así como a cualesquiera experiencias que los lectores tengan al utilizar las actividades de reflexión y diálogo. Invitamos encarecidamente a todo el mundo a que nos comuniquen directamente sus ideas, sugerencias y comentarios a: newliteracies@yahoo.co.uk

Colin LANKSHEAR
Michele KNOBEL

---

* Siglas de *Uniform Resource Locator* o "localizador uniforme de recurso", que es la dirección exclusiva que identifica una página web. (*N. del T.*)

** En la edición original en inglés, no aparece la primera URL que figura aquí, correspondiente a la Wikipedia en castellano, que incluimos aquí porque, aunque no sea tan amplia como su homónima en inglés, es también muy amplia y su utilidad para los castellanoparlantes es obvia. (*N. del T.*)

© Ediciones Morata, S. L.

PRIMERA PARTE
¿Qué hay de nuevo?

CAPÍTULO PRIMERO

De la "lectura" a los "nuevos" alfabetismos

Introducción

La alfabetización es ahora el elemento central de la política de educación, del desarrollo curricular y el pensamiento cotidiano sobre la práctica educativa. Es difícil creer que, hace sólo dos o tres decenios, el término "alfabetización" casi no aparecía en el discurso educativo formal. En cambio, existía un campo de rancio abolengo conocido como "lectura". Éste se basaba, sobre todo, en la psicolingüística y estaba relacionado con métodos de instrucción consagrados por el tiempo para enseñar a los alumnos de las escuelas a descifrar el texto impreso y, de forma secundaria, a codificar textos.

Antes de la década de 1970, "alfabetización" se utilizaba por regla general en relación con los entornos educativos no formales y, en particular, con los adultos considerados *analfabetos*. "Alfabetización" era el nombre impuesto a los programas de instrucción no formal, no relacionada con instituciones educativas formales como las escuelas, que ofrecían ayuda a los adultos analfabetos para adquirir las habilidades básicas de leer y escribir. En nuestra época, en Gran Bretaña, Norteamérica, Australasia y países similares, las estadísticas oficiales obtenidas mediante el censo y otras encuestas indican unos niveles de analfabetismo adulto próximos a cero. Las iniciativas de alfabetización, tal como existían en estos países, consistían en trabajos a pequeña escala, en gran medida a cargo de voluntarios, que suponían que los tutores de alfabetización adulta trabajaran con personas aisladas o pequeños grupos de aprendices. De hecho, en las sociedades angloparlantes del Primer Mundo, "*literacy teaching*"* era la denominación de espacios marginales de trabajo educativo no formal que pretendía dar una "segunda oportunidad" a las personas cuyo analfabetismo se consideraba a menudo relacionado directamente con otras condiciones y circunstancias debilitadoras o disfuncionales. Abarcaban "condiciones" como el desempleo, la cárcel,

---
* Equivalente a los "cursos de alfabetización". (*N. del T.*)

© Ediciones Morata, S. L.

la drogadicción y el alcoholismo, los embarazos de adolescentes, la mala salud física y psíquica, etcétera.

En el Tercer Mundo de los llamados "países en vías de desarrollo", la situación era diferente. En estos países, relativamente pocas personas recibían educación formal. Con frecuencia, hasta el 80% o más de la población adulta era analfabeta en relación con las medidas habituales de la época: la falta de habilidades lectoras más o menos equivalentes a los niveles de segundo o tercer grado de la escuela primaria. Durante la década de 1950 y de nuevo en la de 1990, se puso de moda entre los teóricos del desarrollo relacionar la "preparación" de un país para su "despegue económico" con la consecución de cierto nivel de alfabetismo adulto en toda la nación. Por ejemplo, durante el decenio de 1960, los teóricos del desarrollo solían aceptar que una condición previa para que las naciones subdesarrolladas "despegaran" económicamente era que, al menos, una minoría importante de la población masculina alcanzara el alfabetismo (ANDERSON, 1966). Se consideraba que el umbral del desarrollo económico era que la población alcanzara, al menos, una proporción de un 40% de adultos (sobre todo hombres) alfabetizados. Esto se convirtió en el fundamento de la promoción de campañas de alfabetización adulta en muchos países del Tercer Mundo de África, Asia y Latinoamérica, como componente estratégico de las políticas de desarrollo económico y social. El analfabetismo se consideraba como un impedimento importante para el desarrollo económico, imponiéndose campañas de alfabetización como medidas eficaces, con respecto a su coste, para obtener los mínimos niveles de "mano de obra" necesarios para dar a un país una oportunidad de despegue económico. Por regla general, estas campañas se emprendían como programas no formales que se realizaban fuera del *sistema* educativo, destinados a los adultos, aunque a menudo participaban en ellas niños.

Antes de la década de 1970, ni en el Primer Mundo ni en el Tercero se identificaba el "alfabetismo" como un *ideal* educativo formal. En los entornos de la educación formal, la lectura y la escritura se consideraban herramientas esenciales para el aprendizaje y como vehículos para acceder a los significados y comunicarlos mediante textos impresos. Eran un *medio* para aprender, no un fin y mucho menos *el* fin. El dominio funcional de la lectura y la escritura se daba efectivamente por descontado, como resultados básicos del aprendizaje en clase de todos los alumnos que no estuviesen clasificados como intelectualmente deficientes o tuvieran trastornos graves de aprendizaje. En todo caso, en lo que concernía al currículum y la pedagogía en la educación formal, de lo que se hablaba, se investigaba, debatía, etcétera, no era de la *alfabetización*, sino, más bien, de la *lectura* y, en menor medida, de la *escritura*.

Esto cambió considerablemente durante la década de 1970 en los Estados Unidos y, en distintos grados, en otros países anglófonos. De repente, la "alfabetización" saltó a la primera línea de atención y esfuerzo educativos. Se han relacionado con este cambio diversas razones, de las que tres nos parecen especialmente interesantes.

Una fue el protagonismo adquirido por el trabajo de Paulo FREIRE en el contexto más amplio del movimiento radical de la educación de finales de la década de 1960 y principios de la de 1970 (véanse: FREIRE, 1972, 1973; FREIRE y MACEDO, 1987). El trabajo de FREIRE con grupos campesinos de Brasil y Chile era una muestra de que el trabajo de alfabetización podía ser fundamental para los enfoques radicales de la educación orientados a crear una praxis social crítica. Su concepto de alfabetismo como "leer la palabra y el mundo" implicaba mucho más que las sencillas ideas de descifrar lo impreso y codificarlo. Muy lejos de ser el único objetivo de la educación alfabetizadora, aprender a codificar y descifrar los textos alfabéticos se integraba en una pedagogía expansiva en la que los grupos de aprendices procuraban alcanzar colaborativamente una conciencia crítica de su mundo mediante un proceso reflexivo o "cíclico" de reflexión y acción. A través de esos esfuerzos para actuar sobre el mundo y para analizar y comprender los resultados de su acción, las personas pueden llegar a conocer mejor el mundo: más "profunda" y "críticamente".

Desde esta perspectiva, el "analfabetismo" se considera como una consecuencia de procesos sociales injustos y relaciones que se han creado históricamente y han acabado "entretejidas" (o, como podríamos decir hoy, "impresas") en la estructura social. Sin embargo, en la medida en que estas estructuras sociales injustas han sido creadas y se sostienen merced a la actividad humana, pueden *cambiarse* igualmente mediante la acción humana. No obstante, antes de que pueda producirse esa "acción cultural transformadora", es necesario comprender la naturaleza y los orígenes de la opresión social.

En la pedagogía de Freire, aprender a escribir y a leer *palabras* se ha convertido en un objetivo para los adultos al intentar alcanzar una conciencia crítica de cómo operan las prácticas y relaciones opresoras en la vida cotidiana. Las palabras que, para ellos, estaban muy cargadas de significado —palabras que expresaban sus temores, esperanzas, problemas y sueños de una vida mejor— constituían el vocabulario con el que aprendían a escribir y leer. Estas palabras se comentaban intensivamente con el fin de examinar cómo "funcionaba" el mundo. En el contexto de este comentario oral, se introducían las formas escritas de estas palabras, así como otras que pudieran construirse a partir de sus sílabas y fonemas. En el contexto del comentario y la reflexión sobre estas palabras, los participantes descubrirían lo que les "parecía" como texto además de leerlas y escribirlas.

Así, en el enfoque de Freire para promover la alfabetización, el proceso de aprender literalmente a leer y a escribir palabras formaba parte del aprendizaje para comprender cómo opera social y culturalmente el mundo para crear oportunidades y resultados desiguales para distintos grupos de personas. En último término, este análisis trataba de facilitar a los participantes un punto de partida para actuar sobre el mundo, intentando cambiarlo de manera que crease unos procesos y relaciones sociales más justos. Los grupos emprenderían una acción cultural para el cambio en el mundo a la luz de los análisis de sus circunstancias. Después, analizarían y evaluarían los resultados de su acción con el fin de dar el siguiente paso de la acción cultural. Esta praxis de reflexión y acción era el medio para conocer más profunda y exactamente el mundo, dado que suponía "ponerlo a prueba" para ver cómo funciona a la luz de los conceptos y teorías desarrollados colaborativamente en el diálogo sobre las experiencias y las creencias. La educación alfabetizadora freireana formaba parte, por tanto, de una pedagogía radical, politizada, diseñada a propósito para estimular la acción a favor del cambio. Es un hecho que atrajo la imaginación, el respeto y el apoyo de muchos estudiosos y activistas políticos de países del Primer Mundo, sobre todo de Norteamérica, además de adoptarse como base filosófica de los programas

© Ediciones Morata, S. L.

nacionales y regionales de alfabetización de adultos en diversos países del Tercer Mundo.

Un segundo factor del desarrollo de la "alfabetización", como concepto muy utilizado en educación, fue el dramático descubrimiento, aunque muchos dijeran que era una *invención*, de un analfabetismo adulto muy extendido en los Estados Unidos a principios de la década de 1970. Esta presunta *crisis* de alfabetización coincidió con la toma de conciencia de un profundo cambio estructural en la economía, a medida que los Estados Unidos fueron avanzando hacia una sociedad postindustrial. El postindustrialismo supuso una reestructuración muy amplia del mercado de trabajo y del empleo, así como profundos cambios en importantes organizaciones y costumbres de la vida cotidiana. Se consideró que muchas personas no estaban preparadas para estos cambios. La "crisis de alfabetización" se extendió rápidamente a otras sociedades postindustriales emergentes. El panorama era muy parecido tanto en Gran Bretaña, como en Estados Unidos, Canadá, Australia o Nueva Zelanda: las escuelas no estaban consiguiendo que todos los aprendices quedaran alfabetizados en la medida requerida para vivir "eficazmente" en las condiciones contemporáneas. Las investigaciones y los informes encargados por los gobiernos manifestaban reiteradamente que los niveles estaban descendiendo, que era necesaria una reforma educativa de gran alcance y que había que poner a punto el currículum y la pedagogía con el fin de garantizar que todos los estudiantes adquirieran, al menos, un nivel *funcional* de "alfabetismo", término que surge aquí como palabra clave.

El tercer factor era el desarrollo y la popularidad crecientes de la perspectiva *sociocultural* en los estudios del lenguaje y en las ciencias sociales (GEE, 1996, cap. 3; GEE y cols., 1996, cap. 1). Durante los decenios de 1980 y 1990, ésta influyó mucho en la comprensión conceptual y teórica de las prácticas que implicaban la utilización de textos. Los primeros trabajos importantes se basaban en teorías e investigaciones en diferentes campos, aunque compatibles en líneas generales. GEE (1996, cap. 1) los documenta muy bien. Por ejemplo, el libro de Harvey GRAFF de 1979, *The Literacy Myth*, se basaba en la historia revisionista. *The Psychology of Literacy*, de Silvia SCRIBNER y Michael COLE (1981), se basaba en unos conceptos y en una instrumentación que reflejaban los primeros trabajos sobre la cognición de VYGOTSKY y LURIA y desarrollaban un concepto de "práctica" que ha evolucionado hasta convertirse en un constructo clave de los enfoques socioculturales de la alfabetización. *Narrative, Literacy and Face in Interethnic Communication*, de Ron y Suzanne SCOLLON (1981), se ocupaba de las complejas interfaces existentes entre lingüística, antropología y epistemología para examinar las relaciones entre las prácticas sociales, las cosmovisiones, la oralidad y el alfabetismo. Shirley Brice HEATH (1983) estudió cómo se inserta el alfabetismo en los contextos culturales durante un período amplio, utilizando un diseño y unos métodos de investigación etnográficos en su principal estudio: *Ways with Words*. *Literacy in Theory and in Practice*, de Brian STREET (1984), se enraizaba fuertemente en la antropología. Junto con los trabajos anteriores efectuados por los estudiosos de la historia y los estudios culturales en Gran Bretaña, como *The British Working Class Reader*, de Robert K. WEBB (1955), y *The Uses of Literacy: Aspects of Working Class Life*, de Richard HOGGART (1957), entre otros muchos (véase: LANKSHEAR, 1999), estos estudios facilitaron una sólida base, informada por la investigación, a partir de la cual cuestionar los enfoques establecidos de la enseñanza de la lectura y la escritura en las escuelas y destacar la importancia cada vez mayor otorgada a los "aspectos básicos de la alfabetización" y al "alfabetismo funcional", impulsada por la presunta crisis de la alfabetización.

> **Reflexión y comentario**
>
> - ¿Por qué cree que mucha gente piensa que los niveles de alfabetización están directamente relacionados con la salud y el crecimiento económico nacional? ¿Le parece que es así? Si su respuesta es afirmativa, ¿de qué tipo de relación se trata? Si no, ¿por qué piensa que no hay relación directa?
> - Considere los resultados de los tests internacionales de alfabetización y de las comparaciones cruzadas de los resultados de los tests de escolares, como el *Program for International Student Assessment* (PISA; véase: nces.ed.gov/surveys/pisa). ¿Cómo y de qué manera pueden utilizarse estos resultados para configurar las sanciones que se apliquen a las escuelas o para informar sobre su política?
> - ¿Por qué cree que algunos políticos, planificadores y empresas se toman tan en serio las clasificaciones internacionales de alfabetización?

En este contexto histórico general, el "alfabetismo" surgió rápida y decisivamente como objetivo clave de la educación formal y, para muchos políticos, planificadores y administradores, se convirtió en *el* objetivo clave. Las leyes del estilo de la *No Child Left Behind Act*, aprobada en 2001 en los Estados Unidos, consagraron el alfabetismo como el nuevo "resultado final" y el nuevo "centro de gravedad" de la educación escolar. En retrospectiva, esta espectacular aparición de la alfabetización como centro de atención educativa puede considerarse desde diversos ángulos: 1) la "alfabetización" reemplazó la "lectura" y la "escritura" en la jerga educativa; 2) la alfabetización se convirtió en una industria considerable; 3) la alfabetización adquirió un estatus más noble a los ojos de los especialistas en educación; 4) "alfabetismo" llegó a aplicarse a una diversidad cada vez mayor de prácticas, y 5) el alfabetismo se está determinando en la actualidad con la palabra "nuevo".

En primer lugar, la *jerga educativa* relacionada con el desarrollo de la competencia en el manejo del texto cambió, como ya hemos señalado, pasando del lenguaje de la "lectura" y la "escritura" al de la "alfabetización". La expresión empezó a destacar en los horarios y programas escolares. Cambiaron los títulos de las revistas profesionales. Por ejemplo, la *Australian Journal of Reading* se convirtió en la *Australian Journal of Language and Literacy*, la *Journal of Reading* se convirtió en la *Journal of Adolescent and Adult Literacy* y la *Journal of Reading Behavior* se transformó en la *Journal of Literacy Research*. Del mismo modo, se renombraron las áreas correspondientes de desarrollo profesional y de recursos. Por ejemplo, la "alfabetización emergente" subsumió la expresión general convencional "preparación para la lectura" y la entonces nueva "preparación para la escritura"; "desarrollo del alfabetismo" se utilizaba en vez de "desarrollo de la lectura" o de "la escritura"; "estudios de la alfabetización", en vez de "investigación sobre las artes del lenguaje", etcétera.

El cambio de nombre no siempre ha sido muy útil, dado que, en muchos casos, la gente ha seguido haciendo, en nombre de la "alfabetización", práctica-

© Ediciones Morata, S. L.

mente lo mismo que siempre había hecho como maestros o investigadores de la "lectura". Sin embargo, el quid de la cuestión está en que, mientras que la "lectura" se concebía tradicionalmente en términos *psicológicos*, la "alfabetización" siempre ha sido un concepto mucho más *sociológico*. Por ejemplo, "analfabetismo" y "analfabeto" han llevado consigo, por regla general, connotaciones de clase o grupo social. El hecho se ser analfabeto solía asociarse con el de ser pobre, tener un estatus marginado, etcétera. Además, el enfoque sociocultural del alfabetismo rechaza rotundamente la idea de que las prácticas textuales sean en gran parte, y mucho menos exclusivamente, una cuestión de procesos que "se desarrollen en el interior de la cabeza" o que impliquen esencialmente que las cabezas se comuniquen entre sí por medio de signos gráficos. Desde una perspectiva sociocultural, el alfabetismo tiene que ver con las prácticas sociales. Los alfabetismos están vinculados a las relaciones sociales, institucionales y culturales y sólo pueden entenderse cuando se sitúan en sus contextos sociales, culturales e históricos (Gee y cols., 1996, pág. xii). Además, siempre están conectados con las identidades sociales, con el hecho de ser determinados tipos de personas. Los alfabetismos están siempre incluidos en Discursos (Gee, 2000). Desde 1992, aproximadamente, Gee distingue el Discurso (con "D" mayúscula) del "discurso". El primero refleja la idea de unas formas de ser en el mundo que integran las identidades y la segunda designa los elementos del lenguaje, o usos del lenguaje, de los Discursos (véase el comentario sobre el "alfabetismo fuerte", en las páginas 32-33). Los textos forman parte de innumerables "prácticas *vividas, habladas, activadas, marcadas por valores y creencias*" que se "desarrollan en lugares específicos y en momentos concretos" (Gee y cols., 1996, pág. 3; la cursiva aparece en el original). Leer y escribir no son lo mismo en la cultura *zine** de los jóvenes, en un espacio de *chat*** en línea, en el aula escolar, en un grupo feminista de lectura o en distintos tipos de ceremonias religiosas. Las personas leen y escriben de forma diferente, de acuerdo con las distintas prácticas sociales, y estas formas diferentes con palabras constituyen un aspecto de las distintas maneras de ser personas y las diferentes formas y facetas de hacer la vida.

Esto tiene consecuencias importantes. Desde una perspectiva sociocultural, es imposible separar de las prácticas sociales mediadas por el texto los "elementos" relacionados con la lectura o la escritura (o cualquier otro sentido del "alfabetismo") y tratarlos independientemente de los elementos "no impresos", como los valores y los gestos, el contexto y el significado, las acciones y los objetos, el habla y la interacción, las herramientas y los espacios. Todos ellos son partes no sustraíbles de totalidades integradas. Los "elementos del alfabetismo" no existen aparte de las prácticas sociales en las que se incluyen y en las que se adquieren. Si, en cierto sentido trivial, *puede* decirse que existen (por ej., como código), no *significan* nada. Por tanto, no pueden enseñarse ni aprenderse significativamente separados del resto de la práctica (Gee, 1996).

---

* "*Zine*" procede del inglés *magazine*, "revista", y es una publicación no comercial y de difusión reducida, cuyos textos e imágenes suelen ir dirigidos a un público muy concreto. Se los considera antecedentes de los *blogs*, aunque siguen publicándose con independencia de éstos. (*N. del T.*)

** Los *chats* son espacios de conversación por escrito o mensajería instantánea en la red. (*N. del T.*)

© Ediciones Morata, S. L.

Al adoptar y desarrollar el "alfabetismo" como su palabra clave, los teóricos, investigadores y educadores de orientación sociocultural tenían que evitar, entre otras cosas, el reduccionismo psicológico inscrito en más de un siglo de actividad educativa relacionada con la "lectura". Querían mantener lo *social* en primer plano y dejar muy clara la "inclusión" del alfabetismo dentro de unas prácticas sociales más generales. Sin embargo, esto se subvirtió con frecuencia cuando los especialistas y los expertos en lectura adoptaron el término "alfabetismo", sin más, sin asumir su sustancia.

En segundo lugar, el alcance y la cantidad de actividades educativas *formales* que, en aras de la alfabetización, fueron financiadas y sancionadas por la política, las orientaciones y las directrices gubernativas oficiales alcanzaron unos niveles impresionantes. La alfabetización se convirtió rápidamente en una *industria* considerable, que implicaba a proveedores públicos y privados de diversos bienes y servicios en diferentes peldaños de la escala educativa. Los programas de alfabetización de adultos y en los centros de trabajo recibieron un reconocimiento, una financiación y unas credenciales formales de un modo hasta entonces desconocido. La financiación de los proveedores solía estar vinculada a los resultados de aprovechamiento y a procedimientos de rendición de cuentas. En países como Australia, las políticas de nivel nacional y de nivel estatal introdujeron las competencias derivadas de la alfabetización en el ámbito laboral como un factor del sistema de recompensas y de remuneración, incentivando a los trabajadores para que participasen en programas de alfabetización relacionados con su trabajo y desarrollados en él. Muchos de estos programas se realizaban en horario laboral y, a menudo, se dirigían especialmente a los adultos y a los trabajadores cuya lengua original no era el idioma dominante u oficial del país.

Los recursos y las actividades de formación profesional continua aumentaron rápidamente. Los educadores dedicados a la alfabetización y las organizaciones con programas de alfabetización comenzaron a buscar recursos curriculares, enfoques pedagógicos y formación especializada para sus actividades. Rápidamente surgieron ejércitos de consultores pedagógicos, creadores de recursos y expertos en formación profesional continua para abastecer el mercado de bienes y servicios de alfabetización. En consonancia con la tradición de la educación formal, también se reconoció y, en mayor o menor medida, se financió oficialmente la idea de que ese trabajo tenía que basarse en la investigación. La alfabetización se convirtió pronto en objeto importante de la investigación educativa. Una vez más, el caso australiano figura entre las respuestas más complejas y minuciosamente estructuradas a la creencia de que unos niveles elevados de alfabetismo funcional y relacionado con el trabajo de todos los miembros de la población de una nación es condición sine qua non de una transición satisfactoria a una economía postindustrial y a una sociedad del conocimiento. A finales de la década de 1980, la *Australian Language and Literacy Policy* estableció la financiación de la investigación competitiva para apoyar un programa de investigación de nivel nacional en el campo de la alfabetización infantil. Durante la década de 1990, el programa *National Children's Literacy Projects* destinó varios millones de dólares a la investigación, que se asignaron con arreglo a unas bases muy competitivas a proyectos que abordaban diversos aspectos de la alfabetización de niños en edad escolar. Estos fondos se integraban en las partidas destinadas por las universidades a investigación, lo que, a su vez, determinaba el nivel de financiación

© Ediciones Morata, S. L.

gubernativa que recibían para actividades generales de investigación. Los centros de investigación y las facultades o departamentos especializados en educación de (lenguaje y de) alfabetización se convirtieron en puntales clave de las estructuras de las facultades de educación y a menudo aparecían entre los que obtenían mayores ingresos para investigación en sus facultades.

En tercer lugar, al mismo tiempo que la alfabetización tenía una presencia estelar cada vez mayor en el papel y en el ámbito reconocidos de la educación formal, también comenzó a ostentar un estatus *más noble* en cuanto al modo de definirla y entenderla de muchos especialistas en educación. Era como si estos especialistas en educación, que creían que la educación debía implicar mucho más y explicar mucho más de lo que se relacionaba en general con el término "alfabetización", respondieran a su puesto de honor incluyendo más aspectos en sus concepciones de alfabetización, con el fin de defender y preservar unos fines y unos niveles educativos más expansivos.

Esta tendencia se pone de manifiesto en diversas áreas e iniciativas, entre otras, los conceptos e ideales de la "alfabetización cultural", la "alfabetización crítica", la "tecnoalfabetización", las "alfabetizaciones de orden superior", la "alfabetización tridimensional", la "alfabetización fuerte", las "multialfabetizaciones", etcétera.

Por ejemplo, el interés apremiante mostrado, sobre todo en los Estados Unidos, con respecto a la alfabetización cultural a finales de la década de 1980 y principios de la de 1990, estaba relacionado con el tipo de conocimiento que se creía que necesitaban los jóvenes para poder participar eficazmente en la vida social como ciudadanos activos e informados. Los defensores de la alfabetización cultural abordaron los tipos de enfoques y programas que debían facilitar las escuelas con ese fin. Quizá la asociación del saber cultural y el alfabetismo quedara más patente en el prestigioso libro de E. D. HIRSCH (1987): *Cultural Literacy: What Every American Needs to Know*. Decía HIRSCH que los estudiantes necesitan familiarizarse con el canon cultural con el fin de que puedan desenvolverse con eficacia en su contexto social. Este canon comprende información cultural relevante de elevada categoría en la esfera pública. Se supone que todos los miembros de la sociedad comparten estos conocimientos, que forman parte de su patrimonio cultural. HIRSCH percibía cierto *analfabetismo* cultural en un número cada vez mayor de estudiantes, que no podían contextualizar la información ni comunicarse con sus iguales en el contexto de una cultura nacional más amplia porque carecían del bagaje cultural común que se presumía necesario para hacer posibles esa comunicación y el correspondiente significado. HIRSCH considera "americanos alfabetizados" a quienes poseen un determinado corpus de saberes culturales que enumera en su libro.

> **Reflexión y comentario**
>
> - ¿Hasta qué punto cree que es posible enumerar con plena seguridad los elementos más importantes del saber cultural que hay que conocer en sociedades como la suya?
>
> - Si tuviera que recopilar una lista de lo diez elementos principales del saber cultural, en su opinión, qué debiera conocer todo el mundo en su país, ¿cuáles serían? Compare su lista con las elaboradas por otras dos personas. Comente estas tres listas en relación con lo que se incluya y se excluya de ellas y las consecuencias de ambas cosas.

© Ediciones Morata, S. L.

Una explicación interesante que se basa en una perspectiva sociocultural para elaborar una concepción robusta de alfabetización puede encontrarse en un modelo "tridimensional" (GREEN, 1988, 1997). Este planteamiento sostiene que hay que concebir el alfabetismo constituido por tres dimensiones entrelazadas de aprendizaje y práctica: la operacional, la cultural y la crítica. Estas dimensiones reúnen el lenguaje, el significado y el contexto (GREEN, 1988) y ninguna de ellas tiene prioridad sobre las demás. En una visión integrada de la práctica alfabetizada y la pedagogía de la alfabetización hay que tener en cuenta todas las dimensiones al mismo tiempo. La dimensión *operacional* se centra en el aspecto lingüístico del alfabetismo. Incluye, pero sin reducirse a ella, la competencia en el manejo de los instrumentos, procedimientos y técnicas necesarios para poder utilizar con destreza el sistema del lenguaje escrito. Supone ser capaz de leer y escribir en una serie de contextos de forma adecuada y suficiente. La dimensión *cultural* supone la competencia en el sistema de significados de una práctica social; en pocas palabras, se centra en la comprensión de los textos en relación con los contextos. Esto significa saber de qué tratan determinados contextos de práctica que contribuyen a que ciertas formas concretas de leer y escribir resulten o no adecuadas. La dimensión *crítica* implica la conciencia de que todas las prácticas sociales y, por tanto, todos los alfabetismos se construyen en sociedad y son socialmente "selectivas": incluyen algunas representaciones y clasificaciones —valores, finalidades, reglas, normas y perspectivas— y excluyen otras. Para participar con eficacia y productividad en cualquier práctica alfabetizada, las personas deben socializarse en ella. Sin embargo, si los individuos se socializan en una práctica social sin percatarse de su carácter de socialmente construida y selectiva y de que puede actuarse sobre ella y transformarla, no pueden desempeñar un papel activo en su modificación. La dimensión crítica del alfabetismo es la base que permite garantizar que los individuos no sólo puedan participar en algún alfabetismo existente y crear significados en él, sino que también puedan transformarla y producirla activamente de distintas maneras (GREEN, 1988; GEE y cols., 1996). Por tanto, en vez de centrarnos en el saber "cómo" alfabetizar, el modelo 3D del alfabetismo complementa la competencia operacional o técnica, contextualizando el alfabetismo al prestar la debida atención a las cuestiones de la cultura, la historia y el poder.

Durante las dos últimas décadas, se han producido diversas explicaciones de conceptos como: "alfabetismos fuertes", "alfabetismos de orden superior" y, en fechas más recientes, "multialfabetismos". La pedagogía de los multialfabetismos se ocupa decididamente de cómo está modificando la diversidad cultural y lingüística y el creciente impacto de las nuevas tecnologías de la comunicación lo que se pide a los aprendices en relación con lo que aquí hemos llamado dimensiones operacionales y culturales de los alfabetismos. Los aprendices necesitan nuevos "saberes" operacionales y culturales con el fin de adquirir nuevos lenguajes que les den acceso a nuevas formas de trabajar y de prácticas cívicas y privadas en su vida cotidiana. Al mismo tiempo, como afirman quienes proponen los multialfabetismos, los aprendices también tienen que dominar la dimensión crítica del alfabetismo. Mary KALANTZIS y Bill COPE (1997) dejan esto muy claro con respecto a las exigencias de la alfabetización en relación con el trabajo. Señalan que con una nueva vida de trabajo llega un nuevo lenguaje, gran parte del cual puede atribuirse a las nuevas tecnologías, como "modalidades iconográficas, textuales y centradas en la pantalla de interacción con maquinaria automática" y a los cambios de las relaciones sociales del trabajo (KALANTZIS y COPE, 1997, pág. 5). Esta nueva vida de trabajo puede ser aún más explotadora e injusta que su predecesora. En consecuencia, KALANTZIS y COPE dicen que para responder a los radicales cambios contemporáneos de la vida laboral, los educadores alfabetizadores tienen que caminar en la cuerda floja. Por una parte, los aprendices deben:

> tener la oportunidad de desarrollar competencias para acceder a nuevas formas de trabajo mediante el aprendizaje del nuevo lenguaje laboral. Sin embargo, al mismo tiempo, como docentes, nuestra función no consiste simplemente en ser tecnócratas. Nuestra tarea no consiste en producir trabajadores dóciles y obedientes. Los estudiantes tienen que desarrollar las competencias decir lo que piensan, negociar y ser capaces de participar críticamente en las condiciones de su vida laboral.
>
> (*Ibid.*, pág. 6.)

En segundo lugar, es muy claro que los alfabetismos, concebidos desde un punto de vista sociocultural en general y desde la perspectiva de los multialfabetismos en concreto, suponen gran cantidad de conocimientos. Estar alfabetizado implica mucho más que saber únicamente *cómo* utilizar el sistema lingüístico. Las facetas cultural y crítica del saber inherentes al estar alfabetizado son considerables. De hecho, gran parte de lo que los proponentes de los multialfabetismos han explicado son los nuevos y cambiantes componentes del saber de los alfabetismos en las condiciones sociales, económicas, culturales, políticas y cívicas contemporáneas. En otras palabras, estar alfabetizado en cualquiera de las múltiples formas que adoptan los alfabetismos presupone unas complejas amalgamas de formas proposicionales, procedimentales y "eficientes" del saber. Para dar sentido, hay que hacer un uso exhaustivo del saber, y gran parte del saber que el aprendizaje escolar tiene que desarrollar y movilizar participa en el acto de dar sentido.

La idea de que los alfabetismos pueden ser más o menos "fuertes" se desarrolló en una serie de frentes muy diversos durante los últimos años de la década de 1980 y en el decenio de 1990. Mencionaremos brevemente aquí dos ejemplos. El primero es la explicación dada por James GEE. El segundo es una visión relacionada con un grupo de lingüistas de Australia cuyo trabajo ejerció gran influencia en la década de 1990.

Para GEE (1990), un alfabetismo fuerte no es per se un alfabetismo concreto, sino, más bien, una forma de utilizarlo. Define el estar alfabetizado como tener el control o un dominio fluido de los usos del lenguaje en lo que él llama "Discursos secundarios". GEE define los "Discursos" como "formas de estar en el mundo", que integran palabras, actos, gestos, actitudes, creencias, fines, ropas, movimientos y posturas corporales, etcétera. Los Discursos también integran *identidades*, en el sentido de que, mediante su participación en Discursos individuales, son identificadas e identificables como pertenecientes a grupos o redes socialmente significativos y como sujetos que desempeñan roles socialmente significativos (*ibid.*, págs. 142-143). El lenguaje forma parte de los Discursos, pero los Discursos siempre son mucho más que lenguaje a secas. Los usos del lenguaje, o lo que GEE llama "trozos de lenguaje" de los Discursos, son "trozos conectados de lenguaje que tienen sentido", que son significativos en un Discurso (*ibid.*, pág. 143). Los usos del

© Ediciones Morata, S. L.

lenguaje varían de un Discurso a otro, pero, entre los ejemplos conocidos, tenemos "conversaciones, relatos, informes, argumentos, ensayos", así como explicaciones, órdenes, entrevistas, formas de obtener información, etcétera (*ibid.*, pág. 143).

Gee distingue entre el Discurso primario de una persona y su uso característico del lenguaje (al que suele referirse llamándolo "discurso", con "d" minúscula) y sus Discursos secundarios y sus respectivos usos del lenguaje. Nuestro Discurso primario implica "la comunicación cara a cara con los íntimos" y es el Discurso de nuestro grupo inmediato (*ibid.*, pág. 143). Los Discursos primarios difieren de un grupo social a otro (por ej., según clase social, carácter étnico, etc.). Cada uno de nosotros pertenece sólo a un Discurso primario, que configura quién y qué somos inicialmente como personas. Los miembros de todos los grupos sociales que van más allá de los encuentros inmediatos, cara a cara, también encuentran Discursos secundarios mediante su participación en instituciones secundarias, como escuelas, iglesias, clubes deportivos, grupos comunitarios, centros de trabajo, etcétera. Estos Discursos secundarios tienen sus propios usos del lenguaje, más o menos característicos y configuran nuestras identidades de determinadas maneras, cuando adoptamos sus creencias, fines, formas de hablar y actuar, de movernos, de vestir, etcétera. Así pues, según Gee, dado que hay muchos Discursos secundarios y, como el alfabetismo y el hecho de estar alfabetizado se definen por el control de los usos secundarios del lenguaje, hay diversos —en realidad, *muchos*— alfabetismos y formas de estar alfabetizados. No obstante, en todos los casos, estar alfabetizado supone ser capaz de usar el lenguaje "correcto" de maneras "correctas" dentro de un Discurso. Esto se corresponde grosso modo con el dominio de las dimensiones "operacional" y "cultural" del alfabetismo mencionadas antes.

Sobre la base de estas ideas, Gee define el alfabetismo *fuerte* en relación con el uso de un lenguaje secundario como "metalenguaje" para comprender, analizar y criticar otros Discursos y su forma de constituirnos como personas y situarnos en la sociedad (*ibid.*, pág. 153; véase también: Gee, 1991, págs. 8-9). Entiende "metalenguaje" como "un conjunto de metapalabras, metavalores [y] metacreencias" (Gee, 1990, pág. 153). Así definida, la práctica de un alfabetismo fuerte puede constituir la base para reconstruir nuestros yos o identidades y resituarnos en la sociedad.

Para comprender y criticar un determinado Discurso utilizando un alfabetismo fuerte derivado de algún otro Discurso hace falta comprender ambos Discursos *como Discursos*: qué son, cómo operan, qué valores y formas de estar en el mundo promueven, cómo reflejan y facilitan esto sus "elementos de lenguaje". Éste es el saber de metanivel. En el alfabetismo fuerte nos basamos en este saber para tener una razón, una base y una alternativa en cuyos términos podamos decidir desentendernos de otro Discurso o trabajar para cambiarlo.

> **Reflexión y comentario**
>
> Identifique y comente la primera vez que recuerde haber pensado que su lengua materna y sus prácticas sociales (o su Discurso primario) no eran como los de otra persona. Describa el contexto en el que se le ocurrió el pensamiento. Si no puede recordar una primera vez, describa una ocasión en la que haya sido muy consciente de esa diferencia.

© Ediciones Morata, S. L.

Basándose en recursos como los señalados a continuación, describa algunos aspectos en los que el Discurso primario de un estudiante pueda diferir significativamente del Discurso secundario del que tenga experiencia en la escuela:

- Heath (1983)
- Hicks (2001)
- Hull y Schultz (2001)
- Knobel (1999)

Una escuela de lingüistas sistémico-funcionales, que llegaron a conocerse entre los educadores como "teóricos del género"*, elaboró en Australia una descripción muy diferente del lenguaje fuerte. Adaptaron la teoría lingüística sistémico-funcional de Michael Halliday y sus trabajos, tratando de conferirle posibilidades de transformación social. Su premisa subyacente era que determinados grupos sociales y sus géneros característicos tienen más poder que otros grupos y sus géneros. Asociaban el poder social con el dominio de unos géneros que, en su opinión, podían enseñarse y aprenderse en condiciones de clase. Sostenían que los géneros poderosos y sus finalidades sociales pueden —y *deben*— identificarse y enseñarse explícitamente a los estudiantes y, en especial, a aquellos que proceden de medios marginados o de ambientes no angloparlantes. Desde este punto de vista, el dominio del género y el uso satisfactorio de los géneros poderosos dependen de la capacidad de la persona para hacer las opciones lingüísticas "correctas", de acuerdo con los contextos inmediatos y los fines sociales. Los teóricos del género decían que los significados —y los efectos sociales del uso del lenguaje— dependen directamente de las opciones de lenguaje que, a su vez, dependen de los fines propios. Mantenían que el dominio del lenguaje y el alfabetismo se evalúan adecuadamente de acuerdo con el repertorio de posibles opciones lingüísticas que el usuario del lenguaje sea capaz de manejar con suficiencia y que un repertorio lingüístico amplio puede enseñarse y refinarse explícitamente en clase (cf. Christie, 1987; Martin, 1993; Martin y Rothery, 1993).

Desde el punto de vista de estas y otras perspectivas similares, se consideraba muy importante garantizar que los planes de alfabetización fuesen expansivos, teniendo en cuenta de qué modo se estaba priorizando la alfabetización en la política educativa y las posibilidades reales de que los intereses económicos y políticos "dirigieran" la alfabetización en una línea estrecha y minimalista.

En cuarto lugar, desde los decenios de 1980 y 1990, el término "alfabetismo" se ha aplicado a una diversidad cada vez mayor de prácticas. En la actualidad, se ha llegado a un punto en el que parece que casi cualquier saber y casi cualquier aprendizaje que se estimen válidos desde el punto de vista educativo pueden concebirse, de un modo u otro, como alfabetismo.

A veces, esto implica que el "alfabetismo" se convierta en una metáfora de "competencia", "destreza" o "capacidad de ejecutar algo". Ciertos conceptos,

---

* Para los *teóricos del género* de la escuela australiana de la *gramática sistémico-funcional*, el género es una actividad social en la que el papel del lenguaje es clave. Hay otras escuelas que utilizan el concepto "género", de alguna manera importado por la lingüística de la literatura, como la *Nueva retórica* norteamericana y la del *inglés con fines específicos*, cuya definición de "género" sería algo diferente, pero todas ellas destacan el carácter social del mismo. (*N. del T.*)

© Ediciones Morata, S. L.

como "estar alfabetizado en informática" o "tecnológicamente alfabetizado" se utilizan a veces para dar a entender, sin más, que determinada persona se desenvuelve más o menos bien con un ordenador o algún otro aparato, como una videograbadora es decir que: puede "entender" y "utilizar" ordenadores o puede programar su vídeo o su teléfono móvil. En este sentido, hablar de estar alfabetizado en ordenadores o tecnológicamente alfabetizado se ha convertido en una terminología corriente. En realidad, esto es un indicio de que, durante las dos o tres últimas décadas, el alfabetismo centrado en un sector se ha convertido en un problema social y en un ideal educativo.

Si nos acercamos más a las asociaciones más literales con el lenguaje per se, oímos referencias frecuentes al "alfabetismo oral", el "alfabetismo visual", el "alfabetismo informativo", el "alfabetismo mediático", el "alfabetismo científico" e incluso el "alfabetismo emocional". Estos usos ponen en primer plano la idea de ser capaz de comunicar o de entender —como productor o receptor— utilizando signos, señales, códigos, imágenes gráficas. En casos como el de el "alfabetismo científico", el concepto implica la capacidad de leer y escribir de forma significativa el lenguaje y la literatura de la ciencia. Se parece mucho a la idea introducida en la década de 1970 por filósofos como Paul HIRST (1974) con respecto al saber y las disciplinas académicas. HIRST hablaba de "formas y campos del saber" —formas sistemáticas de entender el mundo, tipificadas por las disciplinas académicas— que tienen sus propios "lenguajes y literaturas" discretos. "Ser persona entendida" en una forma o campo del saber significaba ser capaz de "hablar" su lenguaje y "leer y escribir su literatura". El lenguaje comprendía los procedimientos, técnicas, normas, métodos utilizados por los profesionales expertos. La literatura comprendía los productos generados por profesionales dignos de confianza y competentes que hablaran el lenguaje en cuestión.

En el caso de ideas como el "alfabetismo mediático" o el "alfabetismo informativo", hallamos a veces la implicación de que tenemos que aprender a "leer" los medios de comunicación o las fuentes de información de un modo especializado, con el fin de "entender lo que en realidad aparece allí" y evitar que nos engañen. La idea es que siempre hay formas de descifrar lo que aparece en los medios de comunicación y la información de manera más o menos *aguda* o *crítica*, como los "entendidos" o, al menos, como receptor o productor eficaz en los espacios mediáticos en cuestión. Hasta cierto punto, esto supone la capacidad de identificar las estrategias y técnicas que se utilizan para producir determinados tipos de efectos en lo que pensamos, creemos o deseamos.

Tenemos un ejemplo en la exposición que hacen David SHOLLE y Stan DENSKI (1993) sobre la televisión, en su tratamiento del alfabetismo mediático crítico. Observan que la televisión puede considerarse como "una *máquina pedagógica*" que opera para construir discursos "que funcionan primordialmente en lugar de una modalidad de transmisión en la que 'la cultura la definen únicamente los mercados de la cultura'" (1993, pág. 309; la cursiva aparece en el original; la cita es de WEXLER, 1988, pág. 98). SHOLLE y DENSKI dicen que, para que los docentes eduquen a los alumnos para alfabetizarlos mediáticamente,

> debemos prestar atención a las múltiples referencias y códigos que los sitúan [a los aprendices]. Esto significa prestar atención a la manera en que los textos de la cultu-

ra popular se construyen y constituyen diversos códigos discursivos, pero también cómo expresan esos textos diversos intereses ideológicos contradictorios y cómo pueden adoptarse estos textos de manera que posibiliten diferentes construcciones de vida cultural y política.

(1993, pág. 309.)

En la actualidad, uno de los "alfabetismos" más populares en el sentido apuntado es el "alfabetismo digital". Aparece en muchos documentos de política educativa como un objetivo educativo fundamental. A menudo, esta tendencia se asocia al temor de la aparición de una "diferencia digital"*, entre quienes estén alfabetizados digitalmente y quienes no. Se teme que una diferencia digital cree una profunda desigualdad social y económica, situación en la que los no alfabetizados digitalmente queden en una posición de grave desventaja. Quienes promueven un plan de alfabetización digital para prevenir las desigualdades resultantes de una diferencia digital creen que necesitamos captar la esencia de lo que supone estar alfabetizado digitalmente y transmitir las competencias y conocimientos necesarios a todas las personas implicadas en la educación y a los trabajadores, de manera que no se encuentren en desventaja para aprender o en el trabajo. Además, quienes no se dediquen a la educación o no trabajen pero quieran participar en actividades culturales utilizando las nuevas tecnologías también deben tener la oportunidad de ser alfabetizados digitalmente.

Las definiciones de "alfabetismo digital" son, principalmente, de dos tipos: definiciones conceptuales y conjuntos estandarizados de operaciones que pretenden facilitar *normalizaciones* nacionales e internacionales del alfabetismo digital. Dos de las definiciones conceptuales más conocidas son la de Richard LANHAM (1995) y la de Paul GILSTER (1997; en POOL, 1997).

LANHAM (1995, pág. 198) dice que el "alfabetismo" ha ampliado su alcance semántico desde "la capacidad de leer y escribir" al significado actual de "la capacidad de comprender la información con independencia de cómo se presente". Hace hincapié en el carácter multimediático de la información digital y afirma que estar alfabetizado digitalmente supone "ser competente para descifrar imágenes y sonidos complejos, así como las sutilezas sintácticas de las palabras" (*ibid.*, pág. 200). Las personas alfabetizadas digitalmente se "mueven rápidamente de un tipo de medio a otro... saben qué tipos de expresión se adaptan a cada tipo de saber y saben presentar [su] información en el medio que resulte más fácil de entender a [su] público" (*ibid.*). El alfabetismo digital nos permite adaptar el medio que utilicemos al tipo de información que estemos presentando y al público al que la presentemos.

GILSTER define el alfabetismo digital como "la capacidad de comprender y utilizar la información en múltiples formatos de una amplia diversidad de fuentes cuando se presenta a través de ordenadores" y, en especial, a través de Internet (GILSTER, en: POOL, 1997, pág. 6). Enfatiza las que considera diferencias intrínsecas entre los medios *digitales* de información y los medios impresos tradicionales.

---

* La expresión inglesa es *digital divide*, que se ha traducido y se traduce como "división digital" y "brecha digital". Preferimos "diferencia digital", que también se utiliza, porque evita la traducción excesivamente literal "división" y la metafórica "brecha", optando por un término preciso y descriptivo de la situación. (*N. del T.*)

© Ediciones Morata, S. L.

El alfabetismo digital supone "adaptar nuestras competencias a un nuevo medio evocador [y] nuestra experiencia de Internet estará determinada por nuestro dominio de sus competencias fundamentales" (*ibid*.). No obstante, estas competencias no son meramente "operativas" o "técnicas". El alfabetismo digital implica "dominar ideas, no tecleos" (*ibid*.). GILSTER señala cuatro competencias clave del alfabetismo digital: integración de saberes, evaluación de contenidos de la información, búsqueda por Internet y navegación hipertextual. En su libro: *Digital Literacy* (GILSTER, 1997), describe detenidamente cada una. GILSTER dice que tenemos que enseñar y aprender "a utilizar la web adecuadamente y a ser críticos" y que "todos nosotros tenemos que aprender estas competencias" (GILSTER, en: POOL, 1997, pág. 8). Menciona GILSTER la conocida imagen de los estudiantes que utilizan Internet para buscar información que cortan y pegan simplemente en una "apresurada colección de citas o elementos multimedia" y dice que tenemos que enseñar a los estudiantes "a asimilar la información, evaluarla y después reintegrarla" (en: POOL, 1997, pág. 9).

La expresión "operativizaciones normalizadas" o "estandarizadas" se refiere a los intentos de operativizar lo que implica estar "alfabetizado digitalmente" en términos de determinadas tareas, actuaciones, demostraciones de competencias, etc., y disponerlas en un conjunto estándar que pueda adoptarse de forma generalizada. Algunas son poco más que codificaciones de conjuntos de operaciones específicas, en el nivel que GILSTER llama "tecleos". Otras se acercan más a la idea de la "preocupación por los significados" de GILSTER.

Hacia el extremo de "tecleo" del espectro, está el enfoque del *Global Digital Literacy Council* (GDLC). Uno de los objetivos fundamentales del *Council* es "revisar y poner al día los *Digital Literacy Standards** basándose en las ideas de expertos en la materia de todo el mundo (gdlc.org). Las normas vigentes del GDLC se reflejan en el programa *Internet and Computing Core Certification* (IC[3]) de *Certiport* (certiport.com). Este programa de certificación examina los elementos fundamentales de la informática, las aplicaciones clave y la vida en línea. Las preguntas del test relativo a los elementos fundamentales de la informática —*Computing Fundamentals*— presentan tareas del estilo de pedir a los alumnos que marquen todos los "dispositivos de salida" de una lista en la que aparecen elementos como *joystick*, monitor, altavoces, teclado, etc.; escoger entre cuatro respuestas (mil, un millón, mil millones, un billón) la correcta en relación con el número de *bytes* de un *megabyte*; crear una carpeta nueva en la unidad C en un administrador de archivos simulado, y relacionar "sistema operativo", "aplicación" y "programa de utilidad"** con tres definiciones dadas. Las preguntas que examinan las aplicaciones clave —*Key Applications*— utilizan un conjunto de simulaciones y piden a los examinandos que inserten contenidos del portapapeles en el punto de inserción designado, y salir del programa *Word* sin utilizar el botón de cierre de la ventana. Las actividades que evalúan los conocimientos y competencias relacionados con "vivir en línea" —*Living Online*— utilizan simulaciones en

---

* "Estándares de alfabetización digital". (*N. del T*.)

** Aunque todavía no lo recoge el diccionario de la RAE, en la jerga informática, los "programas de utilidad" o "utilidades" son los programas de reparación y mantenimiento de los sistemas informáticos. (*N. del T*.)

© Ediciones Morata, S. L.

las que los examinandos tienen que poner el "asunto" en un mensaje de correo electrónico y enviarlo, ir a la dirección especificada de una página web y encontrar la historia de los sitios visitados en un navegador web.

Hacia el extremo de "preocupación por el significado" del espectro, está una operativización elaborada por el *US Educational Testing Service* (ETS) para entornos de educación superior. Desde la perspectiva del ETS, el alfabetismo digital se considera como "la capacidad de utilizar adecuadamente la tecnología digital, las herramientas de comunicación y las redes para resolver problemas de información con el fin de desenvolverse en la sociedad de la información" (ets.org). Comprende "la capacidad de utilizar la tecnología como una herramienta para investigar, organizar, evaluar y comunicar información y la comprensión básica de las cuestiones éticas y legales que rodean el acceso y el uso de la información".

La operativización de ETS comprende de 12 a 15 tareas en tiempo real, "basadas en un escenario" (pueden verse ejemplos de tareas en: ets.org/Media/Tests/ICT_Literacy/pdf/ict_literacy_task_matrix.pdf). Las tareas contemplan materias de las áreas de humanidades, ciencias naturales, ciencias sociales y cultura popular y asuntos prácticos, y utiliza una versión genérica de una o más de 12 herramientas de las tecnologías de la información y la comunicación (por ej., un procesador de texto, *software* de presentaciones, un navegador web y un servidor de correo electrónico). Los examinandos realizan una serie de "tareas de gestión de información" como: "extraer información de una base de datos, desarrollar una hoja de cálculo o componer un mensaje de correo electrónico que se refiera a descubrimientos de investigación". Las siete competencias son: definir, acceder, gestionar, integrar, evaluar, crear y comunicar.

Por último, recientemente, los estudiosos y los investigadores del alfabetismo han comenzado a utilizar las palabras "nuevo" y "nuevos" con "alfabetismo" y "alfabetismos". Esto se ha producido de dos maneras principales, que llamamos, respectivamente, *paradigmática* y *ontológica*.

El sentido *paradigmático* de "nuevo" surge en el habla de los "*New Literacy Studies*" (Gee, 1996, 2000; Street, 1993). Éstos remiten a un determinado enfoque sociocultural de la comprensión y la investigación del alfabetismo. Los "*New Literacy Studies*" pueden considerarse como un nuevo *paradigma* teórico y de investigación con respecto al alfabetismo: una nueva alternativa al paradigma establecido con anterioridad, basado en la psicolingüística. En este caso, el uso de "nuevo" remeda el utilizado en denominaciones de iniciativas o movimientos como la *New School of Social Research*, la *New Science*, la *New Criticism* (y los *New Critics*). En todos esos casos, los proponentes creen que su proyecto plasma un paradigma nuevo y diferente en relación con la ortodoxia existente o el enfoque predominante.

Este sentido paradigmático de "nuevo", en relación con el alfabetismo, no tiene que ver con los nuevos alfabetismos en cuanto tales, sino con un nuevo enfoque del pensamiento sobre el alfabetismo como fenómeno social. En realidad, muchos estudiosos relacionados con el paradigma *New Literacy Studies* están investigando y escribiendo sobre los tipos de prácticas que denominamos "nuevos alfabetismos", pero esto es una casualidad. El "*New*" de los *New Literacy Studies* y el "nuevos" de los nuevos alfabetismos, en el sentido que comentamos aquí, son ideas muy diferentes. Por la misma razón, y por razones que esperamos que se pongan de manifiesto en este libro, creemos que los nuevos alfabetismos, en el sentido en el que los entendemos y describimos aquí, sólo pueden investigarse eficazmente desde un punto de vista sociocultural, del que los *New Literacy Studies* son un ejemplo.

Pretendemos relacionar directamente nuestra idea del sentido *ontológico* de "nuevo" con los nuevos alfabetismos de los tipos que comentamos aquí. Los términos "ontológico" y "ontología" se están utilizando de muchas maneras en el contexto del discurso sobre las nuevas tecnologías y las nuevas prácticas sociales que las implican, por lo que es necesario que manifestemos lo que queremos decir cuando utilizamos "ontológico". En lenguaje sencillo, empleamos aquí "ontológico" para referirnos a la "naturaleza" o "sustancia" de los nuevos alfabetismos. Decir que los "nuevos" alfabetismos son ontológicamente nuevos es decir que están constituidos por un tipo de sustancia diferente del de los alfabetismos convencionales que conocimos en el pasado. Es la idea de que se han producido cambios en el carácter y en la sustancia de los alfabetismos, relacionados con cambios más amplios en la tecnología, las instituciones, los medios de comunicación y la economía, y con el rápido movimiento hacia una escala global en la fabricación, las finanzas, las comunicaciones, etcétera. En nuestra opinión, esta idea puede desglosarse en dos partes.

La primera parte tiene que ver con la aparición de las tecnologías digitales electrónicas y, con ello, la aparición de las formas "postipográficas" de textos y de producción de textos. Es la idea de que los "nuevos" alfabetismos son tipos de fenómenos diferentes de los alfabetismos convencionales, basados en la letra impresa: están constituidos por una sustancia diferente o son significativamente distintos por naturaleza. El argumento es que los cambios contemporáneos han influido en las prácticas sociales en todas las áreas principales de la vida cotidiana de las sociedades modernas: en el trabajo, en el ocio, en el hogar, en la educación, en la comunidad y en la esfera pública. Las prácticas sociales establecidas han cambiado y han surgido y siguen surgiendo nuevas formas de prácticas sociales a un ritmo rápido. Muchas de estas prácticas sociales nuevas y cambiantes suponen formas nuevas y cambiantes de producir, distribuir, intercambiar y recibir textos por medios *electrónicos*. Así, la producción e intercambio de formas multimodales de textos que pueden llegar mediante el código digital, lo que Richard LANHAM (1994) llama "la rica señal" como: sonido, texto, imágenes, vídeo, animaciones y cualquier combinación de éstos.

En el sentido ontológico de "nuevo", la categoría de "nuevos alfabetismos" alude a las prácticas mediadas por formas de texto "postipográficas". Los alfabetismos "ontológicamente nuevos" implican cosas como utilizar y construir hiperenlaces entre documentos e imágenes, sonidos, películas, etc.; enviar mensajes de texto por teléfono móvil; usar lenguajes semióticos digitales (como los utilizados por los personajes en el juego en línea por episodios *Banja*, o los emoticonos utilizados en el correo electrónico, los espacios de charla en línea o en la mensajería instantánea); manipular un ratón para moverse por un texto; leer las extensiones de los archivos e identificar el *software* que "leerá" cada uno; navegar por mundos tridimensionales en línea; descargar imágenes de una cámara o teléfono digital a un ordenador o a Internet; insertar texto en una imagen o animación digital, adjuntar sonido a una imagen o insertar sonido en una imagen; construir universos multimedia de juegos de rol en línea; escoger, construir o personalizar la plantilla de un blog.

La segunda parte de la idea de los nuevos alfabetismos, en cuanto ontológicamente nuevos, es un poco más compleja, como comentaremos con detenimiento en

© Ediciones Morata, S. L.

el Capítulo II. Pensemos en las observaciones hechas en el párrafo anterior, que tienen que ver primordialmente con los alfabetismos ontológicamente nuevos que implican un tipo de "sustancia *técnica*" diferente de la de los alfabetismos convencionales, por ejemplo, pantallas y píxeles en vez de papel y tipografía, código digital en vez de impresos (sea impresos a mano, a máquina o en prensa), perfectamente multimodal en vez de procesos distintos según las diferente modalidades (texto, imagen, sonido), etc. Lo que queremos decir aquí es que, además de estar constituidos por una "sustancia *técnica*" diferente de la de los alfabetismos convencionales, los nuevos alfabetismos también están constituidos por lo que podríamos llamar "sustancia *espiritual*" diferente de la que asociamos típicamente con los alfabetismos convencionales. Por ejemplo, con frecuencia, son más "participativos", más "colaborativos" y más "distribuidos", así como menos "editados", menos "individualizados" y menos "autorcéntricos" que los alfabetismos convencionales. Cuando expliquemos esto en el próximo capítulo, diremos que la "sustancia" de lo que interpretamos como nuevos alfabetismos refleja una *forma de pensar* distinta de la que configura en gran medida los alfabetismos convencionales. Implican tipos diferentes de *relaciones* sociales y culturales, se derivan de tipos distintos de prioridades y valores, etcétera. Por lo menos, es así en una medida que permite hacer la distinción entre alfabetismos convencionales y nuevos en un sentido amplio. Nos parece que el "espíritu" diferente de los nuevos alfabetismos está ligado de forma compleja al distinto carácter "técnico" de los nuevos alfabetismos, pero es útil separar estos aspectos como dos dimensiones de lo que nos parece *ontológicamente* nuevo en los nuevos alfabetismos.

Los capítulos siguientes se centran sobre todo en los alfabetismos que están relacionados con el masivo crecimiento de las tecnologías electrónicas de la información y las comunicaciones y su papel y lugar crecientes en nuestra vida cotidiana. Las escuelas han señalado que los alfabetismos, en este sentido postipográfico, constituyen en gran medida su principal reto, en lo que se refiere a la incorporación de los "nuevos alfabetismos" a sus programas y a su carácter de medios para el aprendizaje.

Al mismo tiempo, como sugiere nuestra referencia anterior al proyecto de "multialfabetismos", no nos parece que la relación entre los "nuevos alfabetismos" y las nuevas tecnologías electrónicas digitales sea de uno a uno. En otras palabras, creemos que es posible considerar "nuevos" algunos alfabetismos *sin que impliquen necesariamente el uso de tecnologías electrónicas digitales*. El proyecto de "multialfabetismos" nos recuerda que hay cierto número de prácticas de alfabetización, aparecidas recientemente, relacionadas con los cambios contemporáneos de nuestras instituciones y de la economía, que no tienen por qué implicar el uso de las nuevas tecnologías o que, al menos, el uso en ellas de las nuevas tecnologías es opcional y, en todo caso, no constituyen un aspecto especialmente importante de las mismas. Esto se aplica de modo especial a algunos alfabetismos importantes relacionados con el trabajo. También es esto cierto con respecto a la masiva entrada en muchos países occidentales de los comics *manga** en formato impreso, al uso habitual de actividades de construcción de escenarios que hacen las empresas, las organiza-

---

* En japonés, el término *manga* significa "historieta", pero fuera de Japón se utiliza para referirse a las historietas japonesas, cuyo estilo de dibujo combina ciertos rasgos del estilo *ukiyo-e* tradicional con el estilo occidental. (*N. del T.*)

© Ediciones Morata, S. L.

ciones políticas, gubernamentales, no gubernamentales e instituciones educativas y a la participación a gran escala, sobre todo de jóvenes, en una serie de juegos de cartas muy complejos, como Pokémon, DragonBall Z y Yu-Gi-Oh!*

Al mantener esta postura, no subestimamos de ninguna manera la enorme importancia que tienen en la vida diaria los alfabetismos postipográficos, mediados por la electrónica, ni el lugar privilegiado que ocupan en cualquier concepción útil de los "nuevos alfabetismos". Por la misma razón, creemos que establecer como necesario el vínculo entre los "nuevos" alfabetismos y las tecnologías electrónicas digitales marginaría injustificadamente el estatus de muchas prácticas de alfabetización "nuevas" como fenómenos sociales. Por consiguiente, queremos dejar cierto espacio para una dimensión *cronológica* en nuestra exposición de los nuevos alfabetismos, por lo que es posible que haya que admitir como "nuevos" algunos alfabetismos aunque no sean ontológicamente nuevos en cuanto a su "sustancia técnica". Ejemplos de este tipo de nuevas tecnologías son la construcción de escenarios, los *zines* en papel y la *fanfiction* y el *fanmanga* impresos.

La importancia de esta tercera idea del "nuevo" quedó subrayada, por pura coincidencia, al cabo de una hora tras la redacción de los dos párrafos precedentes, cuando *Yahoo News* puso la versión en línea de un artículo de *USA Today* (véase: MEMMOTT, 29 de diciembre de 2005, s/pág.). El artículo informa de que, a partir del 8 de enero de 2006, *Los Angeles Times* y *Seattle Intelligencer* publicarían una tira *manga* titulada *Peach Fuzz*. Según el artículo, se esperaba que otros periódicos estadounidenses publicaran tiras *manga* durante 2006. El personal de ambos periódicos mencionó, como razón clave de la decisión de publicar tiras *manga*, el deseo de atraer a nuevos lectores y "especialmente a los más jóvenes que, si no, acudirían a las noticias y pasatiempos en línea". El artículo decía también que el *manga* se encuentra en la actualidad entre "los géneros de más rápido crecimiento en la edición de los Estados Unidos" (MEMMOTT, 29 de diciembre de 2005, s/pág.).

Queda por hacer aquí una observación importante, que nos parece interesante y que desarrollaremos con más detalle en el Capítulo III. Al examinar los alfabetismos cronológicamente recientes, que nos gustaría llamar "nuevos" pero no están hechos con una "sustancia técnica" nueva, descubrimos que sí lo *están* con una "sustancia espiritual" nueva. Así, si examinamos ejemplos como la construcción de escenarios, la *fanfiction* en papel y los *zines* impresos, descubrimos que reflejan características claves del pensamiento que asociamos con los nuevos alfabetismos. Enfatizan las relaciones de colaboración, participación, dispersión, pericia distribuida. En otras palabras, aunque esos nuevos alfabetismos no sean "nuevos" en el aspecto de la "sustancia técnica" de su ontología, *son* ontológicamente nuevos en cuanto a su "sustancia espiritual". Esto nos permitirá distinguir en el Capítulo III entre casos paradigmáticos de nuevos alfabetismos —que son nuevos en *toda* su ontología— y casos periféricos de nuevos alfabetismos.

En el Capítulo II, continuamos nuestra exposición de lo que interpretamos como "nuevo" en relación con los alfabetismos, abordando el tema de las formas de pensar, que se relaciona con lo que hemos denominado "sustancia espiritual" de los nuevos alfabetismos.

---

* Basados en las series homónimas de dibujos animados. (*N. del T.*)

© Ediciones Morata, S. L.

Reflexión y comentario

Tomando como base para decidir lo tratado en este capítulo, ¿Cuáles de los siguientes ejemplos no se considerarían "nuevas" alfabetizaciones y por qué?

- Leer en línea una o todas las obras de SHAKESPEARE.
- Aportar algo a un *wiki*, como Wikipedia.org.
- Acceder a un archivo documental portable (pdf) del trabajo de un estudiante archivado en línea.
- Ver versiones digitalizadas en línea de antiguos programas de televisión (por ej.: utilizar video.google.com para buscar programas como *El show de Mary Tyler Moore* o *Perdidos en el espacio*).
- Jugar a un juego en línea en el que participan muchos jugadores, como *Kingdom of loathing.com*.
- Utilizar un paquete educativo de CD-ROMS, como la serie *El conejo lector,* para practicar la lectura y la ortografía.
- Crear animaciones de tipo *fan* que mezclen clips de diversos programas y películas de animación.
- *Bloguear* (véase: Technorati.com).
- Escanear un relato escrito e ilustrado a mano y ponerlo en línea.
- Utilizar *software* de manipulación de imágenes, como *Photoshop*, para modificar, realzar o caricaturizar una imagen para aportarla a un conjunto de imágenes modificadas del mismo modo, en torno a un tema o mensaje dado.

Repita esta actividad después de leer los Capítulos II y III y compare sus respuestas y razones con las dadas aquí.

© Ediciones Morata, S. L.

CAPÍTULO II

Los nuevos alfabetismos y el problema de las mentalidades*

Introducción

Este capítulo argumenta que los "nuevos" alfabetismos están relacionados con una forma de pensar emergente y en evolución y que la idea de los alfabetismos "nuevos" es una manera útil de conceptualizar lo que podemos considerar como un componente de la "dialéctica alfabetizadora" que se está desplegando. Con *dialéctica* nos referimos a una especie de trascendencia, en la que dos fuerzas que están en tensión "resuelven sus diferencias", por así decir, y evolucionan hacia algo que lleva la impronta de ambas, aunque sea cualitativamente diferente de ellas.

Desde el siglo XVIII y, en especial, desde la Revolución Industrial, los países industrializados occidentales se han desarrollado siguiendo una trayectoria en conjunción con una forma de pensar característica sobre el mundo y la manera de responderle. Podemos llamar *mentalidad* a esta forma general de pensar sobre el mundo. Parte de esta trayectoria y la mentalidad con ella asociada incluía el desarrollo de ciertos tipos y cualidades de prácticas y formas de pensar sobre la alfabetización. Sin embargo, no hace mucho, se han producido importantes cambios a una escala histórica. Están relacionados con el desarrollo y consumo masivo de aparatos con tecnologías electrónicas digitales y la aparición de una nueva modalidad de desarrollo de tipo "postindustrial", en líneas generales (por ej.: CASTELLS, 1996, 2000). Estos cambios han ido acompañados por la aparición de nuevas formas de pensar sobre el mundo y de responderle. Ha comenzado a surgir un nuevo tipo de mentalidad y han empezado a evolucionar ciertos tipos de *alfabetismos* nuevos. Podemos llamarlos "nuevos" alfabetismos. Aunque estos alfabetismos

---

* Utilizamos el término *mentalidad* para traducir la palabra inglesa *mindset*. No hay una correspondencia exacta entre ambos términos. Como se verá a lo largo del capítulo, *mindset* se refiere a la "forma de pensar, sentir, actuar, etc., sobre el mundo". Por eso hemos optado por traducirlo con el término "mentalidad". (*N. del T.*)

© Ediciones Morata, S. L.

"nuevos" tienen algunas características en común con las formas convencionales de alfabetismo que se han desarrollado durante la era moderna, también difieren en algunos aspectos muy importantes de los alfabetismos convencionales.

En la actualidad, nos encontramos en un punto del desarrollo histórico-cultural del alfabetismo en el que, en realidad, no sabemos cómo abordar estos tipos nuevos desde el punto de vista educativo. Parece que el trabajo cotidiano de la escuela está dominado todavía por los alfabetismos convencionales y el compromiso con los "nuevos" está confinado en gran medida a la vida de los alumnos fuera de las escuelas y de otros ambientes educativos convencionales. Cuando las escuelas intentan comprender el mundo cambiante del alfabetismo y la tecnología (vista con frecuencia en relación con el uso de ordenadores para producir textos y representaciones textuales), a menudo acaba todo en la reproducción de alfabetismos convencionales utilizando tecnologías nuevas. Los alumnos que han tenido acceso a *ambos* campos del alfabetismo —el convencional y el "nuevo"— experimentan "panoramas de alfabetismo" paralelos (LEANDER, 2003). En la escuela trabajan en un "universo" de alfabetismo y fuera de ella, en otro. Para algunos alumnos, esta experiencia induce a confusión y es frustrante. Los alumnos que fuera de la escuela no tienen acceso a los "nuevos" alfabetismos pueden evitar esta clase de confusión y frustración, pero a costa de no encontrarse con unas formas de práctica que predominan cada vez más en la vida cotidiana.

Aunque en el presente es posible configurar nuestra vida de manera que asuma los distintos tipos de alfabetismos y confinarlos a espacios diferentes —en escuelas y universidades y, en muchos casos, en el trabajo, operamos con alfabetismos convencionales, pero en casa y en diversos espacios públicos y comunitarios, utilizamos tanto los alfabetismos "nuevos" como los convencionales—, casi seguro que *no* será así en el futuro. En cambio, las rutinas sociales y los alfabetismos que conllevan se basarán en elementos de lo que hoy nos resulta familiar como sucede en lo que ahora es "nuevo" y que difícilmente podíamos imaginar. En parte, la consecución de una transición satisfactoria a este futuro estado de cosas implicará entender *ambos* "legados de alfabetismo", el convencional y el "nuevo", desde el interior, y saber cómo aprovecharlos productiva y creativamente, como condición necesaria para participar con eficacia en las rutinas sociales. Esto nos exige desarrollar concepciones y planes de educación alfabetizadora que permitan a los alumnos gestionar el tipo de trascendencia —la dialéctica— que parezca más probable que ocurra.

"Mentalidades" y "la fractura contemporánea del espacio"

La idea de la mentalidad suele referirse a un punto de vista, perspectiva o marco de referencia mediante el que los individuos o grupos experimentan el mundo, interpretan o dan sentido a lo que encuentran y responden a lo experimentado. Podemos interpretar las mentalidades como conjuntos de premisas, creencias, valores y formas de hacer las cosas que nos orientan hacia lo que experimentamos y nos inclinan a responder más de unas formas que de otras.

Además, la "mentalidad", en cuanto situación o estado del sujeto, indica, de alguna manera, que la mente de alguien ha quedado *establecida* o *fijada* en su forma de enfocar el mundo. Por ejemplo, la definición de "mentalidad" que dio Roger CALDWELL en un curso sobre futuros, impartido en la *University of Arizona*, establece que la mentalidad es "un marco de referencia de una persona que está fijado". Es más, una persona

> puede tener una determinada "mentalidad" que esté tan fuertemente anclada en una perspectiva específica que no vea otras, aunque pueda escucharlas y creer que las ha considerado. Esto impide mirar opciones nuevas con realismo.
> (CALDWELL, sin fecha ni página.)

Esto concuerda con el uso de "mentalidad" en la teoría de la decisión y en la teoría de sistemas, como lo presenta *Wikipedia** en donde, la mentalidad

> alude a un conjunto de supuestos, métodos o notaciones mantenidos por una o más personas o grupos de personas que está tan establecido que crea un poderoso incentivo en estas personas o grupos para seguir adoptando o aceptando las conductas, opciones o herramientas antecedentes.
> (en.wikipedia.org/wiki/Mindset, consultado el 4-12-07.)

El concepto de mentalidades es útil para pensar en la educación alfabetizadora en concreto y, más en general, en el aprendizaje en las actuales condiciones históricas. En la actualidad, las escuelas y las aulas pueden considerarse como un caso concreto de un fenómeno más general que implica una "fractura del espacio", acompañada por una sorprendente divergencia de mentalidades (LANKSHEAR y BIGUM, 1999, pág. 457).

La idea de que el espacio haya sido fracturado alude a la aparición del *ciberespacio* como un espacio característicamente nuevo que coexiste con el espacio físico (*ibid.*). Por supuesto, el ciberespacio no ha desplazado el espacio físico y no lo desplazará. Sin embargo, el espacio físico tampoco puede "rechazar" al ciberespacio. Para la mayoría de los jóvenes de los llamados países en vías de desarrollo que están ahora en la adolescencia, el ciberespacio forma parte de su experiencia de la "espacialidad" desde sus primeros años. En estos mismos países, una generación entera ha crecido en un mundo saturado por aparatos de tecnologías electrónicas digitales que el ciberespacio une en una enorme red. El destino de estos dos espacios es la coexistencia. Ninguno va a desaparecer.

La idea de una divergencia sorprendente entre las mentalidades que acompaña esta fractura contemporánea del espacio alude a la diferencia entre las personas que siguen enfocando el mundo del modo conocido, porque consideran que el mundo actual no ha cambiado esencialmente, y las que consideran que el mundo es significativamente diferente de cómo era hace poco, y lo enfocan de forma distinta. En varios sentidos, las primeras siguen viendo el mundo desde un punto de vista basado en la constitución y el dominio del mundo *físico* a lo largo de la era moderna y en el contexto de la modalidad industrial de desarrollo (LANKSHEAR y BIGUM, 1999). Las segundas ven el mundo contemporáneo como algo significativamente diferente de cómo era antes del "advenimiento" de las tecnologías elec-

---

* Los autores se refieren, naturalmente, a la edición de *Wikipedia* en inglés. En la edición en castellano no hay, hasta la fecha, ningún artículo que se corresponda con el *mindset* inglés. (*N. del T.*)

trónicas digitales, la transición hacia una nueva forma de desarrollo (CASTELLS, 1996, 2000) y la explosión del *ciberespacio*.

Un ejemplo indicativo: De los átomos a los bits

El caso de las diferentes percepciones del valor de un ordenador que nos refiere Nicholas NEGROPONTE es un ejemplo específico del tipo de diferencias cualitativas entre las mentalidades divergentes. Recuerda NEGROPONTE que, al registrarse en cierto lugar, le preguntaron si llevaba un ordenador portátil. Le preguntaron también por el valor del mismo (en caso de pérdida o robo). NEGROPONTE valoró el aparato en 1 ó 2 millones de dólares. La recepcionista cuestionó tan elevada valoración de la máquina y le preguntó de qué tipo era. Al decirle la marca y el modelo, la recepcionista le asignó un valor de 2.000 dólares. NEGROPONTE dice que esta conversación refleja la diferencia existente entre *átomos* y *bits* como planos distintos de la realidad.

Los átomos pertenecen al mundo físico que siempre hemos conocido y al mundo que puede captarse en formas "análogas". Los bits (unidades binarias) pertenecen al mundo digital no físico. Son "estados de ser", como "encendido o apagado, verdadero o falso, arriba o abajo, dentro o fuera, negro o blanco", que pueden representarse en un código binario de ceros y unos en una forma sin color, sin tamaño, sin peso, que pueden "moverse" a la velocidad de la luz (NEGROPONTE, 1995, pág. 14).

Por supuesto, estamos muy acostumbrados a tratar con los átomos. Durante siglos, los humanos hemos elaborado conceptos, marcos de referencia, leyes, supuestos y procedimientos para manejar la infinidad de aspectos del mundo físico. Pensar en términos atómicos se ha convertido en una especie de "línea base" de nuestro enfoque cotidiano del mundo. No obstante, a medida que nuestros entornos cotidianos se digitalizan progresivamente, están cambiando muchas cosas. Esto nos invita —en realidad, nos *desafía*— a elaborar nuevas creencias conceptuales y nuevas orientaciones y enfoques cognitivos de nuestro mundo cotidiano.

La persona responsable de los objetos pensaba, razonablemente, en términos de átomos, en la forma del ordenador físico. El aparato era un objeto material, de una determinada marca y modelo, y su valor como tal era de 2.000 dólares. NEGROPONTE, cuya orientación con respecto al mundo es "digital", contemplaba el valor de la máquina en relación con sus "bits". Es decir, pensaba en la máquina en relación con sus "contenidos", en forma de ideas o patentes potenciales y demás, "contenidas" o "almacenadas" (incluso el lenguaje hace trampa) como código binario "en alguna parte" del disco duro. Dependiendo de lo que hubiera en el disco en ese momento, el valor del "ordenador" podría haber ascendido a prácticamente cualquier cantidad en dólares, por no hablar en términos de los posibles beneficios humanos y cosas por el estilo.

Este ejemplo da una idea del grado de las diferencias cualitativas de mentalidad cuando se interpreta el mundo con una mentalidad física/material/industrial (incluyendo la mentalidad del que llamaremos "principiante") y cuando se interpreta con una mentalidad (que llamaremos mentalidad del "iniciado") informada por un sentido del ciberespacio y lo digital. Sin embargo, con esto sólo hemos recorrido parte del camino, porque, aunque se aborda la importante diferencia

© Ediciones Morata, S. L.

ontológica entre átomos y bits como tipos diferentes de "sustancia", *no* se menciona la fractura del espacio en el nivel de un nuevo espacio coexistente (o sea, el ciberespacio). El ejemplo de Negroponte podría referirse a un universo en el que sólo hubiera ordenadores aislados, sin redes: sin ciberespacio. En tales condiciones, tendríamos que vérnoslas con diferentes clases de *sustancia*, pero no deberíamos preocuparnos por distintos tipos de *"espacio"* o, al menos, no en la misma medida. Sin embargo, como veremos, lo que de verdad está en juego con estas dos mentalidades divergentes es la interconexión de fenómenos en el ciberespacio, que permiten las tecnologías de "bits" y *"bytes"*. La información contenida en el disco duro del ordenador puede asumir un tipo de vida completamente nuevo, y engendrar tipos de vidas completamente nuevos, cuando ese ordenador forme parte de una red interconectada global, con respecto a la que puede tener cuando está "confinada" en el espacio de una máquina aislada.

Las dos mentalidades divergentes

En su nivel más general, las dos mentalidades divergentes pueden enunciarse del siguiente modo (véase: Lankshear y Bigum, 1999). La primera mentalidad asume que el mundo contemporáneo es esencialmente igual al que ha sido durante el período moderno-industrial, aunque ahora esté más *tecnologizado* o, visto de otra manera, *tecnologizado* de una forma nueva y muy sofisticada. A todos los efectos, sin embargo, el mundo en el que han entrado estas nuevas tecnologías es más o menos el mismo mundo económico, cultural, social que se ha desarrollado durante la era moderna, en la que las cosas se hacían por medio de rutinas que se basaban en premisas bien asentadas acerca de los cuerpos, materiales, textos físicos, encuentros cara a cara (y representantes físicos para ellos), etcétera.

La segunda mentalidad asume que el mundo contemporáneo es diferente, en aspectos importantes, del mundo que hemos conocido y que la diferencia va en aumento. Esto está relacionado con el desarrollo de las nuevas tecnologías electrónicas digitales interconectadas, las formas nuevas de hacer las cosas y las nuevas formas de ser permitidas por estas tecnologías. El mundo está cambiando cada vez más a consecuencia del examen al que las personas someten las corazonadas y las "visiones" de lo que pueda ser factible dado el potencial de las tecnologías digitales y las redes electrónicas. El mundo está cambiando en algunos sentidos muy fundamentales debido a que algunas personas se dedican a imaginar y estudiar de qué manera puede contribuir el uso de las nuevas tecnologías a hacer que el mundo sea (más) diferente de como es en la actualidad (segunda mentalidad), en vez de utilizar las nuevas tecnologías para hacer cosas conocidas de un modo más "tecnologizado" (primera mentalidad).

Cuando Internet empezaba a desarrollarse, Nat Turnbridge (1995) entrevistó al cofundador de la *Electronic Frontier Foundation*, John Perry Barlow, sobre el tema de los problemas que surgían en torno a Internet en aquella época y cómo interpretaba Barlow esos problemas y respondía a ellos. En diversos párrafos posteriores de este capítulo, nos basamos en ideas extraídas de aquella entrevista. En el curso de la misma, Barlow hizo una distinción que sugiere unas denominaciones adecuadas para las dos mentalidades. Distinguía, por una parte los

© Ediciones Morata, S. L.

que han nacido y crecido en el contexto del ciberespacio y por otra los que han llegado a este nuevo mundo desde el punto de partida de una socialización en el espacio físico durante toda su vida. BARLOW llama a los primeros "nativos" y a los segundos, "inmigrantes". Sobre esta base, nosotros preferimos denominarlos, respectivamente, "veteranos" y "noveles"* en el ciberespacio y, sobre esta base, identificar las dos mentalidades generales señaladas antes como mentalidad novel o *ajena*** (mentalidad 1) y mentalidad veterana (mentalidad 2), respectivamente.

Esta distinción diferencia a quienes "entienden Internet, los conceptos virtuales y la tecnología de la información, en general" de quienes no (BARLOW, en: TURNBRIDGE, 1995, pág. 2). Es decir, distingue mentalidades, aunque BARLOW no hablara de "mentalidades" per se. Los principiantes en el ciberespacio carecen de las experiencias, historia y recursos de los que disponen los iniciados. Así, en esa misma medida, no pueden entender ni responder al espacio como lo hacen los iniciados. BARLOW cree que esta distinción coincide en buena parte con la edad. Si actualizamos sus números para incluir la década transcurrida desde que fuera entrevistado por TURNBRIDGE, BARLOW estaría diciendo que, en general, las personas mayores de 35 años son "noveles" y, a la inversa, que quienes viven en sociedades como la nuestra, menores de 35 años se acercan más a ser "veteranos", en cuanto a su comprensión de lo que es Internet "y tienen un sentido básico real de ella" (*ibid.*, pág. 2).

> **Reflexión y comentario**
>
> - ¿Hasta qué punto se ve como "principiante" o como "iniciado" con respecto a la clasificación de BARLOW, en relación a las prácticas con las nuevas tecnologías?
>
> - ¿Hasta qué punto es posible que un "principiante" se convierta en "iniciado"?
>
> - ¿En qué medida *todas* las personas nacidas en los países del Primer Mundo después de 1985 tienen, en principio, una mentalidad "iniciada"?

BARLOW indica que, sin la mentalidad adecuada, las personas utilizarán las herramientas y entornos de la revolución de la tecnología digital de forma inadecuada. Además, cree que, en el contexto actual, legiones de "noveles" ("inmigrantes") están haciendo precisamente eso.

En la misma entrevista, BARLOW enunció de forma pintoresca y entusiasta de qué modo se ve el mundo desde la mentalidad iniciada. Decía BARLOW de Internet: "Tecnológicamente. Filosóficamente. Socialmente... Creo que éste es el mayor acontecimiento tecnológico desde la conquista del fuego, en cuanto a sus efectos en el aspecto y el sentimiento básicos de ser un ser humano" (*ibid.*, pág. 4). Ese enunciado general nos dice muy poco de por sí, pero podemos hacernos una idea de cómo puede cambiar "el aspecto y el sentimiento de ser un ser humano" remitiéndonos a ejemplos concretos y prosaicos como, por ejemplo, ser un cliente (o, a esos efectos, ser un vendedor) en condiciones aplicables al espacio de Internet, pensando desde la segunda mentalidad. Consideremos, por ejemplo, la descrip-

---

* Insiders y newcomers en el original. *(N. del E.)*
** Los autores introducen aquí el término *outsider*, quien está fuera del grupo, que es *ajeno* al mismo; por eso, traducimos *Outsider mindset* como "mentalidad ajena". *(N. del T.)*

ción de Jeff Bezos del tipo de pensamiento que intervino en la creación de Amazon.com. El relato de Robert Spector (2000) acerca de la creación y ascenso de Amazon.com nos ofrece algunas claves interesantes de la forma de pensar de Bezos, consejero delegado de Amazon.com, acerca del espacio de la información y de cómo "vivir" allí. Spector comenta que Bezos quería establecer una empresa del tipo que ha llegado a ser Amazon.com e hizo saber a los cazatalentos de empresas que quería "asociarse con una empresa de tecnología, donde pudiera tratar de satisfacer su auténtica pasión [de] una automatización de 'segunda fase'" (2000, pág. 16).

Bezos describe la automatización de segunda fase como "el tema común siempre presente en mi vida" (citado en: Spector, 2000, pág. 16). Con "automatización de primera fase", Bezos se refiere a "cuando usas tecnología para hacer los mismos procesos... antiguos, pero más deprisa y de manera más eficiente". En el comercio electrónico, el uso de escáneres de códigos de barras y de sistemas de punto de venta serían ejemplos típicos de la automatización de primera fase. En tales casos, una empresa de comercio electrónico estaría usando Internet para hacer "los mismos procesos que siempre se han hecho, pero de forma más eficiente" (*ibid.*, pág. 16).

La automatización de primera fase no le interesaba a Bezos. Él quería hacer algo más que limitarse a trasladar la vida tal como se hacía en un espacio físico al mundo en !línea de Internet. Prefería pensar en términos de una automatización de segunda fase, es decir, "cuando puedes cambiar de manera fundamental los procesos... subyacentes" —en su caso, los procesos de una empresa— "y hacer las cosas de una forma completamente nueva". Para Bezos, la información de segunda fase tiene "más de revolución que de evolución" (*ibid.*, pág.16).

Comprar un libro en Amazon.com *es*, en gran medida, una experiencia cualitativamente diferente de hacerlo en una tienda convencional. Por ejemplo, Amazon.com invita a los clientes a reorganizarse de alguna manera. La página web de cada libro tiene un espacio para que los lectores anoten sus revisiones del libro, una escala de evaluación para que pongan su valoración y un espacio para que digan si una determinada revisión les ha parecido útil (lo mismo ocurre en relación con todas las demás cosas que se venden en Amazon.com, como CDs de música, películas, componentes electrónicos, utensilios de cocina, etc.). Se invita en esa medida a los clientes a que sean *también* críticos, revisores o comentaristas. La práctica de invitar a los clientes-lectores/usuarios a que envíen revisiones puede considerarse como un elemento más de la batería de estrategias de Amazon.com para animar a los clientes a comprar el máximo de productos. Amazon.com ha llegado incluso a ofrecer premios en metálico a los clientes que escribieran la primera revisión de determinados libros y otros productos vendidos en Amazon.com.

En lo que se refiere a sus operaciones con libros, la misión de Amazon.com consiste en "utilizar Internet para transformar la compra de libros en la experiencia de compra más rápida, fácil y agradable posible" (Amazon.com, 1996-2000, pág. 1). En esa misma línea, la empresa ofrece también una valoración de cada libro basada en las evaluaciones de los clientes y un número de clasificación que indica cómo se está vendiendo en el sitio web en comparación con otros libros (este sistema de clasificación se aplica también a todos los demás productos del catálogo de la empresa). Además, Amazon.com le recomienda libros que podrían gustarle, basándose en sus compras anteriores o en información que usted haya facilitado y ofrece un servicio de alertas para hacerle saber cuándo aparecen nuevos libros, utilizando claves de acceso que se teclean en el formulario de inscripción en el servicio. Esta web de servicios, productos y participación de los clientes es característicamente "nueva" con respecto a lo que supone "comprar" en línea. Volveremos al caso de Amazon.com un poco más adelante.

Entre tanto, examinaremos más de cerca las que a nuestro juicio son algunas dimensiones importantes en las que ambas mentalidades varían tal como se manifiestan en la vida cotidiana. Las dimensiones que examinaremos con más detalle en la sección siguiente se resumen en la Tabla 2.1. Queremos resaltar que pretendemos que ilustren en concreto cómo se manifiestan las dos mentalidades en el contexto de la vida diaria en clases típicas de rutinas y espacios sociales. No "agotan" las mentalidades. Además, otras personas harán hincapié en otros aspectos de interés. No se trata de poner a prueba y presentar un conjunto definitivo de dimensiones sino, más bien, facilitar algunos ejemplos indicativos que pueden variar y mejorarse de un caso a otro y de un ambiente a otro. Nuestro principal objetivo consiste en dar una idea general de cómo se manifiestan las mentalidades, reconociendo que el tipo de dicotomía que mostramos aquí es más radical y más "ideal" que las de la vida real. En otras palabras, el constructo de las mentalidades, tal como lo presentamos y utilizamos aquí, es más heurístico que rígidamente *científico*.

Tabla 2.1. *Algunas dimensiones de variación entre las mentalidades*

Mentalidad 1	Mentalidad 2
El mundo es en gran medida igual que antes, aunque ahora está más *tecnologizado* o *tecnologizado* de un modo más sofisticado:	El mundo es muy diferente del que había y es así en gran parte a consecuencia de la aparición y la comprensión de las tecnologías electrónicas digitales interconectadas:
• El mundo se puede interpretar y comprender y se le puede responder adecuadamente en términos físicos-industriales, en general.	• El mundo no puede interpretarse ni comprenderse, ni se puede responder a él adecuadamente en términos físicos-industriales.
• El valor de un contenido es una función de la escasez	• El valor de un contenido es una función de la divulgación.
• Visión "industrial" de la producción: — productos como artefactos materiales; — interés por la infraestructura y las unidades de producción (por ej., una empresa); — herramientas para producir.	• Visión "postindustrial" de la producción: — productos como activación de servicios; — interés por la influencia y la participación no finita; — herramientas para mediar y relacionar.
• Atención a la inteligencia individual.	• Atención a la inteligencia colectiva.
• Pericia y autoridad "ubicadas" en individuos e instituciones.	• Pericia y autoridad distribuidas y colectivas; expertos híbridos.
• Espacio cerrado y específico para una finalidad.	• Espacio abierto, continuo y fluido.
• Relaciones sociales de "estantería"; "orden textual" estable.	• Relaciones sociales de "espacio de medios digitales"; textos en cambio.

Estudio de las mentalidades

"Ontologías" opuestas: átomos y bits, espacio físico y ciberespacio

Ya hemos ilustrado la escala de diferencia que puede surgir entre interpretar y responder al mundo desde una perspectiva física-industrial y desde una perspectiva no física-de información/postindustrial al referirnos a la anécdota de Negroponte sobre el valor monetario de su ordenador portátil. Es bueno reflexionar en la profundidad del golfo que separa las dos valoraciones y lo que esto representa en relación con quién y dónde está cada cual en el mundo contemporáneo. Desde una perspectiva física-industrial, es perfectamente "natural" pensar en el ordenador como un bien material de determinada marca y estimar en consecuencia su valor monetario. Sin embargo, desde la perspectiva del "ser digital", es probable que lo primero que se le ocurra a uno en términos de valor es lo que está en el disco duro y cuánto "costaría" su pérdida (por ej., pregúntele a alguien que haya perdido los datos de una tesis doctoral en un accidente de disco duro qué es lo importante de un ordenador).

Un abismo de similares proporciones en cuanto a la perspectiva se pone en evidencia desde un ángulo muy diferente cuando Barlow comenta la cuestión de la censura en Internet y, en concreto, los distintos tipos de respuestas que menciona en relación con el modo de abordar la pornografía en la web. Hay formas muy diferentes de contemplar esas cuestiones, dependiendo de que se realice con la mentalidad del espacio físico o desde la mentalidad alternativa relacionada con la idea del ciberespacio.

Desde el punto de vista de la primera mentalidad, "mantener segura Internet" pasa a ser cuestión de imponer bloqueos y filtros, de modo similar al aplicado en el mundo físico: bloqueo de carreteras, vallas, limitaciones, etcétera. Barlow recoge en parte la diferencia de enfoques de la primera mentalidad y de la segunda con respecto a la censura de Internet o al mantenimiento de la seguridad de la misma, relacionándola con la diferencia entre el uso de filtros y la adopción de respuestas educativas para atajar la pornografía. Cree que, en último término, la imposición de filtros generales para controlar los contenidos no puede funcionar porque el espacio de Internet no puede controlarse de ese modo. Cuanto más elaborado sea el filtro, más elaborados serán los intentos de hallar la forma de burlarlo y más poderosas serán esas resistencias. Barlow aboga por unos filtros más locales e individualizados que operen según el principio de que las personas se responsabilicen de sus opciones y decidan qué "ruido" quieren eliminar. Razona de este modo: "Si le preocupa que sus hijos vean pornografía, la respuesta no es erradicar del mundo la pornografía, que no ocurrirá nunca; la respuesta es educarlos para que les resulte tan desagradable como a usted" (Barlow, en: Turnbridge, 1995, pág. 5).

De todo esto, como veremos, la consecuencia educativa importante es que las respuestas de tipo físico al uso de Internet en las escuelas acaban siendo o bien eliminarlo, porque no puede garantizarse la seguridad, o dar unas oportunidades tan controladas de utilizar Internet que los alumnos sufren una doble pérdida: adquieren una experiencia distorsionada de Internet y, al mismo tiempo, pierden oportunidades de aprender a mantener su propia seguridad, cosa que, como indican cada vez más las investigaciones (por ej.: LEANDER, 2005), aprenden a hacer y están predispuestos a ello los jóvenes que navegan por muchos sitios de Internet. A menudo, las escuelas se ven atrapadas aquí y tienden inevitablemente a abrazar la opción segura, porque, para que los docentes desempeñen un papel educativo que ayude verdaderamente a los jóvenes a asumir la responsabilidad moral de su actividad en Internet, los mismos docentes tienen que "conocer su Internet" y, en gran medida, todavía no lo han conseguido.

> **Reflexión y comentario**
>
> - Teniendo presente el caso del centro en el que trabaja o el de la escuela a la que asistió como alumno, ¿cómo aborda esta escuela la cuestión de la "seguridad" en línea de los alumnos?
>
> - ¿Hasta qué punto estas "medidas de seguridad" refuerzan u obstaculizan el aprendizaje de los alumnos? ¿Hasta qué punto determinan esas medidas la forma de utilizar en su escuela los ordenadores e Internet? Compare ese uso con su forma de utilizar los ordenadores e Internet fuera de los contextos escolares.
>
> - Si puede, examine las normas de empleo de la tecnología de un centro escolar (trate de buscar una por Internet). ¿Pueden apreciarse en el texto tensiones o contradicciones entre la "promesa" de tecnologías digitales (por ej., Internet permitirá a los estudiantes ponerse en contacto con expertos de todo el mundo) y muchas de las "reglas" escritas en la normativa (por ej., los estudiantes no podrán utilizar el correo electrónico en la escuela). Si se aprecian, ¿qué cree que hay detrás de las palabras?

Bases de valor opuestas

BARLOW distingue también entre los paradigmas de *valor* que observa que operan en el espacio físico y en el ciberespacio, respectivamente. Dice BARLOW que, en el espacio físico, la economía controlada incrementa el valor regulando la escasez. Si tomamos el caso de los diamantes, su valor no es función de su grado de rareza ni de su escasez real, sino, más bien, del hecho de que una única empresa posea la mayoría de ellos y, por tanto, pueda regular o controlar su escasez. En este paradigma, la escasez tiene valor. Podríamos señalar aquí cómo han operado tradicionalmente los centros docentes para regular la escasez del rendimiento certificado, incluyendo las asignaciones de "éxito" en la alfabetización. Este proceder ha mantenido una "provisión" escasa y, en esa medida, el valor elevado de los rendimientos convenientemente certificados. Sin embargo, en la economía del ciberespacio, rige lo contrario. BARLOW sostiene que, en el caso de la información, tiene valor la familiaridad, no la escasez. En el caso de la información, "la dispersión es lo que tiene valor, que no es una mercancía; es una relación y, como en cualquier relación, cuanto más movimiento hay, mayor es el valor de la misma" (en: TURNBRIDGE, 1995, pág. 5). La consecuencia es que las personas que entran en el ciberespacio con un modelo de valor de escasez no entienden el nuevo espacio y actuarán de un modo que reducirá sus posibilidades, en

© Ediciones Morata, S. L.

vez de aumentarlas. Por ejemplo, la imposición de ciertas condiciones excluyentes al uso de la información (por ej., restricciones de *copyright*) pueden reducir la dispersión de esa información de tal manera que debilite su capacidad de constituir una base de *relación*. Esto, a su vez, debilitaría las posibilidades de que esa información actuara como catalizador para generar conversaciones creativas y productivas, el desarrollo de ideas provechosas, la aparición de redes eficaces. El tipo de valor que considera Barlow adecuado al ciberespacio tiene que ver con la maximización de las relaciones, las conversaciones, las redes y la divulgación. En consecuencia, la inclusión de un modelo de valor que "corresponda" a un tipo de espacio diferente es inadecuada y crea un impedimento para la actualización del nuevo espacio.

Producción, inteligencia, autoridad y pericia: Web 1.0 y Web 2.0 en relación con las mentalidades

La idea de que, en el "espacio de la información", el valor está relacionado con la divulgación se ha extendido en algunas direcciones nuevas e interesantes desde el momento en que entrevistaron a Barlow. Algunas han quedado plasmadas en discusiones recientes en torno a la distinción que han establecido algunos autores y comentaristas importantes en temas relacionados con Internet entre la "Web 1.0" y la "Web 2.0" como conjuntos diferentes de patrones de diseño y de modelos de negocio de desarrollo de *software*. La descripción de la Web 2.0 de Tim O'Reilly (2005) y de las diferencias de enfoque y perspectiva de la misma con respecto a la Web 1.0 es una explicación bien conocida y muy divulgada de la distinción. Los puntos clave de O'Reilly y sus ejemplos ilustrativos se aplican directamente a tres dimensiones importantes de la diferencia entre las dos mentalidades que hemos comparado antes (véase la Tabla 2.1, pág. 50). Son las siguientes:

- la diferencia entre una visión "industrial" de la producción, evidente en la primera mentalidad, y una visión "postindustrial", que forma parte de la segunda mentalidad;
- la diferencia entre el interés por la inteligencia como cualidad o propiedad de las personas y el interés por la inteligencia colectiva;
- la diferencia entre la consideración de la pericia y la autoridad como "localizadas" en personas e instituciones, como en el caso de la primera mentalidad, y su consideración como aspectos distribuidos, colectivos e híbridos.

Para desarrollar estos tres puntos, daremos primero una breve idea general de los aspectos más destacados de la descripción que hace O'Reilly de la Web 1.0 y la Web 2.0.

Según O'Reilly, los orígenes de la distinción entre la Web 1.0 y la Web 2.0 se remontan a las conversaciones que abordaron los problemas y las ideas surgidas de la catástrofe de las "punto com" de 2001, incluyendo la observación de que, aparentemente, las principales empresas que sobrevivieron a la catástrofe tenían en común ciertas características. Los participantes en las conversaciones iniciales comenzaron asignando casos y enfoques de aplicaciones de Internet a una lista de Web 1.0 o a otra de Web 2.0. Algunos ejemplos que probablemente conozcan los lectores se repartieron como muestra la Figura 2.1.

© Ediciones Morata, S. L.

Figura 2.1. *Algunos ejemplos típicos de la Web 1.0 frente a los de la Web 2.0.*
Fuente: Adaptado de O'Reilly (2005, s/p).

Los participantes presentaron las razones que los inclinaban a clasificar una determinada aplicación o enfoque como perteneciente a la Web 1.0 y no a la 2.0 y viceversa. Entre las muchas consideraciones tenidas en cuenta, varias son especialmente relevantes para nuestra explicación de las dos mentalidades. Describiremos brevemente algunos de los ejemplos que toma O'Reilly y mostraremos cómo se relacionan respectivamente, con las mentalidades, las características y principios relevantes a la categoría asignada de Web 1.0 o Web 2.0.

Los ejemplos que se incluyen en la columna "Web 1.0" adoptan la forma de productos, artefactos o artículos que se producen en una fuente y se ponen a disposición de los usuarios de Internet. *Britannica Online* es un ejemplo clásico de un artículo al que pueden acceder los suscriptores previo pago de un canon. *Ofoto* empezó como una fachada de Kodak para vender en línea el procesado de fotografías digitales a los usuarios que pusieran fotos digitales en el servidor de *Ofoto* para compartir con sus amigos. De modo muy parecido al de las tarjetas electrónicas gratuitas que sirven de conducto para la compra en línea de flores o tarjetas de felicitación, el espacio de la galería de *Ofoto* era un incentivo para comprar un producto servido por un proveedor. Como señala O'Reilly, incluso el navegador gratuito ofrecido por *Netscape* adoptaba la forma de un artefacto —como "pieza" de *software* en forma de aplicación de escritorio— que se lanzaba de vez en cuando en versiones actualizadas que debían descargarse. De hecho, formaba parte de la estrategia de *Netscape* para "aprovechar su predominio en el mercado de navegadores para establecer un mercado de productos de precio elevado para servidores" (O'Reilly, 2005, s/pág.).

La cuestión de la que nos ocupamos aquí no tiene que ver con la entrega de un producto *comercial*, sino con el hecho de que lo que reciben los usuarios son artefactos o artículos acabados. O'Reilly habla aquí de "*software* empaquetado". En la Web 1.0, el "mostrador web"*, como plataforma, emula en gran medida el escritorio, y en ella los productores y los consumidores se ocupan de crear y consumir aplicaciones y *artefactos* de información. Los usuarios no están en condi-

---

* Los autores hablan de *"webtop"* frente a *desktop*. Siguiendo la misma lógica, traducimos *webtop* como "mostrador web". (*N. del T.*)

ciones de controlar sus propios datos. En un sitio web, se puede obtener lo que los editores web colocan allí. La lógica es de uso más que de participación; de recepción o consumo y no de interactividad y acción. Los directorios y las taxonomías en las que se basan o que "representan" se desarrollan en un "centro" y se ponen a disposición de los usuarios en la forma diseñada por sus creadores. Se utilizan porque se presume que tienen "autoridad" y reflejan la "pericia", la "experiencia" y el "saber" que poseen sus diseñadores.

Aunque, en cierto modo, esto simplifica en exceso las cosas, hay aquí bastantes aspectos que resultarán familiares a los lectores para establecer la relación con la primera mentalidad. La primera generación de la web tiene mucho en común con el enfoque "industrial" de la actividad productiva material. Las empresas y los diseñadores trabajaban para producir artefactos para el consumo. Había una clara divisoria entre productor y consumidor. Los productos eran diseñados por expertos concretos cuyas reconocidas credibilidad y pericia avalaban el pedido de sus productos. *Britannica Online* acumula la misma autoridad y pericia —personas consideradas expertas en su materia y escogidas por la empresa por ese motivo— que la versión en papel de otros tiempos. El desarrollo del navegador *Netscape* siguió unos pasos parecidos a los de *Microsoft*, aunque el navegador era *software* gratuito. La producción se basaba en la infraestructura y la mano de obra de la empresa, aunque muy dispersas, en vez de vinculadas a un único lugar físico.

El panorama es muy diferente en el caso de la Web 2.0. En parte, la diferencia tiene que ver con *el tipo de productos* característicos de la Web 2.0. En contraste con el carácter "industrial" manufacturero de los productos de la Web 1.0, la Web 2.0 se define por su cosmovisión "postindustrial" que se centra mucho más en los "servicios" y en "habilitar" que en la producción y venta de artefactos materiales para consumo privado. La misma producción se basa en el "apalancamiento", la "participación colectiva", la "colaboración" y la pericia y la inteligencia distribuidas mucho más que en la manufactura de artículos terminados a cargo de personas y equipos de trabajo que operan en zonas oficiales de producción y se basan en la pericia y la inteligencia concentradas en un entorno físico común. Google.com, Wikipedia.org, Amazon.com y Flickr.com son algunos ejemplos representativos de muchas de las diferencias clave que se encuentran en los servicios de la Web 2.0 de Internet, en comparación con el *software* y las aplicaciones de Internet y, por extensión, entre nuestras dos mentalidades, así como entre la alfabetización establecida y la "nueva".

En el caso de *Google*, no hay producto que descargar ni artefacto que consumir. En cambio, hay un servicio que podemos utilizar con el fin de buscar información, incluyendo imágenes, vídeos, sonidos, etcétera. Si compramos productos vendidos por empresas que se anuncian en *Google,* podemos pagar indirectamente por utilizar el servicio. En caso contrario, a todos los efectos, el servicio es gratuito. El servicio funciona como *habilitador* para los usuarios, ayuda a optimizar nuestra experiencia de Internet ayudándonos a encontrar lo que podamos estar buscando. *Google* no almacena la información que proporciona. Esa información puede estar en cualquier sitio. El motor de búsqueda se limita a mediar entre los usuarios, sus navegadores de Internet y los servidores y sitios que contienen información. Como *software*, el motor de búsqueda no es una aplicación de *software* distribuido (como, por ejemplo, era *Netscape*). En

© Ediciones Morata, S. L.

cambio, el *software* está ubicado en Internet y en los servidores de almacenamiento, y lo *activan* los usuarios que escriben la URL para acceder a la interfaz de *Google*. Los usuarios tienen que saber localizarla y utilizarla. Pueden usarla de modo más o menos eficiente. Lo que obtengamos de *Google* refleja su grado de eficiencia en cuanto a descubrir términos útiles de búsqueda, comprender de la lógica booleana para una búsqueda eficaz, saber cómo llevar a cabo una búsqueda en lenguaje natural, estar acostumbrado al conjunto de funciones de búsqueda disponibles en *Google* (por ej., conocer *Google Académico*; saber que, introduciendo la siguiente cadena en la ventana de búsqueda de *Google*, permite la búsqueda de un determinado sitio o espacio web: "[término que buscar] site: [URL]". Por ejemplo, podemos buscar las referencias al término "affinity" como aparece en nuestro propio *blog*, utilizando esta cadena "affinity site: everydayliteracies.bolgspot.com").

Al mismo tiempo, aparece aquí una *reciprocidad* interesante e importante. El motor de búsqueda permite a los usuarios que localicen información pero, a la vez, los usuarios contribuyen al valor del motor de búsqueda al reforzar "la escala y el dinamismo de los datos que ayuda a gestionar" (O'REILLY, 2005, s/pág.). En último término, *Google* es una base y un sistema de gestión masivos de datos que evolucionan y mejoran e incrementan su capacidad de respuesta a medida que se utilizan. Los usuarios *participan* en y a través de *Google*. Contribuyen a construir una base de datos continuamente mejorada y más dinámica, con la ayuda del sistema de clasificación de páginas de *Google*. La información que obtiene un usuario al hacer una determinada búsqueda es función de las búsquedas realizadas previamente por otros usuarios. Por así decir, la base de datos es, en cada momento, producto de la participación y la "inteligencia" colectivas (activadas mediante el uso de palabras clave, la lógica booleana, el lenguaje natural, etc.) de todos los usuarios. A todos los efectos, el "producto" de *Google* es la base de datos *gestionada* por el *software* y generada por millones de usuarios que activan el *software*. Los usuarios forman parte de la producción de *Google*, del desarrollo de su producto. Y el servicio mejora automáticamente cuanta más gente lo use, un principio que, según O'REILLY, es intrínsecamente de la Web 2.0.

> **Reflexión y Comentario**
>
> Las cualidades del sistema de clasificación de páginas de *Google*, impulsado por los usuarios, han generado, entre otras muchas cosas, dos fenómenos relacionados, conocidos como *googlebombing* y *googlewhacking*.
>
> El *googlebombing* consiste en que un usuario manipule deliberadamente las clasificaciones de las páginas creando múltiples enlaces que utilicen una determinada expresión o "ancla textual" que apunten a una página diana, con el fin de asociar estrechamente en el cálculo de relevancia de *Google* esa página diana con el ancla textual (el ancla textual no tiene por qué aparecer en la página diana; sólo hace falta en los textos de los hiperenlaces de las páginas que remiten a la diana). Este procedimiento puede utilizarse para hacer una manifestación social o para gastar una broma (véase: http://es.wikipedia.org/wiki/Google_bomb). Quizá el ejemplo más famoso de *googlebombing* sea la expresión de búsqueda: "miserable failure", que, a principios de 2006, daba como primer resultado la biografía oficial del actual presidente de los Estados Unidos, George Bush).

El *googlewhacking* es parecido a un juego o competición cuyo objetivo sea generar una expresión de búsqueda de dos términos que dé un único resultado (véase: googlewhack.com). En este juego cuanto más estrafalarias sean las dos palabras mejor (véase: http://www.googlewhack.com/tally.pl).

- ¿Por qué cree que han aparecido estas prácticas?

- ¿Hasta qué punto merece la pena prestar atención a este tipo de efectos promovidos por los usuarios al estudiar las nuevas alfabetizaciones?

La enciclopedia en línea, *Wikipedia.org*, que se elabora de forma colaborativa, refleja igualmente el principio de movilizar la inteligencia colectiva estimulando la participación libre y abierta y confiando en que la iniciativa en su conjunto opere como un sistema autocorrector. Mientras que una enciclopedia "oficial" se elabora según el principio de contratar a expertos de reconocida solvencia para que redacten artículos sobre los temas señalados que una empresa publicará formalmente, los artículos de la *Wikipedia* son redactados por cualquier persona que desea aportar sus conocimientos e ideas y son corregidos por cualquier otra que crea que puede mejorarlo. En otras palabras, es una enciclopedia creada mediante la *participación*, en vez de mediante la edición. Aunque haya personas identificables responsables de iniciar y supervisar la iniciativa, el contenido lo genera cualquiera que esté dispuesto a hacerlo.

La idea es que cuantos más usuarios lean y corrijan los artículos en línea, más mejorará el contenido. Al mismo tiempo, e idealmente, el contenido reflejará múltiples perspectivas, los excesos y puntos débiles se suprimirán y, mediante incontables etapas, el recurso será cada vez más agradable para el usuario, útil, fiable, responsable y perfeccionado. La lógica es la de la pericia distribuida y colectiva. La confianza es un principio operativo clave. El espíritu aspira a que todas las personas que estén en la web aporten algo, mediante una participación ilimitada, en vez de la creencia más tradicional de que la pericia es limitada y escasa y que el derecho a manifestar las verdades se circunscribe a quienes cuentan con "títulos suficientes". La idea *no* es que la opinión de cualquiera sea tan buena como la de cualquier otro, sino que la opinión de cualquiera puede mantenerse hasta que sea sustituida por alguien que crea que tiene una idea mejor. No se limita el derecho a llevar a la práctica esa convicción.

Nos referimos antes, en este capítulo, al caso de Amazon.com y a la idea de Jeff Bezos de querer "hacer cosas [en los negocios] de un modo completamente nuevo". Indicamos que esto suponía mucho más que comprar en línea un libro o cualquier otro producto y mencionamos específicamente la práctica de Amazon de invitar a los clientes a incluir sus opiniones y valoraciones. Es interesante observar cómo refleja esta práctica la lógica de la Web 2.0.

O'Reilly hace aquí dos observaciones importantes y relacionadas. En primer lugar, indica que, a diferencia de otras librerías en línea, Amazon aprovecha la actividad del usuario para dar mejores resultados de búsqueda que otras tiendas de la competencia. Mientras que éstas suelen presentar en primer lugar los propios productos de la empresa o los patrocinados, Amazon siempre presenta en primer lugar el artículo "más popular" correspondiente a los términos de la búsqueda. El índice de popularidad se calcula en tiempo real, basándose en una

© Ediciones Morata, S..L.

combinación de ventas y de "circulación" en torno a un producto, por ejemplo, cuánta atención recibe el libro por parte del usuario, otros libros comprados por clientes que adquieren el libro en cuestión y cómo se están vendiendo y valorando estos otros libros, etcétera. En segundo lugar, dice que la base de datos de Amazon se ha convertido ahora en la principal fuente de datos bibliográficos sobre libros. Según O'REILLY, como sus competidores, Amazon obtuvo su base de datos original de R. R. Bowker, la empresa responsable del registro del ISBN, que publica *Books in Print*. Sin embargo, Amazon superó y trascendió este tipo de datos. La empresa

> ha mejorado constantemente los datos, añadiendo otros facilitados por los editores, como imágenes de portadas, índices generales, índices de otro tipo y material de muestra. Más importante aún, utilizó a sus usuarios para comentar los datos, de manera que, al cabo de diez años, es Amazon y no Bowker la fuente primaria de datos bibliográficos sobre libros, fuente de referencia para estudiosos y bibliotecarios, así como para los consumidores... Amazon "adoptó y amplió" su red de suministro de datos.
>
> (O'REILLY, 2005, s/pág.)

En otras palabras, Amazon sirvió de palanca de la inteligencia colectiva en forma de participación del lector y datos de los clientes en la fuente número uno de datos bibliográficos sobre libros, proporcionando tanto a los estudiosos como a los clientes un servicio gratuito, mientras que, al mismo tiempo, superaba en ventas a la competencia. De este modo, convirtió a los usuarios en "expertos" y "autoridades" distribuidos sobre datos de libros. Además, transformó los directorios de datos bibliográficos que pasaron de ser fuentes editadas y centralizadas a constituir una base de datos de fácil consulta, generada colaborativamente, de acceso gratuito, "siempre activa" y permanentemente actualizada, en diversas lenguas, en múltiples países y a disposición de cualquier persona que tenga acceso a Internet.

El popularísimo servicio para compartir fotografías, Flickr.com, añade una dimensión interesante a los comentarios de los usuarios mediante el "etiquetado". Esto ha generado un enfoque "de abajo arriba" de la aplicación de metadatos para clasificar contenidos en línea que faciliten la búsqueda, conocida popularmente como "*folksonomía*". La base de la *folksonomía* es el "etiquetado". El principio en cuestión es sencillo. *Flickr* es un servicio que permite poner fotos en la web tras la apertura de una cuenta. A cada fotografía o grupo de fotografías que los titulares de cuentas ponen en su página, pueden asignarle una serie de "etiquetas". Éstas son palabras que, a su modo de ver, describen sus fotos y que llevarían a otras personas que teclearan la palabra o palabras en el motor de búsqueda de *Flickr* hasta sus fotos (y hay un conjunto de opciones que determinan a quien el titular da autorización para verlas). Los titulares también pueden invitar o aceptar a otras personas para que figuren en su lista de contactos. Después, los contactos pueden añadir etiquetas a las fotos puestas por las personas que los han aceptado como contactos. No obstante, el titular de la cuenta tiene derecho a modificar a su gusto las etiquetas, tanto las suyas como las añadidas por sus contactos. Los millones de fotos a las que cualquiera puede acceder en *Flickr* se convierten en una base de datos de fotografías apta para consulta. En las etiquetas pueden basarse ciertos patrones de intereses de usuarios que permitan la creación de comunidades de intereses y el establecimiento de relaciones entre los participantes que compartan intereses, gustos, etc. Las etiquetas han facilitado la fusión de distintos grupos de interés en torno a determinados proyectos de imágenes compartidas (por ej., *Tell a Story in Five Frames* —"Cuenta un cuento en cinco imágenes"— y *Secret Life of Toys* —"La vida secreta de los juguetes"—).

> **Reflexión y comentario**
>
> Abra *Flickr.com* y busque el hiperenlace "Explora..." y en "Explorar", busque el hiperenlace "Las etiquetas más populares" en la parte inferior de la página o vaya directamente a: http://www.flickr.com/photos/tags. Pinche en las etiquetas que le llamen la atención; después, busque por distintas etiquetas y observe los resultados:
>
> - ¿Qué le dice el mapa o nube de etiquetas acerca del universo *Flickr*?
> - Las etiquetas que cada persona pone a sus fotos, ¿pueden configurar de alguna manera la forma de mirar los espectadores esas mismas fotos? ¿Tiene esto alguna importancia?
> - Si hay algo que lo haga, ¿qué impide que el sistema de etiquetas de *Flickr* se convierta en algo abrumadoramente aleatorio?
>
> Vuelva a la página principal de *Flickr* y pinche de nuevo en "Explorar". Ahora busque el hiperenlace "montones de grupos", bajo el título "Grupos", en la parte derecha de la página, hacia abajo. Pinche en este enlace y, en la página "Grupos", examine algunos grupos que aparezcan en ella. Busque posibles grupos y mire a ver qué encuentra (si no se le ocurre nada, pruebe con expresiones como "cuento" o "naturaleza").
>
> - ¿Por qué motivo podría inscribirse una persona en un grupo?
> - ¿Hasta qué punto el conjunto de grupos de *Flickr* constituye un tipo de folksonomía? (Véase: Davies, 2006.)

El concepto de "*folksonomía*" se desarrolló en paralelo al de "taxonomía". Las taxonomías son sistemas de clasificación centralizados, oficiales, basados en ideas de expertos o "de arriba abajo". El principio operativo de las taxonomías es que las personas que presumen —o de las que se presume— que entienden de un campo de fenómenos, determinan cómo se organizan los componentes de ese campo con el fin de alcanzar un sentido o significado compartido del campo en cuestión. El sistema Dewey de clasificación de bibliotecas es una taxonomía de tipos de textos, según la cual se asigna un número a un determinado libro, basándose en el tipo de contenido que se supone que tiene y en el que se encuadra dentro del sistema. En cambio, una *folksonomía* es un sistema de clasificación "popular", independiente de los expertos, de abajo arriba, desarrollado de acuerdo con la voluntad de los "autores" a la hora de describir o "catalogar" sus obras.

Una consecuencia interesante de la organización folksonómica es que las etiquetas que escogen las personas dicen algo acerca de *ellas*, así como del objeto etiquetado (O'REILLY, 2005). Cuando un usuario encuentra una foto que nunca hubiera pensado hallar con una determinada etiqueta, puede pensar que el enfoque de la clasificación de quien se la puso es lo bastante interesante para profundizar más en él, por ejemplo, como la búsqueda de "lo idiosincrásico", lo "estrafalario" o "de alguien que quizá piense un poco como yo". Las oportunidades que tienen los participantes de crear sus propios significados, encontrar a colaboradores que los compartan y establecer relaciones basadas en los puntos de vista comunes, abren unas posibilidades que restringen las normas de corrección, de legitimidad o de propiedad de los regímenes centralizados y de autoridad.

La *folksonomía* pone de manifiesto un aspecto de la idea de las nuevas tecnologías de la computación y de las comunicaciones como "tecnologías de relación" (véanse: SCHARAGE, 2001; BARLOW, en: TURNBRIDGE, 1995). Esto abre un tema que se apuntaba en el comentario sobre la diferencia entre la Web 1.0 y la Web 2.0, pero que es preferible encuadrar en un comentario parecido pero diferente. La conexión con la Web 1.0 y la Web 2.0 puede contemplarse en relación con una particularidad que atañe a las aplicaciones de *software*. O'REILLY observa que, aunque tanto *Netscape* (Web 1.0) como *Google* (Web 2.0) puedan considerarse empresas de *software*, pertenecen a mundos del *software* muy diferentes. Dice:

> es obvio que Netscape pertenecía al mismo mundo del *software* que Lotus, Microsoft, Oracle, SAP y otras empresas que surgieron en la revolución del *software* de la década de 1980, mientras que las aplicaciones equiparables a Google son otras de Internet, como eBay, Amazon, Napster... DoubleClick y Akamai.

Un aspecto que permite distinguir estos mundos del *software* es que muchos de los productos —las "herramientas" o "soluciones"— de ese primer mundo del *software* se diseñaron para su uso en la producción de artefactos de información. Pertenecen al mundo discursivo de la "revolución de la información", las "tecnologías de la información" y la "sociedad de la información". En cambio, las aplicaciones de *software* de la Web 2.0 surcan un mar diferente. Se trata de un mar que, sin duda, genera información y la administra, pero lo hace, en gran medida, mientras trata (y con objeto de) facilitar "otros negocios". Y, en todos los casos, este "otros negocios" es muy *relacional* pues pone en relación a las personas (lo que no quiere decir que tengan que reunirse ni siquiera interactuar adrede), aunque en muchos casos haya una interacción directa, aunque impersonal, como entre comprador y vendedor. Con frecuencia, se alude a estas últimas aplicaciones llamándolas "tecnologías de relación" y, con el tiempo, es fácil que las consideremos parte de algún tipo de "revolución de las relaciones".

Lo que queremos destacar aquí lo señaló del modo más persuasivo Michael SCHRAGE (2001; véase también: BIGUM, 2002). SCHRAGE sostiene que ver las tecnologías de la computación y de las comunicaciones a través de la lente de la información es "peligrosamente miope". El valor de Internet y la web no está en "los bits, los *bytes* y el ancho de banda". En un comentario justamente celebrado, SCHRAGE comenta que decir que Internet "está relacionada con la 'información' es como decir que 'cocinar" está relacionado con las temperaturas del horno; es técnicamente exacto, pero fundamentalmente falso" (SCHRAGE, 2001, s/pág.). SCHRAGE afirma lo mismo que nosotros aquí del siguiente modo:

Aunque sea cierto que las tecnologías digitales han transformado por completo el mundo de la información en bits y *bytes* fácilmente manipulables, es igualmente cierto que la auténtica importancia de estas tecnologías no se enraíza en la información que procesan y almacenan.

Una evaluación desapasionada del impacto de las tecnologías digitales en la cultura popular, los mercados financieros, la asistencia sanitaria, las telecomunicaciones, el transporte y la administración de las organizaciones se traduce en una sencilla observación: el mayor impacto de estas tecnologías se ha producido y se producirá en las relaciones entre las personas y entre las organizaciones.

La llamada "revolución de la información" es, en realidad y más exactamente, una "revolución de las relaciones". Sería aconsejable que cualquiera que intente hacerse una idea de las deslumbrantes tecnologías de hoy día y del impacto que producirán mañana reorientará su cosmovisión hacia las relaciones.
(*Ibid.*, s/pág.; la cursiva aparece en el original.)

Como veremos en el próximo capítulo, esta observación tiene unas consecuencias enormes para las prioridades de los participantes, a los efectos del compromiso popular cotidiano con las nuevas alfabetizaciones.

Reflexión y comentario

Realice una lista de todas las formas en las que usa las nuevas tecnologías digitales en un día determinado (por ej., teléfono móvil para hablar, jugar, mensajería de texto, correo electrónico; ordenador e Internet para hacer búsquedas por la web, jugar, correo electrónico, comprar, mensajería instantánea, uso de cámara web, etc.). ¿Hasta qué punto sus acciones dan la razón a las afirmaciones de SCHRAGE y a qué puede deberse?

Perspectivas sobre el espacio

Desde el punto de vista de la primera mentalidad, suele pensarse en el espacio como en algo cerrado, que tiene límites. En el contexto educativo, el espacio de aprendizaje está limitado por las paredes del aula; el espacio de la clase, por la señal de la hora o de los 40 minutos, y el espacio del currículum y del horario, por la tabla de asignaturas que impartir y el tiempo y el espacio físico a ellas asignado (si esto es el viernes, a las 9 de la mañana, en el aula A202, tiene que ser Matemáticas de 8.º). El espacio suele centrarse más en el profesor y en características arquitectónicas como la pizarra, la pizarra electrónica o la distribución de ordenadores, pupitres, etc. Las tareas suelen ser singulares y definirse en un momento dado, y se espera que los aprendices se centren en la tarea, lo que con frecuencia significa que todos los alumnos se dedican a la misma tarea a la vez. Se interpreta que quien no se dedique a la tarea, se desentiende del aprendizaje.

Con frecuencia, los aprendices que han crecido en el seno de la mentalidad ciberespacial ven las cosas de un modo muy diferente y las enfocan de manera muy distinta. A muchas personas que miran el mundo y responden a él desde la segunda mentalidad les resulta ajena la premisa de que cada cual se dedique a realizar una sola tarea en cada momento o de que esté en un "lugar" concreto en

© Ediciones Morata, S. L.

el momento en el que se dedica a estudiar (o, a esos efectos, a entretenerse o divertirse). Una informante adolescente (Violetta) hizo una descripción típica desde el punto de vista de la segunda mentalidad en una entrevista en línea con nuestra colega Angela THOMAS (2006). Violetta explicaba que, al final de la jornada escolar, su amiga Sarah y ella volvían a sus respectivos hogares:

> Cuando Sarah está preparada para entrar en el sistema, me llama por teléfono. Mantenemos conversaciones telefónicas mientras entramos en el sistema y decidimos adónde dirigirnos. Siempre tenemos abierto el *talker**, aunque a veces lo dejamos inactivo para visitar otros lugares. Le repito a papá que necesito un monitor más grande, porque acabo con muchas ventanas abiertas y no puedo seguir siempre lo que ocurre en cada una. Hacemos unas seis cosas diferentes al mismo tiempo.
>
> Tenemos abierto mi *talker*, el *icq*** activo, estamos a punto de entrar en el *MOO**** de juego de rol en el que acabamos de inscribirnos, tenemos abierta nuestra tarea para casa (y me alegra informar que la hemos hecho al final de la noche, ¡y es mucho más divertido hacerla así!), tenemos abierto el *palace*****, tenemos abiertas nuestras propias ventanas de conversación privada con distintos amigos y mantenemos nuestra conversación telefónica al mismo tiempo. Y eso por no hablar de las conversaciones con mamá o papá, salir a comprar bebidas y bocadillos y tener puesta la música de fondo. Después, dependiendo de lo que suceda, nos partimos de risa al teléfono mientras controlamos las actividades que se desarrollan en cada ventana.
>
> (De la entrevista de Angela THOMAS con "Violetta": "I am Violetta today, I am feeling bright yellow and somewhat creative" ("Soy Violetta hoy, me siento genial y un tanto creativa").
> (Véase: THOMAS, 2006.)

Parece que Violetta no consideraba este tipo de multitarea simplemente como un tipo casual de *modus operandi*, confinado a interacciones con sus amigos más íntimos, sino, más bien, como una forma de actuar más general en su vida cotidiana. Violetta manifestó a su investigadora-entrevistadora en línea que, de hecho, estaba implicada en múltiples prácticas y discursos en el mismo momento en el que estaba participando en la entrevista.

> Estoy hablando contigo, pero, al mismo tiempo, estoy hablando con Matt, un tío legal que conozco del instituto, tratando de hacer una tarea para casa —un trabajo, para el que estoy recogiendo alguna información en la web—, añadiendo algunas cosas chulas de la web y los profesores se vuelven locos con tus habilidades de "alfabetización tecnológica". Muy bueno. Si me vieran ahora mismo en mi mesa, A MÍ, la reina de la multitarea, no tendrían ni idea de lo que está pasando.
>
> (De la entrevista de Angela THOMAS con "Violetta": "I am Violetta today, I am feeling bright yellow and somewhat creative" ("Soy Violetta hoy, me siento genial y un tanto creativa").
> (Véase: THOMAS, 2006.)

---

* Los *talkers* son sistemas de *chat*, predecesores de la mensajería instantánea. (*N. del T.*)

** *ICQ* fue el primer servicio de mensajería instantánea muy utilizado en Internet. (*N. del T.*)

*** El *MOO* es un sistema de acceso multiusuario, programable, e interactivo para la creación de ambientes en realidad virtual basada en texto, para juegos, conferencias y otras actividades que requieran comunicación en tiempo real. "*MOO*" es un acrónimo de *MUD object oriented*. "*MUD*", a su vez, es acrónimo de *Multi-User Dungeon* (literalmente, "mazmorra multiusuario"), *Multi-User Domain* ("dominio multiusuario") o *Multi-User Dimension* ("dimensión multiusuario"), que, en definitiva, es un juego multiusuario por Internet. (*N. del T.*)

**** *Palace* es un espacio de *chat* en un mundo virtual. (*N. del T.*)

Un poco más adelante, veremos un ejemplo de multitarea del estudiante en un aula inalámbrica y podremos hacernos una idea de cómo entró en conflicto esta conducta con la concepción de la corrección en el aula basada en las ideas convencionales de la dirección del espacio de clase en consonancia con la atención centrada en "la tarea del momento".

"Órdenes" textuales

El predominio del libro como paradigma del texto, las relaciones sociales de control relacionadas con el "espacio del libro" y un "orden" textual discernible forman parte de la primera mentalidad. Queremos decir con esto que, durante la era de la letra impresa, el libro constituía el paradigma del texto. Configuraba las concepciones del diseño, era la cumbre de la autoridad textual y desempeñaba un papel central en la organización de prácticas y rutinas de las principales instituciones sociales. El libro mediaba las relaciones sociales de control y de poder, como entre el autor y los lectores, la voz del autor como la del experto y la autoridad, el maestro-experto y el alumno-aprendiz, el sacerdote-ministro y la comunidad, etc. Las formas y formatos textuales eran relativamente estables y estaban "supervisadas" para garantizar la conformidad. Se privilegiaban ciertos géneros de textos sobre otros y se consideraban adecuados dentro de determinados ambientes (institucionales) —por ej., las aulas escolares— mientras que otros se consideraban más marginales e inadecuados. Los libros ejercían gran influencia en el espacio, la arquitectura y el mobiliario institucionales, así como sobre las normas de conducta en determinados espacios.

En el espacio de los medios digitales emergentes, el libro no constituye de ninguna manera el paradigma textual. En realidad, *no* hay un paradigma textual. Los tipos de texto están sometidos a experimentación, hibridación y quiebra de reglas de forma sistemática. Las relaciones sociales convencionales asociadas con los roles de autor-autoridad y de experto trastornado radicalmente con el paso de la "publicación" a la participación, desde la autoridad centralizada a la colaboración en masa, etcétera. La organización del espacio, la arquitectura y el mobiliario y el control del movimiento relacionado con el espacio del libro se han convertido en aberraciones curiosas bajo el signo de los nuevos medios de comunicación. Mientras que las personas que crecieron bajo la hegemonía del libro y de un "orden genérico" estable pueden preguntarse si es "adecuado" escribir de este modo en un blog o centrarse en este tipo de tema, los iniciados digitales parecen mucho menos preocupados por estas cuestiones. Esto no quiere decir que no haya normas en el nuevo espacio, porque las hay, pero son menos fijas, más fluidas y la misma proliferación de tipos y espacios textuales significa que siempre hay algún lugar adonde "ir" en el que nuestros "modos" sean aceptables y haya libertad para utilizarlos y en los que el énfasis tradicional en la "credibilidad" quede completamente subordinado a la búsqueda de relaciones personales y a la celebración de la socialidad.

© Ediciones Morata, S. L.

Las mentalidades en acción en los medios educativos

El punto de vista que adoptamos aquí —nuestra hipótesis de trabajo— es que ahora el mundo es significativamente diferente de cómo era hace dos o tres decenios y que esta diferencia tiene mucho que ver con la aparición de nuevas tecnologías y de cambios de las prácticas sociales relacionadas con ellas. En parte, esto tiene que ver con lo que hemos llamado la fractura contemporánea del espacio. Además de vivir en un espacio físico y contar con él, ahora nos invitan cada vez más a contar con el ciberespacio. Además de un mundo físico, hay también un mundo electrónico digital con el que hay que contar, al menos para quienes están inmersos en la corriente social predominante. Como en cualquier época, uno puede decidirse por abandonar la corriente predominante contemporánea, pero quienes deseen vincularse a ella tendrán que contar con las formas electrónicas digitales y con las ciberesepaciales. Además, los cambios dependen en parte del paso de lo que hemos llamado valores y formas de hacer "industriales" a la adopción de los valores y las formas "postindustriales" de hacer las cosas.

Repetimos, no hablamos aquí de un *desplazamiento*. El ciberespacio no tiene y no desplaza el espacio físico. Lo electrónico-digital no ha desplazado lo mecánico ni lo hará en un futuro previsible. Las formas postindustriales no han desplazado las industriales. Sin embargo, los *equilibrios* se están modificando significativamente. Hasta cierto punto, la "industria" ha sido desplazada geográficamente, del "Primer" mundo a bolsas del "Tercer" mundo, aunque todavía encontramos muchos principios industriales vigentes en lugares del "Primer" mundo. De todos modos, mucho valor haría falta para que alguien sostuviera que el modo industrial no ha perdido un terreno muy importante en beneficio del postindustrial en todo el "Primer" mundo urbano y lo más probable es que esta tendencia continúe a un fuerte ritmo en las próximas décadas.

En relación con esto último, hemos distinguido dos mentalidades, aunque hayamos hablado de ellas de un modo un tanto mecánico y polémico. Es como si quienes enfocan el mundo con la primera mentalidad no fueran conscientes de que lo están haciendo o de que no hay otra manera de enfocar el mundo. O, de modo similar, que quienes han nacido en el mundo electrónico-digital postindustrial no fuesen en absoluto conscientes de que el mundo ha cambiado y que este cambio tiene mucho que ver con la aparición de las nuevas tecnologías y la evolución de las prácticas sociales relacionadas con ellas. Es simplemente el mundo en el que ellos han nacido, crecido y cuya lógica operacional han absorbido más o menos. Por eso, cuando llamamos a estas mentalidades "de novel" y "de veterano", nuestro punto de referencia es el mundo cambiado. Paradójicamente, los noveles en este mundo cambiado son quienes han estado más tiempo en el mundo. Crecieron dentro de un orden, se acostumbraron a él —lo absorbieron— exactamente de la misma manera que los "veteranos" con respecto al nuevo orden. Sin embargo, su lógica "por omisión" es diferente de la del mundo contemporáneo. A pesar de su edad y de su experiencia, han vivido "fuera" de este mundo durante la mayor parte de su vida. Tienen que "volver a nacer" para entrar en él; tienen que enfocarlo como "noveles".

Por su parte, los "veteranos" en el nuevo mundo han crecido en su seno. Esto supone también la adquisición de un enfoque del mundo físico condicionado por su experiencia simultánea de iniciado en el mundo ciberespacial-digital/electrónico-postindustrial. Desde su nacimiento, han vivido la experiencia de ambos mundos y ambos espacios como "un *complejo*". Su concepción del mundo físico está condicionada por su experiencia del mundo ciberespacial y viceversa. Han alcanzado su experiencia de lo que ha quedado del orden industrial a partir de unas circunstancias cada vez más configuradas por las lógicas y los valores postindustriales. Por supuesto, no se trata de una simple diferencia a causa de la edad pues intervienen otras variables. Algunos jóvenes, que, cronológicamente, son de la generación de los iniciados, pueden estar anclados en las perspectivas y formas de los "noveles" a causa de su ubicación geográfica, valores familiares, etcétera. No obstante, como dice Barlow, es más probable que las personas menores de 35 años que vivan en centros urbanos occidentales estén más próximas a la mentalidad iniciada que las personas mayores que habiten en esos mismos centros. No hay una división radical, aunque la tendencia es clara. Es cuestión de trascender las circunstancias a las que se refiere la idea de "a igualdad de circunstancias".

En lo que atañe a la educación, hasta ahora, la mayoría de los docentes son cronológicamente "noveles". No es nada raro, por tanto, que resulte muy fácil encontrar ejemplos de aplicación de la mentalidad principiante a los contextos de clase marcados por elementos de cambio contemporáneo, cada vez más ocupados por iniciados. Dicho de otro modo, es muy fácil encontrar ejemplos en los que los profesores y administradores contemplan las nuevas tecnologías como simples formas más recientes de los instrumentos habituales y no como elementos constitutivos de nuevas maneras de hacer las cosas y nuevas formas de ser.

Vino viejo en botellas nuevas: Las nuevas tecnologías y la mentalidad del novel

En la actualidad, disponemos de un amplio corpus de literatura que describe los usos de las nuevas tecnologías de la información y la comunicación en el ámbito escolar, incluida en concreto la educación alfabetizadora. Sin embargo, muy pocos elementos de esta literatura describen algo significativamente *nuevo* en lo que atañe a las alfabetizaciones y las prácticas sociales. Que en la educación alfabetizadora se estén utilizando las llamadas "nuevas tecnologías" no significa que se trate de *nuevos alfabetismos*. Menos aún implica que los aprendices estén desarrollando, criticando, analizando o, incluso, adquiriendo una competencia técnica destacada en el terreno de los nuevos alfabetismos.

En otros trabajos (p. ej.: Lankshear y Snyder, 2000, cap. 5; Goodson y cols., 2002, cap. 4; Lankshear y Knobel, 2003), hemos identificado características recurrentes de las prácticas alfabetizadoras mediadas por las nuevas tecnologías encontradas en las aulas de diversos países. Reflejan una fuerte tendencia a perpetuar lo antiguo, en vez de abordar y perfeccionar o reinventar lo nuevo. Muchos investigadores hablan del síndrome del "vino viejo en botellas nuevas" cuando descubren que las rutinas tradicionales de alfabetización de la escuela añaden en algún punto una nueva tecnología, sin que se modifique en absoluto lo esencial de la práctica. El uso de ordenadores para producir copias finales presentables y de programas de presentación de diapositivas o de páginas web para contar his-

© Ediciones Morata, S. L.

torias son ejemplos tradicionales obvios. Otros ejemplos son el uso de *webquests* como herramienta de aprendizaje (BIGUM, 2003a), crear una página web de la escuela para "informar a la comunidad" (BIGUM, 2002) y utilizar *weblogs* para poner tareas o para informar de acontecimientos de clase (KNOBEL y LANKSHEAR, 2006; véase también: MERCHANT, 2005).

Estos ejemplos reflejan la forma de pensar de la primera mentalidad: escuelas, aulas y alfabetización son lo mismo que antes, aunque más *tecnologizadas* ahora. La página web o la presentación de diapositivas sustituyen el papel, el lápiz y la tiza como medio para presentar historias o relatos. El *webquest* sustituye la hoja de trabajo fotocopiada en la que el profesor plantea una pregunta o problema y facilita una lista de materiales que han de utilizar los alumnos para responder. La página web del centro escolar reemplaza el boletín ocasional de noticias, el folleto escrito o la reunión informativa con los padres. El *blog* sustituye los cuadernillos de tareas u otros sistemas mediante los que los padres y cuidadores dan fe de haber comprobado las tareas para casa, que ha sido práctica corriente en muchas escuelas y sistemas educativos durante décadas.

Esas adaptaciones de las nuevas tecnologías a las formas establecidas no sorprenden en absoluto cuando tenemos en cuenta las características institucionales generales y subyacentes del centro. Las rutinas escolares son formas de práctica muy regulares que están íntimamente ligadas a lo que llamamos "gramática profunda" de la escolaridad. Podemos empezar a ver por qué es así si consideramos dos elementos clave de la gramática profunda de la escuela, que interpreta el aprendizaje como una actividad "curricular" y dirigida por el profesor. Esta misma interpretación está relacionada con principios fundamentales de la primera mentalidad (del principiante).

En primer lugar, la escuela opera sobre la base de que el profesor es la autoridad última en cuestiones de conocimientos y de aprendizaje. Por tanto, todo lo que se aborde y haga en el aula debe entrar en los parámetros de competencia del profesor, dado que tiene que *dirigir* el aprendizaje.

En segundo lugar, el carácter "curricular" del aprendizaje supone que el aprendizaje en el aula se desarrolla de acuerdo con un currículum secuenciado, formalmente impuesto y oficialmente sancionado, que se encuentra en los textos como fuentes de información. Seymour PAPERT (1993, pág. 9) observa la tradicional tendencia omnipresente en la literatura sobre educación que "asume que la lectura es la principal vía de acceso al saber de los estudiantes". En otras palabras, se accede al mundo a través de los libros y los textos impresos (es decir, la escuela es el *espacio del libro*, no el ciberespacio). Esto imprime un valor y una significación apremiantes y profundamente instrumentales a la capacidad de *leer*, distinguiéndola de formas más directas de participación en el mundo, incluyendo el mundo social.

El plan para *tecnologizar* el aprendizaje se encuentra aún con una mano de obra docente que, en gran medida, no está preparada para afrontar el reto de *dirigir* el aprendizaje mediado por ordenador desempeñando el papel del profesor como autoridad. Es decir, la mayoría del profesorado (por no hablar de los formadores del profesorado) carece aún de la experiencia y de la pericia propias de los iniciados con respecto a las nuevas tecnologías y a las prácticas sociales contemporáneas relacionadas con su evolución técnica y social en cuanto herramientas y procesos culturales. No es nada sorprendente que los profesores

© Ediciones Morata, S. L.

busquen a menudo la manera de adaptar las nuevas tecnologías a los procedimientos habituales de clase. Como los fines educativos están dirigidos por el currículum y, con frecuencia, los docentes consideran las tecnologías como "meras" herramientas, la tarea de integrar las nuevas tecnologías en el aprendizaje se realiza a menudo adaptándolas o añadiéndolas a las rutinas de costumbre. Un corolario de esto es que la conversión de los aprendices en personas "tecnológicamente alfabetizadas" todavía se reduce en gran parte a enseñarles a "manejar" las nuevas tecnologías. Además, el "manejo" de ordenadores se limita en gran medida a que los aprendices hagan con el ordenador lo que hubieran hecho antes con las tecnologías convencionales de aprendizaje correspondiente al espacio del libro y de la letra impresa.

De modo parecido, con frecuencia, se "cautiva" a los docentes a quienes se anima a que adopten aparatos y dispositivos nuevos mediante demostraciones del modo de utilizar las nuevas herramientas para lograr una mayor eficiencia en la administración y control del espacio físico y en la extensión de su autoridad y poder en el proceso de aprendizaje a espacios físicos ajenos al aula. Por ejemplo, el uso de *blogs* con fines administrativos se convierte en una forma de llegar directamente al hogar. De igual manera, una treta habitual para introducir las agendas electrónicas inalámbricas en las escuelas ha consistido en demostrar la facilidad con la que pueden utilizarse para pasar lista e, incluso, para seguir los movimientos de los alumnos en el centro. Con sencillos toques del estilo, los docentes pueden marcar la presencia o ausencia en la lista de clase y enviarla de forma inalámbrica a la base centralizada de datos administrativos del centro.

En pocas palabras, estas formas de actuar están ligadas a la primera mentalidad: administración del espacio físico; autoridad y pericia centralizadas en el profesor; fidelidad a las concepciones tradicionales de la enseñanza y el aprendizaje y de sus relaciones sociales; perpetuación del libro y del espacio del libro, y formas tradicionales de prácticas lingüísticas, como la narración de historias, relatos y repetición de narraciones.

Esta lógica puede interpretarse como un caso concreto de un fenómeno mucho más amplio: la separación sistemática del aprendizaje (escolar) de la participación en versiones "maduras" (de veteranos) de los Discursos que forman parte de nuestras trayectorias vitales (KNOBEL, 1999). El aprendizaje escolar es aprendizaje para la escuela; la escuela como ha sido siempre. El pujante ascenso de las nuevas tecnologías nos ofrece sencillamente nuestra última "posición" sobre este fenómeno. Es la "verdad" que subyace a muchas afirmaciones actuales de que el aprendizaje escolar choca con las auténticas formas de aprender a estar en el mundo y con las prácticas sociales que se desarrollan fuera de la escuela. La razón por la que muchas apropiaciones escolares de las nuevas tecnologías parezcan "raras" en relación con las prácticas del "mundo real" —con las que los niños se sienten a menudo a gusto y cómodos— tiene que ver con esta lógica. Precisamente esta "gramática profunda" de la escuela separa los centros escolares de los nuevos alfabetismos (tecnológicos) y de las subjetividades con ellos relacionadas a las que, según Bill GREEN y Chris BIGUM (1993), están obligados a prestar atención los educadores. Dicho de otra manera, los nuevos alfabetismos y las prácticas sociales relacionadas con las nuevas tecnologías "se están inventando en la calle" (Richard SMITH, comunicación personal). Estos son los nuevos alfabetismos y prácticas (muchas de ellas) que se irán incluyendo gra-

© Ediciones Morata, S. L.

dualmente en la práctica social cotidiana: los alfabetismos con respecto a los que se evaluará la validez de la educación escolar. Sin embargo, la "gramática profunda" de la escuela está en tensión aquí con su búsqueda de legitimación en un mundo muy *tecnologizado*, que, potencialmente, es muy problemático para las escuelas.

> **Reflexión y comentario**
>
> - ¿Hasta qué punto es un caso de "vino viejo en botellas nuevas" hacer que los niños vuelvan a contar una historia utilizando un *software* de presentaciones como *PowerPoint*? ¿Por qué?
>
> - Localice relaciones de usos de nuevas tecnologías en las aulas presentadas por su gobierno central * (por ej., en el Reino Unido: becta.org.uk; en Australia: edna. edu.au; en los EE.UU.: ed.gov/about/offices/list/os/technology/index.html). Evalúe hasta qué punto estos usos recomendados reflejan las mentalidades de los veteranos y de los noveles, respectivamente.

Mentalidades, espacio y tareas: En la tarea, aparte de la tarea, multitarea

Dentro de un estudio etnográfico de las prácticas de tecnologías de la información y de la comunicación de personas jóvenes, Kevin LEANDER y sus colaboradores observaron a los participantes en un estudio monográfico en una escuela femenina privada que hacía un uso exhaustivo de la informática móvil en un entorno inalámbrico. No supuso ninnguna sorpresa que algunas alumnas dedicaran mucho tiempo en clase a actividades relacionadas con sus propios objetivos. Estos se extendían a juegos por ordenador, compras y descargas de música, así como a las actividades "más previsibles", como el correo electrónico, los *chats* privados y la mensajería instantánea. En las notas de campo de Kevin LEANDER (véase: LEANDER, 2005), aparecen anotaciones como las siguientes:

> [Contexto: Preparación para el examen final en una clase de lenguaje de 9.º grado; la profesora centra la atención en una lista de poemas que las alumnas tendrán que saber comentar.]
>
> Mia abre su ordenador portátil y entra en la red. Accede a Xanga.com, un servicio popular de alojamiento de *blogs*, y empieza a leer un *blog*. El título del mismo es: "*Thank God I'm an Atheist*" **, y Mia se ríe mientras lee el último artículo del *blog*.
>
> La profesora pregunta: "¿Hay alguien que no entienda las imágenes?" Se acerca a Mia, que abre rápidamente un documento nuevo en *Word* y escribe "Imágenes" antes de volver a su navegador y leer un *blog* diferente.

---

* Puede ampliar información en el capítulo "La incorporación de las TIC a la educación: Del diseño tecno-pedagógico a las prácticas de uso" de *Psicología de la educación virtual*, COLL, L. y MONEREO, C. (Comp.), Ediciones Morata (en prensa). (*N. del E.*)

** "Gracias a Dios, soy ateo". (*N. del T.*)

Profesora: "¿Quién puede describir una imagen de 'After Apple Picking'*, de Frost?"

Mia mantiene abierto el *blog* que estaba leyendo en su portátil, pero mira el libro de Richa y da la primera respuesta del día: "En los cuatro primeros versos, aparece la imagen de una manzana en un manzano".

Profesora: "Bien, muy realista. Leed de nuevo esos versos porque son interesantes".

Las líneas del artículo del *blog* que tiene delante Mia dicen: "No hay nada más asqueroso que disecar un feto de cerdo".

Profesora: "A Frost le gusta utilizar en especial las estaciones del año".

Mia abre su propio *blog* y empieza a trabajar en un artículo para ese día. Escribe, mirando de vez en cuando de reojo a la profesora. La mayoría de las alumnas de la clase están mirando sus libros.

Profesora: "¿Qué está haciendo? ¿Mira el espejo? Agua congelada; de nuevo, trata de reforzar esa imagen, de ser viejo, estar cansado, invierno, frío gélido".

Mia sigue escribiendo su artículo para el *blog*.

La profesora pide a Richa que lea los cinco primeros versos de "After Apple Picking" y pide a Mia que lea el verso siguiente del poema.

Profesora: "¿Tiene un valor simbólico?"

Mia: "Iba a decir que lo simboliza a él, pero creo que representa algo más grande".

Profesora: "Buena intuición".

La profesora pregunta a Mia al menos dos veces más y Mia presenta su interpretación de que la cosecha de manzana del poema simboliza la muerte. Han pasado ventidos minutos de clase y Mia todavía sigue escribiendo su artículo en el *blog*. Cambia también la plantilla del *blog*, poniendo un fondo azul y el texto de color rojo oscuro. Deja de juguetear con su nueva configuración para leer unos versos del poema siguiente.

Algunas alumnas, como Mia, que dedicaban la mayor parte del tiempo de clase a sus cosas, no creían que por eso estuvieran aprendiendo menos que si actuaran de otra manera y, de hecho, aunque "vagaran" por sus pantallas, era obvio que participaban tanto, si no más, que sus compañeras dedicadas "a la tarea" ("trabajadoras" competentes del centro). Dos de estas alumnas decían que el hecho de ir a otros lugares en horas de clase, cuando ya sabían la materia que se trataba, aliviaba el aburrimiento. Aparentemente, su capacidad de ejecución de multitarea les permitía mantenerse al tanto de una tarea mientras hacían otras cosas.

---

* "Tras la cosecha de manzana", poema de Robert Frost, poeta estadounidense fallecido en 1963. (*N. del T.*)

© Ediciones Morata, S. L.

En contra de estas autoevaluaciones de las alumnas, algunas profesoras empezaron a limitar el tiempo de uso de los ordenadores portátiles a los puntos concretos de las clases que estimaban adecuados. Esta tendencia estaba en marcha antes de que LEANDER y sus colaboradores hubiesen finalizado su investigación. Desde el punto de vista de la educación alfabetizadora en relación con el aprendizaje, es importante señalar la tensión aquí presente entre las mentalidades de principiantes e iniciados con respecto a la ejecución de multitarea. En los ambientes formales e informales ajenos a la escuela, incluidos los centros de trabajo, la capacidad de llevar a cabo sin problema una multitarea se valora mucho con frecuencia y, a veces, sirve como signo de estatus. La realización eficaz de una multitarea se asocia con una mayor eficiencia, así como con la competencia digital. Desde la perspectiva del iniciado, la persona que está realizando una multitarea no tiene conciencia de "faltar al respeto" ni de prestar insuficiente atención a una tarea, mientras que, desde la perspectiva de un espacio una tarea de la mentalidad del principiante, se aprecian con frecuencia esas connotaciones. En cambio, desde la perspectiva del iniciado, la cuestión está en prestar atención a una determinada tarea en la medida necesaria para realizarla adecuadamente o bien, pero que, en igualdad de circunstancias, es mejor poder pasar sin problema de una tarea a otra al mismo tiempo, entre otras cosas porque el tiempo en línea es un recurso que hay que utilizar con la mayor eficiencia posible. De igual manera, en las condiciones de competición intensificada del mundo del trabajo, la multitarea eficiente se convierte en una ventaja competitiva importante. Parece muy probable que, en los años venideros, se incremente el valor social, cultural y económico de la multitarea y la estima relacionada con la misma, hasta el punto de convertirse en la modalidad por omisión. En este sentido, es fácil que, en un período relativamente corto, quede demostrado el error que representan ese tipo de respuestas de eliminar las posibilidades de realizar multitareas.

Asimismo, desde el punto de vista de las tensiones entre mentalidades, es interesante que los investigadores hayan observado también, entre las participantes en el estudio, elevados niveles de conciencia de la seguridad en Internet. Evitaban la comunicación con desconocidos y eran muy cuidadosas con respecto a la información que daban de sí mismas. En relación con alumnas como éstas, las escuelas carecen de fundamento legítimo para utilizar los temores por la seguridad en Internet como base para limitar su acceso en contextos formales de aprendizaje. Y, en lo que se refiere a Mia, parece que, incluso en condiciones de multitarea extrema, era capaz de prestar al menos la atención necesaria a las tareas específicamente relacionadas con el aprendizaje oficial de clase para realizarlas bien. Eso quizá diga algo acerca de las tareas formales de clase, pero no puede servir de fundamento para lanzar un ataque preventivo contra la multitarea en el aula.

Hacia los "nuevos" alfabetismos

En el próximo capítulo, presentaremos nuestra idea de lo que pueda considerarse "nuevos" alfabetismos. No obstante, antes de abordar esta cuestión, queremos considerar las consecuencias de nuestro argumento acerca del reto de las mentalidades con respecto a una concepción viable de los "nuevos" alfabetismos.

© Ediciones Morata, S. L.

En pocas palabras, creemos que habrá más motivos para considerar *nueva* a una práctica alfabetizadora cuanto más se aprecie que refleja las características de la mentalidad del iniciado y, en particular, las cualidades aquí tratadas que se asocian con el concepto de la Web 2.0 que tienen los comentaristas de Internet como Tim O'Reilly. Es decir, cuanto más privilegie una práctica alfabetizadora la participación sobre la publicación, la pericia distribuida sobre la centralizada, la inteligencia colectiva sobre la inteligencia posesiva individual, la colaboración sobre la autoría individualizada, la dispersión sobre la escasez, la comunicación sobre la propiedad, la experimentación sobre la "normalización", la innovación y la evolución sobre la estabilidad y la continuidad, la ruptura creativa-innovadora de la reglas sobre la pureza y la vigilancia genéricas, la automatización de Fase 2 sobre la de Fase 1, la relación personal sobre la emisión de información, etcétera, más tendremos que considerarla como un alfabetismo "nuevo".

Esto *no* quiere decir que los alfabetismos convencionales no sean importantes. No quiere decir que, desde ciertas perspectivas y en relación con determinados fines, no puedan ser (aún) *más* importantes que los "nuevos". Sería muy ingenioso por nuestra parte negar la importancia constante de los alfabetismos convencionales, menospreciándolos además. Sin embargo, este libro y los privilegios que disfrutamos como autores y como profesores e investigadores universitarios deben mucho a los alfabetismos convencionales, —incluidos algunos muy "antiguos"— y queremos que esto quede absolutamente claro. Nuestro trabajo como autores e investigadores se basa en prácticas alfabetizadoras como el "razonamiento silogístico"; presentar información de acuerdo con las normas de razonamiento relacionadas con el silogismo en cuanto forma de argumentación. El razonamiento silogístico se remonta a los antiguos griegos. Muchas veces, cuando tratamos de salir de apuros en un capítulo o incluso en un párrafo, *no* estamos realizando una multitarea, sino procurando encontrar la mejor manera de abordar y establecer con claridad una idea, prestando atención, por ejemplo, a algo tan específico como si debemos poner "no" antes o después de una determinada palabra. Ponemos todo el cuidado posible para cumplir las normas de estilo del editor y pensamos en términos de páginas y en tratar de maximizar las posibilidades de que el libro se utilice en el espacio del libro. De hecho, lo escribimos como un libro, no como un *blog* o un *wiki*. En conjunto, creemos que nos desenvolvemos un poco mejor en la práctica de los alfabetismos universitarios convencionales que como lectores y escritores del "nuevo" alfabetismo. Esto no quiere decir que no queramos practicar los "nuevos" alfabetismos mucho mejor de lo que lo hacemos, porque eso es lo que *deseamos*, pero no a costa de abandonar nuestra competencia en la práctica de los alfabetismos convencionales. Todavía no.

En cambio, gran cantidad de intervenciones perfectamente "adecuadas" a los nuevos alfabetismos acaban en lo que O'Reilly llama "la larga cola de la web"*. Ante el mundo, una aportación útil a *Wikipedia*, por ejemplo, que pueden aceptar otras muchas personas, no tiene por qué traducirse en muchas felicitaciones,

---

* La famosa expresión "la larga cola de la red" (en inglés: *the long tail of the web*) hace referencia a los pequeños sitios web que encierran la mayor parte de los contenidos de la web y que, en conjunto, tienen una fuerza colectiva enorme. (*N. del T.*)

© Ediciones Morata, S. L.

aunque nunca se sabe. Por regla general, de ello no se deriva ningún beneficio económico ni cualquier otro reconocimiento público. Por otra parte, la riqueza que puede obtenerse y disfrutarse gracias a la pertenencia a comunidades y grupos de interés en línea puede ser enorme y está fuera de discusión el sentido que Violetta —a quien nos referimos antes— pueda extraer de su vida en línea y de su intersección con su vida cara a cara. Hasta cierto punto, los "nuevos" alfabetismos apuntan a un mundo de satisfacciones intrínsecas, mientras que el mundo de los alfabetismos convencionales, como se aprecia especialmente en las formas idolátricas de interpretar el alfabetismo para beneficio personal y como condición sine qua non del progreso social y económico, permanece íntimamente ligado a consideraciones de valor instrumental.

Una vez más, no es una cuestión de todo o nada. Evidentemente, las prácticas del alfabetismo convencional encierran valores intrínsecos y es normal que se intenten alcanzar; de los "nuevos" alfabetismos pueden derivarse valores instrumentales y es normal que se procure alcanzarlos. No obstante, creemos que la tendencia a unos niveles masivos de participación en los "nuevos" alfabetismos, como veremos en capítulos siguientes, pone de manifiesto la conciencia creciente de las satisfacciones intrínsecas que pueden extraerse de ellos y la disposición, cada vez mayor también, a procurar alcanzarlas. Parece probable, por tanto, que las escuelas, que se basan en una mentalidad relacionada con el estatus y el valor vinculados a la escasez y con un alfabetismo que encierra un valor instrumental clave para otorgar ventajas y estatus mediante la consecución de logros en unos niveles deliberadamente reservados a unos pocos, tengan que hacer frente cada vez a más problemas para mantener la participación de los estudiantes en los alfabetismos convencionales, concebidos e implementados desde la perspectiva de la mentalidad del principiante.

Podríamos expresar aquí muchas más cosas. No obstante, ya hemos dicho lo suficiente para allanar el camino con el fin de poder centrarnos más en los conceptos y prácticas de los *nuevos* alfabetismos. Volveremos a ello en el Capítulo III.

CAPÍTULO III

"Nuevos alfabetismos": Conceptos y prácticas

Introducción: ¿Cuánto tiempo son "nuevos"?

Este capítulo explica lo que entendemos por "nuevos alfabetismos" y por qué creemos que merece la pena examinar seriamente esta idea. Veremos primero a qué nos referimos cuando hablamos de "alfabetismos" y luego qué significado damos a "nuevos". El capítulo describe también algunos ejemplos ilustrativos de prácticas que interpretamos como alfabetismos nuevos y los relaciona entre sí. Con estos ejemplos pretendemos presentar una muestra de alfabetismos nuevos, más amplia de lo que podremos abarcar en la Segunda Parte del libro, en la que estudiaremos con detenimiento las prácticas de recombinación y de *blogueo*.

Es fácil —*demasiado* fácil, en realidad— describir los "nuevos alfabetismos" diciendo cosas así: "Bueno, siempre surgen cosas más nuevas, de manera que el uso del *MOO** ya es un nuevo alfabetismo 'antiguo'..." Esas observaciones dan a entender que los nuevos alfabetismos siguen un tipo de trayectoria similar a la de un nuevo automóvil *Ford* o *Toyota*: nuevo en 2006, seminuevo en 2007 y anticuado en 2008. Frente a este tipo de perspectiva de nanosegundos o de "eso era ayer", nuestro punto de vista es que los "nuevos alfabetismos" hay que entenderlos en el sentido de los períodos históricos de cambios sociales, culturales, institucionales, económicos e intelectuales, que probablemente abarquen muchos decenios, de los que algunos ya han quedado atrás. Relacionamos los nuevos alfabetismos con una coyuntura histórica y una mentalidad "en alza" o "ascendente". Desde esta perspectiva, los tipos de prácticas que consideramos en la actualidad como nuevos alfabetismos dejarán de ser *nuevos* en el momento en que las características y "formas" asociadas con la segunda mentalidad descrita en el Capítulo II se hayan incorporado a la práctica social cotidiana predominante hasta el punto de que resulten invisibles, se den por descontado y se consideren "normales", como aspectos de lo que entonces serán alfabetismos *convencionales*.

---

* Véase la *N. del T.* en la pág. 62. (*N. del T.*)

Repetimos una observación anterior sobre el "desplazamiento": esto no quiere decir que las características y las "formas" asociadas con la mentalidad de "iniciado" sean lo único importante. No hablamos de un desplazamiento completo de una mentalidad y modus operandi por otros ni de una transición total de un "mundo" o "espacio" a otro. Aún queda por ver cómo se desarrolla históricamente la combinación y lo que venga después. No obstante, lo "nuevo" no pasa de forma sucesiva cuando, por ejemplo, los *MOOS* dan paso a los mundos de juegos de rol en 3 o *palaces* de *chat*, o cuando los videojuegos de un solo jugador aislado, con interfaz ASCII, dan paso a los juegos multijugador, colaborativos, masivamente distribuidos, tridimensionales, basados en avatares, que incluyen *chat* de texto en tiempo real, *chat* de voz e incluso *chat* de vídeo mediante *webcam*. En lo que atañe a los alfabetismos, en esta evolución, habrá muchas actuaciones especiales y muchos papeles de apoyo y principales más duraderos. Algunos casos de nuevos alfabetismos pueden llegar y desaparecer rápidamente; sin desempeñar más que papeles de figurantes. A pesar de su corta vida, pueden identificarse, no obstante, como alfabetismos nuevos. Todos ellos son históricamente significativos como partes de un cuadro mayor no efímero. Menospreciarlos como "antiguos" alfabetismos nuevos denota un fallo de imaginación histórica. Por otra parte, buscar lo nuevo en casos específicos de "nuevos" alfabetismos puede ser una buena forma de destacar nuestra perspectiva acerca de las tendencias y prioridades actuales en nuestros enfoques de la enseñanza y el aprendizaje.

Conceptualicemos los alfabetismos

Definimos los alfabetismos como "formas socialmente reconocidas de generar, comunicar y negociar contenidos significativos por medio de textos codificados en contextos de participación en Discursos (o como miembros de Discursos)". Como en cualquier definición de un fenómeno cuyo alcance es amplio y complejo, hay una serie de conceptos clave que tenemos que examinar con más detalle.

"Formas reconocidas"

Lo que queremos decir con "formas reconocidas" puede entenderse en relación con el concepto de "práctica", tal como se utiliza de manera generalizada con referencia al alfabetismo. SCRIBNER y COLE (1981) introdujeron el concepto técnico de "práctica" en la teoría del alfabetismo, basándose en su investigación sobre la relación entre alfabetismo y cognición. Emprendieron esta investigación en un momento en el que era corriente pensar en el alfabetismo como una "herramienta" o "tecnología" —un sistema escrito— que produce resultados valiosos cuando la aplican las personas. En contra de este punto de vista, SCRIBNER y COLE conceptualizaron el alfabetismo como *práctica*.

Definen la "práctica" en una serie de enunciados. Una práctica es:

> [Una] sucesión de actividades, recurrente y orientada a un objetivo, utilizando una determinada tecnología y un determinado sistema de conocimientos...
> [Se] refiere siempre a formas socialmente desarrolladas y configuradas de utilizar la tecnología y los conocimientos para realizar tareas...

[Las] tareas que emprenden los humanos constituyen una práctica social cuando están dirigidas a objetivos socialmente reconocidos y hacen uso de un sistema compartido de tecnología y conocimientos.

(*Ibid.*, pág. 236.)

Según COLE y SCRIBNER, aplicar los conocimientos para realizar tareas en presencia de la tecnología —donde "tecnología" no se reduce a la digital, sino que incluye un conjunto de herramientas y técnicas— implica siempre "conjuntos coordinados de acciones, que ellos llaman destrezas. Indican que esas destrezas forman parte de cualquier práctica: "Una práctica, entonces, está compuesta por tres componentes: tecnología, conocimientos y destrezas" (*ibid.*, pág. 236).

En vez de simples relaciones de causa a efecto entre una tecnología (por ej., el alfabetismo como sistema de escritura) y los resultados (por ej., nuevas destrezas, nuevos tipos de conocimientos y procesos de pensamiento, desarrollo económico y social) el concepto y la teoría de la práctica considera que *todos* estos —tecnologías, conocimientos y destrezas— están interrelacionados, dinámicamente conectados entre sí y en mutua evolución en conjunción con las ideas cambiantes de las personas acerca de finalidades y tareas. En grandes campos o dominios de práctica, como la educación, la medicina, la agricultura o la cocina, los cambios de ideas acerca de cómo pudiera hacerse algo generará nuevas tareas que exijan refinamientos de los conocimientos (teoría, conceptos, etc.), de las destrezas y procedimientos y de las tecnologías. A su vez, estos retroactuarán sobre las ideas de las personas acerca de qué otras cosas podrían hacerse, de qué modo y así sucesivamente.

SCRIBNER y COLE aplican después este concepto de práctica al alfabetismo. Contemplan el alfabetismo como "un conjunto de prácticas organizadas que hacen uso de un sistema simbólico y una tecnología para producirlo y divulgarlo" (*ibid.*, pág. 236). Dicen que el alfabetismo no tiene que ver con saber leer y escribir un determinado tipo de texto, sino con "aplicar este conocimiento con fines concretos en contextos específicos de uso" (1981, pág. 236). Esto significa que el alfabetismo es, en realidad, como una familia de práctica —alfabetismos— que incluyen esas "actividades socialmente desarrolladas y configuradas", como escribir cartas, llevar registros e inventarios, escribir un diario, redactar informes, poner anuncios, etcétera. Cada una de estas cosas difiere hasta cierto punto de las demás, dependiendo de las tecnologías utilizadas (lápiz, máquina de escribir, bolígrafo, tipografías, la clase de superficie en la que "escribir"); los conocimientos en los que se basen (formato, convenciones, uso de registro, información sobre el tema), y las destrezas que exija (coordinación oculomanual, uso de ratón).

Los tipos de prácticas de alfabetización descritos por SCRIBNER y COLE basándose en su investigación con el pueblo vai de Liberia constituyen otras tantas *formas reconocidas* de generar, comunicar y comprender contenidos significativos por medio de textos codificados. Estas formas son "recurrentes", socialmente reconocidas como *patrones* de actividad, y se emprenden con regularidad de acuerdo con estas descripciones formales socialmente reconocidas. Desde que SCRIBNER y COLE presentaron sus explicaciones sobre la práctica y las prácticas alfabetistas, el concepto se ha modificado muchas veces (véanse, por ejemplo: STREET, 1984, 2001; BARTON, 1991; PRINSLOO y BREIER, 1996; BARTON y HAMILTON,

1998; HULL y SCHULTZ, 2001). Otras explicaciones posteriores no suelen centrarse de manera tan explícita en la tecnología y las dimensiones de las destrezas que SCRIBNER y COLE consideraran tan centrales para comprender e investigar la práctica, tienden, en cambio, a resaltar el reconocimiento social de determinadas características en entornos dados. Brian STREET (2001, pág. 11), por ejemplo, define las prácticas alfabetistas como "formas concretas de pensar acerca de la lectura y la escritura y de leer y escribir en contextos culturales". Con independencia de esas variaciones, permanece intacta la relación entre los *alfabetismos* identificables y las *formas reconocidas de actuar*.

"Contenidos significativos"

Aunque los alfabetismos nos piden que generemos y comuniquemos significados y que invitemos a otros a que extraigan un significado de nuestros textos, esto sólo puede hacerse si tenemos algo *de* lo que extraer un significado, por ejemplo, un tipo de contenido que el texto transmita como "potencial" y que se actualice mediante la interacción de sus receptores con el texto. Si no hay texto, no hay alfabetismo y, por definición, todo texto lleva consigo un contenido. Gunther KRESS (2003, págs. 37-38) insiste en ello en relación con la escritura alfabética. Dice que los lectores hacen un "trabajo semiótico" cuando leen un texto escrito. Éste es "el trabajo de rellenar los elementos de la escritura con contenido" (KRESS, 2003), es decir, el trabajo de extraer el significado de lo escrito en el texto. Dice KRESS que el significado implica dos tipos de trabajo. Uno es la *articulación*, que se lleva a cabo en la producción de "lo que se hace signo exteriormente" (por ej., la escritura). El otro es la *interpretación*, que supone producir "lo que se hace signo interiormente" en la lectura (véase también: GEE, 2004, cap. VI).

Nuestra idea de los "contenidos significativos" que se generan y comprenden en las prácticas alfabetistas es, sin embargo, más amplio y abierto de lo que puedan aceptar muchos estudiosos del alfabetismo. Creemos que el enfoque del Discurso de GEE (1997) llama la atención sobre la complejidad y riqueza de la relación entre alfabetismos y las "formas de estar juntos en el mundo" (*ibid*., pág. xv). Así, cuando miramos el *blog* de alguien, es fácil que encontremos que gran parte del significado que extraer tiene que ver con quien creamos que *es* el autor o autora del *blog*: cómo es, cómo quiere que pensemos de él o ella y cómo queremos pensar de ella o él. De igual modo, un texto concreto que elabora alguien ha de entenderse como una expresión de la voluntad de sentirse "conectado" o "relacionado" ahora mismo. El significado que podemos "dar" puede ser mucho más relacional que literal. Puede tener más que ver con la expresión de solidaridad o afinidad con determinada persona que con otra cosa. Nuestra idea de "contenido significativo" pretende ser suficientemente elástica para adaptarse a estas posibilidades.

Es ésta una observación importante cuando se trata de entender Internet, las prácticas en línea y los "contenidos" en línea. Casi todo lo que está en línea a nuestra disposición se convierte en un recurso para diversas formas de extraer el significado de las cosas. En muchos casos, los significados que se den no serán inteligibles para la gente en general o, en algunos casos, para muchas personas. Algunos sólo serán compartidos por los "iniciados" de grupos de interés muy pequeños o camarillas. Consideremos, por ejemplo, cómo se ha utilizado eBay para burlarse de una serie de convenciones sociales y generar diversos tipos de actividades estrafalarias y "locas". Un hombre subastó su alma en 2006 y recibió un pago en metálico con la condición de que pasara cincuenta horas en la iglesia. En otro caso, una persona subastó un sándwich tostado de queso de diez años que, según el propietario, tenía una huella de la Virgen María y que no se había enmohecido ni desintegrado desde que se preparara en 1994. Además, decía que le había dado suerte en un casino. Un casino por Internet compró el sándwich por 28.000 dólares y planeó llevarlo de gira para recaudar dinero para obras de caridad. Otros vendedores respondieron con tostadoras de sándwiches, camisetas, etc. de la Virgen María (http://news.bbc.co.uk/2/hi/americas/4034787.stm). El 5 de mayo de 2006, *Yahoo Sports* informó que un seguidor del equipo *Kansas City Royals* de béisbol acabó dándose de baja del club y subastando su lealtad (http://sports.yahoo.com/mlb/news;_ylt=AlShQ.C4IOa6BJxsh9YuKJURvLYF?slug=jp-auction050506&prov=yhoo&type=lgns). Los significados de tales acciones tienen poco que ver con las prácticas habituales de las subastas y la interpretación de los textos que describen los objetos tienen poco o nada que ver con las palabras literales per se. Las personas pueden estar preparadas para gastar dinero para solidarizarse con la broma: decir "lo compro", señalando así su aquiescencia con la práctica, expresando solidaridad con el vendedor, manifestando "afinidad" o, incluso, tratando de salvar un alma (véase también el *"Hopkin Green Frog Meme"*, que comentamos en el Capítulo IV).

En sentido parecido, el grupo sueco activista en los medios de comunicación *Read My Lips* creó un comentario multimedia muy conocido sobre la alianza Bush-Blair en la guerra de Irak. *Read My Lips* empalmó fragmentos de vídeos de noticias de George Bush y Tony Blair y sincronizó los movimientos de sus labios y sus acciones en pantalla con la canción de amor *"Your Eyes"* para crear un texto que sugiriera un romance íntimo entre ambos (atmo.se/zino.aspx?articileID=399). El vídeo resultante expresa una dura crítica de la alianza Bush-Blair en la invasión de Irak y es un clip muy popular en espacios afines creados por personas críticas de esta invasión o de la alianza militarista entre los Estados Unidos y Gran Bretaña. Si no se conociera la controversia política y social que rodea la guerra de Irak, este clip sería más o menos carente de sentido o ininterpretable.

Aparte de las experiencias o conocimiento compartido de los acontecimientos actuales, el contenido significativo presente en muchas prácticas de los nuevos alfabetismos requiere sin duda unos intereses y gustos comunes. El *remix* de vídeos o filmes de *anime** ponen en evidencia esta observación, como veremos en el Capítulo IV. Esta práctica implica, por ejemplo, empalmar —mezclar— clips muy cortos de una serie de anuncios hechos en *anime* para crear un conjunto narrativo completamente nuevo al que se une una nueva banda sonora (por ej.: http://tfcog.net). Algunos *remixes* no llevan diálogo, pero están sincronizados, en cambio, con una banda sonora deliberadamente seleccionada para crear vídeos musicales *anime* (HATCHER, 2005). Es probable que los *remixes* de *anime* atraigan más a los aficionados a todos los artículos de *anime* que se divierten con los trabajos de otros aficionados en torno a textos originales para crear un *anime* nue-

---

* Con el término *anime* se alude, fuera de Japón, a todos los dibujos animados de origen japonés. (*N. del T.*)

vo, aunque aún reconocible. Los antropólogos de la cultura popular, como Mimi Ito, dicen que este tipo de trabajo creativo está impulsado en gran medida por el deseo de comunicarse y relacionarse con otras personas interesadas, en vez de por el objetivo de compartir "información" sobre determinadas producciones o personajes concretos de *anime* (Ito, 2006).

"Textos codificados"

Al definir los alfabetismos en relación con "textos codificados", nos referimos a textos que se han vertido en una forma que permite recuperarlos, trabajar con ellos y tenerlos a nuestra disposición con independencia de la presencia física de otra persona. Los "textos codificados" son textos que se han "congelado" o "recogido" de un modo que los libera de su contexto inmediato de producción y los hace "transportables". Desde un punto de vista cultural, el aspecto más destacado con respecto al alfabetismo es lo que atañe al alcance y la escala de la producción cultural que permiten los textos codificados (en comparación con los textos "no codificados" que "expiran" en el punto y momento de su producción salvo en la medida en la que pervivan en el recuerdo de las personas que estuvieran allí en aquel momento). Los textos codificados dan al lenguaje una (semi)permanencia, una trascendencia y una transportabilidad de las que carecen en la inmediatez del habla, los signos con las manos y similares. Pueden "viajar" sin requerir que los transporten determinadas personas. Pueden ser replicados sin necesidad de que otros seres humanos presenten la réplica.

Los tipos concretos de códigos empleados en las prácticas alfabetistas son diversos y contingentes. Los alfabetismos pueden implicar cualquier clase de sistemas de codificación que "recoja" el lenguaje en el sentido descrito. El alfabetismo exige la "letrización" (o sea, en el idioma de que se trate, el reconocimiento y la manipulación de los símbolos alfabéticos), pero, a nuestro modo de ver, va mucho más allá. La persona que "congele" el lenguaje como un pasaje del habla digitalmente codificado y lo cargue en Internet como un *podcast** lleva a cabo una acción alfabetista. Por eso, lo mismo hace la persona que *photoshopea*** una imagen, con independencia de que incluya o no un componente de texto escrito (véanse comentarios más detallados sobre estas cuestiones en los Capítulos IV y V).

> **Reflexión y comentario**
>
> Compare y comente los conocimientos, competencias y técnicas necesarios para producir o hacer uso de textos hallados en las siguientes páginas web:
>
> - Worth1000.org
> - BoingBoing.net

---

* El *podcast* es un archivo de sonido o de sonido y vídeo que se carga en Internet y puede escucharse sin estar conectado a la red. (*N. del T.*)

** La expresión, versión del neologismo inglés original (aunque muy utilizado) *photoshops*, se refiere a la acción de modificar una imagen original mediante un programa de tratamiento de gráficos, cuyo paradigma es el *Adobe Photoshop*. (*N. del T.*)

© Ediciones Morata, S. L.

- Manganews.net
- Newsgrounds.com
- Youaintnopicasso.blogspot.com
- JibJab.com
- Mugglenet.com/mugglecast

Los distintos textos alojados en estos sitios web pueden copiarse y pegarse de diversas maneras en nuevos textos, descargarse y cargarse para dispositivos en los que escucharlos o verlos, copiarse a un CD-ROM para verlos en otro ordenador, guardarlos en el disco duro propio y reproducirlos una y otra vez, guardar la dirección como favoritos en el propio navegador para futuras visitas, enviarlos por correo electrónico a un amigo, enlazarlos desde el espacio web propio.

"Participación en (o como miembros de) los Discursos"

Jim GEE (1997, pág. XVI) se refiere a los enfoques socioculturales del lenguaje y del alfabetismo como enfoques de *Discurso*. El Discurso puede considerarse como el principio subyacente del significado y de la significatividad. "Hacemos vida" como individuos y como miembros de grupos sociales y culturales —como lo que GEE llama "yos situados"— en y a través de los Discursos, que pueden entenderse como coordinaciones significativas de elementos humanos y no humanos. Además de las propias personas, los elementos humanos de las coordinaciones incluyen cosas tales como las formas de pensar, de actuar, de sentir, de moverse, de vestirse, de hablar, de gesticular, de creer y de valorar de las personas, y los elementos no humanos incluyen cosas como herramientas, objetos, instituciones, redes, lugares, vehículos, máquinas, espacios físicos, edificios.

Una persona que envía con urgencia un mensaje de correo electrónico a la oficina central cuando entrega su tarjeta de embarque a la azafata de la aerolínea a la entrada de la rampa de acceso al avión es reconocible (por los demás y por sí mismo) como una persona de cierto tipo. En este momento, forma parte de una *coordinación* que incluye como elementos propios a la persona misma, un modo de pensar y sentir (maximizar el tiempo para hacer más), reglas (hay que apagar el teléfono al pasar la puerta de embarque), instituciones (aeropuertos y viajes aéreos, la empresa para la que trabaja), instrumentos (un teléfono, una red), complementos (un maletín y una bolsa de viaje), ropa (un traje, quizá), lenguaje (facilidad para enviar mensajes concisos y precisos de correo electrónico). Estos distintos elementos se sincronizan y mantienen su sincronía (*ibid.*). Los distintos elementos coordinan los demás y son coordinados por ellos al mismo tiempo (las exigencias institucionales y los horarios estimulan ese particular uso del teléfono durante los últimos segundos previos al embarque; el mensaje de correo electrónico hace una petición a alguna persona de la empresa; la reunión prevista ha influido en la elección de la ropa: elegante, pero cómoda; etc.). Esta "sincronía" nos dice quién y qué es esa persona (como un ejecutivo en medio de una jornada en tres ciudades). GEE lo plantea así: "En esas coordinaciones, los humanos nos hacemos *reconocibles* ante nosotros mismos y ante los demás y nos *recono-*

© Ediciones Morata, S. L.

cemos y *reconocemos* a otras personas y las cosas como significativas de formas características" (*ibid.*, pág. xiv).

Los elementos humanos y no humanos entran y salen de esas coordinaciones constantemente. Las identidades (de humanos y no humanos por igual) son crónicas de las trayectorias de coordinaciones en las que nos desenvolvemos en el curso del tiempo. Distintas coordinaciones nos llevan a pensar, actuar, creer, vestirnos, sentir, hablar, relacionarnos de formas diferentes en mayor o menor medida. Saber cómo, cuándo y qué deberíamos hacer es la "naturaleza" del vivir significativamente. Otra forma de manifestar esto es decir que los Discursos nos atraen en el contexto de nuestro "derecho inalienable" en cuanto seres sociales y culturales, y que, en nuestro compromiso social con los Discursos y a través de él, cada uno de nosotros puede identificarse como un tipo concreto de persona (una trayectoria y amalgama de "yos situados" que cambian cuando lo hacen nuestros fines, contextos y coordinaciones de Discurso) y aprende a ser tal. Un Discurso

> es una forma de "estar juntos en el mundo" para los humanos, sus formas de pensar y de sentir (etc.), y para las cosas no humanas; además, esas coordinaciones de elementos, y los elementos mismos, asumen identidades reconocibles. El "Discurso" pone nombre al modelo de las coordinaciones, su reconocibilidad, así como al de sus elementos.
>
> (*Ibid.*, pág. xv.)

Los Discursos son de muchos tipos: aulas, deportes, redes de amigos, reuniones parroquiales, clubes, pandillas, disciplinas académicas, listas de discusión*, *chats*, tipos de mujeres, bodas, funerales, familias. Están constituidos por coordinaciones y hacen reconocibles las coordinaciones y sus elementos. Los Discursos son la trama del sentido y de la falta de sentido; constituyen la "forma" y el "orden" del mundo. Los activamos y nos activan. Estar en un Discurso es ser capaz de coordinar de forma competente distintos elementos de ese Discurso y ser coordinados competentemente por ellos.

Estas ideas nos facilitan distintas formas de pensar sobre los alfabetismos, como elementos de coordinaciones y, como tales, las mismas coordinaciones forman parte de Discursos, dependiendo del nivel de especificidad con el que se opere en cada caso. Así, por ejemplo, el caso del ejecutivo que *manda por correo electrónico* un informe, petición o recordatorio a la oficina central durante el embarque en un avión puede considerarse como un elemento de la activación de una determinada coordinación que forma parte del ser un ejecutivo de empresa (trabajando sobre la marcha de un modo reconocible como la quinta esencia del modus operandi del ejecutivo de empresa). Desde este punto de vista, un alfabetismo es un elemento de una coordinación.

En un nivel diferente, podemos pensar en una práctica alfabetista, en el sentido expuesto por SCRIBNER y COLE, como una coordinación entre tecnología, conocimientos y habilidades. El caso de la persona de negocios de nuestro ejem-

---

* La expresión "lista de discusión" es traducción directa de *discussion list*. Hay que tener en cuenta que, en inglés, *discussion* no significa solo "discusión", sino también "conversación", "diálogo", "comentario". Estas listas son, en realidad, de diálogo o de conversación, que puede incluir el debate, pero no necesariamente. De todos modos, la expresión "lista de discusión" es de uso habitual y está integrada en el vocabulario relacionado con los usos de Internet. (*N. del T.*)

© Ediciones Morata, S. L.

plo anterior, que está escribiendo una carta, enviando un correo electrónico o realizando un informe, implica coordinar un teléfono por Internet con el conocimiento del estilo propio, el formato, la estructura del registro e institucional (a quién enviar algo con el fin de conseguir el resultado deseado), y las habilidades necesarias (escribir sobre la marcha con una mano, sin perder de vista el equipaje, y sostener la tarjeta de embarque en la otra, organizando los pensamientos de forma sucinta...) para utilizar el correo electrónico o redactar un informe.

Como elementos constitutivos de la participación en un Discurso o de la pertenencia al mismo, los alfabetismos son siempre mucho más e implican mucho más que la simple producción de textos. Son (también) contextos o pretextos para activar o refinar pertenencias a Discursos con dimensiones tales como retroinformar, prestar apoyo, compartir conocimientos y pericia, explicar reglas, contar chistes, compadecer, hacer el trabajo propio, expresar opiniones, mostrar solidaridad, reflejar una afinidad (GEE, 2004), etcétera.

En pocas palabras, los alfabetismos son "formas socialmente reconocidas de generar, comunicar y negociar contenidos significativos mediante textos cifrados en contextos de participación en Discursos (o como miembros de Discursos)". Por eso, las actividades de *bloguear*, escribir *fanfic*, producir *manga*, utilizar *memes*, *photoshopear*, prácticas de vídeo *anime* de música (AMV), utilizar *podcasts* y *vodcasts* y participar en juegos son *alfabetismos*, igual que escribir cartas, redactar un diario, mantener grabaciones, hacer un *zine* en papel, leer novelas, tomar notas durante conferencias o presentaciones y leer horarios de autobuses.

> **Reflexión y comentario**
>
> Identifique dos Discursos muy diferentes en su propia vida. Como ejemplos, puede considerar el Discurso de su propia familia, el Discurso de las citas, el Discurso del estudiante graduado, el Discurso de la enseñanza o del profesor, el Discurso de un partido político, etc. Analice los elementos clave de los dos Discursos seleccionados en cuanto a sus formas características, distintivas o socialmente reconocidas de:
>
> - pensar, creer y "ver" el mundo;
> - hablar, leer y escribir;
> - actuar, moverse, gesticular, etc.;
> - vestir;
> - sentir (por ej., acerca de algo, con respecto a los otros);
> - valorar, etc.
>
> En su análisis, incluya elementos no humanos como:
>
> - herramientas y tecnologías;
> - objetos (incluyendo máquinas y vehículos);
> - instituciones;
> - redes;
> - lugares;
> - espacios físicos, edificios, etc.

© Ediciones Morata, S. L.

Comente cómo se coordinan esos elementos en cada Discurso. Después, comente los diferentes "pasos" sociales y lingüísticos que requiere cada uno de los dos Discursos escogidos y de qué modo aprenden las personas a moverse y actuar sin esfuerzo dentro de esos Discursos.

Pista: Pensar en lo que necesitaría saber un "principiante" para poder participar plenamente en cada Discurso puede ayudarle a identificar las características clave de cada uno.

Eso para los alfabetismos en general. ¿Qué decir de los *"nuevos"* alfabetismos?

"Nuevos": En teoría y en la práctica

Al final del Capítulo Primero, hablamos de los alfabetismos que podemos considerar "nuevos" en el sentido *ontológico* de estar constituidos por un nuevo tipo de "sustancia". Distinguíamos entre la nueva "sustancia" *técnica* y la nueva "sustancia" *espiritual*. En el centro de esta idea de la nueva sustancia espiritual está la aparición de una mentalidad característicamente contemporánea, que comentamos con detenimiento en el Capítulo II. En esta sección, nos detendremos brevemente en estas ideas, centrándonos en algunos aspectos especialmente destacados de la "nueva sustancia técnica" y poniendo ejemplos concretos de la "nueva sustancia espiritual".

"Nueva sustancia técnica"

La idea de Mary KALANTZIS de que "pulsas 'A'" y pulsas "rojo" (COPE y cols., 2005, pág. 200) recoge gran parte de lo que es importante para el alfabetismo con respecto a la "nueva sustancia técnica". Básicamente, los programadores escriben un código fuente que se almacena como código binario (combinaciones de ceros y unos) y hace funcionar distintos tipos de aplicaciones (de texto, sonido, imagen, animación, funciones de comunicaciones, etc.) en los aparatos electrónicos digitales (ordenadores, consolas de juegos, reproductores de CD y MP3, etc.). Cualquiera que tenga acceso a un ordenador normal y a una conexión con Internet y que tenga unos conocimientos elementales de las aplicaciones más corrientes de *software* puede crear toda una serie de artículos significativos utilizando un conjunto estrictamente finito de operaciones físicas o técnicas (teclear, pulsar, rotar, arrastrar), en un espacio diminuto, con sólo una o dos "herramientas" (complejas, eso sí). Por ejemplo, puede crear un texto multimodal y enviárselo a una persona, un grupo o toda una comunidad de Internet, casi instantáneamente y casi sin coste. El texto podría ser una imagen *photoshopeada* puesta en Flickr.com. Podría ser una tarjeta animada del Día de san Valentín enviada a una amiga o amigo íntimo. Podría ser una corta secuencia animada grabada utilizando juguetes y objetos domésticos, con una banda sonora original, adjunta al *post* de un *blog*. Podría ser una presentación de diapositivas de imágenes de algún acontecimiento con un comentario narrado o un montaje de clips de un videojuego que parodie algún aspecto de la cultura popular o que cuente alguna obra literaria poco conocida mediante animaciones.

© Ediciones Morata, S. L.

El paso de las inscripciones materiales al cifrado digital, de las representaciones analógicas a las digitales, ha desencadenado unas condiciones y unas posibilidades que son masivamente "nuevas". En el caso del paso de lo impreso a lo postipográfico, Bill COPE (COPE y cols., 2005) describe lo que esto supone para la presentación visual de los textos. Explica que las tecnologías digitales reducen la unidad básica de composición del nivel del carácter a un punto por debajo del nivel del carácter. En el caso de un texto en una pantalla, la unidad de composición se reduce al píxel. Esto tiene una consecuencia importante. Significa que el texto y las imágenes pueden presentarse fundidos sin solución de continuidad y con relativa facilidad en la misma página y, además, que el texto puede estar dispuesto en capas e incluido en imágenes, tanto estáticas como móviles (y viceversa), de un modo que era muy difícil de conseguir físicamente —y en algunos aspectos *imposible*— con los recursos de la imprenta.

En los libros antiguos, había una sección con las ilustraciones y una sección con el texto... Durante muchos cientos de años... el texto y las imágenes estaban notablemente separados, por razones muy pragmáticas... [E]n la primera mitad del siglo XX... las técnicas fotográficas... eliminaron los sistemas de letra impresa e ilustración [acercando texto e imágenes] un poco más [con] la película y las ilustraciones, pero seguía siendo muy difícil. Sin embargo, ahora la unidad elemental de manufactura ha cambiado radicalmente. La materia prima con la que se trabaja está en una pantalla. Por eso, cuando se pulsa una tecla se construye, en realidad, una representación visual a base de píxeles.

... [Además], si damos un paso atrás... aparte de los píxeles, los mismos elementos de composición producen también sonido. Así que tenemos estos aspectos básicos acerca de la comunicación humana: lenguaje, elementos visuales y sonido, que se elaboran con la misma materia prima, en el mismo plano y en la misma plataforma.

(*Ibid.*, 200.)

El "*podcasting*" es otro ejemplo "del momento" (a principios del 2006). Imaginemos el caso de un hipotético congreso que se esté celebrando en este mismo momento. Contando con todos los permisos necesarios, los organizadores del congreso o un delegado puede crear un *podcast* de una presentación (puede ser una ponencia o simplemente una comunicación que la persona que organice los *podcasts* estime de interés para otras personas). La persona que produzca el *podcast* graba la presentación en una grabadora digital adecuada (por ej., un iPod equipado con el complemento iTalk o una grabadora digital de voz como las fabricadas por Olympus). Muchos de estos dispositivos graban ficheros de sonido en formato*.wav, que genera un archivo de alta fidelidad, fácil de editar, pero muy amplio. Cuando termina la conferencia, el delegado transfiere el archivo de sonido de la grabadora a un ordenador portátil, lo convierte al formato mp3, utilizando un *software* como iTunes o Garageband, que mantiene la fidelidad de la grabación, pero reduce el tamaño del archivo y lo hace más "reproducible" en diversas aplicaciones de *software* y aparatos de sonido. La persona que prepara el *podcast* de la presentación grabada carga el archivo de audio mp3 digitalmente cifrado a un servidor al que puede accederse públicamente mediante Internet.

© Ediciones Morata, S. L.

Desde un punto de vista técnico, *podcastear** supone que una persona pone en Internet con relativa periodicidad archivos de sonido y otras personas a las que interesen esos *podcasts* pueden suscribirse a ellos y recibir automáticamente los nuevos archivos de sonido. Es decir, los *podcasts* están "sindicados"** (o sea, la ubicación de los archivos queda "señalizada" mediante el código "really simple syndication"*** [RSS]), y pueden utilizarse los agregadores de *podcasts* para suscribirse a todos los archivos de sonido que pongan los *podcasteadores*. Estos agregadores, como Firefox o iTunes, por ejemplo, buscan y descargan automáticamente los *podcasts* nuevos, que pueden transferirse a aparatos portátiles de reproducción de sonido y escucharlos cuando sea conveniente. Sin embargo, para poner en línea archivos de sonido, no es necesario utilizar los alimentadores RSS ni suscribirse a ellos. El delegado del congreso podría limitarse a poner un archivo de sonido en un servidor y poner después un *post* en su *blog* que contenga un hiperenlace a ese archivo. Desde ese momento, cualquier persona que entre en el *blog* tiene acceso inmediato al archivo de sonido de la presentación pulsando en el hiperenlace adecuado. (Véanse más aspectos del *mediacasting* en el Capítulo V).

Volviendo a nuestro ejemplo, la presentación grabada del congreso puede ampliarse de distintas maneras, como agregando una corta narración grabada e incluida al principio del archivo por el *podcasteador*, mediante la adición de una corta secuencia de vídeo grabada durante la presentación o de una copia automatizada de la presentación de diapositivas utilizada por el conferenciante para ilustrar los puntos clave. Por otra parte, algunas grabadoras digitales de sonido tienen funciones de cámara que permiten tomar fotos durante una presentación. Estas fotos pueden "pegarse" al archivo de sonido, de manera que, en el momento del archivo de sonido en el que se toma una foto, ésta se abriera automáticamente en la pantalla de la persona que estuviera viendo este archivo de "álbum de voz". Este archivo puede estar puesto en Internet o también incluido en un CD-ROM, para facilitar su distribución, etcétera. Las mismas —o elementos de las mismas— funciones binarias, lógica de programación, convenciones y "material" que codifica el sonido pueden utilizarse también para codificar las imágenes y el vídeo, las mismas interfaces de pantalla y cualesquiera servicios de alojamiento de archivos en línea y de redes. El resultado final es una producción sin solución de continuidad, limpia, elegante y rápida que tiene un "alcance" global en un tiempo cercano al "real" (véase un ejemplo de un congreso en *podcasts* en: isis.duke.edu/events/podcasting/casts.html).

Los tipos de "facilitación" e "intercambio" que refleja lo que acabamos de describir son muy revolucionarios. Un *software* de edición electrónica relativamente

---

* Utilizamos los neologismos *podcastear*, *podcasteo* y *podcasteador* para referirnos a la actividad de creación y uso de *podcasts* y a las personas que los producen, a semejanza de *bloguear*, *blogueo* y *bloguero*. (*N. del T.*)

** El verbo inglés *to syndicate* quiere decir, entre otras cosas, distribuir un producto periodístico (artículos, noticias, fotos, etc.) a diversos medios. Por extensión, se utiliza para designar la distribución por Internet de toda clase de productos más o menos periódicos, no necesariamente periodísticos. Aunque hubiese sido lógico utilizar en castellano el verbo *distribuir* y el sustantivo *distribución*, ya está asentado el uso de *sindicar* y *sindicación* en este sentido, por lo que utilizamos estos términos para referirnos a esta actividad. (*N. del T.*)

*** "Sindicación verdaderamente sencilla". (*N. del T.*)

© Ediciones Morata, S. L.

poco sofisticado que tenga cualquiera en su dormitorio puede generar texto y efectos de imagen que a menudo no pueden lograr las mejores imprentas en condiciones tipográficas, y ahora la "edición" no se limita ya a textos o imágenes impresos en papel, sino que también pueden incluir otros elementos, como grabaciones de voz, archivos de música, animación en 2D y 3D, vídeo, imágenes *photoshopeadas*, imágenes escaneadas de obras en papel, etc. Incluso el concepto de "texto", entendido en el sentido convencional de impreso, se convierte en un concepto vago cuando se tiene en cuenta el enorme conjunto de medios de expresión que ahora tiene a su disposición todo el mundo. Se han hecho muy populares diversas prácticas de *"remix"*, en las que se copian, recortan, unen, reforman y combinan en una nueva creación distintos materiales originales, en parte por la calidad del producto que pueden conseguir "personas corrientes".

Las animaciones *machinima* son un buen ejemplo de lo que aquí decimos: "machinima" es el término que se utiliza para describir el proceso por el que los aficionados utilizan los "motores" de animación (o sea, el código que dirige o genera todas las imágenes de un determinado videojuego) de los videojuegos y las imágenes generadas por ordenador (CGI*) para presentar nuevos textos animados en sus ordenadores de sobremesa (en un pasado no muy lejano, este tipo de producción de textos exigía unos motores de gráficos en 3D y de animación de gran calidad extremadamente caros y se reducía, por regla general, al ámbito de los animadores profesionales). La creación de *machinima* implica utilizar herramientas que se encuentran en los motores de juegos, como opciones de ángulo de cámara, editores de guión, editores de niveles, etcétera, junto con recursos, como fondos, temas, personajes, ambientes, etc., incluidos en el juego (es.wikipedia.org/wiki/Machinima). Según *Machinima.com*, un conocido sitio web de ayuda y de archivo de animaciones *machinima*:

> No hace falta ningún equipamiento especial para hacer películas *machinima*. En realidad, si tienes un ordenador con el que puedas jugar con *Half-Life 2*, *Unreal Tournament 2004* o incluso *Quake* [tres videojuegos muy populares], ya tienes prácticamente todo lo que necesitas para montar tu propio estudio cinematográfico en tu PC. Puedes producir películas por tu cuenta o asociarte con un grupo de amigos para representar en directo tus propios guiones en red. Cuando lo hayas hecho, puedes subir las películas a este sitio y tener un público potencial de millones de personas.
>
> (2006, pág. 1.)

El término *machinima* se utiliza también para describir el género de animación generado por este procedimiento. Estas animaciones pueden ser *fanfics* y divulgar de alguna manera el argumento del juego o puede servir simplemente para facilitar herramientas y recursos para elaborar un texto sin relación alguna con aquel. El *machinima* no tiene por qué ser de baja calidad, de "aficionados". Algunas animaciones, como *Hardly Workin'* y *Red vs Blue* han ganado premios en festivales de cine de todo el mundo. Ahora es posible descargar kits de *software* de código abierto desarrollados expresamente para diseñar y editar *machinima* propio utilizando contenidos de cualquier videojuego. Quienes se inicien en los procedimientos de creación de *machinima* también pueden acceder a tutoriales en línea y

---

* Son las siglas de *computer-generated imagery*: imágenes generadas por ordenador. (*N. del T.*)

entrevistas con creadores de *machinima* de primera fila para recibir consejos de los iniciados sobre cómo crear sus propias animaciones de alta calidad.

La popularidad de este tipo de *remix* de animaciones ha llevado al lanzamiento de juegos que fomentan directa y abiertamente el *remix*, como "The Movies" (themoviesgame.com), de Lionhead Studios. Alessandro Cima, un conocido productor de cortos, ha preparado una serie de textos animados que narran una obra de la literatura gótica clásica (atribuida a Bram STOKER), que se pasa por alto con frecuencia: *Dracula's Guest*. Cima ha utilizado herramientas y recursos de contenido de "The Movies" de tal manera que no se aprecian muchos indicios de que los fondos, los personajes, los movimientos y los ángulos de cámara *no* han sido creados específicamente para sus animaciones de su *Dracula's Guest*, aunque, en realidad, los seleccionó de un menú prefabricado de herramientas y recursos (véase: candlelightstories.com/Movies.php). Un número cada vez mayor de videojuegos reconoce también la popularidad del *machinima* y se están creando juegos que permiten con más facilidad su modificación o *remix* (por ej.: *"Dark Reign 2"*).

En la misma línea, nos encontramos con el *"modding"* de juegos. Esto supone el uso de los motores de imagen y estrategia de un videojuego para crear modificaciones del mismo preparadas por el aficionado. Estas modificaciones mantienen la "verdad" del "universo" del juego (o sea, cómo pueden moverse, actuar y resolver problemas los personajes y qué tipos de retos se plantean, etc., en el mundo del juego), pero dicen que añaden una nueva miniaventura o búsqueda que tienen que realizar los personajes. Esas adiciones pueden ampliar un nivel, añadiendo al juego nuevas habilidades o cualidades, o crear un nivel completamente nuevo que hayan de superar los jugadores, lo que añade al juego un nuevo estrato de dificultad o complejidad (cf.: SQUIRE, STEINLUEHLER).

La música puede escogerse y remezclarse utilizando ordenadores de sobremesa y *software* de edición de sonido. De hecho, el término *"remix"* surgió del panorama de muestreo, *scratching** y mezcla de los pinchadiscos que se inició a finales de la década de 1970 y principios de la de 1980 (aunque la práctica del *remix* de música tiene una larga historia: la música de *blues*, la *ska* de Jamaica). Este tipo de *remix* musical ya no exige en la actualidad una extensa y ecléctica colección de discos de vinilo, varios platos y equipos grandes y caros de mezcla y amplificación, como en los años setenta. Sólo es necesario un software, que viene incluido en la mayoría de los ordenadores, para convertir los archivos de música de un CD en un formato editable (por ej., *.wav), editar y unir secciones de canciones diferentes y convertir los archivos musicales finales en un formato fácilmente transferible (por ej., *.mp3) y ponerlos en Internet a disposición de otros o utilizarlos como banda sonora de fondo en un proyecto multimedia de mayor envergadura. El sector comercial también ha reconocido la popularidad del "hágalo usted mismo" en relación con el *remix* musical y, por el precio de un videojuego, es posible adquirir paquetes de *software* que funciona en máquinas de videojuegos, como "MTV Music Generator 3: This Is the Remix", para el ordenador de juegos Xbox. (Véase más sobre el *remix* en el Capítulo IV).

---

* Originalmente, cuando se utilizaban discos de vinilo, el *scratch* era la técnica de mover el disco hacia adelante y hacia atrás, creando un efecto parecido al rayado del disco. La utilizaban mucho los pinchadiscos de música electrónica. (*N. del T.*)

© Ediciones Morata, S. L.

Esta capacidad *facilitadora* del código binario, la nueva "sustancia" técnica, forma parte de la mayoría de las nuevas alfabetizaciones que nos ocupan. Esta facilitación es tan corriente en la actualidad que la damos por supuesta, como en las plantillas e interfaces cotidianas. He aquí algunos ejemplos:

- plantillas de *blogs* y herramientas de creación de documentos que automatizan el "aspecto" de los textos propios (y hace muy fácil el cambio de estilo, color y tamaño de la tipografía para incluir imágenes o hiperenlaces);
- herramientas de escritura y edición, como el *software* de procesamiento de texto, que facilita el cambio de tipos y la distribución del texto (por ej.: columnas, alineación, orientación de la página) o la inserción de imágenes, figuras o incluso archivos de sonido o enlaces directos a Internet, jugar con colores, etcétera, seleccionando simplemente una opción de menú;
- posibilidad de abrir al mismo tiempo diversos programas, y ventanas en estos programas, y trasladar contenidos de unos a otros mediante las funciones de "copiar" y "pegar";
- interfaces de mensajería instantánea que nos permiten incluir emoticonos, adjuntar archivos y conservar transcripciones de las conversaciones;
- interfaces de correo electrónico que facilitan la lectura de los mensajes y la respuesta a los mismos, conservar copias de los mensajes enviados, almacenar mensajes y administrarlos;
- posibilidad de rellenar formularios y enviarlos en línea, gracias al desarrollo de interfaces "editables" de páginas web;
- interfaces de sitios web cuyas funciones de cifra de claves de acceso y nombres de usuario nos permiten entrar en determinados espacios en línea;
- espacios interactivos colaborativos mediante suscripción a listas de discusión por correo electrónico que, por regla general, utilizan procedimientos normalizados de suscripción (por ej., enviar un mensaje de correo electrónico a un programa *listserv* que incluye su nombre completo y la orden "subscribe");
- interfaces de foros en línea que permiten a los miembros del mismo subir artículos, leerlos y responder directamente a los comentarios;
- interfaces de *chat* en línea y en tiempo real que ahora se incluyen en sitios web y ya no requieren la descarga e instalación de *"software* cliente" especialmente desarrollado para poder participar.

> **Reflexión y comentario**
>
> Los medios de comunicación dicen una y otra vez que, en nuestros días, los jóvenes leen y escriben cada vez menos. Sin embargo, una enorme y creciente cantidad de jóvenes dedica mucho tiempo y energía a proyectos que implican actividades de *remix*, como *machinima*, *photoshopear* y componer música, así como a prácticas *fan*, como dibujo de *manga*, escritura de *fanfiction*, etc. Muy a menudo, estos proyectos emplean narraciones sofisticadas y complejas (y otras formas de género, como composición de textos procedimentales, etcétera).
>
> - ¿Cómo explica todo este trabajo?
> - ¿Por qué cree que los informes de los media sobre los hábitos de lectura y escritura de los jóvenes no consideran significativas o importantes esas actividades?

© Ediciones Morata, S. L.

- ¿Las considera usted unas *prácticas* significativas o importantes? ¿Por qué?
- ¿Las considera usted unas prácticas *de alfabetización* significativas o importantes? ¿Por qué?

Por último, hay una importante cuestión relacionada con una característica del material digitalmente codificado disponible en Internet que introduce algo profundamente nuevo. El tema en cuestión lo plantea Lawrence LESSIG (2004, págs. 141-143). Tiene que ver con el *copyright* y con una diferencia fundamental entre el espacio físico (o lo que LESSIG llama "espacio real") y el ciberespacio.

LESSIG muestra que, en el espacio físico, la legislación del *copyright* distinguía tres categorías de uso del material protegido: no regulado, regulado y uso justo. Por ejemplo, hay varios usos de un libro que no están sometidos a la legislación del *copyright* ni a los permisos porque no implican hacer una copia del texto (no regulado), porque sólo suponen copiar una parte del libro (mediante fotocopia, reproducción en cita o cualquier otro medio) o porque se considera que su finalidad (por ej., la revisión y crítica eruditas) se incluye dentro de los límites del "uso justo". Así, A puede prestar un libro a B para que lo lea, B a C y así sucesivamente, sin que se viole el *copyright*, dado que no se hace copia del texto. Incluso se puede revender el libro. Estos usos entran en la categoría de "no regulados", porque prestar y leer un libro o venderlo no implica hacer una copia.

Pero la "ontología" del material disponible en Internet —"una red digital distribuida" (*ibid.*, pág. 143)— es diferente en un sentido fundamental con respecto al material disponible en el espacio físico. En Internet, "cada uso de una obra protegida por el *copyright* produce una copia" (*ibid.*), sin excepción. Esta "única característica arbitraria de una red digital" conlleva masivas consecuencias:

> Los usos que antes eran presuntamente no regulados ahora son presuntamente regulados. Ya no hay un conjunto de usos presuntamente no regulados que definan una libertad relacionada con una obra protegida por *copyright*. En cambio, cada uso está sometido ahora al *copyright*, porque cada uso también hace una copia: la categoría 1 [no regulado] queda absorbida por la categoría 2 [regulado].
>
> (*Ibid.*, pág. 143.)

No tenemos espacio aquí para ocuparnos de las complejidades de la legislación del *copyright* y de los permisos correspondientes. En cambio, recomendamos a los lectores que no lo hayan hecho que lean el libro de LESSIG, una obra excelente e importante sobre el *copyright* y la alfabetización, que llega al centro de algunas cuestiones apremiantes relacionadas con las diferencias entre las mentalidades que hemos distinguido aquí y los "mundos" a los que se vinculan. Concluiremos esta sección con la observación que hace LESSIG (2005) con respecto a los jóvenes y la "escritura creativa" en la época actual de nuevas herramientas.

LESSIG describe una serie de prácticas de *remix* digital, como el AMV (*remix* de vídeo musical de *anime*), en el que diversas personas, jóvenes en una gran proporción, toman obras "descubiertas" y las remezclan, haciendo algo nuevo. En las actividades AMV, por ejemplo, los participantes graban una serie de dibujos de *anime*, editándolos en vídeo después para sincronizarlos con pistas de música (véase, por ejemplo, animemusicvideos.org). Lessig habla del *remix* digital como de una práctica de creatividad cultural que destaca sobre el fondo de determinado tipo de enfoque de la escritura creativa que ha sido tradicionalmente corriente en las escuelas norteamericanas. En esta actividad,

> lees el libro de Hemingway: *¿Por quién doblan las campanas?*; lees el libro de F. Scott Fitzgerald: *Suave es la noche*, y después eliges trozos de cada uno de estos libros y los juntas en un ensayo. Tomas y combinas, y esa es la escritura, la escritura creativa, que constituye la educación sobre la escritura: tomar y mezclar como una forma de hacer algo nuevo... Y en esta práctica de escritura tenemos una forma de pensar muy particular acerca de cómo aprendemos a escribir. Aprendemos a escribir de un modo muy sencillo: haciéndolo. Tenemos una alfabetización que llega a través de la práctica de escribir, de manera que escribir significa tomar estos distintos objetos y construir con ellos.
>
> (Lessig, 2005, s/pág.)

Sin embargo, mientras que la práctica de la escritura creativa convencional como *remix* descrita por Lessig no infringe la legislación del *copyright*, el *remix* digital lo hace a menudo y los profesionales se enfrentan al riesgo de las demandas judiciales. No obstante, dice Lessig (2005, s/pág.), el *remix* digital como práctica de creatividad cultural es un tipo de escritura. Dice que, en efecto, los nuevos medios de comunicación digitales están cambiando el significado de escribir. El *remix* digital, de cualquier tipo, que implique cualesquier medio, "es lo que es la escritura a principios del siglo xxi" (*ibid.*). Según Lessig, supone trabajar con un conjunto de herramientas diferentes de aquellas con las que hemos escrito en el pasado, pero "es la misma actividad que hacíamos [en el pasado] con palabras". Ahora, sin embargo, "no son sólo palabras; son palabras, sonidos, imágenes, vídeo. Lo que nuestra sociedad consume es el origen de esta escritura" (*ibid.*).

Lessig hace otras dos observaciones cruciales con respecto a este nuevo tipo de escritura. En primer lugar, sostiene que la forma en que los jóvenes de hoy en día en sociedades como la nuestra llegan a conocer su mundo es "jugueteando con las expresiones que les da el mundo del mismo modo que nosotros [de generaciones anteriores] llegamos a conocer el mundo cuando jugueteábamos con sus palabras". A esto añade Lessig que esta nueva escritura necesita las mismas libertades que tenía la escritura de los siglos dieciocho, diecinueve y veinte. Sigue diciendo que hacerlo bien, comprender cómo funciona, enseñarlo, desarrollarlo y practicarlo requiere unas libertades que, en la actualidad, están fuera de la ley. Por tanto, el tipo de potencial habilitante inherente a las herramientas digitales que se basa en la ontología del código digital es una espada de doble filo en las condiciones de la legislación vigente. Por una parte, "democratiza cierto proceso creativo" (Lessig, 2005). Por otra, su misma naturaleza significa que el ejercicio de este potencial democratizado pone en peligro a los profesionales según la legislación del *copyright*. Lessig sostiene que la legislación debe cambiar y nosotros estamos completamente de acuerdo con ello.

Reflexión y comentario

Mientras escribíamos este libro, *Marvel* y *DC Comics* intentaron proteger mediante *copyright* la palabra "*super-hero*". Esto desató una oleada de diatribas en Internet dirigidas al conjunto de empresas de comics por presumir que pudiesen "adueñarse" o "monopolizar" ese término de manera que nadie más pudiera utilizarlo sin permiso por escrito.

- ¿Qué ocurre aquí? ¿Por qué se sintieron impulsadas *Marvel* y *DC Comics* a reclamar la protección legal de la palabra "*super-hero*"?
- ¿Cuáles podrían ser algunas de las consecuencias del intento de registrar "*super-hero*" de *Marvel* y *DC Comics* para las creaciones producidas por aficionados o para futuros o nuevos comics de superhéroes?
- ¿Cuáles podrían ser algunas de las consecuencias de la maniobra de *Marvel* y *DC Comics* para registrar "*super-hero*" para los ciudadanos de a pie? ¿Cómo se sentiría si viviese en un mundo en el que sólo se pudieran utilizar ciertas expresiones con permiso empresarial? ¿Qué significaría esto para la industria musical, por ejemplo? ¿Qué consecuencias podría tener esto para la educación en general y para la educación alfabetizadora en particular?

"Nueva sustancia espiritual"

Como veremos con mayor detenimiento en capítulos posteriores, un gran y creciente número de personas está "uniéndose" a alfabetismos (y dedicándoles cantidades impresionantes de tiempo y energía) que difieren mucho de los modelos culturales predominantes de alfabetismo de la era moderna (y, en especial, de los alfabetismos tal como se estructuran y abordan en los ambientes de educación formal, como las escuelas). Los informes sobre el aprendizaje en espacios de afinidad de Jim GEE (por ej.: GEE, 2004) recogen en gran medida la "naturaleza" de esta diferencia. Aunque lo que nos interesa aquí abarca más que el aprendizaje per se, algunas características clave de los espacios de afinidad que permiten el aprendizaje constituyen la misma "sustancia" de cómo construyen y experimentan los alfabetismos contemporáneos en general las personas que se suman a ellas. GEE describe los espacios de afinidad como:

> espacios (físicos y virtuales) especialmente diseñados, estructurados para servir como recurso a las personas unidas... por un interés o empeño común... [Por ejemplo, la] gran cantidad de sitios web y publicaciones dedicadas [al videojuego "*Rise of Nations*"] crean un espacio social en el que las personas pueden participar, en el grado que deseen, pequeño o grande, con otras para compartir y adquirir conocimientos que se distribuyen y dispersan entre personas, lugares, sitios de Internet y modalidades (revistas, *chats*, guías, grabaciones) muy diferentes.
>
> (*Ibid.*, págs. 9, 73.)

Los espacios de afinidad ejemplifican la participación, la colaboración, la distribución y la dispersión de la pericia, y las relaciones entre sujetos (*ibid.*, cap. 6). Estas mismas características forman parte de la "sustancia espiritual" de lo que identificamos aquí como alfabetismos "nuevos". En esta sección caracterizamos brevemente estas notas, refiriéndolas a aspectos del *blogueo*, escritura de *fanfiction* y escritura colaborativa en *wikis*.

El blogueo como participación

Examinamos detenidamente el *blogueo* como participación en el Capítulo V. Aquí anticipamos brevemente aquel comentario más amplio, haciendo referencia a que el *blogueo* toca aspectos importantes de la política de la arquitectura de Internet.

O'REILLY (2005, s/pág.) observa que algunos sistemas están diseñados para fomentar la participación (con el corolario de que otros no, o son menos aptos para ello). Los sistemas y los medios basados en la lógica de la "emisión" son diseños que minimizan la participación: emiten pocos y el tráfico es unidireccional. Los sistemas del estilo de las publicaciones convencionales permiten una participación limitada: los (pocos) que lo hacen tienen que pasar diversos controles editoriales para conseguir publicar su obra, sean libros, artículos de revistas, columnas periodística o cartas al director. De nuevo, aparte de las oportunidades muy limitadas de revisión y respuesta, se trata también de un tráfico esencialmente unidireccional. Si aceptamos la máxima de Mitch KAPOR de que la arquitectura es política (citado en: O'REILLY, 2005), la arquitectura de la emisión y la publicación es una política de participación de pocos y recepción de muchos.

Sin duda, en Internet encontramos ejemplos de diseños de sistemas que tienden más a la emisión y la publicación, pero también, y cada vez más, hallamos ejemplos de diseños de sistemas que fomentan la participación interactiva a gran escala, así como diseños que se sitúan entre ambos extremos. La arquitectura de los *blogs* y de la *blogosfera* puede considerarse decididamente participativa en muchos niveles diferentes. Además, el interés por la participación ha sido espectacular, de manera que, a mediados de febrero de 2006, *Technorati.com* estimaba que el número de *blogs activos* era de unos 28 millones. Dado el enorme número de *blogs* que pueblan Internet, es interesante examinar algunos de los tipos y niveles de participación en *blogs* y cómo se facilitan y sostienen.

Un punto de partida obvio es cómo se ha puesto la pericia de diversos agentes a disposición de millones de personas en forma de interfaces fáciles de utilizar que hacen que la creación y mantenimiento de un *blog* sean muy sencillos. Rápidamente se tienen a mano unas instrucciones fáciles de seguir. La mayoría de las plantillas de *blogs* ofrecen diversas opciones según los grados de "interactividad" y "conexión con otros" que los usuarios pueden seleccionar de acuerdo con sus preferencias personales y modificarlas a voluntad. Entre ellas están las opciones para activar o desactivar la función de "comentarios" relacionados con cada artículo o *post*, para proteger con clave de acceso la entrada al *blog*, de manera que sólo puedan acceder a él las personas invitadas, etcétera. La amplia disponibilidad en línea de tutoriales de publicación de *blogs* y las listas de "preguntas frecuentes" y de respuestas a las mismas (conocidas como listas FAQ) facilitan en la medida de lo posible que los usuarios "crezcan" con sus *blogs*. Pueden configurar el aspecto y el estilo de sus *blogs*, variar su grado de conexión con otros *blogs* mediante enlaces de salida (y de entrada) y reforzar su grado de interactividad en torno a la función de comentarios o añadiendo un cuadro de etiquetas temáticas (*tagboard*), etcétera.

Por ejemplo, Blogger.com, un servicio muy conocido de publicación de *blogs*, ha lanzado no hace mucho un grupo de ayuda directa entre usuarios para bloguear (groups.google.com/group/blogger-help), en el que los *blogueros* pueden plantear preguntas sobre problemas técnicos (por ej.: ¿cómo se cambian los colores de los tipos? ¿Cómo añadir enlaces en la barra lateral de mi *blog*?), de administración (por ej.: ¿cómo puedo borrar mi *blog*?), para solucionar problemas de funcionamiento (por ej.: ¿qué pasa cuando me aparece el mensaje: "permiso denegado" cuando trato de actualizar mi *blog*?) o relativos al acceso, uso y participación (por ej.: ¿cómo puedo impedir que ciertas personas publiquen comentarios en mi *blog*?, etcétera). *Blogger* también muestra enlaces a tutoriales "paso a paso" en línea sobre la inserción de hiperenlaces en los *posts*, consejos y trucos, por ejemplo, para conseguir una escritura de buena calidad en los *posts*, etcétera.

La "configuración" más básica de un *blog* ofrece a los usuarios un conjunto de opciones de participación e interactividad que van desde ser un *bloguero* aislado y lector silencioso de otros *blogs* hasta características estructurales del *blog* que permiten elaborar una lista de "amigos" que crea una red cerrada de personas normalmente interesadas por cosas parecidas. La función "lista de amigos" de los *blogs* de Livejournal.com, por ejemplo, permite que el *bloguero* enlace directamente con un máximo de otras 750 cuentas de LiveJournal. Los *posts* recientes hechos por cada "amigo" de la lista de un *bloguero* son recopilados automáticamente en la página de "amigos" del *bloguero*, lo que no sólo facilita mantenerse al tanto de lo que hagan otras personas, sino que permite también mantener conversaciones entre *blogs* (REZAK y ALVERMANN, 2005). La función "comentarios", disponible en la mayoría de las interfaces de *blogs*, también distingue los *blogs* de su antecesora, la página web personal. La función de comentarios significa que los *blogs* no son sólo lugares de publicación unidireccional, sino que pueden convertirse en sitios muy interactivos cuando los lectores comentan un *post* y el *bloguero* responde a los comentarios en artículos posteriores, aprovechando quizá las ideas que le den o visitando los *blogs* de las personas que han enviado comentarios y dejando sus propios comentarios a los *posts* que encuentre en ellos (DAVIES y MERCHANT, 2007).

Mediante el uso de servicios y convenciones como el *software* y las órdenes de sindicación (RSS) y los enlaces permanentes, son posibles unos grados y unas formas de participación más elaborados. O'REILLY (2005, s/pág.) describe la RSS como "el avance [reciente] más significativo en la arquitectura fundamental de la web". La función RSS permite a los usuarios *suscribirse* a una página web (sea un sitio web convencional, una página web de noticias, un *wiki* o un *blog*) y recibir automáticamente una notificación en su navegador (por ej.: Bloglines.com, Squeet.com) o cliente de escritorio (por ej.: NetNewsWire, Firefox) cada vez que cambie una página a la que esté suscrito (siempre que el propietario del sitio web o *blog*, etc., haya incluido el código de sindicación como parte del código "de fondo" del programa que gobierna su sitio). En el caso de los *blogs*, esto supone que los suscriptores puedan leer el *post* más reciente de un *blog* al que estén suscritos e interactúen con él (por ej., dejando un comentario, enlazando el *post* desde su propio *blog* o sitio web, haciendo un *post* de comentario en su propio *blog*), así como participar simplemente en la vida de ese *blog*, siguiéndolo activamente.

Las entradas de RSS también pueden incrementarse con *permalinks** (véase el siguiente recuadro "Reflexión y comentario") que apuntan a un *post* específico

---

* Un *permalink* es un "enlace permanente", mediante la asignación de una URL a cada entrada de un *blog*. (*N. del T.*)

© Ediciones Morata, S. L.

de un *blog* y que ayudan a abrirlo para comentarlo, de manera que, cuando el *post* se archiva automáticamente y ya no aparece en la portada del *blog* (otra característica arquitectónica de los *blogs*), todavía puede recuperarse con facilidad y de forma directa. Tom COATES (2003, s/pág.) describe los enlaces permanentes como "el instrumento que transforma los *weblogs* de un fenómeno de publicación fácil en un revoltijo conversacional de comunidades que se solapan". Los enlaces permanentes constituyen los primeros puentes entre *blogs* y, con esta adición, "surgió el diálogo. Surgió el *chat*. Y... surgieron las amistades o se estrecharon más". O'REILLY (2005, s/pág.) añade que la combinación de RSS y enlaces permanentes convirtió la *blogosfera* en

> un nuevo equivalente entre iguales de Usenet y de los tablones de anuncios [BBS]... Las personas no sólo pueden suscribirse a los sitios de otros y enlazar con facilidad con los comentarios individuales en una página, sino que también, por un mecanismo conocido como *trackbacks** [véase el siguiente recuadro "Reflexión y comentario"], pueden ver cuándo otra persona enlaza con sus páginas, bien con enlaces recíprocos, bien añadiendo comentarios.

La relación personal y la participación profunda y activa se promueven en la *blogosfera* mediante la colaboración y la puesta en común de pericia y recursos materiales, realizada en forma de interfaces adecuadas, alojamiento gratuito de *blogs*, servicios de sindicación, mecanismos de enlace y seguimiento y la información y la ayuda disponibles en caso necesario. Este espíritu de una política arquitectónica pensada para fomentar la participación ha crecido a una escala inimaginable hace menos de una década. La *blogosfera* se ha convertido en la dimensión más vibrante de "la web viva", de "nosotros los medios", "un mundo en el que 'el antiguo público', y no unos pocos en la trastienda, decide lo que es importante" (O'REILLY, 2005, s/pág.).

> **Reflexión y comentario**
>
> Visite *BoingBoing.net* y busque el *permalink* o enlace permanente de cualquiera de los artículos que aparezcan en la página principal para ver cómo funcionan los enlaces permanentes.
>
> Después, pulse en el enlace con los *comentarios de blogs* para ver cómo opera la función *"trackback"* en un *blog*. Este enlace le llevará a todos los *blogs* que enlacen directamente con ese *post* concreto. En algunos casos, puede que aún no haya ningún enlace. Pruebe el enlace de *trackback* de una serie de *posts* a lo largo de una semana o más.
>
> - ¿Qué observa? ¿Hasta qué punto coincide esto con los comentarios anteriores de COATES y O'REILLY?
> - ¿Qué le parece que puede significar esto con respecto a aplicaciones eficaces de los *blogs* y el *blogueo* en la escuela?

---

* Literalmente sería algo así como "retroseguimiento" o "seguimiento hacia atrás", aunque está muy establecido el uso en castellano del neologismo inglés *trackback*. (*N. del T.*)

Colaboración, participación y pericia distribuida en la *fanfiction*

La *fanfiction*, de la que nos ocupamos con mayor profundidad en el Capítulo IV, con el crecimiento de Internet, ha explotado como alfabetización popular. En la *fanfiction*, "los aficionados a un programa de TV, película o menos frecuentemente un libro, escriben relatos sobre sus personajes" (PLOTZ, 2000, pág. 1). Está aumentando la popularidad de la *fanfic* basada en argumentos y personajes de videojuegos. Estos relatos de ficción narran aventuras y percances diferentes, historias o futuros inventados incluso de los principales personajes; sitúan a los personajes principales de una serie o película en un universo completamente nuevo; crean "precuelas"* de programas o películas; rellenan lagunas argumentales, o desarrollan unas relaciones entre los personajes que, en el texto original, si acaso sólo se apuntaban.

David PLOTZ presenta la *fanfiction* como la transformación de la escritura en un arte comunal, en el que "escritura y lectura se hacen colaborativas. Compartimos los personajes y trabajamos juntos para hacerlos interesantes, divertidos y *sexys*" (*ibid.*). Otros escritores de *fanfic* se manifiestan de modo parecido con respecto a la naturaleza colaborativa y compartida de sus prácticas escritoras. Una de nuestras informantes adolescentes, Silver Excel Fox, describe cómo facilitó un personaje para la narración en línea de otra amiga:

> Le gustó mi revisión de una de sus historias y [en la revisión] hablaba de uno de sus personajes, y ella me dijo: "Necesito otro personaje. ¿Quieres dármelo?" Y yo: "Claro", y le di una descripción de cómo quería que fuese mi personaje; ella lo tomó y lo puso en su historia.
>
> (Entrevista, 2005, por KNOBEL y LANKSHEAR.)

En otros casos, la colaboración se produce cuando los revisores facilitan información sobre textos aportados por los autores para que los comenten y revisen. En la mayoría de las ocasiones, este tipo de intercambio dinámico se produce a través de foros en línea y listas de discusión por correo electrónico (véanse: BLACK, 2005a, 2005b; CHANDLER-OLCOTT y MAHAR, 2003a). Los autores y revisores asumen la función revisora con toda seriedad. Muchos escritores de *fanfic*, por ejemplo, hacen uso de foros dedicados a "betalectura"**, foros públicos de prepublicación en los que los autores pueden recibir información sobre la acogida de narraciones nuevas antes de ponerlas o publicarlas en sitios de *fanfic* más formales (BLACK, 2006a, 2006b). Algunos foros moderados o filtrados de *fanfic* espe-

---

* Neologismo que designa una obra de factura cronológicamente posterior a otra cuyo tema, sin embargo, antecede en el tiempo al de aquella que sirve de referencia, "traspaso" directo al castellano de la palabra inglesa *prequel*. Se trata, en definitiva de un *antecedente*. No obstante, debido a la popularidad de su uso, mantenemos el término en la traducción. (*N. del T.*)

** En inglés, el término *beta* significa, entre otras cosas, un prototipo casi completo de un producto, aunque todavía no esté preparado para su distribución comercial. Por eso, las versiones de prueba de los programas informáticos solían denominarse *betas*, aunque, en la actualidad, quizá para dar a entender que todo el *software* está sometido a revisión continua, son multitud los programas de uso común, sobre todo los de *software* libre, que se conocen como *betas*. En ese sentido, se alude a la lectura de textos de *fanfiction* previa a su distribución como "betalectura" y a los lectores de esas versiones, como "betalectores". (*N. del T.*)

© Ediciones Morata, S. L.

ran que los autores hayan sometido sus narraciones a betalectura antes de enviarlas para que se considere la posibilidad de su publicación. *The Force* (fanfic.theforce.net) indica que la betalectura debe buscar:

- Errores de gramática y ortografía. Aunque puedan pasarse algunos, demasiados llevarán al rechazo.
- Errores de continuidad argumental y técnicos. Sus betalectores deben hacerle saber si algunos hilos argumentales han quedado sin resolver inadvertidamente y señalarle los lugares en los que haya problemas internos de continuidad (por ej., en la página cuatro hay un personaje que abandona la habitación y, en la página cinco, habla de nuevo sin haber vuelto a entrar o utilizar algún medio de comunicación).
- Cuestiones relativas a los personajes. La *fanfiction* deja mucha más libertad que la ficción profesional en relación con las interpretaciones de los personajes, pero sus betalectores deben indicarle si sus personajes comienzan a comportarse de manera muy rara sin ninguna razón aparente.
- Cosas intangibles. Pida a sus betalectores que le digan qué sacan en limpio de su relato, antes de decirles usted lo que quiere decir. Es muy agradable escuchar: "¡Esto me gusta!", pero lo que usted necesita oír de un betalector es: "Me ha gustado tu forma de mostrar el desacuerdo inicial de Qui-Gon con el Consejo Jedi, porque recuerda su forma de comportarse en sus primeras escenas con Shmi en *La amenaza fantasma*" (o cosas parecidas). Si eso es lo que usted quiere transmitir, le confirmará que lo ha conseguido; si no, puede suponer dos cosas: puede decidir que le gusta la interpretación y quiere dejarla tal cual o, incluso, ampliarla. También puede juzgar que no desea en absoluto dar esa impresión y, por tanto, quiere cambiar las cosas que la dan.

(fanfic.theforce.net/authors/subguide.asp)

Conviene hacer aquí dos observaciones. En primer lugar, estas orientaciones para las betalecturas son un ejemplo típico de las clases de recursos a los que pueden acceder los usuarios en los espacios de afinidad. Otros tipos de recursos similares que abundan en los sitios de *fanfic* son los foros de discusión de retroinformación, las funciones de retroinformación añadidas automáticamente a los relatos puestos en los sitios de *fanfic* que permiten que los revisores comenten directamente un texto nuevo y las revisiones enviadas por correo electrónico a las listas de discusión dedicadas a la escritura de *fanfiction* o al *fan art*. Esos recursos tipifican el "espíritu" de los espacios de afinidad en general. Las orientaciones para la betalectura recuerdan las cosas que ofrecen los espacios de afinidad relacionados con los juegos a los que se refiere GEE (2004, pág. 84), como "FAQS que explican diversos aspectos del juego y prestan ayuda a los jugadores con respecto al juego" y "guías de estrategia y ensayos para los 'novatos' [jugadores nuevos]". Las orientaciones para la betalectura de *The Force* y cosas por el estilo incluyen varias características típicas de los espacios de afinidad, tal como los describe GEE: "novatos y expertos y cualesquiera otras personas comparten un espacio común"; "se promueven tanto los conocimientos individuales como los distribuidos"; "hay montones de vías diferentes para adquirir categoría", y "el liderazgo es poroso y los líderes son recursos" (*ibid.*, págs. 85-87).

© Ediciones Morata, S. L.

La segunda observación se refiere al carácter de la revisión a cargo de compañeros de *fanfic* en el nivel de la experiencia vivida. Por supuesto, varía de un caso a otro, pero un tema ya recurrente en el todavía pequeño corpus de literatura existente es el de que los participantes enfocan la revisión entre iguales de forma abierta, no defensiva ni agresiva sino constructiva y de ayuda generosa. A menudo, sus maneras son de tono comunicativo y relacional y se desarrollan en unos niveles que difieren de las circunstancias y connotaciones de la revisión a cargo de iguales en los contextos de publicación (académicos y no académicos) "de suma cero". Además, pueden desbordar sus fines iniciales y convertirse en ocasiones de aprendizaje que van mucho más allá de las finalidades inmediatas del *fanfic*.

Rebecca BLACK (2005a) presenta un caso de relaciones sociales derivadas de una revisión entre iguales de un carácter expansivo al máximo. Una adolescente chinohablante nativa, que en la actualidad vive en Canadá, comienza regularmente sus *fanfics* con una "nota de la autora" (que ella indica como "A/N") en la que solicita a los lectores que tengan paciencia con su inglés, y señala al mismo tiempo que está deseando mejorar su dominio del inglés escrito. Su siguiente nota de autora comienza con un amistoso saludo japonés ("Konichiwa minna-san"), que traduce como: "Hola a todo el mundo". Esta autora de *fanfic* incluye también en su mensaje emoticonos ASCII tipo *manga* (por ej.: "^_^", en vez del tradicional ":)", para indicar una sonrisa):

> A/N: ¡Konichiwa minna-san! Este es mi nuevo relato ^_^. Por favor, perdonen por mis errores gramaticales y ortográficos, porque el inglés es mi segunda lengua. También, estoy tratando de mejorar mis habilidades de escritura... así que esta historia puede ser una auténtica birria. ...–;;

BLACK dice que estas clases de notas del autor "dan a los escritores acceso directo al lector y permite a los autores establecer específicamente aquellos elementos del relato (por ej., la forma o el contenido) sobre los que les gustaría que se centraran lectores y revisores" (*ibid.*, pág. 125). La autora del ejemplo de BLACK indica tangencialmente que agradecería que le informaran de los errores de ortografía y gramática. Parece que los revisores han tenido en cuenta estas notas de la autora y han escrito comentarios estimulantes, incluyendo algunos que señalan que la autora escribe relatos mucho mejores que muchos angloparlantes nativos o le hacen sugerencias para corregir errores de gramática y de ortografía en el texto (que, según BLACK, la escritora de *fanfic* siempre corrige cuando revisa y modifica los relatos que pone). Al mismo tiempo, la retroinformación del revisor refuerza que esos errores sean "menores y no interfieran la eficacia y el mensaje general de la historia", *ibid.*).

Colaboración, comunidad e inteligencia colectiva en Wikipedia

Wikipedia es una enciclopedia en línea creada de forma colaborativa en la web, sobre la base de los principios generales de la colaboración abierta. Utiliza un *software* de escritura colaborativa y de edición sin trabas —un *"wiki"*— que permite que los usuarios modifiquen en línea el contenido mientras leen. Muchos lectores estarán acostumbrados a *Wikipedia* como fuente de información abierta, sin que tengan por qué saber cómo se elabora ni que cada cual pueda modificar el sitio con la misma libertad con la que acceden a ella con el fin de obtener información.

Un *wiki* es tan fácil de crear como un *blog*. Hay diversos sitios gratuitos de alojamiento de *wikis* en los que uno puede registrarse y crear un *wiki* con el fin de poner en marcha un proyecto colaborativo de escritura. Bob GODWIN-JONES (2003, pág. 15) dice que el objetivo de los *wikis* es "convertirse en un depósito compartido de conocimientos, cuya base de conocimientos crece con el tiempo". Este objetivo significa que "se espera, por regla general, que [el contenido de un *wiki*] tenga cierto grado de seriedad y permanencia" y que los *wikis* de éxito dependen de que los usuarios sean "serios a la hora de colaborar y estén dispuestos a cumplir las convenciones y prácticas del grupo [de quienes establecen y participan en el *wiki*]" (*ibid.*).

Los *wikis* pueden crearse por diferentes motivos, en torno a variables como afiliación, seguridad, objetivos, etcétera. Por ejemplo, el equipo de un proyecto de investigación puede crear un *wiki* con el fin de redactar colaborativamente su informe de investigación o para escribir artículos, capítulos o libros derivados de su investigación. Pueden hacer que la clave de acceso al *wiki* esté protegida, de manera que sólo puedan leer y modificar su contenido los miembros del equipo. Todos los cambios quedan alojados en *wikis*, de manera que es posible saber cuándo se ha realizado algún cambio en el contenido y quién ha hecho cada modificación (o, al menos, el ordenador desde el que se ha efectuado). También es fácil preparar el sistema para que cualquiera que tenga acceso al *wiki* reciba automáticamente información acerca del momento en que alguien realice algún cambio. En el otro extremo, puede crearse un *wiki* como un proyecto "abierto" al máximo, en el que cualquiera, desde cualquier sitio, pueda acceder al contenido y hacer los cambios que desee y leer lo que haya en él (puede consultarse una introducción rápida a los *wikis*, por ejemplo, en *Wikipedia*, en: es.wikipedia.org/wiki/Wiki, o, en inglés, en *How Stuff Works*, en: howstuffworks.com/wiki.htm).

Wikipedia se sitúa en el extremo abierto de una línea continua. Andrew LIH (2004, pág. 3) explica que, con miles de colaboradores internacionales, *Wikipedia* es "el mayor ejemplo de un *wiki de contenido abierto*". El objetivo es "crear una enciclopedia que pueda compartirse y copiarse libremente, al tiempo que se anima a la gente a cambiar y mejorar el contenido con facilidad" (*ibid.*). El origen del proyecto es interesante. Jammy WALES, fundador y presidente del consejo de administración de Wikimedia Foundation, que dirige *Wikipedia*, había participado con anterioridad en un proyecto para crear una enciclopedia libre en línea —Nupedia— cuyos colaboradores serían expertos reconocidos que, con pocas excepciones, tendrían el grado de doctor. Cuando se acabaron los recursos para el proyecto (con sólo una mínima proporción de artículos redactados), WALES y su colaborador, Larry SANGER, pusieron el material compilado en un *wiki* e invitaron a la gente de la red a que corrigieran el material y añadieran otro nuevo. Este nuevo proyecto, en *wiki*, se llamó *Wikipedia*.

Wikipedia se estableció con una política y unas orientaciones editoriales. La clave de la política es el concepto de mantener un punto de vista neutral, lo que supone tratar de "presentar ideas y datos de tal manera que puedan aceptarlos por igual los partidarios como los oponentes" (cf. LIH, 2004, pág. 4). Philippe AIGRAIN (2003) dice que esta política editorial, junto con una clara visión

© Ediciones Morata, S. L.

de lo que se intenta conseguir, significa que *Wikipedia* tiene, en efecto, una constitución.

Se observa a menudo que *Wikipedia* no es el tipo de proyecto que uno prevería que funcionase. Su lógica operacional parece antiintuitiva y la medida en que se ha ganado el respeto y ha generado contenidos en un amplio conjunto de temas, en vez de sumirse en el caos, parece sorprendente. No hay ningún mecanismo de control drástico de acceso para comprobar las credenciales de los colaboradores, la calidad del material que aportan ni siquiera, su buena voluntad. Sin embargo, en febrero de 2004, había más de 200.000 artículos en inglés en diversas fases de desarrollo. La cantidad superaba los 975.000 artículos en febrero de 2005, momento en el que la versión en inglés tenía a casi 950.000 usuarios registrados y 820 administradores. Los administradores tienen derechos de "SysOp" (operador de sistemas) y cualquier persona que haya sido colaboradora activa durante algún tiempo y sea en general un miembro conocido y de confianza de la comunidad [de *Wikipedia*] puede ser administradora, cosa que se promueve activamente (LIH, 2004, pág. 9). En ese momento, el contenido total superaba 3.400.000 páginas y los colaboradores habían hecho más de 40 millones de intervenciones. Dice LIH (*ibid.*, pág. 9) que, a principios de 2004, la prensa comercial citaba cada vez con mayor frecuencia a *Wikipedia* como una "fuente secundaria para lectura posterior" y también como "fuente de hechos y datos históricos".

Los comentaristas explican el éxito de *Wikipedia* de forma muy sencilla. Su constitución facilita unas orientaciones que son bastante fáciles de cumplir, de tal manera que, si hay bastantes personas que intervengan diligentemente de acuerdo con la constitución, no es difícil eliminar el "ruido" o los "excesos" (AIGRAIN, 2003). Felix STALDER y Jesse HIRSCH (2002, s/pág.) indican que esta condición se cumple porque *Wikipedia* "tiene un carácter 'comunitario', por lo que parece que hay cierta sensación compartida de que es una fuente valiosa que debe mantenerse adecuadamente". Esto lo permite un "sistema avanzado de revisión" (AIGRAIN, 2003, s/pág.) que hace muy fácil volver a una versión anterior de una entrada. En realidad, supone mucho más esfuerzo y tiempo "meterse con una página" o "introducir ruido" que volver a una versión anterior (un simple clic). STALDER e HIRSCH (2002, s/pág.) mencionan otros dos factores que contribuyen a la facilidad de funcionamiento de *Wikipedia*. Uno es que los colaboradores que han dedicado tiempo y esfuerzo a elaborar una entrada tienen verdadero interés por mantenerla y mejorarla. Por eso, volverán y se ocuparán de ella con regularidad. Ayuda a ello una función RSS que envía avisos a las personas que lo soliciten cuando se modifique una determinada entrada. La participación puede producirse en cualquier nivel, desde corregir una errata menor hasta ser "un autor que mantenga una larga entrada" o un revisor "que mejore continuamente las entradas de otras personas" (*ibid.*).

Un caso interesante se produjo en enero de 2006, cuando se descubrió que el personal de las oficinas de algunos políticos de la Cámara de Representantes de los EE.UU. había modificado material de las entradas de *Wikipedia* que pudieran perjudicar su imagen. Había más de 1.000 modificaciones. Cuando diversos miembros de *Wikipedia* examinaron las direcciones de los servidores de las personas que habían hecho cambios en determinadas entradas, un número significativo de ellas llevaban directamente a las oficinas de los políticos en Washington. El primero que informó de la modificación y revisión selectiva fue Evan LEHMANN (2006) en

© Ediciones Morata, S. L.

un periódico de Massachusetts. Las noticias de la indagación se extendió como la espuma por la *blogosfera* y por los medios. Una entrada de *Wikipedia* reescrita por personas independientes correspondiente a uno de los políticos implicados contiene referencias a la intromisión del personal de su oficina en la entrada original de *Wikipedia*. Hay también una nueva entrada aparte en *Wikipedia* sobre: "*Wikipedia: Congressional staffer edits*", que documenta el escándalo y presenta una lista de los políticos implicados en el mismo.

O'REILLY (2005, s/pág.) identifica *Wikipedia* como una iniciativa Web 2.0 que "asume la fuerza de la red para aprovechar la inteligencia colectiva". Éste es el principio de maximizar la actividad del usuario para generar unos resultados más valiosos. Del mismo modo que la arquitectura de Amazon.com para la gestión de información y su conjunto de actividades del usuario acaban produciendo una fantástica base de datos bibliográficos, la arquitectura de *Wikipedia* y el "informe" del usuario están produciendo un impresionante recurso informativo. O'REILLY es uno de los diversos comentaristas que asocia *Wikipedia* con el principio del *software* de código abierto acuñado por Eric RAYMOND, de que "con suficientes ojos, todos los errores [o fallos] son superficiales". En el contexto de la redacción de código, esto significa que cuantas más personas con algunos conocimientos de programación —no tienen por qué ser *expertas* y la mayoría no lo son— que apliquen esos conocimientos en el acto de echar un vistazo al código, es más probable y fácil que se identifiquen y corrijan que en los casos de los "errores" de los programas. Además, también es más probable que se hagan muchas pequeñas aportaciones (no sólo la eliminación de errores) que *aumenten* la elegancia y la funcionalidad del programa. En el contexto de *Wikipedia*, podemos ver estos dos aspectos del aprovechamiento de la inteligencia colectiva. Un aspecto aumenta la calidad de lo que ya hay, añadiendo mejoras positivas acumulativas (40 millones de intervenciones), el otro, mantiene la calidad eliminando materiales que restan valor, ya sean maliciosos o, simplemente, de baja calidad ("ruido").

Todo esto se suma a un tipo característico de práctica social, sobre todo cuando la relacionamos con regímenes de alfabetismos a los que estamos acostumbrados: cuando se presume que la competencia es una posesión privada (por eso la ponemos a prueba); cuando la pericia es coto de las autoridades (profesores, universitarios), que la distribuyen a diestro y siniestro (a menudo ineficazmente) como currículum, recuperación, instrucción; cuando el rendimiento correcto o exitoso está regido por unos conjuntos de reglas de "talla única" (que, entre otras cosas, significa que legiones de aprendices nacidos en el lado equivocado con respecto a las gramáticas, los lexicones y la semiótica normalizados pasen su vida escolar reproduciendo activamente su propio fracaso); cuando la *conmodificación** se convierte en práctica normal (un autor quiere publicar una novela; para ello, contrata a un agente que le hace sugerencias de mejora, se pone en contacto con editores, "engrasa las ruedas", etc.); cuando, con bastante frecuencia,

---

* El término original es *commodification* o "conversión de algo en objeto con valor de cambio". El neologismo *comodificación*, utilizado en la traducción, lo sugiere y explica José Luis PINILLOS, catedrático emérito de Psicología de la Universidad Complutense y académico de la Española, en: PINILLOS (2002): "Posmodernismo y Psicología. Una cuestión pendiente". *Anales de Psicología*, 18(1), págs. 1-11. (*N. del T.*)

las reglas y criterios son vagos, ocultos, inaccesibles; cuando se individualiza el estatus porque se individualizan los logros, y así sucesivamente.

En el plano del "espíritu", la ontología de las alfabetizaciones como el *blogueo*, la escritura de *fanfiction* y la colaboración en *Wikipedia* promueve y celebra los valores de la inclusión (todos dentro), la participación de masas, la pericia distribuida, unos roles válidos y remunerables para todos los que intervengan, apoyo y consejo gratuitos, creación de la práctica, beneficio colectivo, cooperación antes que competición, todos ganadores en vez de un juego de suma cero y reglas y procedimientos transparentes. Hay más. A las pocas horas de terminar esta sección, estábamos consultando en Internet las noticias desde una perspectiva australiana, utilizando el servicio NEWS.com.au. Partiendo de aquí: news.com.au, seleccionamos el enlace "Week in review", que nos llevó a: news.com.au/story/0,10117,18176795-421,00.html (enlace inexistente en la actualidad). En esta página seleccionamos un hiperenlace a "Bali Nine veredicts". Éste nos llevó directamente a un artículo de *Wikipedia*: en.wikipedia.org/wiki/Bali_nine: desde News Corp a *Wikipedia* en dos saltos. Unas noticias del momento de las que informaba un periódico en línea aprovechaban un artículo de *Wikipedia* sin un autor conocido y que, con toda probabilidad, habría sido elaborado por diversos autores y revisores cuya única conexión entre ellos pudiera consistir en que sus trabajos acabaran en la misma página web.

> **Reflexión y comentario**
>
> - ¿Qué consecuencias tienen para el "saber" y las "noticias" unos fenómenos como los *blogs* y la *Wikipedia*?
> - ¿Qué será de los "expertos" en el contexto de estas prácticas?
> - ¿Hasta qué punto está de acuerdo en que determinadas prácticas, como colaborar en *Wikipedia*, escribir *fanfiction*, *bloguear* y hacer *remix*, sean nuevas alfabetizaciones? ¿Qué razones avalan su postura?

"Nuevos" alfabetismos: Paradigma y casos periféricos

Consideramos que la "sustancia técnica" y la "sustancia espiritual" que, para nosotros, constituyen lo *nuevo* de los nuevos alfabetismos, están íntimamente relacionadas entre sí. Cierto tipo de sustancia técnica —lo digital— facilita los tipos y cualidades de la colaboración, la participación, el carácter distribuido que hemos descrito. Sin embargo, también es verdad que cierto tipo de sustancia espiritual —la mentalidad de iniciado, una orientación de Web 2.0— configuran la asunción y el desarrollo de la sustancia técnica en algunas direcciones (por ej., relacional, interactiva, colaborativa) más que en otras. Así, los ordenadores se han convertido en teléfonos y los teléfonos en ordenadores. Los tipos de prácticas que consideramos casos *paradigmáticos* de los nuevos alfabetismos se caracterizan por la nueva sustancia técnica de la digitalización y por la nueva sustancia espiritual de la segunda mentalidad y, más en concreto, por una orientación de Web 2.0.

Como afirma O'REILLY (2005), se puede tener una nueva sustancia técnica sin una sustancia espiritual nueva. No obstante, como él mismo dice también, la dirección del cambio en la "vanguardia" tecnológica parece orientarse cada vez más hacia unas arquitecturas que apoyen unas actividades que están provocando la materialización más fuerte y profunda de la segunda mentalidad. Creemos que es una tendencia histórica. Nuestro punto de vista se basa en que, cuando los alfabetismos participan de la segunda mentalidad, pero no están (necesariamente) mediados por las tecnologías digitales, pueden considerarse, sin embargo, verosímilmente como "nuevos" alfabetismos, aunque como casos más *periféricos* de nuevos alfabetismos que los que *también* implican una nueva sustancia técnica. En otras palabras, el hecho de contar con una nueva sustancia espiritual es condición suficiente para que se trate de un nuevo alfabetismo. En cambio, tener una nueva sustancia técnica no es condición necesaria ni suficiente para que tengamos un nuevo alfabetismo. Puede tratarse sólo de una forma digital de hacer "lo mismo de siempre". En último término, estar dentro de lo "nuevo" tiene que ver con la mentalidad. La sustancia técnica puede amplificar y realizar de forma más completa ese estar en el interior. Sin embargo, el simple acceso a la sustancia técnica no garantiza el estatus de iniciado.

Para concluir este capítulo, describiremos dos nuevos alfabetismos y los relacionaremos con estos puntos clave de nuestra explicación de los nuevos alfabetismos. Uno de ellos, —el sistema de intercambio de fotos *Flickr*— es un caso *paradigmático* de nuevo alfabetismo. No obstante, el ejemplo que presentaremos en primer lugar es un nuevo alfabetismo *periférico*. Se trata de la planificación de escenarios, un alfabetismo cronológicamente reciente que fue adquiriendo cada vez más popularidad desde la década de 1970. No tiene por qué estar relacionado con el uso de las nuevas tecnologías, aunque los ordenadores puedan desempeñar funciones muy útiles en el proceso de planificación de escenarios y en la actualidad los planificadores de escenarios los utilicen mucho para diversos fines (desde el mantenimiento de archivos hasta el modelado de datos).

Planificación de escenarios

La planificación de escenarios ha surgido como una técnica genérica para estimular la reflexión sobre el futuro en el contexto de la planificación estratégica (Cowan y cols., 1998). Se utilizó inicialmente en la planificación militar, adaptándose posteriormente para su uso en entornos empresariales (Wack, 1985a, 1985b; Schwartz, 1991; van der Heijden, 1996) y, más recientemente, para planificar futuros políticos en Sudáfrica después del *apartheid*, Colombia, Japón, Canadá y Chipre (Cowan y cols., 1998), así como en la planificación de futuros tecnológicos en Europa y en otros lugares (Börjesson, 2005). Aunque puedan llevarse a cabo planificaciones de escenarios en relación con unidades muy grandes (Unión Europea, países aislados, empresas globales), con la guía experta de consultores a sueldo, entidades mucho menores, como escuelas, organizaciones comunitarias, facultades universitarias y clubes, también utilizan esta forma de describir futuros posibles.

Los escenarios son descripciones sucintas de futuros posibles y vías alternativas hacia el futuro, basadas en hipótesis y premisas verosímiles. La idea que subyace a los escenarios es comenzar a reflexionar ahora sobre el futuro para estar mejor preparados para lo que pueda venir; para facilitar la conversación sobre lo que ya está ocurriendo y lo que puede pasar en el mundo que nos rodea, de manera que podamos "tomar las mejores decisiones acerca de lo que debamos hacer y evitar hacer". El desarrollo de escenarios que contemplen los futuros posibles en el presente puede ayudarnos a "evitar situaciones en las que los acontecimientos nos tomen por sorpresa" (COWAN y cols., 1998, pág. 8).

Los partidarios de la planificación de escenarios insisten en que estos *no* son predicciones. Tratan, en cambio, de percibir futuros en el presente (ROWAN y BIGUM, 1997). Peter SCHWARTZ (1991) presenta la analogía de un actor con experiencia al que le han dado tres obras muy diferentes para que las lea y las ensaye durante las semanas precedentes, pero desconoce cuál de ellas tendrá que representar en la noche del estreno. SCHWARTZ dice que el buen actor habrá aprendido las tres obras y mirará inmediatamente el escenario. El entorno revela en qué representación se encuentra el actor. El hecho de estar preparado para las tres garantiza el éxito. En este sentido, la planificación de escenarios es como escribir y ensayar ahora unas obras para una representación futura. El truco está en escribir obras de tal naturaleza que nuestro ensayo *ahora* signifique que podamos representarlas bien en ese momento futuro.

En los enfoques típicos de la planificación de escenarios, el objetivo clave consiste en intentar elaborar *ahora* unas políticas y unas decisiones que, si se pusieran en práctica en varios futuros posibles, probablemente resultaran bastante sólidas. En vez de tratar de predecir el futuro, los planificadores de escenarios construyen imaginativamente una serie de futuros posibles. A la luz de éstos, que pueden ser muy diferentes entre sí, las políticas y las decisiones pueden encuadrarse en cada punto del "presente" en desarrollo que optimice las opciones, con independencia del futuro previsto que más se parezca al que acabe desarrollándose en la realidad.

Los escenarios deben describir mundos concretos y creíbles a la luz de las fuerzas e influencias evidentes en la actualidad, conocidas por nosotros y que probablemente guíen el futuro en una dirección u otra según cómo actúen. Una forma bastante habitual de hacerlo consiste en reunir a los participantes en un ejercicio de elaboración de una política o de toma de decisiones, centrándose en una cuestión o tema relevante para el área en la que trabajen. Si, por ejemplo, nuestro cometido consiste en diseñar cursos de educación alfabetizadora y de tecnología para profesores que estén en un período de formación en activo, podemos centrarnos en la cuestión de cómo podría ser el aprendizaje y la enseñanza de alfabetización y tecnología en ambientes educativos de alumnos de educación primaria, de unos 10 años de edad.

Una vez planteada la cuestión, los participantes tratan de descubrir las "fuerzas impulsoras" —sociales, tecnológicas, económicas, políticas, etc.— que, a su juicio, operen y sean importantes en relación con la cuestión o tema. Cuando hayan reflexionado sobre ello, los participantes señalan esas fuerzas o influencias que parezcan más o menos "predeterminadas", que "actuarán de manera más o menos conocida en una descripción creíble sobre el futuro" (ROWAN y BIGUM, 1997, pág. 81). Después, los participantes señalan las influencias *menos previsibles* o incertidumbres: variables clave para la configuración del futuro que pueden actuar de formas muy diferentes, pero de las que no podemos decir, con un mínimo de garantía, cómo vayan a operar. De este último grupo, una o dos se destacan como "incertidumbres críticas". Son fuerzas o influencias que parecen

© Ediciones Morata, S. L.

especialmente importantes en relación con la cuestión o tema central, pero que son verdaderamente "abiertas a todo" e imprevisibles.

Las "incertidumbres críticas" se "dimensionan" estableciendo unos polos creíbles: entre unas posibilidades que, en un polo "no sean demasiado suaves" y, en el otro, no demasiado "estrafalarias". Éstas se convierten en la materia prima para construir los escenarios: descripciones que podemos pensar, de manera que nos sugieran *ahora* unas decisiones y unas directrices políticas. En el ejercicio de planificación de un escenario en el que participamos, en relación con el futuro de la tecnología y la enseñanza alfabetizadora en el aprendizaje escolar de educación primaria, se identificaron como incertidumbres críticas la naturaleza y el uso de la nuevas tecnologías informáticas y de comunicaciones y la naturaleza de la escolarización en relación con el trabajo y el juego. Esto nos dio dos ejes: uno se extendía entre "la enseñanza está muy regulada, controlada y orientada al trabajo" y "la enseñanza que se orienta a la realización personal y es individualista y anárquica". De modo parecido, el otro se extiende desde "las nuevas tecnologías utilizadas para liberar una tecnosociedad anárquica y democrática" hasta "las nuevas tecnologías que controlan y regulan todos los aspectos de la vida" (ROWAN y BIGUM, 1997, págs. 81-82). Si hacemos que uno de estos ejes sea el de las X y el otro, el de las Y, obtenemos cuatro cuadrantes, cada uno de los cuales se desarrolló como un escenario (*"Surface Paradise", "Newtopia", "Bill@the_world"* y *"Spacehaus"*), a la luz de los comentarios anteriores y de la búsqueda de conocimientos realizada para dar con las "fuerzas impulsoras" (véanse ejemplos de otros contextos en: BÖRJESSON, 2005; COWAN y cols., 1998).

Con respecto a nuestra explicación de las alfabetizaciones, la planificación de escenarios genera y comunica contenidos significativos de diferentes tipos en diversos niveles de interés y compromiso, desde identificar y describir "elementos impulsores" e "incertidumbres críticas" (y lo que las *hace* inciertas pero extremadamente importantes) hasta las mismas descripciones. La planificación de escenarios puede ser un aspecto de la participación en Discursos tan diversos como los de planificador político, planificador curricular, miembro de un comité de club, ejecutivo de empresa, etc. En el nivel de las formas socialmente reconocidas de producción e intercambio de texto, la planificación de escenarios puede entenderse como una práctica en términos de sus componentes *tecnológicos* (los participantes podrían utilizar pizarras, pizarras electrónicas, papel de estraza, procesadores de texto, ordenadores en red, etc.), algún tipo de *sistema o sistemas de conocimientos* (por ej., sobre la narración, la planificación estratégica, la política) y un conjunto de *habilidades* (como extraer incertidumbres críticas, identificar elementos impulsores, encuadrar motivos incisivos para elaborar descripciones de escenarios).

La planificación de escenarios apareció antes de la llegada de los ordenadores personales y mucho antes de que la informática personal y en red se convirtiera en algo cotidiano. Se desarrolló en contextos de interacciones cara a cara y de uso de materiales impresos convencionales. Gran parte del trabajo de planificación de escenarios sigue realizándose en torno a una pizarra, en pequeños grupos y plasmando ideas sobre el papel. No obstante, es fácil encontrar muchos aspectos de lo "nuevo" de las nuevas alfabetizaciones en la planificación de escenarios. Una planificación satisfactoria de escenarios depende positivamente de la pericia distribuida, así como de los conocimientos dispersos. En una actividad

© Ediciones Morata, S. L.

colaborativa, los participantes aportan perspectivas y conocimientos diferentes sobre un tema y se progresa mediante la interactividad, la retroinformación y el intercambio de ideas, conocimientos y habilidades. En realidad, la misma materia en cuestión —futuros posibles y "¿qué pasaría si X ocurriese?"— se resiste a la habilidad individual y la trasciende. La práctica de la planificación de escenarios encierra muchos aspectos de la segunda mentalidad. Se orienta más al servicio que al producto y el proceso se beneficia de la máxima dispersión. A menudo, se otorga la máxima difusión a los escenarios porque su auténtico valor proviene del interés por ellos, de la retroinformación y de la mejora de la reflexión sobre la política que pueda derivarse de ese interés. Los beneficios de una buena planificación de escenarios son colectivos, no individuales, y ésto presupone la divulgación. La movilización de la inteligencia colectiva fortalece los resultados y añade valor.

Flickr

Flickr (flickr.com), que ahora forma parte de Yahoo.com, es un sitio web creado para archivar y compartir fotografías digitales y para prestar servicios web relacionados con ello. Su uso es gratuito y cualquier persona puede ver fotos marcadas como "públicas", con independencia de que esté o no inscrita en Flickr. Para inscribirse basta pulsar el botón "Crea tu cuenta" en su página principal. La gente llega a inscribirse en Flickr por una de estas dos vías principales: una persona puede oír hablar de él (leer sobre él o verlo en pantalla), encontrar el sitio de Flickr e inscribirse, o puede recibir una invitación de alguna persona ya inscrita para que lo haga también. Todo el mundo puede ver las fotos expuestas sin limitación (en vez de las marcadas como "privadas" o sólo expuestas a los contactos escogidos por el usuario). Sin embargo, sólo las personas inscritas pueden poner fotos y comentarios sobre éstas. Hay dos tipos de cuentas. Uno es gratuito. El otro requiere una tasa anual de suscripción y permite disponer de una serie de servicios adicionales. Para ahorrar espacio y complicaciones, nos centraremos aquí en la participación como miembro o titular de una cuenta gratuita.

Los titulares pueden utilizar Flickr de diferentes maneras y en distintos grados. Un extremo es el uso absolutamente privado, en el que el espacio se utiliza sólo como almacén: para archivar las fotos del titular y, quizá, como base para cargar fotos en su propio *blog*. En el otro extremo, los miembros invitan a otros a ver sus fotos, sumarse a grupos creados en torno a un tema o centro de interés, establecer grupos e invitar a otros a unirse a ellos, comentar las fotografías propias y de otras personas, participar en los foros (hacer y responder a preguntas, hacer sugerencias, informar de errores) y actividades de Flickr y entablar relaciones especiales, que pueden extenderse a espacios ajenos al sitio web (e incluso al espacio físico), con otros miembros con quienes se compartan ciertos intereses (Davies, 2006).

El catalizador o estímulo para participar en Flickr es la imagen digital y, en especial, la fotografía digital. Las imágenes cargadas en Flickr pueden incluir dibujos o pinturas hechos a mano y escaneados, caricaturas generadas con programas informáticos, *collages* escaneados, etcétera. No obstante, el tipo de imagen que con diferencia más abunda en este espacio es la fotografía digital. La carga de fotos implica hacer varias clases de aportaciones escritas. Cuando los usuarios cargan fotos a su cuenta de Flickr, la plantilla que aparece en pantalla muestra un espacio para escribir un título para cada foto. Debajo de ésta aparece un segundo espacio para escribir una corta descripción. Hay también otro espacio para escribir palabras que sirvan de "etiquetas" o palabras clave de la foto (sobre el uso de etiquetas, véase el Capítulo II). Además, una función de la barra de menú que aparece sobre la foto permite que el usuario escriba notas que aparecerán directamente sobre la imagen cuando pase el cursor sobre cada icono "nota". La plantilla facilita también un espacio para comentarios, similar al de un *blog*. En él otros usuarios pueden dejar sus comentarios sobre cada foto y los mismos usuarios pueden hacer lo propio.

La versión gratuita de Flickr permite también que los usuarios creen hasta tres "álbumes" de fotos "similares". Esto cumple varias funciones. Ayuda a organizar el acceso a las imágenes, a unirse a grupos organizados en torno a un tema, centro de interés u objetivo (por ej., miembros de Flickr que hacen fotos de latas, hidrantes contraincendios, juguetes y muñecas, proyectos de narración de historias), a marcar la imágenes "favoritas" puestas por otros miembros, a señalar quién pueda acceder a cada foto (por ej., todo el mundo o sólo los usuarios marcados como "amigos") y los derechos concedidos con respecto al uso de cada foto en medios de otras personas. También sirve para invitar a otras personas a inscribirse en Flickr y a convertirlas en contactos ("amigo" o "familiar") del usuario. Como comentamos en el Capítulo II, los usuarios designados como "contactos" pueden añadir "etiquetas" a las fotos del usuario.

Hay otros muchos aspectos de la carga de fotos de los que no podemos ocuparnos aquí (por ej., los límites mensuales de carga de imágenes, los procedimientos para iniciar un nuevo "grupo" de Flickr, etc.). Nos ceñiremos a comentar un ejemplo típico de participación en Flickr.com. Examinaremos el grupo de Flickr "Tell a Story in Five Frames" —"Cuenta un cuento en cinco imágenes"— (flickr.com/groups/visualstory). La página del grupo describe la finalidad del mismo y el modo de participar en él. La participación tiene dos "facetas". Una consiste en presentar una historia en cinco fotografías o menos, admitiéndose un único texto: el título de la historia. La otra consiste en responder a los relatos así presentados. La respuesta "puede adoptar muchas formas, como poesía o prosa que describa la visualización, crítica de la estructura del relato, comentarios sobre la fotografía u otras formas constructivas" (*ibid.*). La página del grupo muestra las reglas del juego (por ej.: "Las únicas palabras que pueden utilizarse son las del título. Utilice las fotografías para dar vida al relato"), unas instrucciones casi técnicas acerca de cómo enviar un relato y algunas orientaciones para contar una historia. Las orientaciones distinguen diversas maneras de contar un relato: "informe periodístico, fotos sucesivas que revelan un momento, fotografía poética y narrativa", y dan algunas orientaciones para la narración, incluyendo una sucesión de funciones sugeridas para una serie de cinco fotos (por ej.: "1.ª foto: presentar los personajes y el lugar... 5.ª foto: un final lógico aunque sorprendente").

Por lo que respecta a su identificación como *alfabetismo*, Flickr es un caso difícil. Desde un punto de vista convencional, podría parecer un *batiburrillo* de alfabetismos del que cada participante escoge su "mezcla" particular. Unos pueden pasar casi todo el tiempo dedicándose simplemente a subir fotos y poner etiquetas, títulos y descripciones y, quizá, respondiendo a los comentarios que reciba. Su finalidad principal puede ser contribuir a un archivo global de imágenes

© Ediciones Morata, S. L.

de dominio público. Otros, en cambio, pueden dedicar la mayor parte de sus energías a comentar las fotos de otras personas. Otros más pueden limitar su actividad a "contar una historia en cinco imágenes" exclusivamente. Al mismo tiempo, todos ellos encajan en la descripción general de una actividad de dar sentido a algo que podemos llamar "compartir fotos". Puede argumentarse que esta actividad no es más "múltiple" o "hibridada" que la escritura de cartas o, incluso, un tipo concreto de escritura de cartas, como el de carácter informal a amigos y parientes. Cuando metemos tres fotos en un sobre con una etiqueta adhesiva amarilla que ponga "fotos del concierto XXXXOOOO (besos y abrazos)" y la echamos al buzón, *escribimos una carta* exactamente igual que cuando llenamos un folio entero respondiendo a la descripción que una persona amiga nos ha hecho de su nuevo romance.

Parte del problema tiene que ver con lo que tomemos como "unidad de análisis" del alfabetismo. Cuanto más nos acerquemos a una visión del alfabetismo que se agote en el *texto* o en alguna *modalidad* de *texto*, menos verosímil es que consideremos como tal la actividad de compartir fotos. Sin embargo, cuanto más nos acerquemos a una visión del alfabetismo como "práctica sociocultural" hecha y derecha, menos inverosímil nos parecerá. Los participantes reconocen que realizan la actividad como un *todo*, sin compartimentarla en: "ahora comento; ahora subo una foto; ahora etiqueto; ahora..." Hagamos lo que hagamos en cada momento, generamos, comunicamos o negociamos contenidos significativos de formas reconocidas por medio de textos codificados en contextos de participación en Discursos (o como miembros de Discursos). O sea, compartir fotos es un alfabetismo.

La "sustancia técnica" de los alfabetismos digitales del estilo de compartir fotos interviene aquí en el sentido de que *pulsamos* "A" y *pulsamos* "rojo". Experimentamos la actividad de forma holística y sin solución de continuidad, utilizando y dejando distintas facetas y funciones, porque básicamente *es* holista y continua. El mismo sitio web y las plantillas usadas —la sustancia técnica— hacen que así sea: se pulsa aquí y se lee un comentario, se pulsa aquí y se añade un comentario y se pulsa aquí y se añade una etiqueta. Con un sistema como Flickr ni siquiera hay complicaciones multimodales con respecto a diseñar opciones para mostrar fotos, porque la plantilla se encarga de ello. No hay problemas de maquetación ni opciones que considerar (incluso Flickr modifica automáticamente el tamaño de las fotos para ajustarlas a la plantilla cuando se cargan). Las decisiones se limitan a las etiquetas (no son insignificantes, pero tampoco es exactamente una ciencia en el plano del compromiso *folksonómico*), los títulos y las descripciones. Además, por supuesto, cuando se concibe de este modo como alfabetismo, también podemos considerar fácilmente la actividad de compartir fotos como una *coordinación* o como un *elemento* de la coordinación de la identidad. ¿Quién eres? (En parte) "Soy una persona Flickr; hago Flickr".

Flickr ejemplifica algunas otras facetas importantes de los nuevos alfabetismos, tal como los hemos comentado aquí. Por ejemplo, las observaciones que hicimos en relación con el *blogueo* acerca del intercambio de conocimientos y habilidades en forma de interfaces y plantillas que democratizan radicalmente la participación y permiten que personas con mínimos conocimientos, pericia y seguridad en sí mismas en este terreno se inscriban igualmente en Flickr. Lo mismo cabe decir con respecto a la pericia distribuida y a tener a mano ayuda y orientaciones (cf.: las orientaciones para crear una historia en cinco imágenes).

© Ediciones Morata, S. L.

Otro aspecto se refiere al hecho de que leer un texto en Internet implica hacer una copia, hasta el punto de que puede plantear problemas de *copyright*. Convergen aquí la sustancia técnica y la sustancia espiritual de los nuevos alfabetismos. La segunda mentalidad relaciona el valor de la información con la dispersión y afirma la necesidad de tratar la información de un modo diferente al adecuado para el mundo físico (cf.: Lessig, 2004). El trabajo de las personas en los movimientos de "código abierto" y "*creative commons*" es vital para mantener algunos espacios libres de limitaciones de marca. Flickr tiene un papel que desempeñar, potencialmente valioso, en el campo de las imágenes, dado que facilita una forma de construir una base masiva de datos de imágenes de dominio público, sin restricciones de uso ni limitaciones de autorización. Para las personas preocupadas por estas cuestiones, como educadores, autores e investigadores, el espíritu participativo y colaborativo manifestado en la dimensión pública de la comunidad de Flickr adquiere gran importancia. Cuando los miembros de Flickr declaran "públicas" sus fotos, están participando (consciente o inconscientemente) en una política progresista de información. Contribuyen a construir una práctica y un espacio enraizados en valores relacionados con la segunda mentalidad (de iniciados) y, en esa medida, opuestos a la política de la información con dueño.

Por último, el etiquetado también forma parte de la novedad de compartir fotos en Flickr en cuanto alfabetismo. Los significados que los participantes asignan a las imágenes mediante su selección colectiva de etiquetas se convierte en una "*folksonomía*" (Davies, 2006; véase también el Capítulo II). La *folksonomía* es una categorización colaborativa de contenidos (imágenes) que otorga una cualidad fluida a los significados dentro de un campo, en vez de clasificar los componentes de ese campo en unas categorías definidas y rígidas. Este tipo de "fluidez" se opone a las clasificaciones impuestas desde arriba: privilegia lo "folk" sobre los "expertos", es de abajo arriba en vez de arriba abajo y responde a las formas cotidianas de dar sentido a las cosas y de asignar significados. Como dice O'Reilly (2005, s/pág.), las *folksonomías* permiten "recuperar [contenidos, información] de acuerdo con ejes naturales generados por la actividad del usuario".

Los procedimientos de control de datos de Flickr generan esta *folksonomía* en evolución como un "efecto de red a partir de la aportaciones del usuario" (*ibid.*). El efecto de red generado por la *folksonomía* de Flickr a base de etiquetas es *semántico*. Esto puede ser muy importante para el desarrollo de una "red semántica", en la que se facilitan la búsqueda y recuperación de información mediante la asignación de significados legibles por las máquinas a los contenidos del material presente en la red. Todavía está por verse si los significados *folksonómicos* prestarán un buen servicio a los usuarios y para qué campos de intereses de los usuarios serán útiles. En el presente, no hay razón para creer que no sean de utilidad con respecto a los intereses de la gente corriente, y en un mundo en el que estos intereses han estado supeditados durante mucho tiempo a los relacionados con los significados generados por los expertos, no cabe duda de que esto representa algo "nuevo".

En la Segunda Parte, presentamos comentarios detallados de algunos casos *paradigmáticos* de nuevos alfabetismos.

© Ediciones Morata, S. L.

SEGUNDA PARTE

Los nuevos alfabetismos en la práctica cotidiana

CAPÍTULO IV

Los nuevos alfabetismos como *remix*

Introducción

Hasta hace poco, la idea del "*remix*" como la actividad de tomar determinadas obras culturales, combinarlas y manipularlas formando un nuevo tipo de mezcla creativa se asociaba casi por completo con la música grabada. En marzo de 2006, *Wikipedia* definía el *remix* en relación con el uso de técnicas de edición de sonido para producir una mezcla de sonido grabado diferente de la original. Esto es el *remix* en el sentido descrito en la página web de etnomusicología de la University of California, Riverside, sobre la historia del *remix* en cuanto idea de "separar los diversos instrumentos y componentes que constituyen una grabación y mezclarlos de manera que suenen de modo completamente diferente" (ethnomus.ucr.edu/remix_culture/remix_history.htm*). El *remix* adquirió gran popularidad durante la década de 1990 en una serie de géneros musicales, especialmente en *hip hop* y músicas *house* y *jungle*, pero también en las músicas pop, *rythm and blues* e incluso *heavy metal* (*ibid*.).

En esta línea, los comentarios sobre el *remix* se abrieron pronto a las reconstrucciones retrospectivas del *remix* en el mundo de la música grabada, sobre todo desde la década de 1940 y la introducción de la "cinta magnetofónica de fácil modificación" (*Wikipedia*: en inglés *remix*). La mayoría de los informes sitúan el origen del *remix* moderno en la cultura jamaiquina de salón de baile de finales de la década de 1960 y en las intervenciones de los pinchadiscos y productores de grabaciones musicales que, por ejemplo, utilizaban platos dobles con versiones diferentes de la misma canción que ponían a la vez, aunque controlando la velocidad (compases por minuto) o cintas magnetofónicas modificadas para elaborar versiones de canciones adaptadas a distintos tipos de público. A veces, los *remix* eran simplemente versiones más rápidas de una canción, un sonido más escueto y desnudo o una canción más alargada de manera que la gente estuvie-

---

* En la actualidad, esta página ya no existe. (*N. del T.*)

© Ediciones Morata, S. L.

ra bailando más tiempo. Sin embargo, cuando el sonido digital se convirtió en la norma, se aplicaron todas las técnicas de "muestreo" utilizando distintos tipos de dispositivos de *hardware* o de *software* en ordenadores (HAWKINS, 2004).

Aunque ésta siga siendo la concepción dominante del *remix*, su vida conceptual se ha ampliado recientemente de manera importante e interesante en el contexto de un activismo creciente dirigido contra la legislación del *copyright* y de la propiedad intelectual. Esta expansión conceptual es particularmente interesante desde el punto de vista de los nuevos alfabetismos. En pocas palabras y empezando por el *remix* musical, éste ha sido objeto de acciones legales de elevado perfil y de carácter muy punitivo, basadas en la legislación sobre el *copyright*. La violenta reacción legal contra las prácticas populares de *remix* ha contribuido a impulsar una respuesta organizada de oposición a lo que se consideran niveles inaceptables de restricciones contra el uso público de materiales culturales. Así, había un sector muy importante que manifestaba su oposición dando una respuesta organizada como, por ejemplo, los argumentos elaborados por Lawrence LESSIG (por ej.: KOMAN, 2002) que indicaba la necesidad de establecer unos *Creative Commons**, pues la idea del *remix* y el *remixing* se ha convertido en un punto clave de encuentro. En el capítulo anterior nos referimos brevemente a la obra de LESSIG en relación con la "sustancia técnica" de los nuevos alfabetismos. Dijimos, en ese contexto, que la "sustancia técnica" de los nuevos alfabetismos se cruza con las leyes del *copyright* planteando problemas que no aparecen en el espacio del libro. Las ideas que abordamos aquí están sacadas de la misma obra. En esta ocasión, sin embargo, nos centramos específicamente en la tesis de LESSIG de que el *remix* digital constituye una forma contemporánea de escritura.

Lawrence LESSIG *con respecto al* remix *digital como escritura*

Como señalamos en el Capítulo III, LESSIG (2005) alude a la actividad concreta de escritura creativa del currículum escolar en ciertas áreas de los Estados Unidos. En esta actividad, los alumnos leen textos de muchos autores, toman partes de cada uno de ellos y las reúnen en un único texto. Es un proceso en el que se toman partes y se mezclan de otra manera "como forma de crear algo nuevo" (*ibid*, s/pág.). Hasta hace poco, este tipo de *remix* se hacía con papel, lápiz, máquina de escribir y cosas por el estilo. Estos mismos instrumentos se empleaban para aprender a escribir, en su sentido más general podemos decir que es también una actividad de *remix*. Los aprendices toman palabras que se les presentan como texto en un sitio u otro y ellos utilizan estas palabras y textos y el bolígrafo y el lápiz, como instrumentos, para hacer nuevos textos o para remezclar otros. LESSIG dice que aprendemos a escribir "de un modo sencillo: haciéndolo" (*ibid.*). Por tanto, hay una alfabetización "que llega mediante la práctica de

---

* En el Reino Unido, *common* es un terreno de titularidad municipal que antiguamente era una zona de pastoreo de la comunidad. La idea de *Creative Commons* es la de un "campo comunal creativo", plasmada en la organización sin ánimo de lucro que lleva su nombre y en las licencias desarrolladas por esa organización. (*N. del T.*)

© Ediciones Morata, S. L.

la escritura; escribir [significa] tomar estos objetos diferentes y construir con ellos" (*ibid.*).

Dice LESSIG que este tipo de escritura puede considerarse como un caso de una actividad mucho más general que podemos llamar *"remix"*. En este sentido general, *remix* recoge, sencillamente, la idea "de una persona que mezcla cosas y de otra persona que llega después y mezcla de otra manera lo que han creado" (*ibid.*). Visto así, podemos decir que "la cultura es *remix"*. De hecho, el *remix* es evidente en todos los dominios de la práctica cultural: LESSIG afirma que la política es *remix*, igual que el saber es *remix*. Todo el mundo participa en el *remix*, en este sentido general de la idea, y el *remix* está por todas partes. Pensando aún en este nivel general del *remix*, LESSIG explica:

> Si usted va a ver una película de [Michael Moore] y después comenta con sus amigos que es la mejor película que ha visto nunca o la peor que se haya hecho, es lo que está haciendo es tomar la creatividad de Michael Moore y mezclarla de otra manera en su vida. Usted la usa para ampliar sus propios puntos de vista o criticar los suyos. Usted toma la cultura y practica este acto de *remixing*. En realidad, cada acto de lectura y de escoger y criticar y elogiar la cultura es, en este sentido, *remix*. Y las culturas se hacen a través de esta práctica general.
>
> (*Ibid.*)

Así pues, en el plano más general, el *remix* es la condición general de las culturas: si no hay *remix*, no hay cultura. Cada vez que aprovechamos el lenguaje, lo remezclamos y, cada vez que tomamos una idea, un artefacto o una palabra y lo integramos en lo que decimos y hacemos en ese momento, remezclamos los significados.

En un plano más concreto, contamos ahora con el *remix digital* que nos permiten los ordenadores. Incluye la simple mezcla musical, pero va mucho más allá. Implica mezclar imágenes, textos, sonidos y animaciones digitales; en pocas palabras, toda clase de objetos. Los jóvenes están haciendo esto mismo a escala masiva y está siendo cada vez más fundamental para sus actividades de construir significados y expresar ideas. LESSIG sostiene que estas prácticas constituyen un *remix* como la *escritura* para estas legiones de jóvenes digitales:

> Cuando usted dice la palabra *escribir*, para quienes tenemos más de 15 años, nuestra concepción de escribir es escribir con texto... Pero, si pensamos en la forma de pensar en la escritura de los chicos menores de 15 años que utilizan la tecnología digital, escribir con texto no es más que una forma de escribir y no siempre es la forma de escribir más interesante. Las formas más interesantes son, cada vez más, utilizar imágenes, sonidos y vídeos para expresar ideas.
>
> (En: KOMAN, 2005, s/pág.)

LESSIG (2005) presenta una serie de ejemplos de los tipos de prácticas de *remix* digital que, a su modo de ver, constituyen "las formas más interesantes [de escribir]" para los jóvenes: *remix* de clips de películas para crear "falsos" avances de películas hipotéticas; poner la música remezclada elegida en avances de películas, sincronizándola con la acción visual; grabar una serie de dibujos *anime* y editarlos después en sincronía con una banda sonora conocida; mezclar imágenes "encontradas" con imágenes originales con el fin de expresar un tema o

© Ediciones Morata, S. L.

idea (con texto añadido o no), y mezclar imágenes, animaciones y textos para crear caricaturas (incluyendo caricaturas y animaciones políticas), por nombrar sólo algunos.

> **Reflexión y comentario**
>
> - ¿Acepta la extensión del concepto de "escritura" que hace Lessig para incluir prácticas como el *remix* digital? ¿Por qué razones?
> - Trate de localizar en la literatura ejemplos de estudiosos de la alfabetización que adopten un punto de vista diferente (por ej.: Kress, 2003). Si adopta el punto de vista de Lessig, ¿qué argumentos y pruebas aduciría en contra del punto de vista opuesto? ¿Qué argumentos y pruebas del punto de vista opuesto esgrimiría contra Lessig?

Aceptamos esta extensión conceptual de la "escritura" para incluir las actividades de producir, intercambiar y negociar textos remezclados digitalmente, ya utilicen un único medio o sean remezclas multimedia. Al mismo tiempo, reconocemos también como formas de *remix* diversas actividades que no tienen por qué incluir el *remix* digital de sonido, imágenes y animaciones, como escribir *fanfiction* o producir comics *manga* (tanto en papel como en pantalla). Esto concuerda con la observación de Lessig acerca de que el *remix* no tiene por qué ser *remix digital* (véase también: Latterell, 2006). Lo importante, para nuestros fines, es que los tipos de actividades de remix señaladas por Lessig como ejemplos del concepto contemporáneo ampliado de "escritura" se ajustan a nuestra definición de "alfabetismos" como "formas socialmente reconocidas de generar, comunicar y negociar contenidos significativos por medio de textos codificados en contextos de participación en Discursos (o como miembros de Discursos)". Esto se pondrá en evidencia en el resto del capítulo, en el que comentaremos cuatro tipos muy populares de actividades de *remix*. Son: *fanfiction*, *manga*, contrapublicidad* y *photoshopeo*, y *anime* y vídeos *anime* de música (AMV), respectivamente.

Remix 1: Fanfiction: *Remix de palabras y contenidos*

Fanfiction—o *fanfic*, para los aficionados— es la denominación dada a la actividad en la que los seguidores de algunos medios o fenómenos literarios, como un programa de TV, película o libro, escriben relatos basados en sus personajes (Plotz, 2000, pág. 1). Además de las tres categorías de catalizadores de la *fanfic*, también está aumentando la popularidad de las narraciones *fan* basadas en argumentos y personajes de videojuegos. La mayor parte de la *fanfic* está escrita como narrativa, aunque la *songfic* y la *poetryfic*** son formas aceptadas y también algunas *fanfictions* se desarrollan como dibujos y animaciones *manga*. El

---

* El término original es *adbusting*; *ad* es la abreviatura inglesa de *advertising*: "publicidad", y *buster* es un término polisémico que aquí tiene el sentido de "cazador", "aniquilador". De ahí la traducción: "contrapublicidad". (*N. del T.*)

** Dentro de la *fanfiction*, aparecen también los géneros de "canción" y "poesía". Conservamos las expresiones inglesas por ser de uso común en los correspondientes ambientes. (*N. del T.*)

© Ediciones Morata, S. L.

cosplay*, vestirse como los personajes favoritos de *manga* y *anime*, y los juegos de rol de acción en vivo, basados en textos favoritos de la cultura popular, también están consiguiendo cada vez más aceptación (véanse más categorías en: es.wikipedia.org/wiki/Fan_fiction).

Algunos comentaristas descubren antepasados de la *fanfiction* contemporánea en épocas muy antiguas; por ejemplo, en el siglo xv, con las secuelas de cierta poesía de Geoffrey Chaucer originales de Robert Henryson (PUGH, 2004). No obstante, el fenómeno, tal como lo conocemos hoy día, suele relacionarse sobre todo con la llegada de seriales televisivos. En particular, se considera que la serie de televisión *Star Trek*, que se estrenó en 1966 y rápidamente atrajo a un público que la convirtió en obra de culto, contribuyó a establecer la *fanfiction* como género y práctica social característicos (JENKINS, 1988). Desde el primer episodio, los seguidores comenzaron a escribir sus propios relatos situados en el universo de *Star Trek* y utilizando los personajes principales de *Star Trek*. Estos autores de *fanfic* multicopiaban y encuadernaban sus narraciones en libros o revistas hechos a mano y los distribuían en convenciones de seguidores de *Star Trek*, reuniones de clubes de seguidores o por correo. Desde entonces, la *fanfic* se ha convertido en un género establecido y materia de estudio universitario (véanse, por ejemplo: BLACK, 2006; JENKINS, 1992; SOMOGYI, 2002; THOMAS, 2005; fanfiction-studies.net).

En la actualidad, los escritores de *fanfiction* innovan sobre multitud de textos de pantalla y de libros. Las diversas series de *Star Trek* siguen siendo enormemente populares. Otros programas o animaciones televisivas que atraen a numerosos escritores de *fanfic* son: *Sakura Cardcaptor, House, Scarecrow and Mrs. King**, Angel, Battlestar Galáctica, Stargate Atlantis, Ley y orden: Unidad de víctimas especiales, Lizzie McGuire, Las chicas Gilmore* y *Xena: la princesa guerrera*. Entre las películas más populares están: *La guerra de las galaxias, El rey León, The Matrix, Moulin Rouge, X-Men* y *Piratas del Caribe*. En cuanto a los libros, podemos mencionar: *Harry Potter, El fantasma de la Ópera, Una serie de catastróficas desdichas* y la *Biblia*, entre otros muchos.

La escritura *fanfic* puede clasificarse en distintos tipos. Los más corrientes son: "escritura canónica", "historias en universos alternativos", "*cross-overs*", "narraciones de relaciones amorosas (*shipper*)" y *fanfic* de "autoinserción":

- La escritura canónica mantiene, en la medida de lo posible, los ambientes, personajes y tipos de argumentos que se encuentran en el texto de los medios originales, limitándose a añadir nuevos "episodios" o eventos al texto original (por ej., un nuevo episodio del programa de televisión *Xena: la princesa guerrera*, que mantenga los personajes y el entorno del modo más fidedigno posible y que aprovecha directamente las narraciones y las historias y aventuras de los personajes ya desarrollados en la serie). Las *precuelas* y las secuelas son versiones habituales de la escritura canónica.
- En las historias en universos alternativos, se trasponen los personajes de un texto original a un "mundo" completamente nuevo o diferente (por ej.,

---

* En el original: *"Costume play"* o *cosplay*. En ambientes hispanoparlantes se utiliza habitualmente *cosplay* para referirse a este juego de disfraces. (*N. del T.*)

** *Scarecrow and Mrs. King* no se ha emitido en España. (*N. del T.*)

© Ediciones Morata, S. L.

situar personajes clave de las películas de *La Guerra de las Galaxias* en el universo de *El Señor de los Anillos*, o en un universo completamente nuevo, inventado).
- Los *cross-overs* reúnen personajes de dos textos originales diferentes en una historia nueva (por ej., reunir a Spiderman con los personajes de la serie de televisión de ciencia-ficción *Stargate SG-1*).
- Las narraciones *relationshipper* (también *"shipper"*) o de relaciones amorosas establecen una relación íntima entre dos personajes (a menudo secundarios) que no existían o se minimizaban en el texto original. Estos textos pueden centrarse en relaciones heterosexuales (por ej., entre los personajes de la almirante Kathryn Janeway y Chakotay, de *Star Trek*) o en relaciones homoeróticas u homosexuales entre personajes (por ej., entre el capitán Kirk y el señor Spock, de *Star Trek*). Este último tipo de *fanfics* recibe también el nombre de *"slash fiction"**.
- En la *fanfic* de autoinserción, los autores se introducen directamente de forma reconocible como personajes de la narración (por ej., muchas autoras jóvenes de *fanfic* se introducen en la serie de *Harry Potter* en lugar de Hermione, una de las amigas más íntimas de Harry; muchos escritores inventan un personaje que es una mezcla de sí mismos y de atributos de personajes de la cultura popular e insertan en su texto este personaje híbrido).

La *fanfiction* era una actividad ya establecida antes del desarrollo de Internet y gran parte de ella sigue manteniéndose fuera de los ambientes en línea. No obstante, la explosión de Internet produjo un impacto masivo tanto en la escala como en la cultura de la *fanfic*. Ha permitido que participen casi infinitamente más personas en las aportaciones a la *fanfic* y en su crítica de lo que era posible antes. Antes de que Internet se convirtiera en un medio de comunicación de masas, la *fanfic* se transmitía de persona a persona en círculos relativamente reducidos de aficionados y estaba sometida a una crítica constante. Normalmente, los autores recibían comentarios y sugerencias para mejorar sus historias en encuentros cara a cara con los aficionados o, quizá, por correo postal. Sin embargo, en la actualidad, las narraciones de *fanfic* se ponen por decenas de miles en foros abiertos y públicos de Internet, para que los lea y revise quien quiera. A principios de abril de 2006, la búsqueda en Google.com del la expresión "fan fiction" arrojaba 13.900.000 resultados y, utilizando como término de búsqueda "fanfic", se obtenían 2.730.000 resultados**, lo que indica una poderosa presencia en línea.

La "geografía" de la *fanfic* en Internet es compleja. Un buen sitio de *fan fiction* para empezar es Fanfiction.netque se creó en 1998 y es muy destacado. Tiene un formato de archivo más tablón de diálogo que permite búsquedas. Fanfiction.net alberga decenas de miles de *fanfics*, organizados por categorías. La página prin-

---

* *Slash fiction* también se utiliza así en la *fanfiction* en castellano. El origen de la denominación está en la barra oblicua "/"que empezó a utilizarse al nombrar a los dos miembros de la pareja, signo que, en la actualidad, se usa también para referirse a los integrantes de parejas heterosexuales. Aunque *slash* se emplee en general para referirse a parejas homosexuales, suele reservarse para las parejas homosexuales masculinas, mientras que, para las femeninas, se utiliza *femslash*. (*N. del T.*)

* Dos años después, la búsqueda de "fan fiction" da "sólo" 11.800.000 resultados, mientras que la de "fanfic" llega a los 6.410.000. (*N. del T.*)

© Ediciones Morata, S. L.

cipal da una idea general del sitio. La mayor parte de la página está ocupada por noticias sobre sus últimos desarrollos (por ej., noticias acerca de que ahora los foros pueden tener moderadores o de que se ha solucionado un fallo del *software*). Una sencilla barra de menú atraviesa la parte superior de la página. Los usuarios pueden utilizar este menú para encontrar las obras recién publicadas, para acceder a distintas comunidades de *fanfic*, para hacer búsquedas dentro de la página (por nombre o seudónimo del autor, título de la historia o resumen de la misma), para ir a los foros de discusión asociados con cada categoría de *fanfic* (en marzo de 2006, sólo de *anime*, había más de 150 foros), para utilizar el directorio del sitio (organizado por seudónimos y categorías de *fanfic* y comunidades) y para utilizar el directorio y el catálogo en línea del sitio.

Las categorías específicas de *fanfic* en este sitio son: *Anime*, Dibujos animados, Juegos, Películas, Libros, Comics, TV y otros. El clic en el enlace *"Books"* ("libros"), por ejemplo, lleva al usuario a una lista de hiperenlaces de los distintos libros que han dado pie a obras de *fanfic*. En marzo de 2006, había unos 220 enlaces correspondientes a libros*. Cada enlace tiene al lado un número que indica la cantidad de obras diferentes de *fanfic* publicadas en el sitio en relación con la obra o el autor en cuestión (a menudo, cada obra tiene o tendrá muchos capítulos). Pinchando en el enlace correspondiente al libro *1984*, de George ORWELL, por ejemplo, aparecían 73 obras de *fanfic* a principios de marzo de 2006**. Al pinchar en cada enlace de *fanfic* aparecen tres enlaces "subordinados": uno para acceder directamente al texto de *fanfic*; otro para acceder a los detalles del autor, y el tercero para leer o poner revisiones de esa obra concreta de *fanfic*.

En 28 de agosto de 2004, un autor que utilizaba el seudónimo "Johnnycakesdepp", publicó una *fanfic* basada en la película *Piratas del Caribe*. "*Eternity in bliss*" utiliza unas 1.800 palabras. Narra una escena futura imaginada en la que la amada del capitán Jack Sparrow, Anamaria, ha muerto mientras daba a luz a su hija, Maria Victoria (en la película, no existe una relación duradera entre Jack y Anamaria). Jack ha llevado al bebé a la casa de Will Turner, su camarada de confianza, y de su esposa, Elizabeth, para que lo críen como si fuese suyo. Después, el desconsolado Jack se entrega al incompetente comodoro Norrington para ser ahorcado por sus acciones de piratería. Will, al enterarse de esta "captura", visita a Jack, que le explica que sólo quiere estar con Anamaria, pero no puede ser dueño de su vida. La obra de *fanfic* acaba con la muerte de Jack en la horca y su entrada en la felicidad eterna con Anamaria. Sus últimas palabras son para Will y Elizabeth:

> "¡Cuidad a Maria! Ahora es vuestra hija: Maria Turner".
> "¡Nosotros le hablaremos de ti y de Ana, Jack! ¡Y de la Perla también!", le dijo con voz trémula Elizabeth, mirando a la pequeña de tez oscura que tenía en sus brazos. Sí, Maria era preciosa y Elizabeth y Will recordarían todos los días al valiente e ingenioso pirata condenado aquel día.
> "¡Por todos los diablos que os lo agradezco!", dijo, de nuevo feliz y utilizando otra vez su jerga pirata habitual. "Decidle a Maria que la amaba", sonrió a la pareja antes de asentir al soldado que tiraba de la palanca. En esta ocasión, la muchedumbre no se alteró y tampoco había espada con la que enfrentarse. Era lo que Jack quería.

---

* Dos años después eran 316. (*N. del T.*)
** En marzo de 2008, son 137. (*N. del T.*)

© Ediciones Morata, S. L.

No luchó o, más bien, no intentó hacerlo, sintiendo arder sus pulmones, con hambre de aire. Y entonces, de repente, se dio por vencido.

*Porque estoy destrozado, si soy sincero
y siento que no soy lo bastante fuerte.*

Ella estaba allí, ante él, rodeada por una luz blanca, casi cegadora. Abrió sus brazos dispuesta a abrazarlo cuando él llegara corriendo hacia ella. Él la tomó en sus brazos y la hizo girar a su alrededor. *Para abrazarla de nuevo.* Se sonrieron, felices por estar de nuevo juntos, antes de fundirse en un profundo beso. Caminaron juntos hacia la luz, cogidos de la mano, mientras la oscura piel de ella contrastaba con la piel ligeramente curtida de él. La felicidad eterna bien valía unos meses de separación.

Tú te has ido, ya no me tocas.

(De *"Eternity in Bliss"*, consultado el 3 de marzo de 2006, en fanfiction.net/s/2033837/1/).

En la narración, aparecen algunas líneas ligeramente modificadas de la canción *"Broken"*, de Seether* (véase: members.shaw.ca/sevylanglois/lyrics/broken.htm). Johnnycakesdepp reconoce la canción y la "modificación" —"Esto es *Broken*, pero, evidentemente, la he reescrito y espero que para mejor"— y explica, en respuesta a una revisión, que se ha añadido la letra para transmitir "esas partes en las que, después de hablar una persona, el autor añade algo sobre esa persona o cualquier otra cosa": *remix*.

La revisión de Freak y Proud es estimulante:

es realmente dulce, pero triste. en cierto modo, lo paso mal creyendo que alguien sería tan estúpido, pero eso es porque no soy romántico, más o menos como Romeo y Julieta. que me fastidió. bueno. buena fic. me gusta lo "bien" que recoge tantas emociones. me gusta tu obra.

(fanfiction.net/r/2033837/0/1).

En general, los lectores, escritores y revisores de *fanfic* valoran la escritura de buena calidad, incluyendo el desarrollo de personajes satisfactorios, un argumento interesante, un relato lógico y buenas gramática y ortografía. Con respecto al desarrollo de los personajes, por ejemplo, las guías de escritura en línea para lograr buenas historias de *fanfic*, producidas por aficionados, advierten a los escritores para que no sean víctimas del síndrome de "Mary Sue". "Mary Sue" es un personaje que, en muchos sentidos, encarna el perfecto *alter ego* del autor y, como tal, tiende a dominar todo el relato y le quita vida. Un orientador de estilo lo comentaba así:

Normalmente, [Mary Sue] es joven, extremadamente hermosa y hábil en muchas cosas. Se convierte en el principal centro de atención del relato y todos los demás se reducen a cartón piedra de apoyo a ella (y de su relación con el principal guapo joven). Tiende a ser extremadamente hábil para solucionar los problemas de cualquier tipo

---

* Grupo sudafricano de *rock* duro, afincado en los EE.UU. Anteriormente era conocido como *Saron Gas.* (*N. del T.*)

© Ediciones Morata, S. L.

que afecten a los personajes. Su descripción se realiza en términos empalagosos, porque no tiene igual. En el juego, ningún varón, sobre todo si es joven y guapo, puede resistirse a sus encantos. O forma pareja con el chico más guapo o muere, dejando su defunción acongojados y desconsolados a todos. Cuando se encuentra una historia en la que un personaje original domina completamente la escena, ¡cuidado!: seguro que se trata de una Mary Sue.

(M. P., 2005, pág. 1; véase también: HALE, 2005).

Una estrategia que utilizan a veces los escritores principiantes cuando intentan construir personajes creíbles consiste en tomar prestado (con autorización) un personaje original de otro autor de *fanfic*. Una joven autora (16 años) de *fanfic*, conocida nuestra, ha escrito una historia basada en *Inuyasha* (*anime*) que en la actualidad cuenta con 11 capítulos cortos. Silver Excel Fox es una escritora en línea, muy conocida y prolífica, que, en la escuela, no va excesivamente bien en clase de lengua. En el capítulo 4 de su relato, *"Runaways"**, empieza reconociendo que, para esta historia, ha "tomado" un personaje creado por otra persona:

¡Gentes OK, este es el capítulo 4! Quiero agradecer a Shan-Chan (¡menudos versos!) que me haya dejado traer su personaje Shaoran a mi historia... Shaoran pertenece a Shan-Chan, así que, si quieres utilizarlo, habla con Shan[-Chan]. Vamos a la historia.

(fanfiction.net/s/1527062/4/, a 3 de marzo de 2006).

Además de los "agradecimientos por el préstamo de personajes", al principio de cada *fanfic* aparecen con frecuencia otros tipos de declaraciones, indicando que el autor sabe que no tiene el *copyright* sobre los personajes o la historia originales, sobre los que ha construido su narración. Por eso, la nota explicativa de Silver Excel Fox al principio de su capítulo 4 incluye también esta línea: "En todo caso, no tengo derecho alguno sobre *Inuyasha*, *Yugi-oh*, *Rorouni Kenshin* [personajes de *manga* o *anime* de carácter comercial] y *Shaoran*" (*ibid.*).

Los foros de Fanfiction.net ofrecen a los aficionados determinadas obras y a los autores un espacio en el que plantear temas de conversación con otros usuarios que tengan sus mismos intereses. Con frecuencia, los foros están moderados por voluntarios y tienen reglas específicas de participación, que incluyen el requisito de que todas las conversaciones, contenidos y expresiones sean aptos para adolescentes. Los foros son específicos de cada texto, es decir, están organizados en torno al texto popular en el que los autores *fan* basan sus *remix*. Así, por ejemplo, a principios de marzo de 2006, en los foros que se centraban en películas, había 26 distintos relacionados con *Piratas del Caribe*. Los temas y los fines de estos foros siguen siendo muy amplios y abarcan conversaciones sobre la película original y sus secuelas venideras; especulaciones sobre el desarrollo de las relaciones románticas iniciadas en serio sólo al final de la primera película entre dos de los personajes centrales: Will y Elizabeth; foros dedicados a la tradición pirata en general; un foro para el *fanfic* de juego de rol de *Piratas del Caribe*; temas de *plot bunny***

---

* "Fugitivos". (*N. del T.*)

** Literalmente *plot bunny* (*plot bunnies*, en plural) sería "conejito argumental". En realidad, se trata de la idea matriz o central de un posible argumento de obra *fanfic* que desarrollar. Mantenemos la expresión en inglés por ser habitual entre los aficionados a la *fanfic* en castellano. (*N. del T.*)

(por ej., especulaciones sobre argumentos: si Jack Sparrow —el pirata central de la película— tendría un hijo o una hija); diálogos acerca de la precisión histórica en la misma película, así como en las *fanfics* relevantes; listas de personas dispuestas a actuar como lectores "beta" que faciliten retroinformación sobre los relatos antes de que se presenten públicamente para revisión, etcétera. En todos los foros de Fanfiction.net pueden encontrarse fines y usos similares de los hilos de conversación.

Si dejamos sitios como Fanfcition.net, Fictionalley.org, Fanfics.org y Bitchnmoan.net para buscar otros recursos dentro del espacio de afinidad de la *fanfic*, llegamos a sitios como *The Force* (fanfic.theforce.net, véase la pág. 87), *Plot Bunny 101* (plotbunny101.tvheaven.com) y *How to Write Almost Readable Fan Fiction* (littlecalamity.tripod.com/HowTo2.html). Todos ellos son espacios que ayudan a asesorar a los escritores de *fanfic*. Como vimos en el Capítulo III, *The Force* aporta orientaciones para la betalectura de obras antes de su publicación final. También ofrece, entre otros servicios, consejos de escritura publicados por miembros inscritos, anuncios aleatorios de certámenes de tipo concurso que especifican las normas de los relatos que deben cumplir los autores de *fanfic*, un léxico de *fanfic*, una guía de estilo de presentación para los miembros y enlaces con listas de diálogo por correo electrónico. *Plot Bunny 101* es un sitio que pueden utilizar los escritores de *fanfic* para intercambiar *"plot bunnies"*: ideas de narraciones que cada persona pone a la libre disposición de las demás para que las desarrollen en sus propias historias. Los *plot bunnies* van desde una idea "inicial" hasta un argumento completo y el conjunto de personajes de una historia. Como Plot Bunny 101, Plot Bunny Adoption Center (sg1hc/pbac) es un archivo en línea de inicios de historias y de resúmenes de argumentos. How to Write Almost Readable Fan Fiction ofrece una guía para escribir que incluye consejos sobre el desarrollo de los personajes, guías de gramática y normas de puntuación y consejos generales relativos a la comprobación de la ortografía y la lectura de pruebas, cómo evitar repeticiones y redundancias en los relatos, etcétera.

Donde con más frecuencia se pone de manifiesto el carácter de *remix* de la *fanfic* es en los escritos de los autores jóvenes cuando revisan un conjunto de medios y de géneros culturales para combinar sus propias historias y personajes, con los existentes en nuevas narraciones y que pueden ser complejas y exigir que el lector haya leído mucho, visto muchos programas o participado en juegos relacionados con el *anime* para poder apreciar plenamente la trama de cada historia. En entrevistas, Silver Excel Fox (S.E.F.) hablaba de algunas influencias directas en su propia forma de escribir, entre ellas la mitología griega, las historias de Harry Potter, la Biblia, historias románticas, cultura *hacker*, películas de suspense y de aventuras y una serie de textos de *anime* y *manga* como *Inuyushu*, *Yu Yu Hakusho* y *Sailor Moon*, entre otras:

S.E.F.: Como en la mitología griega. Tienen la laguna Estigia y el barquero que os llevará al inframundo o adonde vayáis. Y...
Michele: ¿Has hecho eso en la escuela?
S.E.F.: No sé. Simplemente me gusta la mitología griega. Ella [señala a su madre] me metió en eso y yo he seguido adelante.
Michele: Parece que te hubiese ayudado en términos de...
S.E.F.: ..... porque la chica de mi historia —en el mito original sería un chico— es una chica y es guapa. Es como si la persona que está llevando a la muer-

© Ediciones Morata, S. L.

te fuese una chica, y es ((ríe)) como si yo me estoy muriendo y *tú me estuvieses* llevando ((ríe)). Y ella coge un remo, que tiene cierto sentido porque está en la laguna Estigia. ¡Tienes que hacer algo para subir por ese río! ((ríe)). Y Yusukai [un personaje de *Yu Yu Hakusho*] va y se encuentra con una especie de versión japonesa de Jesús.

(Entrevista, 2005, por KNOBEL y LANKSHEAR.)

Los tipos de actividades de *remix* que realizan los escritores de *fanfic* producen textos inequívocamente creativos que se basan en diversos contenidos y recursos. Esto conlleva la selección deliberada, aunque ecléctica si no idiosincrásica, de los textos que se tomen como base y la forma de hacerlo (por ej., Johnnycakesdepp toma los personajes clave de una película, como *Piratas del Caribe*, y crea un futuro posible para ellos, entrelazándolos después en la letra de una canción que ayude a transmitir el humor y las emociones; Silver Excel Fox se basa en una serie de textos épicos clásicos, literatura adolescente y *manga* moderno para crear nuevas narraciones). Estas actividades responden directamente a la afirmación de O'REILLY de que la "creatividad cultural está enraizada en la reutilización" y la reinvención (en entrevista con MCMANUS, 2004, s/pág.). Ian MCDONALD, un celebrado escritor de ciencia-ficción, comenta que las actividades de *remix* están muy en consonancia con la época actual y dice que la fuerte tendencia a utilizar materiales de una serie de fuentes literarias y no literarias es "un producto de nuestra capacidad tecnológica de navegar, muestrear y mezclar" (en entrevista con GEVERS, 2001, s/pág.). Llega a decir incluso que "cualquiera que esté atento al *Zeitgeist** estará de acuerdo en que el arte de la mezcla será la habilidad cultural del nuevo siglo" (*ibid.*).

Con respecto a la *fanfic* como "nuevo" alfabetismo, consideramos algunos aspectos de la colaboración, la participación y la pericia distribuida en el Capítulo III (véanse las págs. 86-88). Es interesante hacerse una idea de esto desde el punto de vista de los participantes cotidianos como nuestra joven informante, que considera que las revisiones que recibe su obra son útiles y, sobre todo, estimulantes:

Michele: ¿Prestas atención a las revisiones que te hacen?
S.E.F.: Desde luego. Siempre leo mis revisiones. Tengo 24 y la mayoría corresponde a una historia. Y me gustan porque la primera vez que la puse recibí dos.
Michele: Perfecto.
S.E.F.: Ésa era la cosa. Eran las personas que conocía y estaban elogiando mi historia, y yo allí sentada ((sus ojos se ensanchan, en una expresión de alegre sorpresa)). ¡Tuve que bajar las escaleras saltando! ¡Dios mío, me han hecho revisiones! ¡Dios, Dios, Dios! Y después tuve aún más revisiones. ¡Dios! ¡Esto es fantástico! Están leyendo lo que he escrito. Leen mi historia. ¡Sí!
Michele: Sé que, a veces, los revisores hacen sugerencias respecto a lo que deberías hacer. ¿Haces algunos cambios basándote en lo que te dicen?
S.E.F.: Sí, porque hubo una persona que comentó algo de mi forma de escribir el nombre de alguien.

---

* "Espíritu de la época". En alemán en el original. (*N. del T.*)

Michele: ¡Ahhh!
S.E.F.: Porque hay dos tipos diferentes de Rikus en videojuegos. Está el Riku de *King of Hearts*, que es r-i-k-u, y la chica Rikku de *Final Fantasy*. Pero *King of Hearts* es en sí mismo una especie de mezcla entre *Disney* y *Final Fantasy*. Así distinguen el material: Rikku, la chica, es r-i-k-k-u y el chico es r-i-k-u.

(Entrevista, 2005, a cargo de Knobel y Lankshear; para descubrir más aspectos de las revisiones en la fanfiction, véase: Chatelain, 2003.)

Por supuesto, lo normal es que gran parte de la *fanfiction* no satisfaga los gustos de todos. Al menos, se ha creado un sitio web —desapasionado, ni políticamente correcto ni "moralmente conservador"— dedicado a descubrir lo "peor" de la *fanfiction* y a exhortar a los (aspirantes a) autores a "procurar no escribir así". El sitio Godawful Fan Fiction*, cuya dirección es: www.godawful.net, se subtitula: "Léela y llora". Una muestra del material apto para todos los públicos que aparece en el sitio puede verse en la página de la muestra de *Star Trek TNG*, en: www.Sciencefictionbuzz.com/TNG-Sample.html.

> **Reflexión y comentario**
>
> Busque en los archivos de *Fanfiction.net* (www.fanfiction.net**) un libro, programa de televisión, película, cómic *manga*, *anime*, etc., con el que esté familiarizado y hojee varias *fanfics* relacionadas con la obra elegida antes de centrarse en una en concreto para responder a las preguntas siguientes:
>
> - ¿Qué ha mantenido intacto el autor con respecto al texto o textos originales en los que se basa y qué ha cambiado en esta historia?
> - ¿Qué tendría que conocer un lector para apreciar verdaderamente la *fanfic* seleccionada por usted? ¿Qué parece dar por supuesto el autor acerca de lo que conoce su público y cómo lo sabe usted?
> - Las revisiones desempeñan un papel importante en las obras de *fanfic*; en este espacio, ¿qué tipo de práctica social parece ser la revisión? ¿*Cómo puede compararse esta actividad con el modo habitual de efectuar las correcciones de la escritura de los alumnos en el medio escolar*?

Remix 2: Fan manga y fan anime: Remix de palabras y gráficos

El *manga* es un género gráfico estilizado, conocido en general como "cómic japonés", cuyo origen puede retrotraerse a los dibujos de perfil, a menudo humorísticos, realizados en el siglo xvi por los monjes sintoístas para ilustrar los calendarios en rollo (Sánchez, 2003). El mismo término "manga" (que se traduce aproximadamente como "imágenes graciosas") se utilizó primero para describir un estilo particular de ilustración hasta finales del siglo xviii. El *manga* surgió como forma cultural popular a finales de la década de 1940 y principios de la de

---

* "La *Fan Fiction* absolutamente horrible". (*N. del T.*)
** En español puede consultarse www.fancic.es *(N. del E.)*

© Ediciones Morata, S. L.

1950 y con la obra de Osamu Tezuko, más conocido para el público angloparlante por la serie de dibujos animados de televisión Astro Boy*. En 1999, el *manga*, por entregas o reunido en forma de novela gráfica, constituía el 40% de las ventas de libros y revistas japoneses (ALLEN e INGULSRUD, 2003).

Las traducciones inglesas de *manga* comenzaron a finales de la década de 1980 y rápidamente se convirtieron en textos de lectura muy populares entre los adolescentes angloparlantes (por ej., especialmente las novelas por entregas *Yu-Gi-Oh!* y *Dragon Ball Z*** y las revistas *Shÿnen Jump*). En los países de habla inglesa, los aficionados al *manga* (conocidos como *otaku****) son principalmente adolescentes y adultos jóvenes. Las mujeres constituyen una proporción considerable de los lectores de *manga* (LENT, 2003). Los Estados Unidos son el mayor mercado de *manga* fuera de Japón, el gasto en *manga* ascendió en 2002 a unos 100 millones de dólares y, mientras las ventas de libros en general "están creciendo entre el 1 y el 2% anual, las ventas de *manga* muestran incrementos de tres dígitos" (*ibid.*, pág. 40).

Los textos *manga* son complejos y requieren que los lectores en inglés aprendan a leer las viñetas de cómic de derecha a izquierda y a reconocer la importancia de los distintos tamaños que tienen éstas. Por ejemplo, una viñeta estrecha de la longitud de la página puede denotar el paso del tiempo o la dirección de un viaje; una viñeta delgada que ocupe el ancho de la página se utiliza a menudo como un espacio en el que comunicar emoción, mientras que una única viñeta de dos páginas puede indicar que va a ocurrir de inmediato un acontecimiento de gran importancia o que ha comenzado el proceso que conducirá al mismo, etc. El ilustrador puede cambiar también el punto de vista o la postura del lector, desde la de la persona "ajena a la situación, que mira hacia el interior" al de la de quien "ve la escena desde la perspectiva de los distintos personajes de la historia", y el lector tiene que ser capaz de adoptar los puntos de vista cambiantes dentro de la historia cuando el autor la "muestra" a través de los ojos de los distintos personajes (ALLEN e INGUKSRUD, 2003, pág. 679).

Al principio, los comics *manga* se publicaban en blanco y negro. Los estilos de dibujo eran: el muy estilizado, por ej.: *Hikaru No Go*, un *manga* contemporáneo centrado en el juego del *go***** y un espíritu medieval que juega al *go*; el *"super-cute"*****, por ej.: *Pokémon*******, una serie sobre unos personajes que evolucionan, y la de estilo de tira periodística, por ej.: *One Piece*********, un *manga* de fantasía, con piratas. Las colecciones de exhibición, como *Manga* de Taschen (AMANO, 2004) proporcionan una excelente visión de conjunto de una serie de

---

* La misma serie se emitió en España con el título: *Astroboy*. (*N. del T.*)

** Planeta DeAgostini editó en España tanto *Yu-Gi-Oh!* como *Dragon Ball Z*; este último con el título: *Bola de Dragón*. (*N. del T.*)

*** El término también ha entrado como tal en los ambientes de habla hispana. La palabra es de origen japonés y, en su sentido original, hace referencia a la persona que se dedica de forma un tanto obsesiva a determinados pasatiempos. (*N. del T.*)

**** Juego de estrategia de origen chino, muy complejo. (*N. del T.*)

***** Habría que traducirlo como "supermono" o "superlindo", pero también ha entrado la expresión *super-cute* en los ambientes hispanohablantes. (*N. del T.*)

****** El *manga* de *Pokémon* es menos conocido en España, porque sólo se ha publicado en EE.UU., Singapur y China. (*N. del T.*)

******* Publicado en español por Planeta DeAgostini. (*N. del T.*)

© Ediciones Morata, S. L.

estilos de dibujo *manga*, extremadamente diversos, pero reconocibles de inmediato. Las dimensiones reconocibles que tienen en común los distintos estilos suelen incluir personajes con ojos muy grandes, pelo esculpido y un mínimo de líneas faciales, aunque las expresiones del rostro están con frecuencia exageradas para transmitir emociones y el estado de ánimo general.

El *anime* puede equipararse a grandes rasgos con el "*manga* animado", dado que muchas obras de *anime* están influidas por los estilos artísticos y los argumentos que se encuentran en los comics de *manga*. Como en el *manga*, los estilos artísticos del *anime* son muy diversos aunque reconocibles de inmediato. El *anime* llegó en forma de series de dibujos animados para TV, así como en la de videojuegos y juegos de ordenador y en diversos géneros cinematográficos, como ciencia ficción, historias de aventuras, fantasía medieval, acción, etcétera. Los temas más populares en *manga* y *anime* son:

- *Manga* y *anime* de *"mecha"* o robots transformables, que engloban historias sobre robots gigantes que pueden cambiar su forma o personajes que modifican su morfología entre formas y tipos de género diferentes (por ej.: *Mazinger Z**, *Cutie Honey*).
- *Manga* y *anime* de muñecos, juguetes o animales o criaturas (por ej.: *Hello, Kitty!* y *Pokémon*).
- *Manga* y *anime* de ciencia ficción, que comienzan con la serie *Astroboy* de Tezuka Osamu, en la década de 1960, e incluye también la serie *Trigun*** de NaitO Yasuhiro y la serie *Star Red* de Hagio Moto.
- *Manga* y *anime* basados en juegos, que incluyen algún tipo de actividad de juego como componente clave de cada entrega (por ej.: *Yu-Gi-Oh!*, *Hikaru No Go*).
- *Manga* de héroes o de guerras, con historias que giran en torno a guerras o batallas (por ej.: *Bola de Dragón*).
- *Manga* mágicos, míticos o paranormales, con temas de reencarnaciones, posesiones de espíritus, transformaciones en vampiros o relativos a seres mágicos con poderes sobrehumanos (por ej.: *Ayashi no Ceres*, *Sailor Moon*, *D·N·Angel*, *Shaman King****).
- *Manga* y *anime* románticos heterosexuales (por ej.: *Third Girl*****, de Shinobu Nishimura, o *No me lo digas con flores******, de Yÿko Kamio). Este tipo

---

* La serie de *anime* fue emitida en España, con gran éxito. (*N. del T.*)

** El *manga* fue publicado en castellano por Glénat, y el *anime* también fue emitido por algunas cadenas de televisión. (*N. del T.*)

*** *Ayashi no Ceres*, serie original de Yuu Watase, se publicó en lengua inglesa con el título: *Ceres, Celestial Legend* y no se ha editado en castellano. El *manga Sailor Moon*, original de Naoko Takeuchi, no se ha publicado en España, aunque sí se ha emitido el *anime Preciosa Guerrera Sailor Moon*. *D·N·Angel*, *manga* de Yukiru Sugisaki, ha sido publicado por la Editorial Ivrea en España y Argentina, así como por el Grupo Editorial Vid en México. *Shaman King*, *manga* original de Hiroyuki Takei, ha sido publicado en España por Glénat y en México por Vid. (*N. del T.*)

**** Hay pocas referencias de Shinobu Nishimura en inglés y ninguna en castellano. Aunque el título de los *manga* sea: *Third Girl*, no tiene nada que ver con la obra del mismo título de Agatha CHRISTIE. (*N. del T.*).

***** *Manga* publicado en castellano con este título por Planeta DeAgostini. El título inglés es: *Boys Over Flowers*, que traduce el original japonés (transcrito): *Hana Yori Dango* (confundido, por cierto, en la obra original con el de la autora, Yÿko Kamio). (*N. del T.*)

© Ediciones Morata, S. L.

de *manga* abarca también las que se conocen como historias de "pareja mágica", en las que el protagonista masculino principal tiene una pareja mágica.
- *Manga* y *anime* románticos gays y lesbianos (por ej.: *The Forbidden Sweet Fruit**, de Haruka Minami).
- *Manga* y *anime* sobre la jornada de oficina o escolar, que se centran en la vida cotidiana de las personas corrientes (por ej.: *Section Manager Kosaku Shima***).
- *Manga* y *anime* eróticos (por ej.: *Dance Till Tomorrow****, de Naoki Yamamoto).
- *Manga* y *anime* históricos (por ej.: *Saiyuki*****, adaptación violenta de Kazuya Minekura de una obra folclórica china; *Namuji******, de Yoshizaku Yasuhiko, ambientada en el Japón medieval; *manga* de pilotos de caza de la II Guerra Mundial).

Reflexión y comentario

Visite una librería y hojee los títulos de *manga*:

- ¿Qué observa? ¿Qué le dice esto acerca de las ideas de la librería con respecto al público al que se dirigen estos textos?
- ¿Por qué se opondrían muchos padres y profesores a los comics *manga* como materiales de lectura?
- ¿Qué aspectos importantes podrían estar pasando por alto al adoptar esa postura?
- ¿Por qué cree que el *manga* es tan popular entre los lectores jóvenes? ¿Qué pruebas de investigación puede hallar para apoyar su respuesta?

No sorprende en absoluto que el *manga* y el *anime* populares hayan generado gran actividad entre sus aficionados (*otaku*). Esa actividad reviste tres formas principales. La primera consiste en las narraciones de *fanfic* (incluyendo la poesía y los guiones cinematográficos) basadas en series o películas de *anime* que siguen las convenciones y formas generales de *fanfiction* descritas en la sección anterior (véanse, por ejemplo: simplyscripts.com/unpro_anime.html; neko-machi.com/misc/tft; véase también: BLACK, 2005b). La segunda es el "*manga* aficionado", como *fanart*: imágenes aisladas o comics enteros creados por aficionados (conocidos como "*dōjinshi*"******). En tercer lugar, algunos *otaku* elaboran también lo que se conoce como *anime fansub* o *digisub*, en el que insertan subtítulos en inglés en el *anime* original japonés. Otra actividad popular entre los *otaku* es el *remix* de clips de anuncios *anime* para crear narraciones completamente nuevas

---

* Parece que *The Forbidden Sweet Fruit* ("La dulce fruta prohibida"), traducción al inglés de *Kindan no Amai Kajitsu* (transcripción del título japonés), no ha sido traducido al castellano. (*N. del T.*)
** Traducción al inglés de *Kachÿ Shima Kÿsaku*, original de Kenshi HIROKANE. No se ha traducido al castellano. (*N. del T.*)
*** Traducción al inglés de *Asatte Dansu*. No está traducido al castellano. (*N. del T.*)
**** Publicado en España por Mangaline, manteniendo el sentido de lectura original. (*N. del T.*)
***** No está traducido al castellano. (*N. del T.*)
****** El término, compuesto, proviene de *dÿjin* ("grupo literario") y *shi* (distribución). (*N. del T.*)

© Ediciones Morata, S. L.

(por ej.: tfcog.net). Veremos aquí ejemplos de los dos primeros tipos y examinaremos el tercero al final del capítulo, en conjunción con el *remix* de los vídeos *anime* de música o AMV.

Como en el caso de otras formas de *fanfiction*, la *manga-anime* toma personajes, argumentos y otros recursos y los mezcla en nuevas aventuras o nuevos universos. En "Digital resources: English language learners and reader reviews in online fan fiction", BLACK (2005b) analiza el corpus de datos del estudio monográfico que hizo de una hablante nativa de chino mandarín de 16 años que comenzó a escribir narraciones de *fanfiction* basadas en el *manga Card Captor Sakura* (que, desde 1998, también era un *anime*). La persona objeto del estudio de BLACK era una escritora de *fanfiction* basada en *anime*, de enorme éxito, y su *fic Love Letters*, publicada por primera vez en diciembre de 2002, había recibido 2.261 revisiones en marzo de 2006. Esto le facilitó a BLACK el contexto adecuado de investigación para utilizar la proposición de GEE (2004, pág. 97) de que hay "tres tipos de diseño que cosechan grandes recompensas en el Nuevo Capitalismo: la habilidad de diseñar nuevas *identidades*, *espacios de afinidad* y *redes*" como una lente "a través de la cual ver las interacciones y actividades que tienen lugar en fanfiction.net" (BLACK, 2005b, pág. 3). Utilizando una forma de análisis del discurso, BLACK examinó ejemplos de tipos destacados de revisiones de lectores y, en especial, revisiones a las que respondiera la autora en sus notas del autor, ficciones y notas de agradecimiento, para abordar estas tres preguntas de investigación. Éstas estaban relacionadas con el tipo de trabajo lingüístico que llevan a cabo los textos de la autora y las revisiones de lectores; las formas en que los textos reflejan un diseño satisfactorio con respecto a las identidades, los espacios de afinidad y las redes, y cómo catalogan los textos la identidad de la autora en cuanto escritora de *fanfic* de éxito y las identidades de los lectores en cuanto entendidos, permitiendo así que todas las partes acrecienten el capital cultural en ese contexto (*ibid*.). Los descubrimientos de BLACK interpelan poderosamente a la educación desde el punto de vista de los nuevos alfabetismos.

En esta sección queremos señalar brevemente un aspecto relacionado con la observación de la *fanfic manga-anime*, aunque no disponemos de espacio suficiente para desarrollarlo aquí con detalle. Inmediatamente después de la frase citada antes por BLACK, GEE (2004, pág. 97) dice: "A su vez, las personas dispuestas a adoptar nuevas identidades y al uso y a la interacción en los espacios de afinidad y que estén bien conectadas en redes prosperarán". Nos centraremos aquí en la disposición a adoptar nuevas identidades y en verla en relación con la explicación de las identidades "virtuales", "del mundo real" y "proyectivas" de GEE (*ibid*., págs. 111-114), que desarrolla en relación con los videojuegos de rol. Esto implica que nos tomemos algunas pequeñas libertades con la idea de GEE, pero esperamos que ninguna de ellas la distorsione.

En el contexto de un juego de rol, la identidad virtual propia es el personaje que asumimos (modificado, en algunos casos, al adjudicarle "cualidades" al personaje tipo). Este es el personaje que representamos en el juego, construyendo su historia y su trayectoria como una identidad diferenciada a medida que progresa el juego. Nuestra identidad del mundo real en el juego es esa combinación de identidades y subjetividades que aportamos al juego y, en cierto sentido, "a partir de la cual jugamos". "Este yo", que tiene el personaje del juego, hace X, mientras que "ese yo", que podría tener el personaje del juego, hace Y. Podemos

© Ediciones Morata, S. L.

jugar a partir de varios "yos" en diferentes momentos del juego. Nuestra identidad proyectiva es la identidad que proyectamos en el personaje virtual mientras transformamos este personaje en la identidad que se realizará durante el juego. GEE pone un ejemplo convincente de cómo, en un juego, su personaje virtual (femenino) tenía que hacer algo que introducía en su historia un "elemento" que él (el Jim del mundo real) no quería que tuviera.

Este tipo de "juego" es un trabajo de identidad. Facilita un contexto y un medio para la reflexión, para la imaginación, para la responsabilidad, para la experimentación, es decir, para contemplar cómo puede ser "uno" diferente, para poner a prueba diversos "unos" que podría ser uno. Éste es el tipo de "formación" que nos parece útil para disponerse a adoptar nuevas identidades.

Aunque escribir *fanfic* no es lo mismo que participar en un juego de rol, tiene, sin embargo, algunas semejanzas estructurales significativas con el escenario del juego de rol de GEE. Tenemos una situación de *remix*, no una tabla rasa. Los personajes que puede desarrollar el autor de *fanfic* están hasta cierto punto circunscritos por lo ocurrido antes. Existen, por ejemplo, unos límites con respecto a lo que se pueda hacer con *Astroboy*, *Livian* y *Atlas** sin salirse de los personajes. Incluso si introducimos un personaje de un videojuego en una *fanfic* de *Astroboy*, ese personaje tiene que actuar dentro de ciertos límites para mantener la verosimilitud. Las situaciones que se creen en la ficción también tienen sus límites y éstos, a su vez, circunscriben lo que puedan hacer y ser el personaje o personajes de un autor. En pocas palabras, el espacio de *fanfic* de *manga-anime*, como cualquier espacio de *fanfic*, establece las posibilidades de que la identidad del mundo real de un autor "desempeñe" una identidad virtual de manera que pueda realizar acumulativamente una identidad proyectiva, lo que hace que el "funcionamiento" de la identidad supere lo aleatorio, casual o irreflexivo.

Queremos examinar estas ideas en relación con un ejemplo típico de ficción de aficionados al *manga-anime*: *Eternal Bond*, escrita por Alexia WINTERS, basada en líneas generales en la serie de *anime Astroboy*. Los motivos que enmarcan la narración se facilitan por ciertos personajes de videojuegos populares, como Yuna y Paine, de *Final Fantasy X-2*; Auron, de *Final Fantasy X*, y Mayu Amakura, de *Fatal Frame II: Crimson Butterfly*. El *fic* puede verse en fanfiction.net/s/1890965/1/ y el argumento es fácil de seguir, incluso para lectores que no estén familiarizados con *Astroboy*. Describiremos brevemente lo que vemos como los cuatro "momentos" del personaje Livian. En la serie original, Livian es una joven humana rubia de la serie *Astroboy* entre cuyos amigos y compañeros más íntimos hay androides y robots; es también compañera de Atlas, el hermano y principal enemigo de Astroboy. En la *fanfic* de Alexia WINTERS, el contexto más amplio de su historia es la animosidad entre los humanos y los androides y robots, con el peligro siempre presente de una guerra abierta. En esta *fanfic*, Livian dirige una banda en ausencia de Daichi (alias Atlas), de quien está enamorada, pero que ahora está ausente y que ha sido "confundido" por un mentor malvado para que considere la posibilidad de hacer la guerra contra los humanos. Los cuatro "momentos" que siguen presentan de forma embrionaria nuestro análisis de las diferentes Livians, tal como aparecen en los capítulos de la narración de Alexia.

---

* *Livian* y *Atlas* son personajes de *Astroboy*. (*N. del T.*)

© Ediciones Morata, S. L.

Los cuatro momentos de Livian

1. Livian y Saburou (androide macho) ejercen cierta violencia del estilo de la "Naranja mecánica" sobre el último miembro de una banda rival para rendir el territorio de la banda:

    > Le pegaron patadas, tirándolo; su cara dio contra el suelo de hormigón y se rompió la nariz por varios sitios. Alzó la vista en el momento en que Saburou y la chica [Livian] le pegaban patadas en la cara. Cuando trató de levantarse con movimientos lentos y temblorosos, se rieron de él. Después, se volvieron, quedándose de pie, espalda con espalda, aún cogidos de la mano.

2. Livian y dos androides amigos se encuentran con tres varones humanos que hablan maravillas de Astroboy:

    > Livian dio dos largos pasos hacia ellos; en sus ojos azul zafiro, un destello asesino. Los chicos pudieron ver en ella algo diferente y se dieron cuenta de inmediato que el gordo había dicho algo que no debía. Retrocedieron rápidamente, temiendo ahora por su vida, viendo aterrados en silencio que Livian hablaba de nuevo...

3. Livian se niega a expulsar de la banda a Keri Anna, pareja de Daichi y enemiga acérrima y manifiesta de Livian, aunque ésta tiene poder para hacerlo:

    > "¡Condénala, Liv!, ¡expúlsala ya!", gritó Jace, mirando enfurecida a su amiga. "¡La odias tanto como todos los demás que estamos aquí y ella te trata como una mierda! Tenía que mostrarte el respeto que mereces; ¡tú conoces a Daichi desde hace muchísimo más tiempo que ella! ¡Tú tienes el poder, Liv! ¡Úsalo!"
    >
    > "Confía en mí, es más que tentador, pero no puedo. Como ella ha dicho, es la pareja de Daichi y yo no puedo hacerle eso. No quiero nada con ella, pero eso no me da derecho a quitar de en medio algo que hace feliz a Daichi".

4. En medio de un momento de intensa dedicación a un trabajo que tienen entre manos, Livian recuerda que le ha dicho a su hermana gemela que le llevaría comida griega para cenar y le pregunta a Saburou si haría eso por ella:

    > "Le prometí a Lucy que llevaría algo de comida esta noche, pero ha surgido algo y no puedo. ¿Puedes hacerlo por mí: decirle que estoy en un atasco o algo así? En mi habitación tengo un menú en el que está señalado lo que le gusta a ella. Sé que es mucho pedir después de lo que hiciste por mi moto, pero, ¿puedes hacer esto por mí?"

Estos cuatro momentos no indican necesariamente un desarrollo profundo y sofisticado del personaje, pero aparecen bastantes identidades diferentes y entrecruzamientos entre distintos "yos" discursivos para indicarnos que, en cada episodio, Livian podría haber respondido de forma diferente de cómo lo ha hecho "en realidad". No hay manera de saber por dónde se "encaminaría" Livian como proyecto de identidad, mientras se mueve por sus mundos en el ámbito verosímil del personaje virtual "inspirado" por el *anime* original. La persona que se presenta como Alexia WINTERS hace un trabajo de identidad de un tipo absolutamente consistente con la idea de GEE de las personas dispuestas a asumir identidades diferentes que "prosperan" en condiciones contemporáneas y previsibles.

Tenemos que hacer aquí una advertencia importante acerca de las dimensiones de ese "prosperar". Como GEE ha suscitado la cuestión en el contexto del Nuevo Capitalismo, cabe pensar que la prosperidad en cuestión sea económica, que las "personas de historial polimorfo"* (GEE, 2004) prosperarán económicamente. Algunas lo harán y eso se incluye. Sin embargo, aquí utilizamos un concepto más general de prosperidad e, incluso, un concepto más amplio de "economía" que el relativo simplemente al "dinero"**. Hablamos de un mundo —puede tratarse incluso de un mundo en devenir que prefigure una "condición post-escasez"— en el que la economía *real* comercia en símbolos y conceptos y en el que es más probable que las personas que hagan esto bien (manteniéndose sin cambios lo demás) prevalezcan en términos de poder económico. Por otra parte, esta economía "real" implica que las personas hagan, cada vez más, cierto tipo de trabajo, no (sólo) en el *lugar de trabajo*, sino en sus mundos y momentos cotidianos. Hacer un trabajo conceptual simbólico —incluyendo el tipo que hace Alexia Winters en *Eternal Bond*— es participar en el brazo cultural de esta economía. Lo cultural y lo económico convergen. Antes, nuestro ocio cobraba sentido en los deportes y como espectadores. Ahora, somos cada vez más quienes dedicamos nuestro ocio a hacer un "trabajo" conceptual simbólico (GEE, 2003; JOHNSON, 2005). Los espacios se difuminan. Y las personas que hacen un buen trabajo eficaz (se crean un público lector, son revisadas y *se entusiasman* con esto, como Silver Excel Fox) PROSPERAN.

Podemos ampliar este razonamiento volviendo a la dimensión del *fan art*. El argumento resultante nos lleva a lugares incómodos en la medida en que se refiera al alfabetismo escolar y, añadiríamos, a lo que podríamos llamar alfabetismo *modernista* más en general.

Veamos algunos ejemplos típicos de sitios web de *manga-anime* y de páginas dedicadas al *fan art*, como:

- Toriyama's World (toriyamaworld.com/fans/manga.html).
- Temple O'Trunks (templeotrunks.com/images/fan_manga/index.html).
- Fragraham Lincon's Home for Unwanted Fanfic (hfuff.stalo.com).

La página de imágenes de *Temple O'Trunks* (templeotrunks.com/images/index.html) es un buen lugar para arrancar, antes de empezar a descargar *fan manga* completos en páginas como las archivadas en *Toriyama's World*. En el sitio Temple O'Trunks, encontramos escaneos seleccionados de arte *manga* comercial que aparece en libros y en tarjetas, pegatinas, pósteres, etc., (por ej., en: templeotrunks.com/images/trunks_scans/trunks_celestrian_scan1.jpg), junto con dibujos hechos por aficionados (por ej.: templeotrunks.com/images/fan_art/FUTRUNKS.jpg y

---

* Traduce esta expresión la original de Paul J. GEE: *"shape shifting portfolio people"*, personas que "venden" su imagen plasmada en su historial de conocimientos, competencias, habilidades y éxitos, adecuando la forma del historial a cada circunstancia concreta: de ahí el "historial polimorfo". (*N. del T.*)

** En castellano en el original. (*N. del T.*)

© Ediciones Morata, S. L.

templeotrunks.com/images/fan_art/DBZPIC.jpg). Los aficionados escanean *manga*, dibujan *manga*, suben *manga* a sitios en donde los archivan para que el público los vea y los revise, establecen listas de diálogo por correo electrónico para criticar el *fan art* y crean y administran sitios web dedicados a exhibir *remixes*. Incluso una imagen escaneada forma parte de un *remix* cuando un personaje se saca de contexto, se manipula y se une o se incluye en otras obras similares.

La cuestión que planteamos es: "¿Qué está ocurriendo aquí?" En términos de alfabetismos, ¿qué significados se están produciendo e intercambiando? Después de todo, una imagen escaneada, aunque sea un *remix* de uno u otro orden (se añada texto o no, sea igual o no al original, se haya modificado su tamaño o no), no deja de ser una imagen escaneada. ¿Dónde está el significado intercambiado y cuál es? Una respuesta obvia es que se está produciendo e intercambiando cierto tipo de significado semiótico. Trunks frunce el ceño. ¿Qué *significa* esto? ¿Nos centramos en el ceño fruncido? ¿Es un ceño fruncido? ¿Es un ceño fruncido bien representado? ¿Podría ser una mirada feroz? ¿Nos centramos en un tipo diferente de significado, como: "¡Eh!, si estás haciendo una *fic* de Trunks* y estás buscando un ceño fruncido, aquí tienes éste"? ¿O pasamos a la declaración fundamental del significado desde el punto de vista de un aficionado?: "Esto CONMUEVE, me pierdo, construyamos el movimiento, alimentemos nuestras obsesiones, reclutemos y construyamos la *fandom***, Celebrémoslo".

Lo que nos interesa aquí de forma inmediata es el *remix*, como medio que *soporta* la *fandom*: el medio por el que se consigue representar la propia identidad como aficionado (*fan*). Fin de la historia, al menos de esta parte de la historia. Se refiere a la comprensión del alfabetismo no funcional, no instrumental. Alfabetismo por sí mismo, como un fin en sí mismo. Hacemos este alfabetismo porque *este alfabetismo somos nosotros*. Es un acto de devoción en el que estás llamado a compartir conmigo si quieres hacerlo. El valor está en la dispersión porque eso que se dispersa es valioso en sí mismo. Lawrence Eng ofrece una declaración suprema del significado de *fandom* y de *fan* en *The Sasami Appreciation Society* (syste.ms/jurai/sasami/story102.html***). A mediados de la década de 1990, Eng, que estudiaba entonces en la Cornell University, en Estados Unidos, y era miembro de la Japanese Animation Society de la universidad, quedó cautivado por la "chica *anime* de pelo azulado más linda que había visto nunca" (*ibid.*). Era Sasami, del *anime Tenchi Muyo*. "Esperaba con impaciencia cada entrega de TM y nunca me defraudó. Durante todo este tiempo, mi devoción por Sasami no hizo más que crecer", dice Eng.

Descubrió en línea una alma gemela y comenzaron a crear la Sasami Appreciation Society, con la misión de "extender la *fandom* de Sasami de todas las formas posibles, por la red y por otros medios". ¿Por qué? Es sencillo, "es nuestra devoción por Sasami... Estamos dedicados a aportarle la *fandom* que ella mere-

---

* Trunks es un personaje de la serie de *manga* y *anime Dragon Ball* (*Bola de Dragón*). (*N. del T.*)

** *Fandom* representa el conjunto de seguidores o aficionados. Podría traducirse perfectamente por "afición". (*N. del T.*)

*** En marzo de 2008, este enlace no lleva a página alguna. Este otro: jurai.syste.ms/sasami/story102.html, debería llevar al documento indicado en el texto, según la página principal de *The Sasami Appreciation Society* (www.capcorphq.com/SAS.html), sin embargo, en marzo de 2008, el servidor jurai.syste.ms no se encuentra. (*N. del T.*)

© Ediciones Morata, S. L.

ce". Mizuko ITO (2005a), que nos condujo hasta ENG, identifica este espíritu como el corazón de la cultura *otaku*.

Queremos señalar aquí el poder y la importancia en la vida humana de valorar algunas cosas intrínsecamente, de valorarlas como buenas o convenientes en sí mismas, en vez hacerlo simplemente como medio para otra cosa. Esto forma parte de la idea de la educación liberal: actividades y pasatiempos a los que se dedican las personas porque sí, simplemente porque es bueno hacerlo, sin ninguna otra finalidad. Esto ha sido siempre un elemento importante en el estudio de materias como la literatura inglesa y, por supuesto, en la misma idea de leer. Aunque, sin duda, la lectura tiene un valor instrumental y funcional, era generalizada la creencia de que la lectura era buena en sí misma, sin necesidad de otra justificación. Además, se creía que la enseñanza de la lectura no necesitaba otra justificación que hacer posible que las personas leyesen. Hasta hace relativamente poco, este punto de vista era muy corriente entre los educadores.

En la actualidad, en la educación alfabetizadora, por no hablar de otras áreas del currículum, nos estamos acercando peligrosamente a perder por completo esta idea y, cuando se pierda, la práctica se perderá también. En muchos lugares, la base para obtener financiación para la investigación sobre el alfabetismo es demostrar que esta investigación se encuentra entre las prioridades nacionales. A menudo, esta base es también el objetivo. El estudio de las prácticas culturales cotidianas de los jóvenes se convierte en una búsqueda de pistas acerca de cómo mejorar la preparación profesional de los docentes o cómo desarrollar enfoques de la enseñanza y el aprendizaje que contribuyan a formar una mano de obra más competitiva, etcétera. Sin embargo, cuando los investigadores están en constante alerta para encontrar esas pistas, es fácil que pasen por alto gran parte de lo que ocurre en las actividades reales, y perder de vista lo más impresionante de las mismas: el gozo de participar en ellas como cosas que merece la pena hacer. ¿Quién va a financiar investigaciones para que los expertos en educación estudien la obsesión del *otaku* por el simple gusto de reconocerla y articularla? ¿Quién va a encontrar espacio en su clase entre períodos cruciales de exámenes y los requisitos de información sobre el progreso de los alumnos para que los entusiastas, como Fragraham LINCON, sigan creando a mano *fan art manga* para subirlo, junto con el de otros entusiastas, a sus sitios de "Home for Unwanted Fanfic"?

Sin embargo, el mundo está lleno de paradojas y algunas de ellas merecen una cuidadosa consideración. Nos sigue sorprendiendo la lectura del relato de un programador informático, Will Crowther que, a principios de la década de 1970, combinó sus conocimientos de programación, su entusiasmo por jugar al rol con *Dungeons and Dragons* y su afición a explorar cuevas, para producir lo que quizá haya sido el primer juego informático de rol del mundo. Lo ideó para que jugaran sus dos hijas. Su juego *Adventure*, pasó pronto de amigo a amigo, de ordenador a ordenador y transformándose en una aportación clave a una de las mayores industrias que existen en la actualidad. Su interés era intrínseco. Construyó el juego como expresión de amor a sus hijas. ¿Podía construirse ese juego? ¿Qué aspecto tendría? ¿Cómo responderían sus hijas a él? Él no se planteó crear un nuevo producto comercial y abrir un nuevo nicho de negocio ni obtener una patente que lo hiciera rico. Simplemente, ideó un juego para sus hijas como fin en sí mismo. Lo que ocurrió, por supuesto, es que la construcción exitosa del juego

© Ediciones Morata, S. L.

demostró que podía hacerse. Paradójicamente, algo creado como fin en sí mismo se convirtió en el objeto pionero de una industria masiva. Algo creado como valor intrínseco se convirtió en fuente de gran valor instrumental.

Podríamos esperar un tipo semejante de lección del entusiasmo de los aficionados que se dedican a actividades de *remix*. Probablemente no sea una lección sobre la próxima gran industria. Por otra parte, podría ser una lección paradójica acerca de algunas buenas maneras de desencadenar aprendizajes de alta calidad y sobre la medida en que las actuales políticas y prioridades educativas puedan estar buscando el aprendizaje en varios sitios erróneos.

Remix 3: El photoshopeo: Remix de imágenes por diversión, solidaridad y política

El famoso *software* de edición de imágenes digitales, *Photoshop*, se ha convertido en verbo para aludir a diversas actividades de edición de imágenes, muchas de las cuales constituyen formas de *remix*. La sencilla sofisticación del *software* de edición de imágenes hace del *photoshopeo* un arte relativamente fácil de adquirir en el plano operacional de las técnicas, al menos en un nivel que satisfaga el "ojo medio". Por supuesto, los artistas fotográficos o los profesionales de la imagen, con amplios conocimientos técnicos de los aspectos más delicados de la fotografía y de las funciones del *software* y de las técnicas de edición de imagen siempre superarán con creces a los principiantes avanzados en cuanto a la calidad de la imagen, la perfección del trabajo, etcétera. Sin embargo, el *software* asequible de edición de imagen y las mayores capacidades del almacenamiento en línea, de interfaces de imagen fáciles de utilizar en sitios web y de servicios de alojamiento hacen que el *photoshopeo* se esté convirtiendo rápidamente en una actividad en línea importante, en la que participa un amplio conjunto de practicantes, con niveles muy diversos de competencia artística y técnica.

El *remix* de imagen puede adoptar distintas formas: añadir texto a imágenes, crear fotomontajes (incluyendo los *remixes* en plan de broma que ponen la cabeza de una persona famosa sobre un cuerpo desnudo o sobre el cuerpo de un animal), cambiar las propiedades de la imagen (por ej., cambiar el color o el enfoque de la imagen, jugar con los niveles de brillo o el sombreado, etc.). Algunos de los usos más comunes del *remix* de imagen son las bromas (incluyendo las pesadas o de mal gusto), la expresión de solidaridad o afinidad y las observaciones políticas. A menudo, se divulgan imágenes de los tres tipos como *"memes"* (véase un comentario detallado en el Capítulo VII).

Los *memes* son patrones contagiosos de información cultural que pasan de mente a mente y configuran y propagan directamente acciones y mentalidades de un grupo social. Los *memes* pueden ser canciones populares, eslóganes, modas de vestir, estilos arquitectónicos, formas de hacer las cosas, etcétera. El concepto de *meme* fue desarrollado de forma sistemática por primera vez por el genetista Richard DAWKINS (1976, 1999). DAWKINS propuso un modelo evolutivo de desarrollo y cambio culturales que implicaba la replicación de ideas, los conocimientos y otras informaciones culturales mediante la imitación y la transferencia. Posteriormente, una serie de investigadores que se intresaban por la *memética*

© Ediciones Morata, S. L.

—el estudio de los *memes*— afirmaron que las redes electrónicas junto con las predilecciones e intereses personales constituían las condiciones ideales para propagar y dispersar los *memes* (por ej.: Brodie, 1996; Blackmore, 1999; Adar y cols., 2004). Aunque el *memeo* —la actividad de generar o transmitir *memes*— siempre ha formado parte de la actividad humana (Blackmore, 1999), el *"memeo"* que usa espacios de afinidad relativamente bien definidos y las redes electrónicas puede considerarse como una actividad de un nuevo alfabetismo.

Por diversión: El tiburón y el helicóptero

Este antiguo clásico de Internet (urbanlegends.about.com/library/blsharkattack. htm) comenzó a circular por Internet en agosto de 2001 anexo a un mensaje de correo electrónico. El anexo era un documento en Word que empezaba con una invitación a los lectores a comparar su jornada laboral con otro que podría ser considerablemente peor. El mensaje contenía una foto de una persona en una escala de cuerda, colgando de un helicóptero a unos metros de las fauces de las mandíbulas de un tiburón blanco que saltaba del agua. El texto que acompañaba la imagen insistía en que la imagen era real y afirmaba que la foto había sido elegida por *National Geographic Magazine* (algunas versiones citaban una revista alemana, *Geo*, como la que la había elegido) para un premio anual de fotografía. A pesar de la presencia visible en la foto de una sección del puente Golden Gate (San Francisco, EE.UU.), la afirmación de que la foto se había tomado durante unos ejercicios del Ejército británico cerca de la costa de Sudáfrica hizo, aparentemente, que se lo creyeran muchas personas, que acudieron al sitio web de *National Geographic* para ver más fotos. Los engaños en Internet constituyen una actividad ya antigua de creación de elementos afines que a menudo produce mutaciones de *memes* cuando los aficionados al *remix* expresan su solidaridad con el perpetrador del engaño inicial. Entre las mutaciones del engaño mencionado está, por ejemplo, una gran máquina de venta en lugar del tiburón.

Afinidad: El *meme* "Him Name is Hopkin Green Frog", un *meme* remix visual mutante

El *meme* "lost frog"* —al que aludimos brevemente en el Capítulo III— se inició con una hoja de cuaderno escrita a mano por un niño que anunciaba la pérdida de una mascota y que estaba pegada por las calles de Seattle (Washington, EE.UU.) (véase la Figura 4.1). En la hoja aparecían imágenes detalladas de frente y de perfil de la rana perdida y el texto sincero, infantil, que manifestaba la determinación del propietario de encontrar su rana (por ej.: *"Who took my frog"* y *"P.S. I'll find my frog"***). Durante el mes de septiembre de 2004, subieron una imagen escaneada de la hoja a una comunidad de intercambio de imágenes en línea,

---

* "Rana perdida". (*N. del T.*)
** "Quién ha cogido mi rana" y "P.S. Encontraré mi rana", respectivamente. (*N. del T.*)

Figura 4.1. *La octavilla de la rana perdida de Terry.*
Fuente: lostfrog.org

en donde la decidida búsqueda de su mascota emprendida por el niño dio la campanada. Algunos miembros de este grupo de *photoshopeo* editaron y mezclaron nuevas versiones de la hoja que hicieron que la búsqueda de la mascota perdida del niño alcanzara unas proporciones épicas. Con frecuencia, estas nuevas imágenes son divertidas y humorísticas, aunque, al mismo tiempo, muchas son también profundamente compasivas y empáticas.

Harold IKES reunió todas estas mutaciones del *meme* y las archivó en lostfrog.org. El archivo llamó mucho la atención, convirtiéndose rápidamente en un hiperenlace popular en *posts* de *blogs* y en foros de discusión. Más tarde, en septiembre de 2004, Mike WHYBARK, residente en Seattle, comenzó a investigar la historia subyacente a la hoja de cuaderno original e informó de sus descubrimientos en *The Nation* (véase: WHYBARK, 2004). La hoja fue escrita por Terry, un chico autista de 16 años que había perdido una rana de juguete que representaba ser un objeto muy especial para él. A pesar de todo, el "misterio" de Terry y su mascota perdida quedó resuelto a todos los efectos, los *photosoperos* siguieron haciendo sus aportaciones al archivo y, en la actualidad, lostfrog.org aloja más de 100 mutaciones de la hoja original. El *meme* se ha divulgado por el espacio real; muchos de sus receptores hicieron sus propias averiguaciones independientes sobre el origen y compraron en eBay ranas sustitutas para enviárselas a Terry. También se está haciendo negocio con el *meme*, pues se pueden comprar en línea una camiseta y una postal con la "rana perdida" (store.northshoreshirts.com/ilomyfrhisna.html; cafepress.com/hopkin.15679312).

Las imágenes *photoshopeadas* archivadas en lostfrog.org siguen siendo muy fieles al *meme* de la "búsqueda de la mascota perdida" generado por Terry con su hoja original. No obstante, los *photoshopeadores* han reinterpretado con libertad su hoja, utilizándola más como "punto de partida" (DOCTOROW, 2004, pág. 1) que como texto estático que trasmitir a otros. En general, se mantienen las características clave de la hoja original y, en particular, se incluyen la imagen de la rana dibujada por Terry y parte de las expresiones que utilizó en su hoja de cuaderno (en especial: *"him name is hopkin green frog"* y *"P.S. I'll find my frog"*). Las imágenes archivadas hacen uso de distintas maneras de los anuncios típicos de "personas desaparecidas" (por ej., noticias emitidas por los medios, cajas de leche, señales de carretera), muchedumbres aparentemente dedicadas a divulgar la noticia de la rana perdida (por ej., una pancarta *"lost frog"* en un partido de fútbol con mucho público), medios publicitarios llamativos (por ej., un avión con una pancarta publicitaria, el primer ministro Tony Blair con octavillas de la rana perdida y llevando una insignia de la misma) y un montón de escenarios diferentes con el "recuerda a Hopkin" (por ej., videojuegos de la rana perdida, billetes de loterías de rasca-rasca de la rana perdida, identificación de Hopkin en la lista de contactos de mensajería instantánea de alguna persona, Hopkin como imagen de un archivo de Internet "no encontrado"). Algunas de las imágenes *photoshopeadas* dan explicaciones figuradas de lo que le ocurrió a Hopkin, como una en la que aparece en la película de *En busca del arca perdida*, otra en la que se une a Osama bin Ladin y otra en la que es abducido por extraterrestres.

Parece que el patetismo de la pérdida de la mascota de un niño y la determinación de éste a encontrarlo resultaron muy memorables y contagiosos. Las informaciones al respecto aparecidas en *blogs* como BoingBoing y en foros de discusión como Metafilter, que generan mucho tráfico, contribuyeron a la tasa de infección del *meme*. Para bien o para mal, los *photosperos* hicieron suya la causa de Terry. Muchos comentarios en línea vinculados a los *posts* de *blogs* sobre lostfrog.org, como los aparecidos en Metafilter, un foro de conversación de línea de primera fila (véase: metafilter.com/mefi/36801), pusieron de manifiesto que a diversos participantes en el foro la hoja original les había parecido "desgarradora" y que "[les] había roto el corazón". Los comentarios revelaban también que mucha gente había encontrado "conmovedoras" las posteriores mutaciones de esta imagen y algunos admitieron incluso haber llorado al ver el archivo. A tenor de los *posts* y los comentarios aparecidos en *blogs*, el *meme* de la rana perdida de Terry parece haber conectado con experiencias infantiles muy extendidas de pérdidas de mascotas.

No todas las personas infectadas por este *meme* encuentran suficientemente empáticas o respetuosas las imágenes mutadas. Sin embargo, incluso aquellas que no entienden esta serie de imágenes reformadas ni su popularidad o creen que el archivo es un chiste cruel a costa de un joven autista y proclaman su preocupación en sus *blogs* o en otros medios en línea, sirven para garantizar la transmisión de la noticia. De hecho, la longevidad de este *meme* parece asegurada mientras el archivo del sitio web permanezca en línea.

Parece también que este *meme* por *remix* de la mascota perdida ha alcanzado un coeficiente bastante alto en cuanto a la valoración de su modernidad y, en diversos lugares, a quienes aportan algo al banco de imágenes se los considera *"hipsters"** (cf. DOCTOROW, 2004). Incluso había quienes consideraban que el hecho de conocer el *meme* en sus inicios era completamente vanguardista, como indica el siguiente comentario en respuesta a un *post* de un *blog* sobre lostfrog. org: "Paso de tortuga, esto se originó en FipiLele hace unas dos semanas. Puesto por: riffola, el 7 de noviembre de 2004, a las 4:23 PM" (en: blog.filmgoerjuan.com/archives/2004/11/07/000256.php**). Ni que decir tiene que las redes a través de Internet y los "buscanovedades" contribuyen en gran medida a la divulgación de *memes* visuales remezclados, como "lost frog".

Volveremos sobre la actividad de producción de *memes* en el Capítulo VII y consideraremos su posible importancia para la educación alfabetista.

Los *remixes* de *photoshopeo* como política I: Sabotaje cultural con adbusters.org

En *Adbusters' Culture Jamming Headquarters* (adbusters.org), una serie de páginas elegantemente diseñadas y técnicamente perfectas presentan información sobre la organización y sus fines, describen diferentes campañas de sabotaje cultural, avisan a los lectores de la aparición de nuevos números de la revista *Adbusters* en papel y se centran en acontecimientos y anuncios mediáticos, prácticas culturales y la inflada globalización empresarial, con críticas punzantes en forma de parodias que operan como revelaciones de los tejemanejes empresariales, y hacen recorridos informativos en línea centrados en problemas sociales. Al transformar imágenes de los medios mediante un hábil *remix*, las campañas de sabotaje cultural de *Adbusters* demuestran que los *remixes photoshopeados* pueden ser actividades de un nuevo alfabetismo para la concienciación social de todos. Una de las parodias más conocidas de anuncio de *Adbusters* reduce los "*United* Colors of Benetton" a los "*auténticos*" colores de Benetton***, *photoshopeando* un bocado de billetes verdes (dólares de EE.UU.) sobre la imagen de un hombre de negocios y cambiando el color de la camisa y de la corbata para que hagan juego con el del dinero (véase la Figura 4.2).

La naturaleza del sabotaje cultural y la filosofía subyacente al mismo, junto con muchos ejemplos prácticos de cómo poner en práctica los alfabetismos del sabotaje cultural, se describen en un libro reciente. *Culture Jam: How to Reverse America's Suicidal Consumer Binge – And Why We Must***** está escrito por Kalle LASN, editor de la revista *Adbusters* y fundador de la Adbusters Media Foundation. La eficacia potencial del sabotaje cultural quedó demostrada con toda cla-

---

* La imagen prototípica del *hipster* es la de una persona de ideología izquierdista, ecologista, defensora de los derechos de la mujer y de los homosexuales. Podría decirse que pretenden constituir la vanguardia social. (*N. del T.*)

** En marzo de 2008, el enlace no produce ningún resultado diferente de: blog.filmgoerjuan.com. (*N. del T.*)

*** El lema original se traduce como: "Colores *Unidos* de Benetton", transformado por Adbusters en: "Colores *Auténticos* de Benetton". (*N. del T.*)

**** Hay traducción al castellano: *Sabotaje cultural: Manual de uso* (Trad.: Gemma Galdón y Clavell). Mataró: Ediciones de Intervención Cultural, 2007. (*N. del T.*)

© Ediciones Morata, S. L.

Figura 4.2. The True Colors of Benetton. *Parodia de anuncio de Adbusters.*
Fuente: adbusters.org/spoofads/fashion/benetton

ridad en los últimos meses de 2001. En enero de 2002, una nota por correo electrónico dirigida a la Culture Jammers Network informó a los destinatarios de que las actividades de Adbusters habían sido sometidas a un examen más riguroso tras los acontecimientos del 11 de septiembre de 2001. Según la nota:

> Recientemente, nuestra valla publicitaria de Corporate America Flag en Times Square (Nueva York) atrajo la atención del Departamento Federal de Defensa y la visita de un agente que hizo muchas preguntas incisivas sobre nuestras motivaciones e intenciones. Nos preguntamos: ¿Qué pasa aquí? El agente admitió que "nada más que seguir una pista derivada de ciertos indicios".
> (*Adbusters*, 2002, pág. 1; puede verse la imagen de la valla en: web.archive.org/web/20030801232645/www.adbusters.org/campaigns/flag/nyc).

Era obvio que Adbusters preocupaba a personas muy importantes. Observaron que cualquier campaña que osara cuestionar "la política económica, militar o exterior de los Estados Unidos en estos tiempos delicados" o cualquier evaluación negativa de cómo estén llevando los Estados Unidos su "guerra contra el terrorismo" corre el riesgo de que se la clasifique como "una especie de enemiga del Estado, si no rotundamente terrorista" (*Adbusters*, 2002, pág. 1).

La respuesta de Adbusters fue movilizar el espacio de Internet para emprender un acto clásico de alfabetismo ciberactivista. El mensaje preguntaba a otros saboteadores culturales si sus actividades habían sido objeto de una atención similar, señalando que habían recibido mensajes de otras organizaciones activistas que también se habían visto sometidas a investigación "en un clima político que está empezando a asumir los tonos del mccarthysmo" (*Adbusters*, 2002, pág. 1). Adbusters sostenía que podrían vivir con vigilancia pero que la intimidación equivalente a la persecución era "harina de otro costal" y estableció su propia *"rat line"** e invitó a otros a que publicaran casos de persecución estatal en un medio que tuviera alcance global inmediato: "Si sabe de campañas de *marketing* social o acciones de protesta que estén siendo suprimidas o si encuentra cualquier otra noticia de 'gestión de información' gubernamental excesivamente celosa, cuéntenos, por favor, su historia" (*Adbusters*, 2002, pág. 1).

Poco después de que ocurriera esto, Miramax, una empresa de Disney, se puso en contacto con Adbusters para informarles de que la valla publicitaria de la bandera estadounidense "empresarial" estaba dificultando la grabación de algunas secuencias en Times Square. Miramax pedía a Adbusters que retirara la valla durante unas semanas, la cubriese o reemplazara las estrellas de la bandera que había sustituido por su logotipo. *Adbusters* decidió rechazar las tres opciones. En cambio, invitó a los usuarios de Internet a que *photoshopearan* sus propias parodias sobre el tema de la bandera empresarial. El resultado fue una serie de parodias de gran calidad que *Adbusters* publicó en su página web, junto con sus propios comentarios sobre la intervención de Miramax. En el contexto de la guerra de Estados Unidos contra el terrorismo (de otras naciones), la campaña de la bandera empresarial elevó el *remix* como nuevo alfabetismo a un plano nuevo.

Los *remixes* de *photoshopeo* como política II: Propaganda Remix Project de Micah WRIGHT

la biografía de Micah WRIGHT en la web (micahwright.com/bio.htm) lo presenta como un escritor que "ha trabajado en animación de televisión, libros de cómic, novelas gráficas, videojuegos y filmes". Tras una "exitosa carrera en la animación", WRIGHT se interesó por la obra de los artistas de carteles de la Primera y de la Segunda Guerra Mundial. Hizo *remix* con estas imágenes introduciendo texto en ellas para producir una serie de carteles antibélicos dirigidos contra la política exterior de la administración Bush. Su trabajo ha aparecido en periódicos estadounidenses y británicos de primera categoría y, hasta la fecha, se ha plasmado en tres libros: *YOU Back the Attack: WE'LL Bomb Who We Want!* (2003), *If You're Not a Terrorist... Stop Asking Questions* (2005) y *Surveillance Means Security* (2006)**. En la página de *remixes* de propaganda de WRIGHT: www.antiwarposters.com, pueden verse más de 400 carteles. La Figura 4.3 está tomada de esta página y constituye un ejemplo típico del *remix* político de WRIGHT.

---

* Se dio el nombre de *rat line* al sistema de protección ideado por los nazis, perseguidos o perseguibles tras la II Guerra Mundial, con la ayuda, al parecer, de las iglesias, en especial la católica. (*N. del T.*)

** Respectivamente: "TÚ respaldas el ataque: ¡NOSOTROS bombardearemos lo que queramos!", "Si no eres un terrorista... deja de hacer preguntas" y "Vigilancia significa seguridad". (*N. del T.*)

© Ediciones Morata, S. L.

Figura 4.3. *Lo sentimos, ¡llegamos tarde, Nueva Orleans!*
Fuente: Micah WRIGHT: www.antiwarposters.com

Remix 4: Anime y AMV: Remix de animación, voz y música

Además de producir *fanfiction* y *fan art*, los aficionados al *manga* y al *anime* también utilizan la posibilidades multimedia de los ordenadores actuales —todos desde un viejo iMac en adelante, como observa LESSIG (2005)— para producir *fan anime* (por ej.: tfcog.net; newgrounds.com/collection/dragonballz.html) y obras de vídeo *anime* de música (por ej.: newgrounds.com; animesuki.com; animemusicvideos.org).

El sitio TFCog.net es un portal para aficionados a los Transformers. Los dos aficionados que llevan el sitio esperan ampliar sus contenidos y hacer del mismo "uno de los sitios web más entretenidos y agradables sobre Transformers" (tfcog.net). Los enlaces de la mitad inferior de la barra lateral izquierda en la página principal del sitio conducen a obras producidas por los mismos aficionados tomando el material *anime* original de los Transformers y utilizando un reparto de voces para crear un guión y banda sonora nuevos para cada vídeo. Se facilita información sobre las audiciones del episodio de que se trate, con todos los detalles del reparto de cada episodio publicado (personaje y persona que lo dobla). Se tarda algún tiempo en descargar el *anime* resultante, pero merece la pena. El material original se corta y empalma en una nueva aventura narrada y representada por el reparto, constituyendo una alternativa, decididamente nueva e innovadora, a las prácticas convencionales de clase, como el teatro leído, en el que los alumnos leen partes de personajes de novelas.

El portal Newgrounds para AMV contiene materiales como las remezclas de clips de Chuck Gaffney, de varios programas de *anime*, como *Inuyusha*, *Dragon Ball Z* y *Sailor Moon*, entre otros, con el coro de la canción de Alphaville "Big in Japan" (newgrounds.com/portal/view/136982); y "A place for my Head", de Brandon Blackburn, unida a la canción de Linkin Park del mismo nombre y que muestra algo que se parece al *anime* original (newgrounds.com/portal/view/34620). Este sitio no requiere suscripción ni registro y es una forma rápida de hacerse una idea de los trabajos de AMV. Los sitios como animemusicvideos.org y animesuki.com exigen el registro, que es gratuito, aunque se agradecen los donativos y los compromisos de donación. Facilitan una lista de AMV de gran calidad junto con un conjunto impresionante de foros de discusión y servicios para los miembros.

Ito (2005) rinde homenaje a la *fandom* del *anime* en términos que recogen los temas clave de este capítulo y explica por qué creemos que las actividades de *remix* de los tipos descritos han de tomarse muy seriamente como casos paradigmáticos de los nuevos alfabetismos. Identifica a los *otaku* del *anime* que viven fuera de Japón como entendidos de los medios que organizan su vida social en torno a actividades de localización, visionado, interpretación, *remix* e intercambio de obras esotéricas de los media desde una cultura distante y diferente con frecuencia:

> Los *otaku* traducen y subtitulan todas las obras importantes de *anime*, crean sitios web con centenares y miles de miembros, mantienen el contacto 24/7 en cientos de canales IRC [*chat*] y crean *fan fiction*, *fan art* y vídeos *anime* de música que recrean las obras originales dentro de unos marcos de referencia a veces brillantemente creativos y a menudo alternativos y subversivos.
>
> (Ito, 2005a, s/pág.)

Son personas que emplean mucho tiempo y mucha energía en mantenerse al día con respecto a complicadas destrezas lingüísticas y artes de producción mediática: "hacer guiones, editar, animar, dibujar y escribir". Más aún, crean comunidades de interés, movilizándose socialmente y trabajando colaborativamente para producir y distribuir contenidos. Crean sus identidades a través de sus actividades de *remix* y de un trabajo social y cultural más amplio que sostiene estas actividades, este nuevo alfabetismo. Aunque muchos desprecian esta actividad *fan* como "'mera' copia derivada", Ito señala la importancia de este trabajo por donde se orienta el futuro, los futuros del alfabetismo, nada menos. Considera esta autora que la cultura *otaku* es un prototipo "de formas emergentes de alfabetismo" (Ito, 2005a, s/pág.).

Y por eso queremos tomarlo en serio, no sólo y en general como una forma de "práctica cultural", sino como *alfabetismo*.

Reflexión y comentario

Busque el artículo: "The attention economy and the net", de Michael GOLDHABER, en: firstmonday.dk/issues/issue2_4/goldhaber y léalo atentamente:

- ¿Hasta qué punto ve una relación entre la teoría de GOLDHABER y la afirmación de ITO de que la cultura *otaku* es un prototipo de "las formas emergentes de alfabetismo"?
- Si ve alguna relación, ¿cuál es la base de la misma?
- ¿Participa usted en alguna actividad *fan*? Si es así, ¿en cuáles? ¿Qué importancia tienen con respecto a su forma de pensar en sí mismo y a cómo desea que lo consideren como tipo concreto de persona?
- ¿Hasta qué punto cree que la educación alfabetizadora debe prestar atención a los tipos de actividades alfabetistas relacionadas con el hecho de ser un *fan*? ¿Por qué?
- ¿Hasta qué punto cree que la educación alfabetizadora debe prestar atención a los tipos de actividades alfabetistas relacionadas con el hecho de ser una *estrella*? ¿Por qué?
- ¿Hasta qué punto cree que la educación alfabetizadora no debe prestar atención a ninguna de ellas? ¿Por qué?

© Ediciones Morata, S. L.

CAPÍTULO V

Noticias, opiniones y música*: El blogueo y el mediacasteo como actividades de participación

Introducción

Este capítulo hablará desde la perspectiva de los nuevos alfabetismos del blogueo y del mediacasteo como actividades participativas. Procuramos describir estos alfabetismos con suficiente detalle para que los lectores que no estén familiarizados con ellos se hagan una buena idea de lo que suponen. Además, nuestro objetivo es examinarlos como formas de compromiso de participación que incluye el significado tradicional en la idea de Dan GILLMOR (2004) de "nosotros, los medios" (véase: wethemedia.oreilly.com). GILLMOR se centra en el reto que para los grandes grupos mediáticos de difusión de noticias suponen los "*blogueros*", los grupos de diálogo y de *chat* por Internet y demás iniciativas por el estilo, que nos permiten "crear nuestras propias noticias". Además, podemos extender la idea a las personas que crean, más en general, sus propios mundos mediáticos que van mucho más allá de "las noticias", tomándolas incluso en un sentido amplio. "Nosotros, los medios" se convierte en "nosotros, los creadores y editores colectivos e interactivos de opinión, noticias, obras de ficción, seriales de nuestra vida cotidiana, fotogalerías, biografías, revistas, recensiones de libros, *travelogs***, consejos prácticos, absolutamente todo puede hacerse mediático".

Bloguear

Blogs: ¿Qué son y cómo han evolucionado?

Podemos definir un *weblog* (en adelante "*blog*") como "un sitio web que se actualiza con frecuencia con material nuevo puesto en la parte superior de la

---

* En el original *Baby's got the blues*, un tema de blues, elegido para construir una frase con sonoridad más poética. En este contexto hace relación a una de las funciones para las que se utiliza Internet: acceder y bajar música. (*N. del R.*)

** *Blogs* de viajes. (*N. del T.*)

página" (BLOOD, 2002a, pág. 12). Los artículos del *blog* ("*posts*") están "dispuestos en orden cronológico inverso, de manera que el *post* más reciente aparece en primer lugar" (WALKER, 2005, pág. 45). Es difícil encontrar una descripción fenomenológica más rica, que recoja el carácter continuo y en desarrollo de los *blogs* como "asuntos inacabados" (LUNENFELD, 1999, pág. 7, citado en: MORTENSEN, de próxima aparición), que la de Torill MORTENSEN:

> Hijo nacido del medio del ordenador, el *weblog* tiene sus raíces, a la vez, en la revista de investigación, el cuaderno de bitácora, el diario privado y los periódicos. Pero, como un chucho que caza en los callejones de la ciudad digital, el *weblog* no es nada si no es adaptativo y único al mismo tiempo. No es un estrambótico purasangre... sino un hijo bastardo de toda escritura personal, que se reproduce de forma silvestre cuando se encuentra en línea con otros de su clase.

Los precursores de los *blogs* actuales comenzaron a principios de la década de 1990 como sitios web que presentaban relaciones de hiperenlaces con otros sitios web. Cuando una persona que tenía una página web encontraba otros sitios que, en su opinión, tenían unos contenidos interesantes, curiosos, divertidos o noticias solventes en general, creaba un enlace con ese material, lo comentaba brevemente y lo publicaba en su página. Sobre la base de la descripción, los lectores decidían si merecía la pena un clic para ver el contenido enlazado. Era una primera forma de generosidad interna: "He encontrado esto que me parece que es interesante y te puede gustar también. Aquí tienes una breve descripción. Si te parece conveniente, haz un clic aquí y mira si te gusta".

Estos primeros "*blogueros*" solían ser iniciados en la informática por dos razones al menos. En primer lugar, hacía falta tener algunos conocimientos de la codificación de las páginas web y de los hiperenlaces para poder subir material a Internet. En segundo, hacía falta cierta comprensión cultural de la web para verla como un lugar en el que se podía publicar información de manera relativamente sencilla, en vez de limitarse a "navegar" para ver qué podía encontrarse o buscar para tratar de localizar determinados tipos de información. Entre los primeros *blogs* conocidos de este tipo original están: *Camworld* (camworld.com), *ScriptingNews* (scripting.com) y el ahora difunto *Infosift* (jjg.net/retired/infosift) (BLOOD, 2002b).

No obstante, en 1999, con Pitas.com y Blogger.com, se pusieron al alcance de todos las herramientas de publicación y los servicios de alojamiento de *blogs*. Esto hizo relativamente fácil la creación de *weblogs* a los usuarios de Internet poco acostumbrados o incómodos con el uso del lenguaje de marcas de hipertexto y los principios de diseño de web para codificarlos y diseñarlos. Ahora, para poner en marcha un *blog* sólo hace falta dirigirse a un sitio web, obtener una cuenta de *blog*, seguir unas pocas instrucciones claras y, en menos de 30 minutos, se tiene un ejemplar en la web que se formatea y ajusta automáticamente al diseño seleccionado mediante la plantilla prediseñada elegida (por ej., nuestro propio *blog*, everydayliteracies.blogspot.com, utiliza la plantilla "Jellyfish", creada por Jason Sutter y disponible en Blogger, También podríamos utilizar con la misma facilidad una plantilla del sitio: blogger-templates.blogspot.com. El cambio de plantilla en un *blog* es un sencillo proceso de señalar y hacer clic).

Este grado de simplificación de la publicación en la web produjo una nueva generación de masas de *blogueros* en un breve espacio de tiempo. Esta nueva ge-

© Ediciones Morata, S. L.

neración era mucho más diversa que la generación original. Muchos comenzaron utilizando los *blogs* como un medio más parecido a revistas actualizadas con regularidad que como índices de hiperenlaces, y los posts podrían documentar absolutamente todo, desde lo que el *bloguero* tuviera ese día para comer hasta reseñas de películas, libros y música, descripciones de salidas de compras, pasando por las últimas ilustraciones terminadas por el *bloguero* para textos fuera de la red y toda clase de borradores de textos puestos a disposición de los lectores para comentarlos, y demás cosas por el estilo.

En la actualidad, la mayoría de los *blogs*, aunque no todos, son *híbridos* de artículos de revistas y comentarios o índices de enlaces, o mezclas de reflexiones, meditaciones, anécdotas y cosas por el estilo, con hiperenlaces con sitios web relacionados incluidos en ellos. Rebecca BLOOD señala que el uso de los *blogs* en esta segunda oleada parece estar más relacionado con la creación de "alianzas sociales" (BLOOD, 2002b, pág. x). Los *blogs* se desarrollan en gran medida en torno a determinados intereses y tratan de atraer a lectores que tengan los mismos o parecidos intereses y tendencias que los *blogueros*. Esto no significa que tengan el mismo punto de vista, sino, más bien, que compartan la idea de lo que es suficientemente significativo para dedicarle tiempo en la *blogosfera*. "Significación" que es compatible tanto con lo "poco intelectual" y lo más prosaico como con lo "muy intelectual" y lo "decadente", y con la inmensidad de puntos intermedios. Es decir, las personas encuentran su significado, su significación, donde lo encuentran y, en el universo de los *blogs*, no hay escasez de gamas ni de opciones. Por ejemplo, Technorati.com, un servicio de búsqueda de *blogs* muy conocido, estaba siguiendo alrededor de 30 millones de *blogs* en la primera semana de marzo de 2006* (desde 2,7 millones en junio de 2004 y 24,2 millones en diciembre de 2005). Eso representa una gran "significación".

Continuamente están surgiendo nuevos tipos de finalidades para los *blogs*, aprovechando las cualidades expansivas del *software* para *bloguear* y de los servicios de apoyo, que son muy accesibles, mejoran continuamente y hacen fácil publicar y actualizar los contenidos. Desde 2004 aproximadamente, se ha observado una notable tendencia: la aparición de diversos tipos de *blogs* de ficción. Lo comentaremos más adelante en este mismo capítulo.

Bloguística: Algunos detalles prácticos de los *blogs*

Normalmente y con independencia de la finalidad de un *blog* concreto, la mayoría de las primeras páginas de *blogs* son semejantes en cuanto a su disposición general. Estas páginas suelen presentar, al menos, dos columnas (aunque Livejournal.com ofrece también a los *blogueros* un formato de una sola columna). Una de ellas, la más ancha, muestra los *posts*, ordenados cronológicamente desde el artículo más reciente hasta el más antiguo. Cada *post* muestra la fecha (y, a veces, la hora) en la que se ha puesto, con el fin de avisar a los lectores de la "novedad" o "actualidad" del *blog*. Algunos *blogueros* optan por actualizarlo varias veces al día, mientras que otros pueden hacerlo cada pocos días, una vez a la

---

* A finales de marzo de 2008, Technorati estaba siguiendo 112,8 millones de *blogs*. (*N. del T.*)

semana o algo parecido. Los artículos se archivan automáticamente pasado un período determinado (por ej., unos días, una semana, un mes). La segunda columna suele cumplir múltiples funciones. Puede presentar un índice de hiperenlaces con medios alternativos directamente relacionados con el *blog* (por ej., la página de fotos del *bloguero* en Flickr, su página web personal o institucional, etc.) y a otros *blogs* o páginas web que le gusten al *bloguero*, que recomiende o que considere relacionados de alguna manera con su propio *blog* (véase la Figura 5.1). Con frecuencia, este índice se subdivide en subcategorías que pueden estar relacionadas con temas, intereses, etcétera. Esta segunda columna también puede contener un índice de *posts* anteriores archivados. Algunos *blogueros* incluyen también en esta segunda columna una foto o un logotipo que los represente.

Figura 5.1. *Captura de pantalla del* blog *de Larence* LESSIG.

Los *posts* de los *blogs* —que no sean de *blogs* de ficción y de algunos *blogs* de periódicos— suelen ser bastante cortos, a menudo de unas pocas líneas por artículo. Hay *posts* de tres tipos principales: 1) *posts* que incluyen hiperenlaces con otros *blogs*, páginas web o medios que no sean de texto (por ej., archivos de sonido o de vídeo), 2) *posts* que no tienen hiperenlaces (es decir, sólo son de texto), y 3) *posts* que incluyen una imagen con leyenda. Los *posts* con hiperenlaces con otras fuentes de Internet pueden empezar con un enlace seguido por un breve comentario debajo, de forma muy semejante a la de una entrada bibliográfica comentada; el enlace puede estar incluido en el texto. Los *posts* con hiperenlaces también pueden incluir citas de la información o texto con el que enlace el *blo-*

© Ediciones Morata, S. L.

guero, a modo de "cuña", para dar a los lectores una idea de lo que encontrarán cuando sigan el enlace. Un ejemplo efectivo de este tipo de *post* puede hallarse en el muy conocido *blog* BoingBoing.net*.

Los *blogueros* pueden mejorar y variar el "aspecto" de su *blog* jugueteando con el tipo y tamaño de texto, los titulares, los colores, la composición, las imágenes de fondo, el estilo o tema general y demás cosas parecidas. Como mencionamos antes, Blogger.com permite que los *blogueros* escojan una plantilla de entre las facilitadas por el servicio y las creadas por otros *blogueros* (por ej.: blogger-templates.blogspot.com). Si lo desean, los *blogueros* pueden codificar sus *blogs* para presentar a los lectores la opción de utilizar diferentes *"skins"**, que no cambian per se la composición de una página, sino sólo el aspecto superficial. Por ejemplo, Littleyellowdifferent.com ofrece a sus lectores la posibilidad de elegir entre dos *"skins"*, una en la que predomina el azul y otra en la que lo hace el verde oliva, por si prefieren una u otra ambientación. Otros rasgos de muchos *blogs* son una cabecera, un eslogan, una función de búsqueda en el *blog* o en la web, un calendario que muestre la fecha y que pueda utilizarse para acceder a artículos anteriores y archivados del *blog*, enlaces con la identificación de mensajería instantánea del *bloguero* o *blogueros*, enlaces que permiten al lector "suscribirse" al *blog* y recibir actualizaciones de nuevos *posts* por correo electrónico o mediante un servicio de suscripción (comentado con detalle más adelante, en este mismo capítulo y mencionado en el Capítulo III), etcétera.

> **Reflexión y comentario**
>
> Visite algunos de los siguientes espacios muy conocidos de *blogs* y examine las opciones de plantilla y composición de la gente con respecto a cómo contribuyen estas opciones a comunicar algo sobre cada *bloguero* o *bloguera*:
>
> - Xanga.com.
> - Livejournal.com.
> - Blogger.com.
> - Typepad.com.
> - Wordpress.com.
> - Blogsome.com.
> - Blogware.com.
>
> ¿Por qué se considera importante tener cierto control del "aspecto" del propio *blog*?
>
> ¿Hasta qué punto es importante el concepto de "diseño" al hablar de las actividades de nuevos alfabetismos como el *blogueo*?

---

* En castellano, podría mencionarse, por ser de este tipo y muy conocido, Microsiervos: www.microsiervos.com. (*N. del T.*)

** Se trata, en realidad, del "revestimiento", pero, en los medios hispanohablantes, se utiliza el término inglés, *skin*, sin más. (*N. del T.*)

Algunas dimensiones culturales de los *blogs*

El *blogueo* ha evolucionado en múltiples formas que reflejan diversos fines sociales. La Figura 5.2, que presenta una tipología provisional de *blogs* basada en el carácter de la composición de los *posts*, recoge parte de esta diversidad. Las categorías y la asignación a categorías pretenden ser únicamente indicativas, no absolutas. La tipología es un instrumento heurístico para pensar en la *blogosfera* como algo complejo y múltiple y no monolítico ni singular. Es posible establecer unas categorías y unas asignaciones diferentes de las que presentamos aquí y pueden ser también más útiles. Por ejemplo, puede elaborarse una tipología en torno a dimensiones de contenido, en vez de las de composición de los *posts*. Hemos optado por construir nuestra tipología en torno a los tipos de *posts* porque el número de tipos puede reducirse a un mínimo. Tratar de elaborar una tipología basada en los contenidos sería difícil porque estos son muy diversos y muchos *blogs* presentan varios tipos de contenidos. Lo mismo puede decirse de una tipología basada en géneros de *blogs*.

Esta tipología distingue cuatro grandes tipos de *blogs* en el nivel superior. Nos detendremos brevemente en cada tipo:

1. *Blogs* de "enlaces con comentarios".
2. "Servicios de *metablog*".
3. Diarios.
4. Híbridos.

Blogs de "enlaces con comentarios"

Son los que identificamos antes como los tipos de *blogs* originales. En cada *post*, se observa una elevada razón de enlaces con palabras. El artículo de Dave WINER, de 8 de marzo de 2006, en *Scripting News* constituye un buen ejemplo (cada palabra subrayada es un hiperenlace con otro lugar de Internet).

> Estoy en la central de Skobee en 604 Mission, en el centro de San Francisco, donde modero un diálogo entre empresarios de orientación ingenieril denominada 106 Miles.
> Squash: Pobres locos de la Web 2.0. "Este VC es un completo y absoluto imbécil".
> Unas pocas ideas sencillas que yo llamo Guía de la RSS 2.0 para el desarrollador ocupado.
> BDG* para RSS, de Nick Bradbury.
> De nuevo, Apple está patentando nuestros inventos. Oy**.

Este ejemplo de *post* contiene un enlace por cada ocho palabras. Se dirige a personas interesadas por asuntos tecnológicos y, para quien carezca de conocimientos o interés por la tecnología, el *post* tendrá poco sentido. En todo caso, la razón de enlaces a palabras es muy elevada; sin embargo, para quienes se muevan en el espacio de WINER, tendrá un valor extraordinario por el tiempo que les supone

---

* *Broadband Data Gateway*: "Puerto de datos de banda ancha". (*N. del T.*)
** Expresión de fastidio y exasperación tomada del *yidis* y sin traducción exacta. (*N. del T.*)

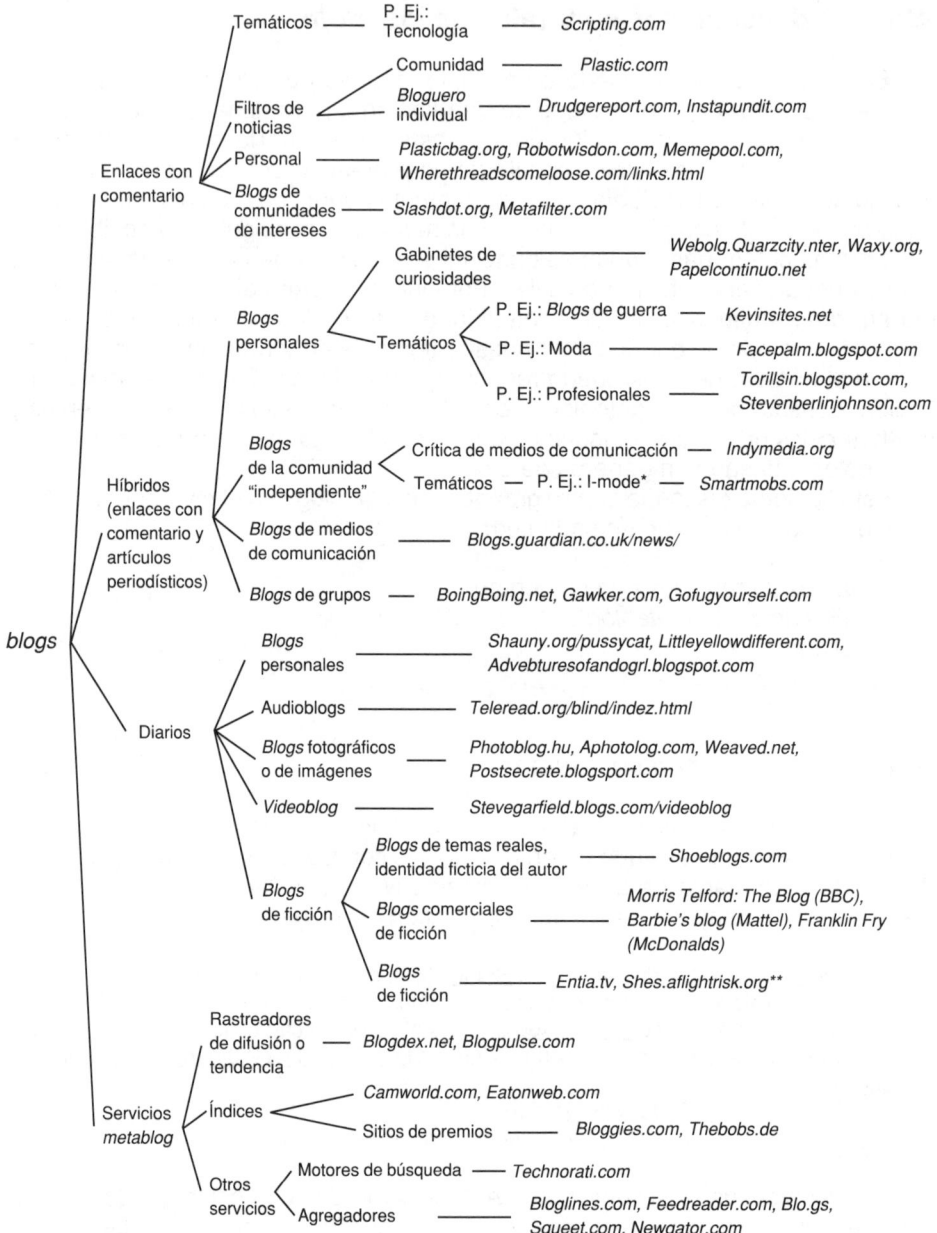

Figura 5.2. *Una taxonomía provisional de* weblogs.

---

　　* *i-mode* es un conjunto de tecnologías y protocolos que permiten navegar por páginas específicamente diseñadas para dispositivos portátiles, como teléfonos móviles y PDAS. (*N. del T.*)
　　** En la actualidad, este enlace no conduce a ningún *blog*. (*N. del T.*)

© Ediciones Morata, S. L.

examinar esas líneas (que es muy poco). Ojear, hacer clic, tomar nota, marcarlo y pasar a otra cosa. Clasificamos el *blog* de WINER como "temático" porque aborda un área de intereses muy específica: tecnología de Internet y desarrollo de servicios.

Los *blogs* temáticos son un subtipo de esta categoría de *blogs* de "enlaces con comentarios". Señalamos otros tres subtipos comunes que pueden encontrarse en la *blogosfera*: *blogs* personales, filtros de noticias de un *bloguero* individual y *blogs* comunitarios. Los *blogs* personales de este tipo se centran en intereses personales u otras dimensiones de la vida, a menudo esotéricas. Por ejemplo, *Incoming Signals* (wherethreadscomeloose.com/links.html) es un *blog* maravillosamente estrafalario, del tipo de gabinete de curiosidades, que mantiene Christopher BAHN, con gran cantidad de enlaces y poco texto, que plasma con toda claridad los intereses de BAHN por la historia, la política y la cultura popular, así como su afición a lo estrafalario y lo humorístico.

Los filtros de noticias suelen cumplir esta función del mismo modo que WINER, en un plano más específico, filtra la información sobre la tecnología. Hemos subdividido esta categoría de *blogs* en filtros de *bloguero* individual y filtros comunitarios. Hacemos esto para distinguir los filtros de noticias que se dirigen a una determinada comunidad de intereses de los que abordan las noticias de un modo más general, así como para distinguir entre los filtros de noticias que operan desde un único punto de vista acerca de un acontecimiento o tema de los que ofrecen múltiples puntos de vista. En el caso de los *blogueros* individuales, seleccionan los acontecimientos y otros elementos que consideran interesantes y los publican en el *blog* para sus lectores. Con frecuencia, estos *blogs* están redactados desde una perspectiva política, que sirve para filtrar y configurar lo que se ofrece y el modo de presentarlo. Los *blogs* de filtros de noticias comunitarios son un conglomerado de enlaces con anotaciones creadas a diario por los miembros de la comunidad. Abren espacios de diálogo que dan pie a la manifestación de múltiples puntos de vista (incluyendo a los oponentes) sobre todo las noticias. El *blog* comunitario *Plastic.com* filtra noticias de manera que los miembros publiquen elementos que consideren interesantes en relación con una de estas cinco categorías: *Etcetera, Filmtv, Politics, Scitech* y *Work**. Cada ítem se convierte en un foro en el que otros miembros pueden poner comentarios que se suman al contenido, críticas de estos contenidos o indicaciones de las implicaciones del *post* original de noticias. En cambio, *Instapundit.com*, con sede en Estados Unidos, está escrito por Glenn REYNOLDS, que presenta noticias internacionales desde la perspectiva (autoproclamada) de "un republicano de tendencia liberal y a favor de un gobierno poco intervencionista"**, centrándose en las que se refieren a cuestiones empresariales, tecnológicas y de actividades gubernamentales, políticas y temas relacionados.

Los *blogs* de las comunidades de intereses, otra subcategoría de la rama "con gran cantidad de enlaces" de nuestra tipología, prestan servicio a comunidades de intereses identificables. Emplean un enfoque de "gran cantidad de enlaces y

---

* En la actualidad, *Plastic.com* incluye otra categoría más: *Media*, sobre los medios de comunicación, y mantiene una sección de "temas de primera plana": *Top stories*. Del resto de las categorías, *Etcetera* sirve de cajón de sastre; *Filmtv* se ocupa de cine y TV; *Politics*, de temas políticos; *Scitech*, de ciencia y tecnología; *Work*, de cuestiones laborales. (*N. del T.*)

** La expresión inglesa es: *a libertarian-leaning small-government Republican*. (*N. del T.*)

poco texto" para reunir recursos para cumplir unos fines como ayudar a sus lectores a mantenerse al día en cuanto a los desarrollos tecnológicos, como en el caso de Slashdot.com, o simplemente para compartir cosas interesantes, raras, curiosas, desconcertantes y de otras clases con gente con mentalidad parecida, como en el caso de Metafilter.com.

No obstante, todos estos *blogs* se parecen en aspecto y estilo al *Scripting News* de WINER en que operan basándose en el "principio del iceberg". Las relativamente pocas palabras y los relativamente muchos enlaces reúnen gran cantidad de lecturas, análisis y síntesis que se mueven, por así decir, bajo la superficie. Los iniciados en las áreas y comunidades de interés a los que se orientan estos *blogs* tienen los necesarios conocimientos contextuales para hacer uso del punto de vista encapsulado en estos enlaces comentados. Es posible que los lectores no estén de acuerdo con el punto de vista ofrecido en un *blog*, pero saben con qué se relaciona este punto de vista porque están leyéndolo en un espacio de interés compartido.

> **Reflexión y comentario**
>
> Dedique algún tiempo a los siguientes *blogs* "con gran cantidad de enlaces" y categorice cada uno según sea: 1) un *blog* temático; 2) un *blog* de filtro de noticias; 3) un *blog* personal; 4) un *blog* de una comunidad de intereses, o 5) ninguno de los anteriores:
>
> - Memeorandum.com
> - Infosthetics.com
> - *A Welsh View* (xo.typepad.com/blog)
> - We-make-money-not-art.com
> - Gizmodo.com
> - Linklifter.net
> - Memepool.com
> - Plasticbag.org
>
> ¿Qué criterios o características clave ha utilizado para distinguir entre estos *blogs*?
>
> ¿Hasta qué punto es útil una tipología de *blogs* para comprender las actividades de *blogueo* y la *blogosfera*?

"Servicios de metablog"

En el polo opuesto de nuestra tipología de los *blogs* de "enlaces con comentarios" están los que conocemos como "servicios de *metablog*". Estrictamente hablando, los "servicios de *metablog*" no son *blogs* en sí mismos, aunque, sin duda, están al servicio de la *blogosfera*. Los servicios de *metablog* son recursos que ayudan a las personas a orientarse en la *blogosfera*, que documentan los desarrollos de la *blogosfera* (por ej., lo más *blogueado* sobre un tema en un día determinado, la etiqueta más popular en los *posts* de los *blogs* en determinada jornada). Facilitan información importante sobre el *blogueo* como práctica social y proporcionan diversos tipos de recursos relevantes para los *blogs* y útiles para los *blogueros*. Los distintos servicios de *metablog* que reseñamos aquí han intervenido en el desarrollo de nuestro sentido de la *blogosfera* tal como se representa en nuestra tipología. Los *blogueros* pueden orientarse en la *blogosfera* utilizando motores de búsqueda y otras herramientas facilitadas por sus servicios de alojamiento (por ej., Blogger.com, Livejournal.com), pero, utilizando servicios como Technorati.com o servicios de suscripción como los prestados por Bloglines.com, se obtiene una visión más global y de forma más rápida.

Hemos distinguido tres subcategorías principales de servicios de *metablog*: agregadores, índices (o portales) y otros servicios. Cuando comentemos el carácter participativo de los *blogs*, examinaremos algunos aspectos de los servicios de *metablog*. Ahora, nos centraremos en el valor de los servicios de *metablog* a los efectos de que los *blogueros* puedan hacerse una idea del espacio global de la *blogosfera* —que es enorme—, así como adquirir un sentido de lo que, según ciertos puntos de vista, es "importante" para calificar de *exitosas* las actividades de *blogueo* en este espacio.

Los rastreadores de difusión o tendencia facilitan información sobre las tendencias en la *blogosfera*, "escudriñando" con regularidad todos los *blogs* incluidos en su "jurisdicción" e identificando los *posts* más enlazados, la información más difundida en una jornada u hora determinada, etcétera. En un nivel, un servicio de rastreo de tendencia, como Blogpulse.com, sigue todas las actualizaciones de los *blogs* cuando se añaden nuevos *posts* y puede conservar información sobre todos estos *blogs* casi a cada hora, en algunos casos (por ej., en abril de 2006, Blogpulse rastreaba cada hora más de 26.400.000 *blogs*). En otro nivel, muchos rastreadores de tendencia pueden facilitar medidas de "significación" o "importancia" de un *blog*, basándose en el grado en que otros *blogs* lo enlazan. Esto es una buena base para filtrar información para búsquedas en línea. Por ejemplo, a diario, Blogpulse clasifica los elementos enlazados más populares en la *blogosfera* y presenta una lista de los 40 hiperenlaces más populares utilizados en los *posts*, los 40 *posts* más populares y los 40 *blogs* más populares, calculado según el número de veces que se utiliza una URL determinada o calculando el número de enlaces dirigidos a un *post* o *blog* concreto. En otras palabras, los rastreadores de tendencia operan sobre la base de que la significación de un *blog* o *post* puede medirse por el número de "enlaces entrantes" que tenga, es decir, por el número de *blogs* que enlazan directamente con ese *blog* o con un determinado *post* del *blog*.

Los motores de búsqueda específicos de *blogs*, como Technorati.com o Blogdigger (blog-digger.com) también son útiles para descubrir lo que están diciendo los *blogs* sobre un tema por el que nos interesemos. El proceso es tan sencillo como poner un enunciado de búsqueda o palabra clave en la ventana de búsqueda de Technorati, igual que, por ejemplo, en Google.com. Los resultados de la búsqueda se basan en la cronología; es decir, el *post* más reciente aparece primero, lo que ayuda a los lectores a juzgar la "novedad" del tema, así como rastrear cómo se ha llevado el tema en la *blogosfera* retrocediendo en el tiempo por la lista de resultados de búsqueda. Por ejemplo, una búsqueda de "Dick Cheney", Vicepresidente de los EE.UU., presentaba un pico enorme de actividad *bloguera* relacionada con él a mediados de febrero de 2006, que coincide con la época en la que estuvo involucrado directamente en un accidente de caza.

Los servicios de *metablog* también pueden utilizarse para descubrir qué *blogs* son más populares en un día determinado. Cuantos más enlaces entrantes tenga

© Ediciones Morata, S. L.

un *blog*, más elevado será el puesto que ocupe en la clasificación de *blogs* "importantes" o "influyentes". Esto no quiere decir que los *blogs* mejor clasificados tengan la información "mejor" o más exacta, sino que se trata de un *blog* que se toma muy en serio los demás *blogueros*. En consecuencia, cualquier persona que empiece a *bloguear* puede hacerse rápidamente una idea de lo que tratan los *blogs* más respetados y cómo localizarlos acudiendo a un servicio de *metablog* a gran escala, como Blogdex*, Blo.gs o Technorati. Blo.gs indexa la popularidad basándose en cuántas veces aparezca un *blog* en una lista de "favoritos" o *"blogroll"* en la barra lateral de la plantilla de otros *blogueros*. Technorati indexa la popularidad basándose en los enlaces entrantes o el número de veces que otros *blogueros* enlazan con el *blog* de que se trate. Un simple clic en la página de los 100 mejores *blogs* de Technorati (technorati.com/pop/blogs) nos dijo que, el 8 de marzo de 2006, *BoingBoing* era el *blog* mejor clasificado, seguido de *PostSecret* y *Daily Kos***.

En Technorati también se pueden hacer búsquedas mediante etiquetas o a través de "blogfinder". La búsqueda por *blogfinder* permite que el lector busque las "palabras clave" que haya utilizado un *bloguero* para recoger el "corazón" o la intención de su *blog* o de cada *post* del *blog* (por ej., en marzo de 2006, la búsqueda de "knitting" en Blogfinder.com daba como primer resultado el muy popular *Yarn Harlot*). La función de búsqueda por etiqueta de Technorati facilita una lista ordenada de las etiquetas más populares que los *blogueros* estén utilizando ese día y de entre las que el lector puede escoger. Las etiquetas se parecen mucho a palabras clave vinculadas a un *post* o imagen cargada por el *bloguero*, pero no se extraen de un listado con buscador especial o cosa similar, y los *blogueros* pueden escoger libremente las etiquetas que quieran utilizar para describir su *blog* o *posts* (cf. las etiquetas usadas en Flickr.com, comentadas en el Capítulo III). Por ejemplo, el 14 de marzo de 2006, las cinco etiquetas más populares en Technorati eran: *weblog*, *diary*, *entertainment*, música y *news*. Al mismo tiempo, las cinco etiquetas más utilizadas en la hora en la que se recogieron estos datos eran: Bush, Microsoft, Web 2.0, iTunes y *scientology*.

Un índice como Eatonweb.com*** abarca un número menor de *blogs* que los agregadores. Los índices actúan como portales o puertas hacia otros *blogs* y, por regla general, organizan los *blogs* indexados de tres maneras: 1) según la categoría o tema; 2) según el idioma en que esté escrito el *blog*, y 3) según el país de origen del *blog*. En el índice "Category" de Eatonweb, los *blogs* se distribuyen por temática (por ej., *academic, acting, advice, animals, anime*) y, dentro de cada temática, por orden alfabético. Al hacer clic en un tema, aparece una lista de *blogs* asociados. Las clasificaciones relativas a la popularidad de un *blog* o *post* no forman parte de los servicios de índice o portales.

Los premios anuales para *blogs*, como los Bloggies (por ej.: 2006.bloggies.com) o los Bobs (Thebobs.de), constituyen otro tipo de servicio de *metablog* y propor-

---

* El abril de 2008, la actividad de Blogdex.com, del Media Lab del MIT, está interrumpida porque, como manifiesta en su página web, "en la actualidad, se está replanteando Blogdex". (*N. del T.*)

** El 2 de abril de 2008, el *blog* número 1 era *TechCrunch* (www.techcrunch.com), seguido por *Breaking News and Opinion on The Huffington Post* (www.huffingtonpost.com) y *Engadget* (www.engadget.com). (*N. del T.*)

*** Si se consulta la web de Eatonweb, en este momento, se observará que se ha modificado el sistema de funcionamiento de la misma. (*N. del T.*)

© Ediciones Morata, S. L.

cionan otra clase de índice de popularidad de los *blogs*. En general, se solicita que los *blogueros* elijan y voten a sus *blogs* favoritos en diversas categorías. Los *blogs* que reciben más votos en una categoría se declaran ganadores en esa categoría. Las categorías para elección y votación en los Bloggies de 2006 eran: mejor *blog* australiano o neozelandés, mejor *blog* asiático, mejor *podcast* de un *weblog*, mejor *blog* de manualidades y artesanía y mejor *blog* de adolescentes, entre otras muchas.

> **Reflexión y comentario**
>
> Dedique algún tiempo a examinar las funciones de los siguientes servicios de *metablog:*
>
> - Technorati.com
> - Globalvoices.com
> - Blogdex.com
> - Squeet.com
> - Bloggies.com
> - Photoblogs.org
> - Inform.com
> - WhoLinksToMe.com
> - QueerFilter.com
> - Digg.com
> - Blo.gs
> - Bloglet.com
> - Blogtree.com
> - Blogstreet.com
> - Feedster.com (escoja la opción "blogs")
> - Daypop.com (escoja la opción "weblogs")
> - Pubsub.com (escoja la opción "weblogs")
> - Weblogs Compendium (lights.com/weblogs; utilice la barra de menú de la izquierda para examinar este sitio).
>
> ¿Hasta qué punto estos servicios de *metablog* le ayudan a comprender el alcance y la naturaleza de la *blogosfera*?
> ¿Hasta qué punto es importante que los educadores comprendan el *blogueo* en un metanivel? ¿Por qué? ¿Cabe decir lo mismo con respecto a los alumnos? ¿Por qué?

Diarios (incluyendo los de ficción)

Los diarios constituyen otra rama principal de nuestra tipología de *blogs*. Nuestro concepto del diario consiste en presentar los asuntos de significación o interés personal según lo que uno piensa o siente. En la mayoría de los casos, esto se hace en prosa, aunque el uso de fotografías y archivos de sonido y de vídeo es también muy corriente. En los *fotologs*, por ejemplo, las fotos se presentan en sucesión cronológica. Se enfatiza la fotografía como expresión de pensamientos, sentimientos y puntos de vista. El texto puede utilizarse como complemento

© Ediciones Morata, S. L.

de la foto, pero ésta es el medio. Cuando las imágenes se utilizan para ilustrar un texto, en vez de lo contrario, puede tratarse de un diario, pero no de la variedad del *fotolog* (es.wikipedia.org/wiki/Fotolog). De igual manera, clasificaríamos un *blog* centrado en el arte de la fotografía como un *blog* personal híbrido temático (cf.: photojunkie.ca), y no como un *fotolog*. Tenemos un buen ejemplo de *fotologueo* en *Weaved* (weaved.net). En muchas de las fotos alojadas aquí, el pensamiento del fotógrafo se transmite en parte mediante una leyenda que aparece cuando el cursor pasa sobre la foto. Más adelante, en este mismo capítulo y bajo el encabezamiento de *Mediacasteo*, comentaremos el *audiobloqueo* y el *videobloqueo*.

Los diarios clásicos tienen al autor en el centro de las cuestiones sobre las que escribe cada día. Los contenidos de los diarios van desde lo muy familiar y convencional hasta lo muy esotérico, "filosófico" y sofisticado. Sea cual sea el punto de este espectro en el que se encuentre un *blog* determinado, el autor escribe en su propio nombre. Aunque este tipo de escritura es compatible con los enlaces con *blogs* y el comentario de contenidos encontrados en otras partes, los diarios, en el sentido en que los contemplamos aquí, suelen ser parcos en enlaces. Además, es probable que los enlaces incluidos apunten a sitios relacionados con la red social del autor, como el *blog* de un amigo, o quizá a sitios o iconos culturales populares (por ej., un restaurante visitado recientemente, Disneyland, Johnny Depp).

Podemos encontrar casos paradigmáticos de diarios en el sitio LiveJournal. Para ilustrarlo con un ejemplo, buscamos en LiveJournal, utilizando como expresiones de búsqueda: "urban living" y "migrant living"*. Las búsquedas dieron estos resultados: *Because*; *We are Ordinary People* (users.livejournal.com/encaustic_)**, y *Leerona* (zero-2-sixty.livejournal.com), respectivamente, entre otros muchos. Aunque éstos no sean necesariamente casos típicos de diarios, son buenos ejemplos de lo que decimos aquí. Durante la primera semana de marzo de 2006, al menos uno de los 10 *blogs* mejor situados en Technorati, *Beppe Grillo's Blog* (beppegrillo.it) presentaba una modalidad de diario en forma de crítica social dura.

Un formato de composición en prosa del tipo característico del diario forma parte del pujante corpus de *blogs* de ficción. Tim WRIGHT (2004, s/pág.) señala que, si los *blogueros* pueden ser "voces independientes y auténticas" que pueden informar directamente de cosas que suceden en un lenguaje cotidiano, cercano al nuestro y, además, darnos un espacio en el que añadamos nuestras propias voces, "parece natural que el mundo del *blog* se convierta en tierra fértil para nuevas formas de narración digital y para el desarrollo de nuevas voces de ficción independientes y auténticas" (*ibid.*). Parece que existe un interés creciente y diversificado por experimentar con el *weblog* como medio para escribir narraciones de ficción o personales.

Algunos *blogs* narrativos siguen formatos muy conocidos, como el muy citado *Belle de Jour*, que comenzó en octubre de 2003, y más recientemente se reveló como el diario de una prostituta de Londres. Parece que esto ha venido muy bien para que *Belle* se convierta en autora de un libro (con un segundo aparentemen-

---

* "Vida urbana" y "vida emigrante", respectivamente. (*N. del T.*)
** El 30 de agosto de 2006, Encaustic, titular de la dirección users.livejournal.com/encaustic_, cambió de identificador y de *blog*. Su seudónimo actual es *Heydafuel* y la dirección del *blog*: heydayfuel.livejournal.com. (*N. del T.*)

© Ediciones Morata, S. L.

te en preparación)*, y trabaje haciendo reseñas de libros, incluso para el *London Times* (women.timesonline.co.uk/article/0,,17909-2021934,00.html).

FTrain (ftrain.com) de Paul FORD, presenta un formato vigente desde hace tiempo y muy diferente. Este *blog* narrativo personal funciona desde 1997. FORD es redactor de *Harper's Magazine* y ha organizado su *blog* en forma de una compleja revista en línea (el artículo de "Blog fiction" de *Wikipedia* en inglés, el 10 de marzo de 2006) que adopta la forma de una red.

> Cada artículo es un nodo de una red, conectado con otros nodos a capricho del autor. El resultado es una estructura ramificada basada en la semántica, en vez de una cronología lineal.
> (baboonpalace.blogspot.com/2004/10/blog-fiction.html**)

En ambos ejemplos, el autor es una sola persona y lo mismo ocurre en *She's A Flight Risk* (shes.aflightrisk.org)***, un *blog* de ficción que cuenta con muchos suscriptores, escrito por una *bloguera* que representa el personaje de una fugitiva internacional. Cada corto episodio es independiente y ocupa un solo *post* y da una sensación suficiente de tratarse de un personaje para que los lectores respondan cómo lo harían a una amiga. El tono alicaído del *post* de 14 de septiembre de 2005, "The Politics of Control", suscitó comentarios como: "Isabella, are you OK?", "hoping all is ok in your world" y "where did you go?"****

En 2004, Jill WALKER hacía hincapié en que "lo que es auténticamente nuevo en relación con los *blogs* de ficción es su uso en la red", pero, en aquel momento, este potencial no se había puesto a prueba realmente. WALKER invitó a los lectores a que "imaginaran a un *bloguero* de ficción que dejara comentarios en *blogs* de otras personas, *chateara* con la gente y respondiera a los comentarios de los lectores a medida que se desarrollara la historia" (citado en: McCLELLAN, 2004, s/pág.). Aunque el deseo de WALKER de la presencia real en línea de un *bloguero* de ficción no se haya realizado del todo de forma generalizada hasta la fecha, Angela THOMAS rastrea el desarrollo de los *blogs* de ficción como género literario específico cuyas posibilidades de desarrollo***** aparecen, en su mayor parte, en forma de hiperenlaces,

---

* Ambos libros, *The intimate adventures of a London call girl* y *Further adventures of a London call girl*, han sido publicados por Orion Publishing Group, de Londres. (*N. del T.*)

** El autor ha abandonado Blogger.com para hacerse con un dominio propio: www.baboonpalace.com. El *post* al que se refiere el texto está ahora en esta dirección: www.baboonpalace.com/2004/10/22/blog-fiction. (*N. del T.*)

*** Isabella V., seudónimo de la autora de *She's A Flight Risk*, mantuvo el blog... *she's a flight risk* en Blogger.com, en la dirección: www.aflightrisk.blogspot.com, hasta el 31 de julio de 2003, fecha en la que pasó a alojar su *blog*, como *She's a flight risk* (shes.aflightrisk.org) en el sistema de gestión de contenidos Drupal.org. Según la manifestación de un responsable de este sistema (drupal.org/node/236213), Isabella V. ha abandonado Drupal. Parece que no ha reanudado su actividad con la denominación: *She's a flight risk*, por lo que las referencias a este *blog* no pueden verificarse. (*N. del T.*)

**** Respectivamente: "Isabella, ¿estás bien?", "espero que todo esté bien en tu mundo" y "¿adónde has ido?" (*N. del T.*)

***** La palabra inglesa utilizada en el original es *affordances*, neologismo introducido en 1966 por el psicólogo estadounidense J. J. GIBSON. Podría definirse como el aspecto físico de un objeto que permite deducir al usuario su funcionalidad o sus mecanismos de funcionamiento. En el contexto presente, parece que el *blog*, frente a la publicación en papel, sugiere muchos usos diferentes, posibilidades distintas, razón por la que hemos traducido la expresión tal como aparece en el texto. (*N. del T.*)

© Ediciones Morata, S. L.

capacidad de utilizar imágenes y funciones de comentario, en vez de limitarse simplemente a ser un medio de publicación de historias serializadas (THOMAS, 2005, s/pág.). Dice THOMAS que la forma más popular de los *blogs* de ficción es "una crónica de las aventuras de una o más personas contada con el estilo de un diario en primera persona" (*ibid.*), y señala como un buen ejemplo de este tipo *The Glass House* (invisiblejames.com, en la actualidad interrumpido). El autor, Steve ELEY (y su esposa, Anna, que escribe las partes correspondientes a un personaje femenino), utilizaba la función de comentarios del *blog* para incluir comentarios hechos por los amigos de ficción de James, el protagonista de la historia*. Según THOMAS,

> éste no solo explota al máximo las posibilidades del *blogueo*... sino que añade ingeniosamente otro estrato a la narración. Cada uno de los personajes que escribe comentarios adopta también un estilo particular y la repetición de este estilo construye una imagen de su personaje. Cuando las personas reales dejan comentarios o hacen preguntas sobre la historia o aparentes incongruencias de la misma, James da la respuesta o explicación en un *post* posterior.
>
> (THOMAS, 2005, s/pág.)

A medida que se desarrolla la historia, James hace buen uso también de los hiperenlaces y de enlaces con "canciones, *Wikipedia*, poesía, libros que está leyendo, noticias e incluso a los *posts* de otros *blogueros*" (*ibid.*).

En general, la gama de los *blogs* de ficción es muy amplia. Abarca *blogs* que tratan de cosas reales, escritos por personajes de ficción; *blogs* escritos por personajes supuestos tomados de la vida real (por ej., el *blog* de la falsa Harriet Miers, en harrietmiers.blogspot.com, que parodiaba a la jueza que estuvo a punto de ser elegida para el Tribunal Supremo de los EE.UU.), o *blogs* escritos por álter egos bien perfilados (por ej., shoeblogs.com, de Manolo). Otras formas son los *blogs* de historias de carácter comercial, utilizados para promover productos o series de televisión (por ej., el *blog Morris Telford* de la BBC, o el *blog* de Barbie de Mattel), *blogs* narrativos que utilizan todas las características del *blog* (por ej., ordenación cronológica de los *posts*, hiperenlaces, imágenes) para publicar una historia. Estos relatos pueden estar contenidos en un único *blog*, llamados a veces, en los países de habla inglesa, "blovels" (por ej.: *Entia*, en: www.entia.tv), o distribuidos entre *blogs* y otros medios. Otros ejemplos son las telenovelas en español, en forma de *blogs* escritos e ilustrados (mujergorda.bitacoras.com) y los *posts* de *fanfiction*, en forma de un diario de ficción del personaje central o en forma de juego de rol narrativo (cf.: THOMAS, 2005; WRIGHT, 2004).

---

* En la actualidad, el nombre *The Glass House* es el título de un *blog* (ianrumsby.wordpress.com) que nada tiene que ver con el anterior, y la dirección invisiblejames.com corresponde a un portal-índice de firmas comerciales, lo que indica que el *blog* de ficción comentado ya no existe. Su autor, Steve Eley, es autor de literatura del género conocido como "ficción especulativa", que engloba los subgéneros de ciencia-ficción, terror, fantasía, etc. En la actualidad dirige y realiza varios *podcasts* de ese género. (*N. del T.*)

Reflexión y comentario

Dedique algún tiempo a leer distintos tipos de *blogs* de ficción, como:

- Shes.aflightrisk.org/mt-archives/000002.html (narrativo)
- www.entia.tv (narrativo)
- Invisiblejames.com (narrativo; cliquee en "the beginning" o en "December 2004" en la columna de la derecha de la página principal)
- Shoeblogs.com (autor ficticio, *blog* del mundo real)
- Mujergorda.bitacoras.com (tipo telenovela)
- Harrietmiers.blogspot.com (parodia de ficción)
- El *blog* de Morris Telford (bbc.co.uk/shropshire/features/blog)
- Y otros relacionados en: fictionblogs2.blogspot.com

¿Hasta qué punto está aumentando la popularidad de los *blogs* de ficción, tanto porque haya más personas que los escriban como con que sean más quienes los lean?

¿Qué consecuencias podrían tener estos enfoques de la ficción para la enseñanza en los diversos niveles de la misma?

Híbridos

En los *blogs* híbridos, los *posts* son combinación de enlaces con comentario y contenidos más parecidos a los diarios. Esta categoría de *blogs* es extremadamente variada y muchos de los *blogs* clasificados entre los primeros de Technorati (marzo de 2006) son de este tipo (por ej.: boingboing.net, michellemalkin.com, dailykos.com y thoughtmechanics.com).

El *blog* de Steven JOHNSON (stevenberlinjohnson.com) es un buen ejemplo de *blog* personal híbrido y lo hemos seguido con regularidad desde que empezó. JOHNSON es un comentarista y autor influyente sobre la temática de Internet y dirigió la legendaria revista en línea *Feed* a finales de la década de 1990. Quizá habría que presentarlo como intelectual público de Internet. JOHNSON es un importante semiólogo de la Brown University y autor de libros sobre la cultura de interfaz, la teoría del cerebro y la cultura popular e inició su *weblog* el 11 de noviembre de 2002. Se ha convertido en una conocida fuente de opinión sobre cuestiones relativas a la cultura de Internet, la política, la cognición, el desarrollo urbano de Nueva York, noticias de alta tecnología, arquitectura de paisajes, diseño en general, media contemporáneos y prácticas culturales populares cotidianas. Su reciente libro: *Everything Bad is Good for You: How Today's Popular Culture is Actually Making Us Smarter**, ha sido un superventas. JOHNSON está muy bien conectado con el mundo de Internet y sus artículos se publican en una serie de revistas y periódicos, incluyendo *Discover* (discover.com), para la que escribe una columna regular, y *Wired*, una conocida revista *geek***.

---

* "Todo lo malo es bueno para usted: Cómo, en realidad, la cultura popular nos está haciendo más listos". (*N. del T.*)

** Término de la jerga tecnológico-informática que se refiere a una persona muy interesada por la tecnología y la informática y los aparatos y dispositivos relacionados con ellas. Como curiosidad, cabe decir que, en España, suele pronunciarse más o menos como: "ysiik" (/dƷi:k/, según el alfabeto fonético internacional, mientras que la pronunciación original en inglés es parecida a "guik" (/gi:k/). (*N. del T.*)

El diseño del *blog* de JOHNSON enfatiza la economía y la claridad, es rico en hiperenlaces sobre temas tratados en los *posts* regulares (suelen ser 3 ó 4 por semana) y destaca claramente en primer plano el trabajo y el perfil personal de JOHNSON. En el momento de redactar esto, en la columna derecha aparece una pequeña foto en color de JOHNSON, una breve nota biográfica, unas cortas descripciones promocionales de sus libros, con los correspondientes enlaces con Amazon.com, una corta lista de enlaces con algunos de sus ensayos más recientes, una lista de temas tratados en sus *posts* más recientes e hiperenlaces con los archivos de su *blog* hasta junio de 2005*.

Tras dedicar un momento a examinar el *blog* de JOHNSON, el lector "avisado" se habrá hecho una idea de cosas como éstas:

- Cómo quiere JOHNSON ser visto públicamente: el *blog* cumple una importante función de construcción y muestra de la identidad.
- Por qué mantiene JOHNSON un *blog*, razones que van desde promover su obra hasta adoptar una postura acerca de problemas actuales que considera importantes (por ejemplo, la *frikonomía***).
- Algunos "mapas de afinidades" potencialmente importantes, por ej., constelaciones de personas influyentes en la *blogosfera* que adoptan posturas acerca de las cuestiones que JOHNSON considera importantes.
- Una perspectiva sobre una serie de innovaciones y cuestiones tecnológicas.

Los lectores se darán cuenta de que pueden recoger información rápida y fácilmente gracias a la "limpieza" y "sencillez" de la plantilla del *blog* y la coherencia de sus hiperenlaces. Además, verán que JOHNSON utiliza unas fuentes que para mucha gente son creíbles, aun en el caso de que personalmente no se esté de acuerdo con sus perspectivas. En nuestro caso, es raro cuando salimos del *blog* con la sensación de haber perdido el tiempo. Es más, el *blog* de JOHNSON ejemplifica lo que señalaremos como las cosas que más buscamos en un *blog*.

La calidad de los blogs

La cuestión de lo que hace que un *blog* sea de buena calidad es complicada. Un escéptico diría que el gusto no tiene explicación. Desde la perspectiva de colegas revisores autonombrados de calidad, el pecado capital del *blogueo* es ser aburrido.

---

* En abril de 2008, se mantiene, en líneas generales, el mismo diseño, añadiéndose tras la foto un enlace con la página de JOHNSON en Twitter.com, un servicio de *microblogueo* de texto, en el que cada *post* no puede ocupar más de 140 caracteres; un anuncio y enlace con "próximos acontecimientos" tras su biografía, y los enlaces directos con los archivos del *blog* llegan hasta junio de 2007, más un enlace con la relación completa de archivos mensuales desde que se inauguró el *blog*. (*N. del T.*)

** En el original: *freakonomics*, que es el término que sirve de título, tanto en inglés como en castellano, a una obra del economista Steven D. Levitt y del periodista Stephen J. Dubner, publicada en inglés en 2005 y en castellano en 2006, que se ocupa de los aspectos económicos de ciertas vertientes de la vida social que no suelen tratar los economistas "ortodoxos". El término funde la palabra inglesa *freak* ("extravagante", "estrafalario") con *economics* ("economía"). *Freak* ha entrado también en la jerga informático-tecnológica castellana, aunque suele utilizarse en su versión castellanizada, *friki*, para designar a la persona interesada u obsesionada con un tema o afición. En España, se emplea a menudo como sinónimo de *geek*. (*N. del T.*)

© Ediciones Morata, S. L.

Los Anti-Bloggie Awards anuales (véase: leiascofield.com/antibloggies*), a veces, son implacablemente severos con respecto al "efecto del sándwich de queso": los *blogs* que lo sufren son los que no tienen nada más que decir que lo que sus autores han comido ese día. Desde otros puntos de vista, esto podría considerarse elitista y cabría decir que el criterio relevante es que un *blog* debe ser interesante. Si lo banal puede presentarse así, hasta cierto punto, esto sería un elemento a favor de su calidad; al menos a los ojos de quienes lo encuentren interesante.

Al lado del criterio evidente del interés que susciten, hay otros tres criterios que, a nuestro modo de ver, caracterizan los *blogs* eficaces. Son éstos: 1) evidencia de una finalidad clara y fuerte; 2) un punto de vista reconocible y bien informado, y 3) una buena presentación.

Finalidad

A menos que su creador tenga una finalidad auténtica, con independencia de lo caprichosa que pueda ser, es poco probable que un *blog* sobreviva a las exigencias de tiempo, energía, ingenio, relaciones y otras formas de expresión de la identidad inherentes al mantenimiento de un *blog* duradero y eficaz. Los servicios de agregación que distinguen entre *blogs* activos e inactivos o "antiguos" y calculan las proporciones de cada tipo facilitan, en efecto, un índice del grado relativo de motivación o finalidad de los *blogueros* (véase, por ejemplo: Blogcount.com). Estos servicios de agregación tienden a contar sólo como *blogs* los considerados activos, lo que, por regla general, significa *blogs* que se actualizan con un *post* al menos por determinado período de tiempo (por ej., dos semanas, un mes). Por ejemplo, el 14 de marzo de 2006, Livejournal.com alojaba 9.761.877 cuentas de *blogs* y mencionaba como "activos de alguna manera" (livejournal.com/stats) 1.995.445. También indicaba la existencia de 6.628.623 *blogs* creados pero que nunca se actualizaron**. Aunque los fines que impulsen un *blog* puedan ser de cualquier tipo, han de ser lo bastante motivadores para mantener activo el *blog* y estar suficientemente bien definidos y contenidos para que el autor pueda generar *posts* y enlaces que mantengan a los lectores interesados y convencidos de la credibilidad o seriedad del *bloguero*.

En muchos casos, un sentido fuerte y comprometido de finalidad puede ser casi suficiente de por sí para mantener un grupo fiel de lectores, si comparten una finalidad u orientación de valor similar. Al menos, es probable que esto dé coherencia a un *blog* y refuerce el sentido de identidad de los lectores. También es probable que contribuya a dar un espíritu al *blog*. Un buen caso, aunque extremo, de un *blog* bendecido con un sentido de finalidad fuerte y claro puede ser *A Family in Baghdad* (afamilyinbaghdad.blogspot.com), que documenta las experiencias de guerra de una familia de Irak y sus efectos en su vida cotidiana en la capital del

---

* En abril de 2008, parece que los premios Anti-Bloggie han desaparecido; la dirección señalada en el texto: leiascofield.com/antibloggies, ha desaparecido, dando acceso al *blog* de Leia Scofield, pero indicando que "no se encuentra" el proyecto solicitado. Lo mismo ocurre, por ejemplo, en esta otra dirección: www.davezilla.com/anti-bloggie/index.html. (*N. del T.*)

** El 4 de abril de 2008, los *blogs* alojados en Livejournal.com eran: 15.285.547, de los que estaban activos: 1.755.731, y nunca se habían actualizado: 9.201.146. (*N. del T.*)

país. Escrito en su mayor parte por la madre de familia, el *blog* atrae poderosamente a los lectores y ha generado algunos resultados interesantes. Por ejemplo, el *post* de 9 de marzo de 2006 decía:

> Buenos días...
> todavía en Washington para reunirnos con personas y congresistas para hablar de Irak. nuestros días están muy ocupados y son muy largos, estamos muy cansados, pero nos decimos a nosotros mismos que tenemos que aguantar todo esto en beneficio del pueblo iraquí, que, durante estos tres años de guerra, sufre o muere.
> ayer... estuvimos en nuestra marcha hacia la Casa Blanca, con unas 200 mujeres, pidiendo a la Administración Bush que detenga la guerra en Irak, saque las tropas y ayude a los iraquíes a reconstruir su país con sus manos...

Una búsqueda en Technorati, utilizando la URL de este *blog* como término de búsqueda mostraba que había sido enlazado desde otros 150 *blogs*, lo que indicaba una presencia muy real y extendida de este *blog* en la *blogosfera*.

La longevidad de un *blog* indica que su autor mantiene una finalidad convincente. Los *blogs Scripting News* (scripting.com), *Rebecca's Pocket* (rebeccablood.com) y *Kottke* (kottke.org) comenzaron antes o durante el año 2000 y mantienen un amplio grupo de seguidores.

> **Reflexión y comentario**
>
> Examine tres *blogs*: *Scripting News*, *Rebecca's Pocket* y *Kottke.org*, todos ellos notables por su longevidad y amplio conjunto de lectores (de hecho, Jason Kottke, de Kottke.org, se gana la vida con su *blog*):
>
> - ¿Cuál le parece la *finalidad* de cada uno de estos *blogs*? ¿Cómo lo sabe? La finalidad de cada uno, ¿ha cambiado con el tiempo o no?
> - ¿Qué aspectos de su finalidad parecen mantener *blogueando* a estos tres *blogueros*?
> - ¿Qué cree que pueden aprender de esto las personas que no han *blogueado* nunca o que se inician ahora en ello?

Punto de vista

Nuestro segundo criterio que ha de cumplir un *blog* de buena calidad es que tenga un punto de vista reconocible y bien informado. Suele reconocerse que éste es fundamental en relación con la actividad de *bloguear*. Julian DIBBELL (DIBBELL, 2002) insiste en que un *blog* sin un punto de vista es prácticamente una contradicción en sus términos.

BLOOD (rebeccablood.com), una de las primeras *blogueras* y cronista del *blogueo*, como mencionamos en la sección anterior, reflexiona sobre su conciencia de la importancia del punto de vista para sus propias actividades de *blogueo* y explica:

> Poco después de empezar a hacer Rebecca's Pocket [su *blog*], me percaté de dos efectos colaterales que no había previsto. Primero, descubrí mis propios intereses. Creía que sabía lo que me interesaba, pero, después de enlazar historias duran-

te unos meses, pude darme cuenta de que me interesaban mucho más la ciencia, la arqueología y los problemas de injusticia de lo que pensaba. Más importante aún: comencé a valorar mucho más mi propio punto de vista. Al componer mi texto de enlace cotidiano, consideraba cuidadosamente mis propias opiniones e ideas y empecé a tener la sensación de que mi perspectiva era única e importante.

(BLOOD, 2002b, pág. 12.)

El lema de un *blog* indica a menudo el punto de vista del *bloguero* (por ej., el lema del muy premiado *blog* Queerty.com dice: *"Free of an agenda. Except that gay one"**). La sección de "perfil" de un *blog* también puede incluir una declaración explícita del punto de vista del *bloguero*. Quizá de un modo menos directo, el *blogroll*** del *bloguero*, la lista de favoritos o la lista de amigos también pueden decir mucho acerca de su punto de vista. Por ejemplo, parte del *blogroll* de *Baghdad Burning* (riverbendblog.blogspot.com), un relato escrito por una joven testigo ocular y cuyo eslogan dice: *"Girl Blog from Iraq... let's talk war, politics and occupation"****, incluye enlaces con sitios web como: Iraq Occupation Watch, Iraq Body Count, International Action Center y a *blogs* escritos por *blogueros* iraquíes que ofrecen relatos de testigos oculares de la ocupación real, opuestos con frecuencia a las noticias de los medios estadounidenses en relación con el progreso de la guerra. *Baghdad Burning* ganó el premio 2006 Bloggies para "el mejor *blog* de Oriente Medio o africano".

> **Reflexión y comentario**
>
> ¿Qué diferencia hay entre la finalidad y el punto de vista con respecto al *blogueo*?
>
> Utilice el portal: Educational.blogs.com, para localizar y examinar una serie de *blogs* de escuelas y clases (aunque no de *blogs* personales de profesores y maestros):
>
> - ¿Hasta qué punto los *blogs* escolares que ha examinado presentan a los lectores un punto de vista identificable?
> - ¿Qué le dicen sus hallazgos?

Calidad de presentación

Los *blogueros* serios se dedican a hacer *posts* cuidadosamente elaborados y bien informados. Entre los consejos a los *blogueros* principiantes, suele enfatizarse la necesidad de una redacción de buena calidad y accesible. En las indicaciones de Jennifer GARRET (c. 2005, s/pág.) para los principiantes en el sitio web de publicación de *blogs* Blogger.com figura la observación de que "un *blog* bien escrito manifiesta respeto al medio y al lector". Jane PERRONE, un periodista de

---

* "Sin ningún plan, salvo el gay". (*N. del T.*)
** El término inglés *blogroll* se utiliza de forma habitual entre los *blogueros* de habla hispana. No es más que la lista de *blogs* recomendados por el *bloguero*, que suele aparecer en una de las columnas laterales de los *blogs*. (*N. del T.*)
*** "*Blog* de una chica desde Iraq... hablemos de la guerra, la política y la ocupación". (*N. del T.*)

The Guardian, llama la atención de los lectores sobre el estilo de escritura utilizado por Tom Reynolds (randomreality.blogware.com), un conocido *bloguero* inglés que escribe sobre su vida laboral como técnico sanitario del servicio de ambulancias. Dice Perrone:

> Lo que mantiene a los lectores con hambre de actualizaciones no es sólo el tema de la vida y la muerte; a pesar de afirmar que "escribiendo es absolutamente pésimo", Reynolds tiene una hábil forma de hablar junto con un negro sentido del humor.
> (2004, s/pág.)

Se entrelazan los aspectos del diseño y el estilo de escritura y la presentación general. Tener un estilo consistente en cuanto a tipos, disposición del texto y demás "ayuda a [dirigir] la atención de los lectores a una zona específica" y tener un estilo característico de redacción "ayuda a hacerse con lectores regulares" (Shanmugasundaram, 2002, pág. 143). Otros *blogueros* optan por enfatizar la importancia de comentarios relevantes sobre los artículos que ponen con el fin de promover una comunidad de lectores y comentaristas cohesiva y bien informada. Por ejemplo, cada artículo del *blog* de Plasticbag.org va acompañado por una amable invitación: "Por favor, recuerde procurar que sus comentarios sean sobre el tema, informativos y educados. Recibimos con gusto los puntos de vista poco habituales en la medida en que sean pertinentes".

Muchos *blogueros* muy conocidos adoptan formatos limpios y escuetos, utilizando una prosa concisa y aprovechando los recursos en línea existentes (a través de hiperenlaces) para comunicar información o ideas en vez de repetir contenidos que ya pueda encontrar la persona que busque con criterio (cf.: BoingBoing.com o Kottke.org) o centrar la atención del lector en el contenido del *post* (por ej.: Littleyellowdifferent.com o Joshuaink.com). Los *blogs* eficaces facilitan la navegación por ellos y conservan las prácticas de navegación establecidas y que se reconocen rápidamente (por ej., el texto azul subrayado señala un hiperenlace). Además, por supuesto, para ser eficaces, los *blogs* deben ser accesibles. Esto se traduce en prácticas como evitar el uso de imágenes y de otros medios (como animaciones) innecesarios que consuman mucho ancho de banda para facilitar que los tiempos de carga sean reducidos y asegurarse de que las plantillas utilizadas y demás aspectos de la presentación pueda leerlos un amplio conjunto de navegadores de Internet (por ej.: Safari, Mozilla, Firefox, Netscape Communicator, Internet Explorer).

El blogueo como actividad participativa

Un concepto de participación

"Participación" significa implicación en algún tipo de finalidad o actividad compartida, tomar parte en alguna clase de tarea en la que estén implicadas otras personas. Los tipos de actividades en las que uno pueda participar pueden ser cosas que ya estén más o menos establecidas, con normas y criterios más o menos reconocidos. También puede tratarse de cosas en evolución y que se estén desarrollando, de manera que la participación propia intervenga en la construcción de una actividad, afinidad o comunidad que pueda seguir evolucionando. Una vez más, pueden ser cosas que surjan de repente y en torno a las cuales se movilicen las personas. La movilización puede limitarse a un corto espacio de tiempo, si la finalidad o propósito se cumple y desaparece la razón de participar. La participación podría terminar antes de que hubiera tiempo de configurar una actividad. En tales casos, los participantes aportan a la situación unos procedimientos e ideas adquiridos en otra parte y actúan de acuerdo con ellos hasta que se cumple la finalidad de la participación. Es ésta una dimensión amplia en la que pueden variar las formas de participación en la *blogosfera*.

Con respecto a las finalidades y rutinas más o menos establecidas, podemos pensar en actividades del estilo de participar en discusiones formales de problemas o en redes de amistades. Podemos encontrar un ejemplo de participación en la construcción de una actividad o afinidad que pueda seguir evolucionando en los esfuerzos para construir *blogs* de ficción: ¿cómo *podrían* movilizarse el dinamismo, la interactividad y la globalidad de la web en tareas creativas para construir nuevas formas culturales de expresión? Con respecto a la participación impulsada por acontecimientos, como comentamos más adelante, los *blogueros* también pueden movilizarse masivamente en poco tiempo para cuestionar una opinión o estado de cosas y alcanzar un resultado, como en el caso de un informe televisado de un reportero y comentarista televisivo estadounidense, Dan RATHER, que se basaba en lo que (sin saberlo RATHER) era un conjunto de documentos falsos e inventados, tal como se demostró (véanse las págs. 170-171).

La participación puede cambiar de acuerdo con otras dimensiones y variables relevantes también para el *weblogueo*, como la escala y visibilidad de un "proyecto, el propio nivel y grado de actividad, el tipo de actividad implicada, etcétera. Estas variables pueden relacionarse de formas interesantes. En 2003, Clay SHIRKY hablaba de la "cabeza" y la "larga cola" de la "distribución de la ley del poder" entre los *blogs* y algunas consecuencias de la forma de distribuirse la atención y el poder en la *blogosfera*. La cuestión es que una exigua proporción del vasto número de *blogs* que existen explica una gran proporción de los enlaces entrantes. Una cantidad de *blogs* relativamente pequeña concita una atención relativamente amplia y la inmensa mayoría de los *blogs* captan poca atención en lo que se refiere a número de lectores y enlaces entrantes. Esto tiene interesantes, aunque obvias, implicaciones con respecto a la "participación". SHIRKY explica, por ejemplo, que cuanto más crece la audiencia de un *bloguero*, menos puede leer los *blogs* de otras personas, contestar a sus comentarios, enlazar con otros *blogs*, etcétera. Ese *bloguero* acaba convirtiéndose, en efecto, en "un emisor de salida, que distribuye material sin participar en conversaciones sobre él" (SHIRKY, 2003, s/pág.).

SHIRKY podría haber estado refiriéndose a una *bloguera* como Michelle Malkin, una columnista afincada en los EE.UU. cuyos trabajos publica en diversos medios (Michellemalkin.com). La función de comentarios de su *blog* está desactivada y el único servicio que mantiene para cada *post* es el enlace de *trackback*. Si se hace clic en el icono de *trackback* de un *post*, el lector puede ver quién ha enlazado un *post* suyo en otro *blog* con ese *post*. El trabajo de Malkin como "material expuesto" ingresa en un discurso más amplio al ser tomado por los *blogs* de otras personas. Su material se convierte en catalizador de la participación de otros, incluyendo a quienes enlazan con los *posts* realizados por personas que han aportado material de Malkin en sus *posts*. Sin embargo, la misma Malkin no aparece en esas conversaciones. Las facilita, pero no como participante. Esto se acerca mucho a la pura emisión. Mientras tanto, dice SHIRKY, las cosas son muy diferentes en la cola de la *blogosfera*:

> La larga cola de los *weblogs* con pocos lectores será conversacional. En un mundo en el que la mayoría de los *blogueros* tienen un tráfico inferior a la media, la magnitud de la audiencia no puede ser la única medida del éxito. LiveJournal lo comprendió hace años, dando por supuesto que la gente escribiría para sus amigos, en vez de para un público impersonal. Publicar un ensayo y que lo lean tres personas por casualidad es una receta para el desánimo, pero publicar un relato de su noche de sábado y que lo lean sus tres mejores amigos es como una conversación, sobre todo si ellos le siguen con sus propios relatos.
> (shirky.com/writings/powerlaw_weblog.html.)

Además de llevar un *weblog* y poner *posts* con regularidad (que, en todo caso, es el resultado final del *blogueo*), los *blogueros* tienen numerosas formas de *participar* (o sea, "pasos" que pueden dar) y distintos niveles de intensidad y de implicación en los que puede darse esa participación. A los efectos presentes, podemos distinguir entre una participación dirigida a otras personas concretas, una participación dirigida a una comunidad mayor y una participación dirigida a ambas. Bastarán dos ejemplos.

Primero, podemos mirar el *post* y la sucesión de comentarios del *blog* de Encaustic *Because; We are Ordinary People* del 5 de marzo de 2006. El *post* habla de la visita a la Feria de Educación del Reino Unido. Concluye con la observación (ligeramente corregida):

> Es bastante triste que las universidades que más me interesan (Durham, UCL, King's College, Leicester, LSE*) no estuvieran en la feria. ¡Ah!, y la mujer de la caseta de información de Nottingham era una... baaa. "**Lo siento, debido a la competición para conseguir una de las muy limitadas plazas de la Facultad de Derecho de Nottingham, la facultad no considera las solicitudes a las que sólo se adjunte como título un diploma**". Ahora, odio Nottingham.
> (users.livejournal.com/encaustic_/15581.html; la negrita aparece en el original).

La sucesión de comentarios que sigue implica un intercambio entre Encaustic y Sun_skittle:

> **Sun_skittle:** Hola. Estaba saltando de un *blog* a otro y di con tu LJ**. Durham es una gran elección y ellos reconocen sin problemas y están dispuestos a aceptar el diploma en Derecho de TP***, aunque no estoy muy seguro del tipo de titulaciones que contemplan. ¡Te deseo lo mejor en los exámenes!

---

* *UCL* es el *University College London*, el *college* multifacultativo más antiguo de las instituciones que componen la *University of London*. *LSE* es la *London School of Economics and Political Science*, centro universitario de máximo prestigio mundial. (*N. del T.*)

** *LJ*: LiveJournal, el servicio de alojamiento de *blogs* en el que está el antiguo de Encaustic. (*N. del T.*)

*** "TP" es el *Temasek Polytechnic* de Singapur. (*N. del T.*)

© Ediciones Morata, S. L.

Encaustic: Bien. Fenómeno. Veo que también estuviste en TP. ¿Qué carrera hiciste allí? ¿También has hecho Derecho en Durham? =) *

Sun_skittle: También hice Derecho en TP y ahora estoy estudiando derecho en durham (sic). Sí... por eso le estoy haciendo propaganda descaradamente.

Encaustic: ¡TÍO! ERES MI ÍDOLO O ALGO ASÍ. Me gustaría mucho ir a Durham. ¿Cuál es la nota media en todas las materias en los tres cursos? ¿Nota media acumulativa? Estoy seguro de que Durham tendría en cuenta otros factores, como la participación en CCA**, puestos de liderazgo y cosas así. Perdona por acosarte con todas estas preguntas, pero es que: "¡DIOS, UNO QUE ESTÁ EN DURHAM!", jaja.

Sun_skittle: Bueno... es fácil. Así de repente no recuerdo cuál era mi nota media acumulativa ¿quizá una B de media?, pero sí, tienen en cuenta tus notas y actividades entre otras cosas, aunque no tan estrictamente como lo hacen las unis de Singapur. Creo que hay un libro en el British Council sobre lo que piden los distintos departamentos de derecho. Es muy útil. Pero mantén abiertas tus opciones... :)

Encaustic: ¿Puedo añadirte como amigo?

Sun_skittle: claro :)

Esta secuencia presenta un encuentro casual en un *blog* que va seguido por un breve intercambio de información hasta el punto en el que el *bloguero* pide permiso para añadir al comentarista a su lista de "amigos". Esto da oportunidad para establecer otros contactos y para la introducción de cada uno en las redes de *blogueo* del otro. También puede acabar en nada. La interacción es de uno a uno, bastante intensa (al menos por parte de Encaustic), relacionada con cuestiones concretas y es poco probable que interese a alguien aparte de los dos interlocutores.

En marcado contraste, podemos considerar una corta cadena de enlaces que seguimos a partir de un *post* debido a Steven JOHNSON el 2 de junio de 2004, con el título: "Los *blogueros* salvan el mundo". JOHNSON decía en su *post* (los hiperenlaces originales aparecen subrayados): "Mi amigo Jeff Jarvis me ha alertado del elogiable sitio Spirit of America". El clic en el primer hiperenlace llevaba al sitio de Jarvis y a un *post* que este había hecho el día anterior (1 de junio), con información sobre la iniciativa del *Spirit of America*, que estaba organizando donaciones de cosas para enviar a Iraq, debido a la invasión de ese país liderada por EE.UU. Al hacer avanzar por la pantalla el texto del *post* de Jarvis, se podía leer una lista de homenaje a personas que habían apoyado la iniciativa. Al final de los homenajes había un comentario con un hiperenlace: "Sorpresa, sorpresa, sorpresa: Dave Winer discrepa". El clic en el hiperenlace llevaba al *post* de WINER del 1 de junio en su blog *Scripting News* (scripting.com). Este *post* concluye así (en el texto siguiente aparecen subrayados los hiperenlaces originales):

Jeff Jarvis está promoviendo un sitio llamado Spirit of America. No sé mucho sobre él y yo no suscribo causas políticas de las que no sepa mucho. Veo que otros

---

* Los signos "=)" y ":)" que aparecen en esta transcripción de conversación son emoticonos que indican "sonrisa". Forman parte del conjunto de signos que se utilizan en Internet para denotar estados de ánimo o situaciones. En castellano se sigue utilizando la denominación inglesa original: *smileys* (plural de *smiley*: "mostrar una sonrisa"). Posteriormente surgió el nombre *emoticons* para designar estos signos, que se han castellanizado como "emoticonos". (*N. del T.*)

** *Co-curricular activities*: "actividades cocurriculares". Antes se denominaban: *Extra-curricular activities*. En Singapur abarcan gran cantidad de actividades y tienen repercusiones académicas. (*N. del T.*)

blogueros le cantan encendidas alabanzas, pero, ¿cómo pueden conocerlo? No creo que los *blogs* deban utilizarse como programas de televisión. He dicho que no suscribo causas que no entiendo. Supongo que es una forma educada de decir que ni siquiera me *gusta* lo que están haciendo. Creo que, en América, tenemos que recuperarnos, nuestro tiempo ha pasado, a menos que dejemos de engullir tanta gasolina y comencemos a elegir a líderes con cerebro, moral y valor. Siento que tengo que decir que me gusta Jeff, desde luego que sí, en dos ocasiones se ha mostrado dispuesto a ayudarme en BloggerCon y lo aprecio, pero su política está a 180º de la mía, incluso en la táctica. Creo que lo mejor que EE.UU. puede hacer por el mundo es poner en orden nuestra propia casa y dejar de tratar de arreglar el mundo, algo que estamos haciendo rematadamente mal.

El *post* de Jarvis, repleto de hiperenlaces que se abren a diversos espacios *blogueros* vinculados entonces a la invasión de Iraq, así como a personas que apoyan la iniciativa *Spirit of America*, puede verse en: buzzmachine.com/archives/2004_06_01.html. Y parte del fruto obtenido en ramas elevadas del árbol de participación del *blogueo*, pueden verse algunas muestras en el *blog* de Britt Blaser: blaserco.com/blogs/2004/06/02.html. El punto de vista es importante y las expresiones de puntos de vista verdaderamente valerosos, aunque sean polémicos, no tienen precio. Aunque muchos de los comentarios que siguieron al *post* del *blog* de Winer eran reacciones viscerales de bajo nivel y comentarios ad hominem del tipo habitual en cualquier "espacio de opinión popular", queda en pie el hecho de que las posturas opuestas que se manifiestan en el meollo del intercambio, crean un contexto para un diálogo serio y potencialmente fructífero que difícilmente podría mejorarse en un texto publicado formalmente.

Herramientas para la participación

Estrictamente hablando, cualquiera puede participar activamente y en muchos niveles en el mundo de los *weblogs* sin tener un *blog* propio, aunque, dependiendo de las normas y preferencias del proveedor del *blog* en el que uno quiera comentar y del *bloguero* en cuestión, puede ser preciso tener registrada una cuenta de *blog* con ese proveedor para poder poner comentarios en el *blog* de otra persona. Por regla general, los *blogueros* principiantes comienzan en un servicio de alojamiento gratuito, como Blogger (blogger.com) o LiveJournal (livejournal.com). Éstos (en conjunción con servicios de *metablog*; véase anteriormente) facilitan las herramientas básicas para un *blogueo* participativo. La descripción siguiente está basada en Blogger.com, como estándar:

El medio más directo para la participación es la función de comentarios, a la que se accede haciendo clic en un icono o hiperenlace que aparece al final de cada *post* de un *blog* (véase la Figura 5.3). Como indicamos, la posibilidad de comentar puede ser función de los parámetros establecidos por el *bloguero* o por el servicio de alojamiento de *blogs*. Cuando se permiten los comentarios anónimos, no hay ningún obstáculo. La mayoría de los *blogueros* quieren recibir comentarios —siempre que no sean *spam* u otras formas de abuso— y tratan de facilitar las cosas al máximo. Como vimos antes, desde el punto de vista del comentarista, esta forma de participación puede extenderse, haciendo comenta-

© Ediciones Morata, S. L.

// **posted by Colin @ 11:18 AM 1 comments   links to this post**

Figura 5.3. *Una muestra del enlace a los comentarios a continuación de un* post *de un* blog.

rios a la respuesta del *bloguero* al comentario de otra persona. Desde el punto de vista del *bloguero*, si quiere, puede responder a los comentarios de dos maneras: añadiendo un comentario a otro anterior y también aprovechando un comentario para convertirlo en el tema de un *post* posterior.

Un segundo medio razonablemente sencillo de participar es crear un enlace. Los enlaces principales son de dos tipos: con un *blog* y con un *post* concreto de un *blog*. En el caso de un *blog* que le parezca interesante y con el que desee asociarse —quizá como forma de indicar a otros que un aspecto de sí mismo es el de alguien que lee *blogs* como el enlazado—, la forma de hacerlo es enlazando ese *blog* con el suyo (por ej., añadiéndolo al *blogroll* de su barra lateral o a su "lista de amigos"). En el caso de un *post* concreto que le resulte interesante y que quiera seguir en un *post* de su propio *blog*, puede utilizar la función "Enlaces con este *post*" (o el hiperenlace "*permalink*" en otros tipos de *blogs*, como indicamos en el Capítulo III), inmediatamente a continuación del *post* con el que pretenda enlazar el suyo (véase la Figura 5.3). Al hacer clic en este enlace se abre un recuadro de diálogo en el que puede componer un *post* en la URL permanente de este *blog* y enviarlo directamente al suyo como un *post* completo. En Blogger hay también una función de correo electrónico que permite enviar el *post* original directamente a sí mismo o a otra persona. Así, un lector puede dar el primer paso para abrir el *post* de otra persona a un público más amplio.

La incorporación de un enlace con el *blog* de otra persona en el *blog* propio crea, en efecto, un enlace anotado. La anotación supondrá la manifestación de cierto punto de vista acerca del *blog* original (véase el ejemplo de Winer en las págs. 165-166). A partir de ahí, otras personas pueden hacer clic en el enlace y pasar al *post* original, así como incluir un enlace con el mismo y con el de usted, ramificando la divulgación del comentario o diálogo. Esto también funciona de otra manera. Cuando B crea un enlace con el *post* escrito por A, queda señalado por la función *"trackback"* al final del *post* de A. De ese modo, otra persona, C, que lea el *post* de A puede llegar al *post* de B haciendo clic en el enlace de *trackback* (en Blogger, "Enlaces con este *post*" cumple también esta finalidad, relacionando todos los *blogs* que enlazan con ese *post* concreto). Cuando se han establecido varios enlaces con un *post* desde *blogs* diferentes, ya tenemos en marcha una red de participación a la que puede accederse a través de la función *trackback*. Los agregadores, como Blogdex, y los buscadores, como Technorati, registran todos esos enlaces, lo que significa que otras personas que busquen por palabras clave o etiquetas en áreas cubiertas por los *blogs* en cuestión tendrán más oportunidades de llegar hasta un *post* con el que hayan enlazado muchos *blogs* y de leer y participar de forma más activa en lo que suceda en esa red de enlaces.

La última herramienta elemental de participación de la que nos ocuparemos aquí es la sindicación, de la que fue un desarrollador clave el antes mencionado

Dave WINER. Es muy frecuente aludir a este procedimiento con las siglas RSS, *really simple syndication*, en la que intervienen unas líneas de código que establecen una "suscripción" a los contenidos de un *blog*. El código asigna una dirección de "sindicación" para cada *blog* (originalmente, el código terminaba con la extensión *.xml, pero los distintos sistemas de codificación existentes en la actualidad implican que estas URLs de "alimentación" también acaben en *.opml, *.rdf y otras). Es muy raro que la dirección de sindicación coincida con la dirección real de Internet de un *blog*. Por ejemplo, la URL de nuestro *blog EverydayLiteracies* es everydayliteracies.blogspot.com, pero la URL de alimentación RSS es everydayliteracies.blogspot.com/atom.xml. Los navegadores de Internet no pueden "leer" las URLs de sindicación como lo hacen con las URLs ordinarias. En cambio, el *software* y las interfaces de suscripción en línea y en disco duro administran las suscripciones y los *feeds** de lectura.

La *sindicación* puede considerarse análoga a la actualización de una lista de correo. Así, por ejemplo, cuando quisimos mantenernos al día de lo que Dave Winer escribía en su *blog*, fuimos a Bloglines.com y configuramos un *"feed"*. Esto implicaba introducir la URL de *sindicación* del *blog* de Winer (o sea: scripting.com/rss.xml) en la ventana de "suscripción" de *feed* y "suscribirnos" automáticamente a su *blog*. Desde entonces, siempre que queremos ver algo nuevo que Winer, o cualquiera a cuyo *blog* estemos suscritos, haya escrito en su *blog*, entramos en Bloglines y comprobamos nuestros *"feeds"*. El uso de Bloglines supone ir al sitio y entrar en el sistema cuando uno quiera ver nuevos artículos de *blogs*.

También puede utilizarse un servicio de suscripción, como Squeet.com, y recibir las actualizaciones de los *blogs* seleccionados y *sindicados* en el propio buzón de correo electrónico. Una vez más, basta con abrir una cuenta e introducir en un cuadro de diálogo los *blogs* de los que queramos recibir actualizaciones. En adelante, cuando se produzca una actualización, recibiremos un mensaje de correo electrónico, pudiendo leerla en el programa de correo electrónico que utilicemos. El usuario puede acceder directamente a los hiperenlaces contenidos en los *posts* desde el programa de correo, haciendo clic en cada uno. Difícilmente puede encontrarse una forma más sencilla de iniciarse en la participación**.

> **Reflexión y comentario**
>
> Vaya a http://www.bloglines.com o a cualquier otro agregador de wikipedia.org/wiki/List_of_news_aggregators *** y acceda a él. Experimente suscribiéndose a alguno de los *blogs* que hemos mencionado hasta ahora en este capítulo o utilice la función de búsqueda desde el interior de Bloglines para buscar *blogs* a los que suscribirse.

---

* El término inglés *feed*, cuya traducción literal sería: "comida", "alimentación", es un formato de datos que se utiliza para facilitar al usuario contenidos que se actualizan con frecuencia. Este formato permite que los agregadores recojan información nueva y la actualicen para su presentación al usuario. Podría traducirse como "alimentador", pero suele emplearse la palabra inglesa. (*N. del T.*)

** Por desgracia, en abril de 2008 ya no existe este servicio de Squeet.com y, como se indica en la página web, mantenida sólo como servicio de alojamiento de fotografías y álbumes de fotos (PhotoDrop.com), ésta desapareció definitivamente el 30 de mayo de 2008. (*N. del T.*)

*** En *Wikipedia* en inglés no existe ninguna página con este nombre. Probablemente se refieran los autores a la página: en.wikipedia.org/wiki/List_of_feed_aggregators. (*N. del T.*)

- Basándose en su experiencia de suscripción, ¿hasta qué punto y de qué manera cree que cuando se suscribe a *blogs* participa en algo?
- ¿Por qué difiere la URL real de un *blog* de su URL de suscripción RSS? ¿Qué le dice esto acerca del funcionamiento de la *blogosfera* o, más en general, de Internet?

Participación en blogs *en acción: Ejemplos concretos*

En esta sección mostramos tres ejemplos muy diferentes de participación en la *blogosfera*. Comenzamos con el *"LiveJournal Batgirl Meme"*, que surgió espontáneamente el 13 de enero de 2006; regresamos luego a la última parte de 2004 y el "proceso de los *blogueros* contra la evidencia de Dan Rather", antes de volver a marzo de 2006 y al "Blogging Project Runway".

El *meme* LiveJournal Batgirl

Podemos empezar unos días después del acontecimiento con un *post* del 16 de enero de *A Dabbler's Weblog*, de davidbau.com (davidbau.com/archives/2006/01/17/draw_batgirl_day.html). Pregunta si los lectores se han dado cuenta de que el viernes anterior "todo el mundo en LiveJournal lo dejó todo para dibujar Batgirl". Un *bloguero* de LiveJournal, Andi Watson, puso un *post* acerca de que un *post* de otro *bloguero* le había recordado algunos dibujos de personajes que él había creado a finales de la década de 1990 de una "linda *Batgirl* japonesa" (véase: andiwatson.livejournal.com/37925.html). Incluyó una imagen en su *post* de algunos bocetos que se le habían ocurrido. Esto desencadenó un diálogo entre un par de personas de su lista de amigos, una de las cuales, Jamie Dee Gailey, respondió con su propia versión de *Batgirl* (himynameisjamie.livejournal.com/342720.html).

Desde es momento, una porción significativa del espacio web de LiveJournal parece haber explotado en un espacio espontáneo de afinidad de aficionados al cómic extremo. Durante las 24 horas siguientes, surgieron varios centenares de respuestas a los *posts* iniciales, cada una de las cuales ofrecía su propia versión de *Batgirl*. A finales de enero, todavía respondían algunos. Entre las aportaciones, había desde imágenes minuciosamente dibujadas por artistas profesionales del cómic hasta dibujos un tanto quijotescos hechos por personas nada acostumbradas a dibujar la figura humana. La primera persona que respondió, Jamie Dee Gailey, elaboró una lista de participantes, al parecer, con el fin de que sirviera como registro del acontecimiento (himynameisjamie.livejournal.com/345568.html). Parece que los primeros enlaces están organizados cronológicamente y sirven de pista histórica de cómo comenzó el efímero *meme*.

© Ediciones Morata, S. L.

El proceso de los *blogueros* contra la evidencia de Dan Rather

Jason GALLO sostiene que:

los *blogs* de noticias han creado un *bucle de retroinformación virtual en tiempo real* que trastorna la temporalidad del ciclo tradicional de noticias [y] están contribuyendo a acomodar una nueva forma de periodismo híbrido que combina la prácticas tradicionales de la redacción con la inteligencia descentralizada de individuos y grupos repartida por Internet.

(2004, pág. 1; la cursiva aparece en el original.)

Este bucle de retroinformación virtual en tiempo real se refiere a la forma en que la inmediatez de los *blogs* está ligada a la relativa facilidad de citar cualquier *post* de la *blogosfera*, enlazarlo, comentarlo, desarrollarlo, criticarlo o cuestionarlo.

La interconexión no sólo se produce entre personas que tienen *blogs* que se conocen entre sí, sino que se ve fomentada por los tipos de herramientas que mencionamos antes: índices o portales en línea (por ej.: Eatonweb.com); índices de difusión o popularidad que siguen la pista a los enlaces de los *blogs* más enlazados con *posts* de otros *blogs* en una jornada determinada (por ej.: Blogdex.com, Popdex.com); servicios de alerta por correo electrónico que avisan a los suscriptores cuando se actualiza un determinado *blog* (por ej.: Bloglet.com, Squeet.com*); los buscadores de *blogs*, que también buscan por palabras clave en los *posts* de los *blogs* (por ej.: Technorati.com, Daypop.com**, Blogpulse.com), y los servicios de *sindicación*.

Esta interconexión significa que muchas conversaciones y críticas acerca de las noticias que aparecen en la *blogosfera* son tareas colaborativas: cada articulista parte de o amplía un análisis efectuado desde su punto de vista, conocimientos y competencias particulares. De la ciencia ficción se han tomado nombres colectivos, como "cerebro de la colmena" para describir este efecto de la pericia y el análisis distribuidos porque los nombres de uso corriente no consiguen recoger el carácter especialmente destacado de este fenómeno. La observación de Kelly MCBRIDE (2004) de que "los periodistas ya no somos los guardianes del mercado de las ideas" cobra realidad en la *blogosfera*. Paradójicamente, dada la tendencia inicial de los periodistas a menospreciar la calidad de los *posts* y comentarios de los *blogs*, los periodistas de los medios de comunicación importantes aprovechan cada vez más los *posts* de los *blogs* como fuentes significativas de opinión, crítica y análisis válidos.

Un ejemplo de esta circunstancia se produjo en la segunda mitad de 2004 cuando Dan RATHER, presentador principal del programa informativo de la televisión estadounidense *60 minutes* habló de una serie de informes que sembraban dudas acerca de que George W. Bush hubiese completado su servicio en la Guardia Nacional durante 1972 y 1973. Antes de que RATHER hubiese despedido el espacio televisivo, los *blogueros* estaban criticando la validez de los informes

---

* Con respecto a Bloglet.com, desde el mes de mayo de 2006 no funciona, y, en relación con Squeet.com, véase la N. del T. 34. (*N. del T.*)

** En diciembre de 2005, el servicio Daypop.com no funcionaba. Aunque quizá se reactivara más tarde, desde mediados de 2006 está inactivo. (*N. del T.*)

© Ediciones Morata, S. L.

(MCBRIDE, 2004; OOI, 2004). A los 19 minutos de emisión, TankerKC (el seudónimo utilizado) puso un *post* en la archiconservadora página Freerepublic.com, un portal que alberga foros de diálogo y *blog* de noticias. TankerKC señalaba que el estilo y el formato de los informes no coinciden con los utilizados cuando él estuvo en las Fuerzas Armadas de los EE.UU. (OOI, 2004). Cuatro horas más tarde, Buckhead (el seudónimo utilizado) puso un comentario en el mismo foro criticando el tipo utilizado para imprimir los informes (OOI, 2004). Buckhead indicaba que todos los documentos mostrados en la CBS estaban impresos con tipos con espaciado proporcional (por ej., Palatino o Times New Roman). Sin embargo, a principios de la década de 1970, en el ejército, la mayoría de los informes personales se escribían a máquina, que utilizan tipos con espaciado fijo (por ej., Courier, Letter Gothic). Buckhead utilizaba su conocimiento de la evolución de los tipos para afirmar que los informes eran falsificaciones. Tenía razón.

La crítica de Buckhead se extendió rápidamente por la *blogosfera*. Muy diversos *blogs*, que abarcaban todo el espectro político, abordaron y discutieron exhaustivamente las cuestiones relacionadas con los informes, las entonces próximas elecciones federales y el hecho de que la revelación de la falsedad de los informes desvió eficazmente la atención del servicio realmente incompleto de Bush en la Guardia Nacional. Posteriormente, los medios de comunicación regulares, incluyendo *The Washington Post*, el *New York Times*, el *LA Times*, *The Australian*, la BBC y la CNN, entre otros, informaron de la crítica de Buckhead. Muchas de estas informaciones se ocuparon también del hecho de que la cuestión se abordara y discutiera en la misma *blogosfera*.

El *Blogging Project Runway*

Creemos que se impone hacer un estudio importante del fenómeno del *Blogging Project Runway* (bloggingprojectrunway.blogspot.com). Sin embargo, otros serán quienes lo hagan. En marzo de 2006, todos los indicios apuntaban que este *blog* constituye un fenómeno significativo de cultura y participación populares.

Para los no iniciados, el *Project Runway*, de Bravo TV, es un programa de "telerrealidad" del tipo de *American Idol** y *Supervivientes*. Se desarrolla como una competición centrada en el diseño de moda. En cada episodio, se plantea a los modistos participantes un reto de diseño de moda y las creaciones resultantes son exhibidas por las modelos escogidas por ellos (si la modelo queda eliminada, "su" modisto no pasa a la ronda siguiente) y juzgadas por un jurado formado por una supermodelo (Heidi Klum), la directora de una famosa revista de modas (Nina García), un famoso modisto estadounidense (Michael Kors) y un jurado invitado que cambia cada semana. Por ejemplo, el episodio 9 de la segunda serie se tituló "Flower Power" y se pidió a los modistos que crearan un vestido utilizando solamente materiales naturales comprados en el Flower District de Nueva York y

---

* Programa concurso de telerrealidad, emitido en EE.UU. por Fox TV, en Canadá por CTV y en Latinoamérica por Sony, basado en el programa británico *Pop Idol*. En cierto modo, se parece a *Operación Triunfo*, de Gestmusic. (*N. del T.*)

con un presupuesto ajustado. Cada semana son eliminados una modelo y un modisto, hasta quedar una pareja ganadora absoluta. Es mucho lo que está en juego: un importante premio en metálico, un coche de lujo (en la segunda serie), un año de aprendizaje en Banana Republic (una empresa de fabricación y distribución de ropa) y la oportunidad de exhibir una colección de diseños en la internacionalmente famosa Semana de la Moda de Nueva York.

A principios de junio de 2005, una *bloguera* llamada Laura K publicó un modesto *post* inicial en un nuevo *blog* llamado *Blogging Project Runway*, alojado en el proveedor gratuito Blogger.com (véase: bloggingprojectrunway.blogspot.com). Bajo el título: "I Miss Project Runway"*, Laura escribió:

> Bueno, esto puede ser un poco obsesivo, pero olvidé Project Runway [primera temporada] y quiero estar totalmente preparada para la temporada próxima [que empieza a emitirse el 7 de diciembre]. Pretendo *bloguear* después de cada episodio y espero que se me unan otras personas con comentarios fascinantes. En realidad,... ¡hagan ahora mismo los comentarios que quieran! Agradezco toda la ayuda que me puedan prestar. Por favor, comuniquen todas las noticias e informaciones sobre PR; gracias.
>
> Me gustaría también mantener esta clasificación G para TODOS los públicos. Tengo cinco hijos que disfrutan leyendo mis *blogs*. Gracias por su consideración.
>
> (*Publicado por Laura K a las 9:59 PM. 0 comentarios.*)

Dando por supuesto que el recuento de comentarios de los archivos sea correcto, durante el primer mes de actividad del *blog*, sólo se pusieron dos comentarios (de Barb y Bathany). Ambos confirmaban el disgusto de Laura por la inclusión de un determinado concursante en el grupo de modistos que participaron la temporada anterior. Durante el segundo mes, la mayoría de los *posts* de Laura recibieron comentarios, sobre todo de Barb, que fue la única persona que los hizo en agosto de 2005. En septiembre, sólo hubo un comentario (anónimo) y otro que eliminó la administradora del *blog*. Durante septiembre y octubre de 2005, hubo más *posts*, uno de los cuales recibió siete comentarios (de los que algunos parecían de broma). Barb estuvo ausente, pero reapareció en noviembre. Estuvo en casa y pudo ver de nuevo Bravo TV. Laura respondió a algunos comentarios, manifestando su entusiasmo —"¡Qué grande! Otra aficionada"— cuando una lectora describió el *Project Runway* como su vida. En noviembre, hubo seis *posts* y un total de seis comentarios. Dos de ellos se referían a un *post* que contenía una foto de una de los tres concursantes finalistas de la temporada anterior: Wendy Pepper.

Los comentarios aumentaron espectacularmente en diciembre de 2005, cuando comenzó la segunda temporada de *Project Runway*. Los *posts* de Laura K fueron haciéndose más regulares y complejos. Comenzó utilizando también una elevada proporción de fotografías en sus *posts*. Copiando y pegando los *posts* de diciembre en Word, resulta un folleto de 34 páginas. Los *posts* aparecieron en 19 días de ese mes y en el mismo se hicieron unos 140 comentarios.

Dos meses después, a finales de febrero de 2006, junto a Laura aparecían otros tres colaboradores. La copia impresa de los *posts* de febrero ocupaba 138

---

* "Olvidé *Project Runway*". (*N. del T.*)

páginas y contamos 3.600 comentarios en total. Febrero fue el mes en que la competición se redujo a los tres concursantes finales que exhibirían sus colecciones en la Semana de la Moda de Nueva York, antes de que se anunciara el ganador. La lectura de los comentarios de los días en que se emitían los episodios o cuando en el *blog* aparecía algún acontecimiento "en directo" relacionado con el programa (por ej., entrevistas televisadas con los candidatos finalistas o con otras personas de *Project Runway*) revela unos patrones de comentarios muy interesantes: en algunos casos, las personas interactúan frenéticamente con otras, haciendo comentarios de un modo muy parecido al desarrollo de las conversaciones en un *chat* (por ejemplo, véanse los comentarios de Jan the Dan Fan bajo el *post* "This Post is for the Party", del miércoles, 22 de febrero de 2006).

¿Qué se puede decir de la "participación" en este *blog*? Esta pregunta constituye una mina de oro para la investigación y es probable que los patrones de comentario cambien entre los períodos en que se emita cada temporada y los intermedios. Una investigación preliminar que hemos hecho sobre los *posts* y comentarios del *blog* desde junio hasta el final de febrero de 2006 ha sugerido unas cuantas cuestiones que conviene plantear. Son éstas:

- ¿Qué participantes permanecen con el paso del tiempo? ¿Quién aparece en el *blog* en febrero o junio de 2006, por ejemplo, que ya lo hiciera entre junio y diciembre de 2005, cuando el *blog* estaba empezando? Por ejemplo, "asarkees" hizo comentarios en diciembre de 2005 y seguía haciéndolo en febrero de 2006. ¿Seguirá "asarkees" haciendo comentarios más adelante en 2006?
- En el caso de personas que hacen comentarios, que permanecen al pasar el tiempo y hacen un número significativo de ellos, ¿hasta qué punto refleja su participación una continuidad o cambios? Si es esto último, ¿qué tipo de cambios?
- ¿Qué categorías de participantes pueden identificarse? Por ejemplo, personas desde su casa, personas del programa de TV, los modistos, *blogueros* de perfil destacado, los principales colaboradores, personas que hacen un comentario y no vuelven a hacerlo, personas que hacen comentarios sobre diferentes tipos de cuestiones, personas que crean sus propios *blogs* sobre el programa (enlazan con este y participan visiblemente en él)
- ¿Podemos identificar patrones de interacción entre los participantes? ¿Quién parece estar dirigiéndose a quién?
- ¿Qué participantes parecen hacerse notar o, si no, quiénes parecen tener un poder importante? ¿Quiénes no?
- ¿Qué categorías de *posts* podemos identificar?
- ¿Qué categorías de comentarios podemos descubrir, por ej.: por tema, calidad, respuesta u otros signos de importancia?
- ¿Hay comentarios que se aprovechan para escribir *posts*? Si es así, ¿cuáles?, ¿de quién?, ¿sobre qué?
- ¿Qué tipos de objetos se generan a través de los *posts*? ¿Qué podría hacerse con ellos y quién lo haría? ¿Cómo los aprovechan los participantes (por ej., hay vídeos, archivos de sonido, transcripciones, etc., incluidos)?
- ¿Sufre el *blog* cambios de "identidad"? Si es así, ¿parecen estar relacionados estos cambios con los producidos en la participación?

© Ediciones Morata, S. L.

- ¿Qué podríamos decir de Laura K (la fundadora del *blog*) como participante? Por ejemplo, ¿hasta qué punto y en qué sentido se parece la Laura K de junio de 2005 a la Laura K de febrero de 2006 o (haciendo una proyección desde el momento de redactar esto) de junio o de diciembre de 2006?
- ¿Hasta qué punto puede considerarse a los participantes como *seguidores*: del programa, de determinados modistos, de la moda en general, del *blog*? ¿Cómo se relaciona su participación con sus identidades como seguidores?

El universo social de los participantes y de la participación en *Blogging Project Runway* es rico, complejo e interesante. En un espacio tenemos a Barb, que estaba allí desde el principio. Su foto, que acompaña sus comentarios, revela un rostro abierto con una sonrisa feliz y amable. Ella hizo uno de los dos comentarios al *post* de Laura "My Barbie", del 14 de diciembre de 2005, preguntando: "¿Tienes algún título de diseño de moda, Laura? Si no, ¿POR QUÉ NO? No es demasiado tarde. Sé que ahora vendes tu ropa, pero, ¿por qué no ir más allá? Da la sensación de que fuese tu vocación de toda la vida".

En otro espacio, tenemos a The Scarlett, que hace un comentario acerca de quién pueda considerarse como persona muy conocida en la sociedad en respuesta al *post* de Laura del 30 de diciembre: "¿Is this a socialite*?" (El *post* se refería al episodio en el que se dijo a los modistos que tendrían que diseñar para una "persona muy conocida en la alta sociedad"; se trataba de Nicky Hilton, una joven norteamericana famosa por ser famosa). A finales de enero, The Scarlett puso a disposición del *blog* algunos iconos de corazones de caramelo con nombres de personajes clave de *Project Runway* (por ej., Tim Gunn, Santino, Andrae) o eslóganes alusivos a determinados grupos de seguidores (por ej., "Pick Nick", "Dan Fan"), junto con información acerca de cómo añadir estos iconos al perfil propio o insertarlos en un *post* del *blog*. En febrero, The Scarlett ya es un colaborador habitual del *blog*, en el que publica *posts* con regularidad.

En otros espacios, tenemos a algunos de los modistos y a personajes clave (por ej., Tim Gunn) relacionados con el programa que facilitan material en forma de mensajes de correo electrónico dirigidos a Laura (con autorización para subir las cartas al *blog*) y generan un carrusel virtual de comentarios en respuesta a aquellos. Además, otras personas interesadas por el programa y por el *blog* aportan un conjunto de materiales adicionales, como páginas de revistas escaneadas que contienen entrevistas con alguno de los modistos aspirantes de la temporada, videoclips o imágenes grabadas de cada episodio, enlaces con entrevistas en línea o aspectos del perfil de los modistos, enlaces con parodias y *remixes* relacionados con personajes clave del programa, enlaces con fotografías de las colecciones finalistas en la Semana de la Moda antes de que se emitiera ese episodio concreto, relatos de encuentros en la vida real con los modistos o, mejor incluso, con Tim Gunn (Gunn es profesor del Parsons College of Design de Nueva York. Ha adquirido su estatus de ídolo en el mundo de la crítica del diseño gracias a *Project Runway*). Manolo the Shoe Blogger (shoeblogs.com; "Manolo Loves the Shoes") aconsejó a Laura en relación con el *blogueo*, como ella comentó y agra-

---

* *Socialite* carece de traducción directa al castellano. Se trata de una persona muy conocida en los ambientes de la alta sociedad. (*N. del T.*)

deció en un *post* de 29 de enero de 2006: "[Manolo] me ha facilitado los mejores consejos para BPR, que os transmitiré. Me ha aconsejado que escriba *posts* con frecuencia y que trate de 'entretener'. Pienso en ello a diario. También me ha animado cuando lo he necesitado".

Y así sucesivamente.

Desde nuestro punto de vista, *Blogging Project Runway* constituye un caso muy interesante de *blogueo* como participación. Es todo un caso y, al menos en los EE.UU., un caso de perfil destacado. Da una visión de ciertos tipos de participación. Otros diferentes son los *blogs* como *Because; We are Ordinary People* (users.livejournal.com/encaustic_)* y las decenas de millones de otros *blogs* que constituyen la *blogosfera*. Si queremos comprender bien los nuevos alfabetismos, no hay mejor sitio por donde empezar que los *weblogs*, con toda su diversidad.

El mediacasteo: *Desde los enlaces con archivos de sonido hasta el* audioblogueo *y los ubicuos* podcasteo *y* videocasteo**

A excepción de una breve referencia a los *fotologs* en relación con los diarios, nuestro comentario sobre el *blogueo* ha enfatizado hasta ahora los *posts* escritos convencionales (palabras más enlaces). Aunque la mayoría de los enlaces que crean los *blogueros* los establecen con otros textos escritos, merece la pena mencionar los enlaces con otros tipos de archivos multimedia que han llegado a ser razonablemente corrientes desde hace más de una década. Desde entonces, los ordenadores cuentan con capacidades básicas de manipulación de sonido y de vídeo y, en el formato de "enlaces anotados" de los *blogs* de mediados del decenio de 1990, no era raro que esos enlaces se hicieran con archivos de sonido y de imagen. Hasta hace poco, los problemas relacionados con el ancho de banda y el tamaño de los archivos limitaban la medida en que estos archivos podían utilizarse de un modo eficaz. Sin embargo, para los fines que justificaran el tiempo que llevaba la carga de un archivo y escucharlo o verlo, sí tenía sentido utilizar las posibilidades de enlazar con archivos de sonido y de vídeo.

Por ejemplo, los informes de audio realizados por Kevin SITES en su *blog* (kevinsites.net) en los días inmediatamente anteriores a la invasión de Iraq por EE.UU. añadieron una valiosa dimensión a su *blog*. Los *audiocasts* de SITES (por ej.: audblog.com/media/2498/11969.mp3, audblog.com/media/2498/12487.mp3, audblog.com/media/2498/12323.mp3*) desde la frontera norte de Iraq con Irán, en las aldeas kurdas, facilitaba un contexto imposible de conseguir de otro modo, dadas las restricciones impuestas para impedir las transcripciones sobre el terreno.

En el contexto de la redacción de este libro, también nos ha resultado útil crear un enlace de *blog* con un archivo de sonido. En 2005, hablamos en un congreso celebrado en Noruega en el que Lawrence LESSIG era otro de los oradores. Habíamos leído su obra publicada y esperábamos con impaciencia su interven-

---

* En abril de 2008, estos enlaces no funcionan. *(N. del T.)*

** Del inglés respectivamente *mediacasting*, *podcasting* y *videocasting*, se ha optado por castellanizar los términos. A continuación se explica con claridad sus significados. *(N. del E.)*

© Ediciones Morata, S. L.

ción —aunque no estábamos preparados para el premio que iba a conllevar— y habíamos llevado a la sesión un iPod para grabar. En su presentación, LESSIG hizo una exposición mucho más detallada e ilustrada de su argumento sobre el *remix* como escritura de lo que se podía encontrar en otros sitios en aquel momento (marzo de 2006). La presentación de LESSIG nos convenció de que las actividades de *remix* podían y debían identificarse como nuevos alfabetismos. Por estas razones, consideramos nuestra grabación de la presentación de LESSIG como uno de nuestros más valiosos materiales académicos y ha entrado en este libro como participante por derecho propio. Al mismo tiempo, el hecho de que sirva como referencia clave en este libro —es la obra referenciada como LESSIG, 2005— significa que debe estar a disposición de cualquier persona que quiera comprobar el uso que hemos hecho de una fuente primaria. Por eso, convertimos la grabación al formato mp3, lo cargamos en un servidor *streaming** de contenidos multimedia y creamos un *post* que contenía un enlace con el archivo de audio en cuestión; está en: everydayliteracies.blogspot.com/2006/02/lessig-and-writing-in-remix-culture_20.html.

Alrededor de 2003, los desarrollos de las herramientas de *blogueo* y de formato de archivos multimedia y la expansión de los servicios de banda ancha y de la accesibilidad de alta velocidad a Internet creó la posibilidad del *audioblogueo* real. La idea es presentar *posts* completos que consistan en archivos de audio (o vídeo) y no sólo en enlaces incluidos dentro de un *post*. Desde el principio, los críticos reconocieron los posibles abusos de las posibilidades tecnológicas del *audioblog*. En "An Audioblogging Manifesto", Maciej CEGLOWSKI (2003) aconsejaba recordar algunos principios fundamentales de Internet antes de subirse "al carro del *audioblogueo*". Dice que gran parte de la fuerza de la web proviene de la posibilidad de escoger que concede a los usuarios: "Tú mismo haces tus propias pruebas y tus propios enlaces. Tú mismo lees lo que te gusta y dejas de lado los elementos aburridos". Señala que el *audioblogueo* debilita esta capacidad de elección, convirtiendo a los oyentes en un público pasivo que no puede pasar por alto los elementos aburridos ni seleccionar eficazmente partes de un *post*. Margina a quienes leen un idioma mejor de lo que pueden escucharlo y obliga a los lectores expertos a adquirir la información a la velocidad del habla cuando podrían leerla mucho más deprisa.

Los desarrollos que se han producido desde que CEGLOWSKI publicara su manifiesto del *audioblogueo* hacen que sea importante distinguir entre el concepto del *bloguero* que *audiobloguea* del concepto del *bloguero* que *podcastea*, porque lo que CEGLOWSKI vislumbraba que ocurriría, una situación en la que los *blogueros* harían *blogs* hablados en vez de escritos, no se ha dado en ninguna medida importante. En cambio, lo que vemos que está ocurriendo es una explosión de *podcasteo* y *videocasteo*. Aunque los *mediacasteros pueden* utilizar *blogs* como interfaz preferida para *podcastear*, en realidad pueden utilizar *cualquier* interfaz web desde la que puedan hacerse *feeds sindicados* (o incluso ninguna interfaz web, utilizando en cambio un servidor web que aloje los *mediacasts*, a los

---

* No hay una traducción comúnmente aceptada de la expresión *streaming server* al castellano. Básicamente se trata de un servidor que, tras recibir una petición de descarga de un archivo multimedia, canaliza hacia el ordenador que haya hecho la petición una "corriente" (*stream*) de contenidos para su utilización en éste, sin necesidad de alojar en él el contenido multimedia, muy voluminoso, que, en caso contrario, ocuparía mucho espacio en el disco duro del ordenador receptor. (*N. del T.*)

© Ediciones Morata, S. L.

que pueda accederse mediante una orden de *feed sindicado* y un agregador de *mediacast* como *iTunes* o *Firefox* para interpretar cada archivo).

Es importante entender el principio que subyace al *podcasteo* y al *videocasteo* y en qué sentido se diferencian del *blogueo* clásico. En muchos aspectos, esta diferencia es similar a la que existe entre ver la TV y grabar un programa de TV en una grabadora para verlo más tarde, cuando convenga. Lo específico del *blogueo* es que se trata de una experiencia en línea. Entramos, accedemos a un *blog*, interactuamos con él y con otros *blogs* que escojamos, actualizamos nuestro propio *blog* y después vamos a otro sitio.

En cambio, el *podcasteo* y el *videocasteo*, con independencia de que lo hagan *blogueros* u otros tipos de *"casteadores"*, está diseñado para cumplir el principio de "donde quiera, cuando quiera". En otras palabras, ¿por qué sentarse delante de un ordenador para oir un concierto, ver un vídeo, escuchar una conferencia o cualquier otra cosa cuando puede hacerlo en el tren al ir al trabajo o conduciendo al volver a casa? Además, ¿por qué ir a su ordenador para comprobar manualmente lo que hay, cuando la información llega directamente al ordenador o a un dispositivo portátil con acceso a Internet mediante RSS, para que pueda verificarlo y transferirlo cuando más le convenga a un dispositivo de audio o de vídeo para escucharlo o verlo en el momento *y* en el lugar que le venga mejor? Si tiene un aparato de audio o de vídeo de 40 *gigabytes* que interactúa con su ordenador, que puede escucharse mediante auriculares, con altavoces o sintonizarse con el sistema de sonido del coche *y que puede llevar en el bolsillo*, es posible comprobar sus suscripciones a *mediacasts* en cualquier momento (o automatizar sus agregadores de *mediacasts* para que lo haga por usted, siempre que abra el agregador y esté conectado con Internet), descargar el material a su aparato y escucharlo o verlo en cualquier sitio y en cualquier momento.

Cuando un *bloguero* (o algún otro *"mediacastero"*) *podcastea*, aprovecha el desarrollo de los reproductores de sonido de gran capacidad y de los tipos de archivo de sonido de alta calidad (como los archivos mp3 y ogg vorbis), y la introducción de los servicios de *sindicación* o suscripción automática en línea para *blogs* para empezar a *podcastear*. Aunque el *"podcasteo"* se deriva de los reproductores y de la "emisión" de archivos de música y multimedia del iPod de Apple, no se limita a los reproductores iPod como medios de presentación. El *podcasteo* supone grabar una serie de archivos de lenguaje hablado u otros sonidos en formato digital (en general, no es un archivo de música per se, aunque un *podcast* pueda incluir todo un *concierto* en directo) y subir después cada archivo a Internet y ponerlo a disposición gratuita de los oyentes para que los descarguen y reproduzcan en sus ordenadores o aparatos portátiles de reproducción de sonido. Los primeros *podcasts* solían incluir programas públicos de radio (cf.: npr.org), comentarios regulares preparados por periódicos regionales (por ej.: sfgate.com), series de comentarios esotéricos de expertos y no expertos, conjuntos completos de presentaciones de congresos, series de conciertos de música y otros acontecimientos similares. Más recientemente, el *podcasteo* ha evolucionado para incluir grabaciones a modo de diarios, como:

- diarios de viajes (por ej.: amateurtraveler.com);
- conversaciones sobre cualquier cosa (por ej.: The Dawn and Drew Show, en: dawnanddrewwp.podshow.com);
- comedias habladas (por ej.: Keith and the Girl, en: keithandthegirl.com);

© Ediciones Morata, S. L.

- revistas (por ej.: Comic Geek Speak);
- *videocasts*, denominados a menudo *"vlogueo"* o *"vodcasteo"*, como los que se encuentran en stevegarfield.blogs.com/videoblog o en ryanedit.blogspot.com (véase también: vlogdir.com*).

Según *How Stuff Works* (computer.howstuffworks.com/podcasting1.htm),

> El *podcasteo* fue desarrollado en 2004 por el antiguo presentador de vídeos de MTV Adam Curry y el desarrollador de *software* Dave WINER. Curry escribió un programa, denominado iPodder, que le permitía descargar automáticamente de Internet emisiones de radio a su iPod [en vez de tener que escucharlas como archivos en descarga continua**]. Varios desarrolladores perfeccionaron el sistema, dando a luz así al *podcasteo*. En la actualidad, Curry mantiene un programa llamado: *The Daily Source Code* [dailysourcecode.com], uno de los *podcasts* más populares de Internet.

Las dimensiones del *feed sindicado* del *podcasteo* son las que lo distinguen de las sencillas actividades de descarga de archivos de sonido o de su descarga continua sin alojamiento. Un archivo único de audio dispuesto para su descarga no es, técnicamente, un *podcast* porque no tiene un contenido *sindicado* y repetido, aunque esta distinción está empezando a desvanecerse en el uso cotidiano del término *"podcasteo"*. El *podcast* tampoco es el sonido en descarga continua, que requiere que los usuarios "sintonicen" con una determinada dirección de radio en Internet o accedan a ella utilizando su navegador de Internet. El primer *software* de *sindicación* satisfactorio (que podía incluirse o alojarse en los agregadores de *feeds* existentes) fue creado por Dave WINER y se conocía como RadioUserland. Inicialmente, se diseñó para que funcionara con los *blogs* de Userland, considerándose que los *blogs* eran unos vehículos excelentes para *podcastear*. Cada archivo de sonido puede publicarse en orden cronológico desde el menos reciente al más reciente y los elementos de *feed* de *sindicación* de los *blogs* facilitan que los usuarios se suscriban a los *podcasts*. Los *blogs* constituidos en su mayor parte por *podcasts* se denominaron originalmente *"audioblogs"* (junto con los otros tipos de *audioblogs* ya mencionados) antes de imponerse el término *"podcast"*. Muy pronto, los programas de radio y de televisión comenzaron a hacer uso de los *podcasts* como formato alternativo (por ej., The National Public Radio Station de los EE.UU. publica semanalmente programas mediante *podcasts* a través de su *blog*) o como complemento de los contenidos emitidos (por ej., los comentarios de Tim Gunn sobre cada episodio de *Project Runway*, de Bravo TV).

La radio se ha adaptado rápidamente al medio. La National Public Radio de los EE.UU. registró 4 millones de descargas de sus 17 programas semanales diferentes en los dos primeros meses de publicación de *podcasts* (paidcontent.org/pc/arch/cat_podcasting.shtml***). Los 17 programas aparecieron en las clasificaciones

---

* Tal como puede verse en la página vlogdir.com, en abril de 2008 el directorio de *videoblogs* ya no funciona. (*N. del T.*)

** Véase la N. de la pág. 176 (*N. del T.*)

*** En abril de 2008, este enlace no es válido. En la actualidad, The National Public Radio agrupa sus *podcasts* en el Directorio de *podcasts* de NPR: www.npr.org/rss/podcast/podcast_directory.php?type=main. (*N. del T.*)

© Ediciones Morata, S. L.

semanales "Top 100" de *podcasts* de *iTunes* y muchos de ellos entre los 10 primeros *podcasts* de cada semana en el momento de redactar el informe, en noviembre de 2005 (ibid.). Adam CURRY fue de los primeros en convertirse en *podcasteador* de primera (en algunos círculos se lo conoce como el "Podfather"). Es un personaje clave en el portal e índice de *podcasts* Podshow (podshow.com), que organiza los *podcasts* por categorías (por ej., negocios, comedia, tecnología, cultura, música y educación)*. La Duke University (Carolina del Norte, EE.UU.) alojó lo que se anunció como el primer *podcast* del mundo de un congreso universitario en septiembre de 2005 (isis.duke.edu/events/podcasting/casts.html).

Suscribirse a un *podcast*

Método 1: Si tiene instalado *iTunes* en su ordenador (gratuito desde itunes.com), abra el programa y haga clic en "Avanzado", en la barra de menú. Bajo "Avanzado", haga clic en "Suscribirse a un *podcast*". En el recuadro de diálogo inserte la URL del *feed* del *podcast* que desee (tal como aparezca en el sitio web de donde proceda el *feed*). Por ejemplo, el *feed* de *podcast* de los *podcasts* de Tim Gunn correspondientes al programa de televisión *Project Runway*, de Bravo TV es: http://www.bravotv.com/Podcasts/Project_Runway_2/Episodic.xml **. Cada archivo de sonido ya publicado se descargará automáticamente en iTunes y los archivos posteriores se descargarán automáticamente a medida que se publiquen. Cuando se haya descargado cada archivo de sonido, puede escucharlo directamente en *iTunes* o transferirlo a un aparato portátil para escucharlo mientras se desplaza.

Método 2 ***: Vaya a Squeet.com y cree una cuenta siguiendo las instrucciones en línea. Introduzca la URL de suscripción para el *feed* de *podcast* que desee o utilice la URL de *podcast* de *Project Runway* que figura en el Método 1. Haga clic en el botón "Add". Cuando aparezca el archivo bajo "Feed Title", vaya al extremo derecho del marco y haga clic en el icono que está inmediatamente a la derecha del botón azul XML (si mantiene el cursor sobre este icono, verá que pone: "Email me this feed right now" —"Envíenme este *feed* inmediatamente"—). Vaya a su correo y busque el remitente: DoNotReply@squeet.com. Abra el archivo de correo (si ha utilizado la URL de *podcast* de *Project Runway*, este archivo será Project Runway: Tim Gunn) y haga clic en el enlace. Esto abrirá un reproductor multimedia y reproducirá para usted el archivo de sonido.

---

  * En abril de 2008, el portal *Podshow* está organizado de forma diferente. (*N. del T.*)
  ** En abril de 2008, esta dirección ya no es válida. Para practicar el ejercicio propuesto por los autores, puede utilizarse la página de *podcasts* de una emisora de radio. Por ejemplo, la página de *podcasts* de Radio 1, de Radio Nacional de España: www.rtve.es/FRONT_PROGRAMAS?go= 111b735a516af85c3d9d5f325396e38df5d02a94530b9ccf8c2724815246c3b848e984014e08fad3062d0 57374da2fa19950ed7d17a42b74ea8f0c097c37c82b248ae73e16eb6aae. Escogiendo en esa página el "*Podcast* de documentos de RNE", tendremos este enlace, el *feed*: http://www.rtve.es/download/podcast? IDPODCAST=41. (*N. del T.*)
  *** Téngase en cuenta que squeet.com ya no ofrece ningún tipo de servicio, aparte del alojamiento de fotografías, y que finalizó su actividad el 30 de mayo de 2008. En vez del indicado por los autores, puede utilizarse un portal de *podcasts* en castellano, por ejemplo, *Podcastellano* (www.podcastellano.com/podcast). (*N. del T.*)

© Ediciones Morata, S. L.

El *videocasteo* o *"vodcasteo"* es un fenómeno relativamente nuevo y parece haber surgido a consecuencia de la amplia disponibilidad de aparatos y *software* baratos de grabación y edición de vídeo. Los *vodcasts* funcionan según los mismos principios que los *podcasts* y son muy diferentes de la descarga continua en Internet de la grabación con *webcam* porque esta última suele tener una ubicación fija (por ej., vinculada a un ordenador situado en una determinada habitación) y producirse en tiempo real. Los *videocasts*, por su parte, pueden grabarse en cualquier sitio en el que sea posible grabar una acción o acontecimiento, de manera que el archivo resultante queda digitalizado y almacenado en línea para que los espectadores lo descarguen cuando mejor les parezca. El *vodcast* quedó preparado para abrirse camino como medio de comunicación tras el lanzamiento del reproductor portátil de vídeo iPod, de Apple. En *Wikipedia* en inglés se sostiene que la serie canadiense de bajo presupuesto y alta calidad *Tiki Bar TV*, inaugurada el 13 de marzo de 2005, es la primera serie de *videocast* con un estilo entre programa de ficción y de entrevistas, de producción independiente (en.wikipedia.org/wiki/Videocasting).

A Steve GARFIELD suele reconocérsele el mérito de ser la primera persona que hizo por su cuenta un *videocast* y lo publicó en línea, en noviembre de 2004 (véase: stevegarfield.blogs.com/videopodcast/2004/11/videopodcast_20.html). Su *blog*, Steve Garfield's Video Blog (stevegarfield.blogs.com), es un buen lugar para empezar para cualquier persona que se asome por primera vez al *videocasteo*, y es interesante comparar el *blog* tal como era en la época de su primer *videocast* con su aspecto, ambiente y oferta actuales. La dinámica de la participación en torno al *mediacasteo* desde un *weblog* es la misma que la de un *blog* convencional. Si se hace clic en el enlace permanente de un *post* del *blog* de GARFIELD y se copia la URL en un *post* de nuestro propio *blog*, los contenidos de ese *post* quedan a disposición de quien visite el nuestro. Los lectores pueden hacer comentarios sobre el *blog*, hacerlo con regularidad y, en muchos casos, con entusiasmo. GARFIELD tiene una buena proporción de respuestas a comentarios. Su *blog* ofrece un conjunto de opciones de RSS que facilitan mucho la recepción de sus *posts* en nuestro ordenador, por ejemplo, mediante iTunes, que permiten diversas posibilidades de intercambio y *remix* de archivos. Cuando se hace clic en el icono de licencia Creative Commons del *blog*, se informa a los participantes de que pueden hacer "obras derivadas" de los contenidos del *blog* de Garfield, lo que invita a los usuarios a adoptar formas de participación que ocupan el tipo de espacios de *remix* que vimos en el capítulo anterior.

> **Reflexión y comentario**
>
> - ¿Qué diferencia hay entre un *blog* que incluya algunos archivos de sonido y un *audioblog*? ¿Le parece importante esta distinción? ¿Por qué?
> - ¿Por qué se han hecho tan populares los *podcasts* y los *vodcasts*? ¿Qué implicaciones tiene esto para nuestras concepciones del alfabetismo?

Con estas clases de condiciones es fácil ver lo nuevo de los nuevos alfabetismos con respecto a la "sustancia espiritual" y a la "sustancia técnica" por igual. Surge de inmediato la cuestión de cómo interactúa todo esto con el aprendizaje escolar. Daremos un modesto principio de respuesta considerando algunas dimensiones de la cuestión en la Tercera Parte.

© Ediciones Morata, S. L.

Tercera parte

El encuentro entre el aprendizaje de clase y los nuevos alfabetismos

CAPÍTULO VI

Planificación de la enseñanza para el *i-mode**: El aprendizaje en la era de "la red móvil"

Introducción: La llegada de la red móvil

Durante la pasada década, se produjeron rápidos desarrollos en el alcance, los usos y la convergencia de los aparatos y ordenadores portátiles, comunicaciones e información. Éstos han sido testigos de la aparición de lo que Howard RHEINGOLD (2002) llama el advenimiento de "la red móvil" o *"i-mode"* (tras el servicio pionero inalámbrico japonés de Internet DoCoMo). La evolución conducente a la conexión inalámbrica o desde el móvil a Internet conlleva la convergencia de la telefonía móvil, los radiochips, Internet y las posibilidades de conocimiento de la ubicación (por ej., los sistemas de posicionamiento global).

De un modo que recuerda la distinción de Jeff BEZOS entre la automatización de primera y de segunda fase, RHEINGOLD sostiene que la conexión móvil a Internet no sólo implicará hacer en movimiento las operaciones de comunicación y las que hacemos habitualmente en el ordenador, sino que veremos a la gente inventando y haciendo toda clase de cosas que, sencillamente, antes no se podían hacer. El aprendizaje en contextos formales constituye un ámbito importante en el que podrían producirse esas "invenciones" y "hechos". Este capítulo examinará las primeras iniciativas en los ambientes de la educación escolar y de la superior y sugerirá algunos principios y posibilidades pedagógicas en el contexto del acceso a Internet a través del móvil.

En la actualidad, estamos acostumbrados a los teléfonos móviles y sus posibilidades de envío de mensajes de texto, como cámara fotográfica y de vídeo. El uso de los teléfonos móviles para enviar textos y hacer fotografías es una práctica corriente (sobre todo entre los jóvenes) en los distintos grupos sociales y económicos de todos los países del mundo. Sin embargo, hasta la fecha y con sólo

---

* En realidad, el *i-mode* es un conjunto de tecnologías y protocolos pensados para la navegación por Internet con aparatos portátiles, como teléfonos móviles y PDAs, que utilizó por primera vez DoCoMo en Japón. En España, lo está promoviendo y comercializando Telefónica, S.A. (*N. del T.*)

© Ediciones Morata, S. L.

algunas excepciones (por ej., Japón y algunos grandes centros norteamericanos y europeos), la conectividad a Internet completamente inalámbrica con el móvil todavía no ha surgido a la escala de su utilización para el envío de mensajes de texto y fotografía. No obstante, la plena conectividad inalámbrica de Internet, permanente y a gran escala, está a la vuelta de la esquina. Está proyectado que la mayoría de los países experimenten la conjunción de las comunicaciones móviles y de la potencia de procesamiento de información de los ordenadores móviles en red en 2010. Si aún no se ha producido, en un futuro muy cercano el número de aparatos móviles (inalámbricos) conectados con Internet superará el de los ordenadores personales interconectados mediante Internet. Es importante reconocer que esta tendencia no se reduce a los países ricos. Mizuko ITO (2005b, s/pág.) alude a los países ajenos "al eje de alta tecnología Euro-América-Asia Oriental" que utilizan tecnologías inalámbricas de red para "saltar de una pesada infraestructura terrestre a la era de la información". En pocas palabras, el *i-mode* es inminente a escala global.

Basándose en observaciones que hizo durante el período 2000-2002 en ciudades de primera línea en telefonía, como Tokio y Helsinki, y en las tendencias que estaba siguiendo en Norteamérica, Gran Bretaña y Europa Occidental, RHEINGOLD 2002, pág. xv) predijo que "el mercado de aparatos personales de mano está preparado para dar el tipo de salto que dio el PC de sobremesa entre 1980 y 1990". Se trata del salto desde ser únicamente "un juguete útil adoptado por una subcultura a una tecnología perturbadora [que impacte en] todos los aspectos de la sociedad" (*ibid.*). Dice RHEINGOLD que los teléfonos móviles actuales "se han convertido en pequeños terminales multimedia de Internet". Además, la "infraestructura de la comunicación global, inalámbrica, mediante Internet está entrando en las fases finales de desarrollo" (*ibid.*). Estamos asistiendo a la inminente convergencia a gran escala de "aparatos de intercomunicación portátiles, omnipresentes y sensibles a su ubicación" que sean útiles tanto para los grupos como para los individuos en muchas facetas de su vida cotidiana (*ibid.*).

De igual manera, Laura NAISMITH y sus colaboradores (s/f, pág. 36), en una revisión bibliográfica que le encargaron sobre el aprendizaje con tecnologías móviles, señala las tendencias actuales de la informática móvil hacia aparatos cada vez más "incrustados" en nuestras rutinas cotidianas, "ubicuos y en red". Prevén que las "posibilidades de los teléfonos móviles, PDAs [asistentes digitales personales], consolas de juegos y cámaras [se combinarán] en los próximos cinco o diez años para constituir un aparato multimedia en red que siempre esté con uno". Entre otras consecuencias, "toda la red de Internet se convertirá en personal y portátil" (*ibid.*). Lo que esto significa para el aprendizaje formal es el tema de este capítulo.

El i-mode*, ausencia de cables y movilidad*

Queremos aclarar desde el primer momento, y en la medida de lo posible, qué es objeto de atención en este capítulo y qué no. Nos interesa el *acceso móvil a Internet como componente del trabajo de aprendizaje* y no otra cosa. No nos ocupamos aquí de cualquier clase de movilidad ni por cualquier tipo de conectividad inalámbrica (por ej., conexiones entre máquinas mediante infrarrojos o Bluetooth).

© Ediciones Morata, S. L.

Es importante hacer esta observación porque, hasta la fecha, la inmensa mayoría de estudios sobre el llamado *"m-learning"* (aprendizaje con aparatos electrónicos digitales móviles) en contextos de educación escolar publicados no tienen en cuenta la conectividad con Internet. En la exhaustiva revisión del aprendizaje con tecnologías móviles llevado a cabo por Naismith y colaboradores (s/f) no aparecen casos de iniciativas para la educación primaria y secundaria en los que se mencione el acceso a Internet y, en especial, a la World Wide Web, y mucho menos se ponga en primer plano (el único estudio de su muestra en el que se menciona explícitamente Internet implicaba a jóvenes que habían abandonado la escuela).

La literatura académica abunda en ejemplos de escolares que utilizan PDAs equipados con el sistema de posicionamiento global (GPS) para participar en juegos y actividades utilizando simulaciones de realidad virtual en zonas rurales de montaña o en espacios abiertos próximos a las escuelas (por ej.: Facer y cols, 2004; Klopfer y Squire, en prensa), usan aplicaciones de ejercicios y de respuesta de clase en PDAs, acceden a actividades de lengua extranjera en teléfonos móviles, envían fotos digitales por teléfono a la intranet de la clase o de la escuela (Mattila y Fordell, 2005), etc. Sin embargo, hasta la fecha, poco o nada hay que refleje la observación de Bryan Alexander (2004, pág. 31) acerca del creciente interés por los "nuevos espacios de aprendizaje, como el campo de la información, en el que la conectividad inalámbrica móvil admite toda la gama informática de Internet en cualquier nicho o conversación".

Dado el gasto y la infraestructura implicados en muchas iniciativas de *m-aprendizaje* documentadas en la literatura, parece poco probable que ésto pueda limitarse a una simple cuestión de infraestructura. Es cierto que acceder a Internet en la pantalla de una pequeña PDA no es óptimo, aunque haya muchas máquinas en la gama de aparatos que abarca desde una PDA hasta un ordenador portátil completamente equipado y muchas de ellas tengan precios competitivos, al lado de los teléfonos inteligentes y los planes de conectividad. Además, los ordenadores portátiles no pueden considerarse obstáculos para la movilidad en otras actividades. Son verdaderamente portátiles. En cambio, Jeremy Roschelle (2003, págs. 265-266) parecer estar más cerca del quid de la cuestión en su trabajo para "desentrañar el valor de los aparatos inalámbricos móviles para el aprendizaje", en el que presenta tres estudios monográficos sobre el uso de la tecnología móvil en el aprendizaje. Señala que:

> Las aplicaciones [móviles] más corrientes de Internet pueden ser muy problemáticas en el aula. Las escuelas, por ejemplo, se han visto tentadas de prohibir la mensajería instantánea porque permite conductas de engaño y perturbadoras (Pownell y Bailey, 2001). Además, la atención es el bien más preciado de un profesor y ninguno de ellos quiere que la atención de sus alumnos se centre en intercambiar mensajes con sus amigos que están fuera de clase.
>
> (Schwartz, 2003.)

De acuerdo con esto, ninguna de las aplicaciones del estudio monográfico de Roschelle "requiere una conectividad que trascienda el aula ni tampoco una capacidad genérica de intercambio de mensajes que permita a los alumnos 'pasar apuntes'" (Roschelle, 2003). Es interesante señalar que, si este "ideal" se hubiera aplicado antes, habría supuesto la desaparición del papel y el lápiz de las aulas.

© Ediciones Morata, S. L.

Nadie puede sorprenderse de que, a la hora de describir las iniciativas actuales relativas al *i-mode* en el currículum y la pedagogía escolares, tengamos que "engañarnos" un poco y basarnos en ejemplos que son *parecidos* al *i-mode*, aunque no lo sean en realidad, y que son *parecidos* a los escolares, aunque tampoco lo sean en realidad (porque se derivan de entornos terciarios o no formales).

Tres ventanas sobre la Internet móvil, el aprendizaje y la vida cotidiana

Utilizaremos tres ideas para encuadrar nuestra exposición en este capítulo. La primera es la afirmación de RHEINGOLD (2002, pág. XIX) de que, hacia 2012, una nueva brecha digital separará a quienes sepan utilizar las nuevas tecnologías para hacer causa común en beneficio propio mediante una actividad cooperativa-colaborativa de quienes no sepan hacerlo.

La segunda es la afirmación de NAISMITH y cols. (s/f, pág. 36) acerca de que el aprendizaje formal "se trasladará cada vez más fuera del aula y a los ambientes del aprendiz, tanto reales como virtuales [y ese aprendizaje] implicará el establecimiento en estos ambientes de ricas conexiones tanto con recursos como con otras personas". Hacen esta afirmación al final de su revisión bibliográfica sobre el aprendizaje con tecnologías móviles.

La tercera es la observación de Chris BIGUM (2002, pág. 130) de que, durante más de 20 años, los intentos de integrar las tecnologías de la información y las comunicaciones (TIC) en las aulas se han caracterizado por las tentativas de centros y sistemas escolares para encontrar "cosas educativamente útiles que hacer" con las TIC que estuviesen de moda en cada momento.

Contextualizaremos brevemente cada una de estas "ventanas" haciendo referencia a los argumentos más generales de sus respectivos autores, comenzando por la explicación que da RHEINGOLD (2002) de las "masas inteligentes", que hacen uso de la red móvil para realzar sus vidas. Las masas inteligentes están formadas por personas que cooperan de modos que no han sido posibles hasta ahora porque llevan aparatos que tienen aplicaciones tanto de comunicación como informáticas. Aunque las personas que constituyen una masa inteligente no se conozcan en realidad, pueden actuar unidas por unos motivos compartidos. Los aparatos portátiles que galvanizan y sirven de vehículo para sus esfuerzos orientados a actuar de forma concertada son dispositivos que "los conectan con otros aparatos de información que haya en el entorno, así como con los teléfonos de otras personas" (*ibid.*, pág. XII).

RHEINGOLD sostiene que, en las condiciones de la "red móvil", prevalecerán y predominarán cada vez más nuevos tipos de conductas de masas inteligentes en la vida cotidiana. Entre los primeros casos documentados por RHEINGOLD y otros (véase, por ejemplo: KNOBEL y LANKSHEAR, 2004b), hay estudios de actividades y "formas" adolescentes mediadas por teléfonos móviles (por ej.: KOPOMAA, 2000; MÄENPÄÄ, 2001; PLANT, 2001; ITO, 2003, 2005b; BRYANT y cols., 2006); partidas de juegos móviles o "ubicuas" a través de espacios físicos y virtuales utilizando teléfonos móviles, PDAs, ordenadores portátiles y ordenadores de sobremesa (BJÖRK y cols., 2002; FLINTHAM y cols., 2003; LANKOSKI y cols., 2004; SMITH y cols.,

© Ediciones Morata, S. L.

2005); *weblogueo, podcasteo* y *"skypeo"**, o uso de servicios de voz por Internet, todos ellos móviles (Bradner y Metz, 2005; Oliver, 2005; véase también: Godwin-Jones, 2005), etc.

> **Reflexión y comentario**
>
> Dedique algún tiempo a examinar todas las posibilidades de su teléfono móvil. Pruebe éstas:
>
> - Entre en el sitio web de su operadora y envíe desde allí un mensaje de texto a su teléfono móvil.
> - Utilice la mensajería instantánea o el *chat* a través de su teléfono móvil.
> - Descargue e instale un nuevo tono de llamada.
> - Utilice todos los juegos ya instalados en su teléfono móvil.
> - La función de grabación de voz de su teléfono móvil, si dispone de ella.
> - Acceda a Internet si puede hacerlo (compruebe en línea los detalles de su cuenta para ver si tiene activada esta opción en su teléfono).
> - Haga una anotación para sí mismo con la función de anotación (si dispone de ella).
> - Haga una foto con la cámara de su teléfono móvil y, mediante Bluetooth (un sistema inalámbrico de transferencia de datos más o menos parecido al de infrarrojos), envíela por correo electrónico desde su teléfono, o a su teléfono fijo para transferir las fotos a su ordenador.
> - Cambie el tema de la pantalla.
> - Cambie su fondo de pantalla (procure utilizar una foto tomada con la cámara de su teléfono móvil).
> - Descubra cómo funcionan las tarjetas SIM y cómo pueden cambiarse de un teléfono a otro si son compatibles.
> - Cójale el truco a la escritura anticipada al teclear texto.
> - Vea si su teléfono móvil puede operar como reproductor de mp3 y, si es así, introduzca en él archivos de música.
> - Utilice la función de transmisor-receptor (*walkie-talkie*), si está activada.
>
> ¿Cree que podría hacerse un buen uso de estas diversas características en un ambiente de clase? ¿Cómo y por qué?

Muchas formas de conducta de las masas inteligentes son muy prosaicas o, como las llama Ito (2005b), "pedestres". Las observaciones de Ito revelaron que los adolescentes y veinteañeros japoneses "no suelen molestarse en fijar un momento y un lugar para sus reuniones. Durante el día, intercambian entre 5 y 10 mensajes que, progresivamente, van acotando el tiempo y el lugar, dos puntos que acaban convergiendo en una danza coordinada a través de la jungla urbana" (Ito, 2003, pág. 2). De este modo, quedan para reunirse "sobre la marcha", convierten las expediciones para comprar en contextos para la comunicación grupal y, por regla general, se mantienen en contacto con los miembros de su comunidad personal (a menudo, cuatro o cinco amigos íntimos). Como explica Ito, para los jóvenes japone-

---

* El *"skyping"* o *"skypeo"*, se deriva del uso de Skype, *software* para realizar llamadas telefónicas por Internet y marca de empresa de telefonía por este medio. (*N. del T.*)

© Ediciones Morata, S. L.

ses "no tener un *keitai* [teléfono móvil] es ir ciego por la vida, desconectado de la información puntual acerca de dónde y cuándo está en las redes sociales de tiempo y lugar" (*ibid.*). En *i-mode*, el tiempo y el lugar se hacen fluidos y flexibles, negociables de improviso: si tienes un teléfono móvil, puedes retrasarte; mucho peor que retrasarte es olvidar el móvil o dejar que se descargue la batería (*ibid.*).

Aunque esos comportamientos puedan parecer triviales, explican, sin embargo, gran parte de la "trama" de la vida humana. Se suman a la forma de *hacer* su vida de la gente. El hecho de poder negociar los tiempos y los lugares sobre la marcha puede ser la clave para reducir el estrés, hacer que las reuniones sean más divertidas, consolidar las relaciones y así sucesivamente, así como contribuir a unos valores más funcionales, como ser más eficientes con el tiempo y otros recursos. RHEINGOLD vislumbra también diversas formas de cooperación sobre la marcha entre personas que no se conocieran antes. Un ejemplo podría ser cuando un amigo o conocido de una red de amigos organiza un viaje en coche para otra persona con poca antelación. A sabe que B va en coche a X esa tarde y que C necesita ir allí. A puede responder por C y decírselo a B, que ya está en carretera. Otra situación sería la de una comida planeada en un restaurante que quizá no pueda celebrarse a causa de un error de reserva. Accediendo a Internet por teléfono o PDA (asistente personal digital, como un Blackberry o un iPaq), se localiza otro restaurante de tipo y calidad similares que está cerca; sobre la marcha, se cambia el lugar de reunión y se hace la reserva correspondiente.

Otros ejemplos menos prosaicos de conducta de masa inteligente podrían estar relacionados con la vida personal, la ciudadanía, etcétera. Por ejemplo, un profesor universitario recibe un mensaje de un compañero que asiste a un congreso en el que un experto internacional va a presentar más tarde, en ese mismo día, una ponencia sobre X. El profesor conoce a otros dos colegas que imparten clases relacionadas con X y envía mensajes de texto a los coordinadores del congreso para preguntarles por la posibilidad de grabar y *podcastear* la conferencia. Este tipo de ejemplo podría variar según los contextos de participación en grupos ambientales, grupos de acción política, divulgación de noticias. Evidentemente, aquí intervienen más cosas que una red móvil. La conducta de masa inteligente presupone la pertenencia a la red. Sin una integración social en red, las posibilidades de estar tecnológicamente integrado en una red están estrictamente limitadas. No obstante, como hemos visto, las herramientas de integración en una tecno-red son, precisamente, las herramientas de integración social en red por excelencia.

La afirmación de NAISMITH y sus colaboradores de que el aprendizaje se alejará cada vez más de las aulas y ocupará espacios virtuales y físicos para que los aprendices establezcan ricas conexiones con personas y recursos no humanos está informada por una concepción expansiva del aprendizaje móvil previsto por VAVOULA y SHARPLES (2002, pág. 152). Este punto de vista identifica tres dimensiones en las que el aprendizaje puede considerarse móvil:

> El aprendizaje es móvil en términos de *espacio*, es decir, se produce en el puesto de trabajo, en casa y en lugares de ocio; es móvil entre *diferentes áreas de la vida*, o sea, puede relacionarse con la exigencias del trabajo, el perfeccionamiento personal o el ocio, y es móvil con respecto al *tiempo*, es decir, se produce en diferentes momentos del día, en días laborables o en fines de semana.
>
> (Citado en: NAISMITH y cols., s/f, pág. 7; la cursiva es nuestra.)

La revisión bibliográfica de Naismith y cols. se centra principalmente en los usos de aparatos portátiles personales, como los teléfonos móviles y las PDAs, en el ámbito dinámico de la actividades de aprendizaje. Su concepto de actividades destaca la connotación *activa* de la movilidad. No se trata simplemente de utilizar aparatos portátiles en apoyo de las actividades de aprendizaje, en la actualidad apoyadas mediante planes más estáticos (Naismith y cols., s/f, pág. 9). Como ejemplos, pueden citarse a los alumnos que acceden a simulaciones mediante PDAs, en algunos casos en hábitat análogos a aquellos con los que están relacionadas las simulaciones (como los bosques), o al uso de aparatos portátiles para acceder a bases de datos para realizar observaciones en entornos comunitarios. Se trata de una progresión natural desde este "contexto" de diálogo a una concepción del aprendizaje formal "más amplia que la del aula".

La observación de Bigum acerca de la tendencia de las escuelas a adoptar las nuevas tecnologías siempre que se encuentren trabajos educativamente útiles que hacer con esas herramientas está hecha en el contexto de la defensa de un enfoque del aprendizaje escolar centrado en la "producción de conocimientos". Volveremos sobre este tema más adelante en este mismo capítulo. Mientras tanto, conviene destacar algunas afirmaciones clave del trabajo de Bigum acerca de por qué han tendido las escuelas a proceder como lo hacen y cuáles son algunas consecuencias de ello. Identifica tres premisas importantes relativas a las nuevas tecnologías en el aprendizaje escolar que cuestiona. Una es el supuesto de que las TIC son buenas en sí mismas y de por sí y, por tanto, cuanto más puedan desplegarse en el aprendizaje en el aula, mejor educación se tendrá. La segunda es que las nuevas tecnologías se refieren sobre todo a la información. Esto no es sorprendente

> [dado que] las escuelas han actuado siempre en gran medida como *consumidoras* de conocimientos e información. Desde los libros de texto hasta el material disponible en Internet, la información fluye hacia las escuelas mucho más que desde ellas. Las relaciones que tienen las escuelas con el mundo exterior están marcadas en gran medida por su consumo de información y conocimientos.
>
> (Bigum, 2002, pág. 135.)

La tercera es el supuesto de que los usos educativos de las nuevas tecnologías en el aprendizaje en el aula se comprenden bien en la actualidad y que la integración de las TIC en el aprendizaje es, sobre todo, cuestión de "dominar los entresijos de cada nueva tecnología cuando aparece" (*ibid.*, pág. 135). Esto desencadena una lógica interminable de búsqueda de cosas aparentemente útiles que hacer con las nuevas oleadas tecnológicas. El resultado final consiste en cantidades masivas de "hacer por hacer digital" (*ibid.*), mucho "vino viejo en odres nuevos" (cf.: Lankshear y Bigum, 1999) y muchos "cachivaches" innecesarios que generan pesadísimos y curiosos usos de las nuevas tecnologías, como el diseño de páginas web para contar historias. No hay razón para esperar que el momento actual de desarrollo de aparatos portátiles corra mejor suerte en las escuelas que las oleadas precedentes de tecnologías digitales si las premisas subyacentes que guían su adopción curricular y pedagógica permanecen intactas.

© Ediciones Morata, S. L.

Tecnologías móviles digitales

El alcance de las tecnologías móviles digitales comentadas en relación con el aprendizaje formal mediado por Internet, varía considerablemente de un proyecto a otro y de un autor a otro, de acuerdo con sus diferentes orientaciones, intereses y fines. En esta sección, situaremos nuestro propio enfoque en relación con dos alternativas.

Una de ellas es la postura adoptada por Naismith y cols. (s/f), que nos parece interesante y útil en el plano conceptual. Elaboran una clasificación de tecnologías móviles sobre dos ejes: "Portátil—Estática" y "Personal—Compartida". La mayoría de las tecnologías (aunque no todas) que se identifican como móviles (y todas aquellas cuyos casos concretos abordan) entran en el cuadrante formado por la intersección "Portátil"—"Personal". Señalan específicamente las PDAs, los teléfonos móviles, las consolas de juegos, los *tablet PCs** y los ordenadores portátiles. En el cuadrante "Portátil"—"Compartida", sitúan los kioscos interactivos** (en este caso, el carácter "portátil" es función de la movilidad del aprendiz en el espacio). Los sistemas de respuesta en el aula están situados en el cuadrante "Personal"—"Estática" porque, aunque son pequeños y con frecuencia cada sistema está asignado a un aprendiz, su uso se limita al aula, aunque los usuarios puedan moverse en ese espacio. Entre estos sistemas están las PDAs inalámbricas, que utilizan los alumnos para registrar sus respuestas a ejercicios o tests. La mayoría de las herramientas que se sitúan en el cuadrante "Estática"—"Compartida" no pueden considerarse tecnologías móviles. En todo caso, a excepción de un juego de ejercicios de matemáticas que utiliza un sistema portátil de juegos Nintendo, los casos concretos que comentan Naismith y cols. se limitan a los usos de PDAs y teléfonos móviles.

La segunda postura es una opción de alta tecnología que se está utilizando en un proyecto en desarrollo en Finlandia, con las escuelas primarias de la ciudad inalámbrica de Oulu. El proyecto anuncia el tipo de convergencia de aparatos prevista por Naismith y cols. y muestra hasta qué punto se ha avanzado en esta convergencia, en lo que se refiere al desarrollo de una compleja *herramienta* para el aprendizaje escolar en red. El proyecto "MOOP" (un entorno de *m-learning****) está siendo desarrollado en colaboración de los sectores público y privado entre tres escuelas de Oulu, el Departamento de Educación y tres empresas (Nokia, Elisa y Viestimaa). En la sección siguiente comentaremos el proyecto, pero el componente de "tecnología" es de interés inmediato. Abarca un teléfono móvil, diseñado con esta finalidad, enlazado en red con la red de área local, o LAN****, del proyecto. El teléfono utiliza el sistema operativo Symbian S60 y cuenta con una interfaz especialmente diseñada. Dispone de funciones de texto, fotografía,

---

* El *tablet PC* es un ordenador cuyas dimensiones se sitúan entre las de las PDAs y los ordenadores portátiles disponen de una pantalla táctil sobre la que se puede escribir a modo de pizarra. (*N. del T.*)

** Un kiosco interactivo es un terminal de ordenador que facilita el acceso a determinado tipo de información por medios electrónicos. Los hay de muchos tipos y con muchas finalidades, desde los puramente informativos hasta los que aquí nos interesan, que dan acceso a Internet. (*N. del T.*)

*** "Aprendizaje mediante electrónica móvil". (*N. del T.*)

**** *LAN* es la sigla de *local area network* o "red de área local". (*N. del T.*)

voz, vídeo y GPS (sistema de posicionamiento global). También tiene una función de tipo "walkie-talkie" para que los profesores se comuniquen directamente con los alumnos sobre el terreno sin tener que utilizar la función principal de llamada telefónica. Los alumnos pueden entrar con un nombre de usuario y una clave de acceso y hacer observaciones y obtener información utilizando cualquiera de las funciones mediáticas. La función de localización por GPS se utiliza para desplazarse físicamente a los puntos designados que están programados en el teléfono para obtener información. Los datos recogidos como palabra, texto, imagen fotográfica y vídeo digitalizados pueden transmitirse directamente desde el terreno al servidor, desde el que la información puede transmitirse a los diversos terminales móviles (teléfonos), al navegador web y a la base de datos. Los datos recogidos sobre el terreno pueden corregirse antes de que los alumnos los envíen al servidor. Después, pueden acceder a los datos mediante los ordenadores del aula de informática o con sus propios ordenadores (previa entrada en el sistema escolar) (MATTILA y FORDELL, 2005, s/pág.). Así pues, el teléfono es un dispositivo de recogida de datos multimedia en red que reúne en un mismo aparato múltiples dispositivos cotidianos y, más corrientes de los tipos sobre los que hablaremos más adelante. En términos de su "cociente de parafernalia"* (CP), es cuestión de "apuntar, disparar/pulsar/hacer clic, corregir, guardar, enviar", desde el terreno al servidor remoto, a la base de datos, en un santiamén. Aunque el dispositivo utilizado en el proyecto MOOP no emplea todas las posibilidades de Internet, sino sólo una red de área local, podrían utilizarse esas posibilidades de navegación por Internet para ampliar casi infinitamente la base de información accesible.

Nuestra propia postura difiere de la anterior en dos aspectos importantes: la gama de aparatos en cuestión y la propiedad. Con respecto a la gama de aparatos, nosotros incluimos dispositivos como grabadoras digitales de voz, cámaras digitales y videograbadoras, memorias USB, iPods y otros reproductores mp3. Son aparatos que no pueden conectarse directamente con Internet, pero sí cargar rápidamente información a los aparatos que son *capaces de* conectarse con Internet.

Nuestras razones para incluir esos dispositivos están relacionadas, en parte, con nuestra postura acerca de la "propiedad". Esta cuestión tiene dos facetas. En el ejemplo del MOOP y en el de los citados por NAISMITH y cols., el equipamiento es propiedad del centro. Lo pone la escuela, lo mantiene la escuela y ésta es la propietaria. Una consecuencia de ello es que, si una escuela carece del equipo, los alumnos no podrán utilizar la red móvil para aprender sobre la marcha, mientras que, si tienen libertad para utilizar sus propios "juguetes" y están dispuestos a hacerlo, no tienen por qué darse esas limitaciones. Es muy corriente que los jóvenes tengan los aparatos extra que hemos mencionado. El otro aspecto de la cuestión de la propiedad es que, aunque algunos jóvenes prefieran *no* utilizar sus aparatos digitales personales en el aprendizaje escolar, otros *acogerán* de forma muy positiva la oportunidad de integrar unos aparatos que pueden tener para ellos un profundo significado personal en unas actividades diferentes de aquellas

---

* La expresión original es: *"Whizzbangery Quotient"*. El término *whizzbangery*, neologismo de jerga que no aparece en los diccionarios, viene a equivaler a nuestro "parafernalia", por lo que lo traducimos así. (*N. del T.*)

© Ediciones Morata, S. L.

en las que los utilizan dentro de su espacio y su tiempo propios. Se plantea aquí también una cuestión de confianza. La modalidad por omisión es que no puede permitirse que los alumnos utilicen sus propios aparatos porque pueden causar problemas o, peor aún, pueden usarlos de formas "no autorizadas". Nuestra postura personal sobre esta cuestión es que ya es hora de aumentar la confianza y que, si hay voluntad de hacerlo, los profesores, los padres y los alumnos podrían llegar con bastante facilidad a algunos acuerdos viables, al menos hasta que resulte evidente que la ampliación de esta clase de confianza carece de justificación.

La otra razón (al lado de las cuestiones de propiedad) que tenemos para ampliar la gama de aparatos tiene que ver con el sistema de instalación de los "equipamientos escolares". Con independencia de que el CP sea alto, como en el caso del "teléfono" de MOOP, o no, por regla general los aparatos educativos suelen llegar con opciones y planes ya establecidos, que pueden limitar la resolución creativa de problemas, formas de hacer predefinidas y, como consecuencia, menoscabar la iniciativa. Idear la forma de movilizar colectivamente unos cuantos aparatos personales para abordar una tarea de aprendizaje implica precisamente el tipo de imaginación y de creatividad de prueba y error que los "cerebritos" y otros experimentadores han derrochado de antemano para darnos el acceso inalámbrico a Internet, en realidad, a *toda* Internet.

Por estas razones, preferimos adoptar la perspectiva más amplia posible acerca de lo que se consideren tecnologías móviles con el objetivo del aprendizaje formal mediado por el uso de Internet móvil.

Iniciativas i-mode *actuales en el currículum y la pedagogía*

En esta sección, describiremos brevemente tres iniciativas bastante típicas de "estilo *i-mode*" que, o bien se llevan a cabo en la escuela o, por su tipo, podrían realizarse allí, y las comentaremos a la luz de las tres ideas que encuadran nuestra exposición.

El proyecto interactivo de *m-learning* MOOP

En el proyecto MOOP participan alumnos de primaria que utilizan un teléfono móvil equipado con GPS en ambientes de campo para hacer observaciones relevantes para un problema predefinido, analizar su entorno a la luz de ese problema y comunicarse en grupos en el proceso de resolución del problema (MATTILA y FORDELL, 2005). Los principios pedagógicos en los que se basa el proyecto son el aprendizaje por investigación, las competencias de obtención de información y de construcción del conocimiento, la resolución creativa de problemas y el aprendizaje interactivo y creativo. El modelo de construcción del conocimiento empleado parte de la pregunta: "¿Cuál es tu tema?" (basada en un problema planteado por el maestro). Tras ello, el aprendiz ha de documentar lo que conoce acerca del mismo (por ej., utilizando mapas mentales) y la información que obtenga en el libro de texto. Una vez elaborado un plan con respecto al tema y aprobado por el maestro, el alumno considera qué tipo de información observacional necesita, dónde puede obtenerla en su medio, etc., yendo después al campo. Mediante el

© Ediciones Morata, S. L.

teléfono, se recogen las observaciones en forma de fotos, habla y texto, se guardan y refinan en el mismo teléfono, enviándose después a la plataforma de aprendizaje en red situada en la escuela. Por medio de la actividad de grupo y del trabajo individual, los alumnos resuelven sus problemas y redactan el estudio, observando la secuencia: "actualizar, corregir, comprobar, publicar". El resultado final se interpreta como "saber construido" y no como "datos memorizados".

Se ofrece un único ejemplo práctico: "Según una leyenda, un tal Sr. Taavetti Lukkarinen fue colgado de este árbol. Examinad la cuestión para ver si es probable que ocurriera así". Se pide a los alumnos que construyan un contexto que esté anclado en el currículum y en la vida real. "Los alumnos tienen que filosofar para crear por su cuenta la respuesta acertada" (*ibid.*). Descubren que el árbol en cuestión sólo lleva allí un corto espacio de tiempo, por lo que es poco probable que la leyenda sea cierta.

Aunque no sea del todo justo comentar un proyecto a la luz de un solo ejemplo, aunque sea el *único* que se presente, la cuestión obvia que uno debe plantearse en este caso es cómo y por qué la resolución de este tipo de problemas requiere el elaborado sistema tecnológico ideado para el proyecto. Sin duda, los alumnos están saliendo al campo, pero el ejemplo parece un caso clásico de lo que BIGUM llama "hacer por hacer digital" y de tener que encontrar cosas educativas que haga la tecnología. Además, el tipo de colaboración descrito en este proyecto es muy diferente del tipo de causa común para conseguir un beneficio común que RHEINGOLD atribuye a las masas inteligentes. Este último proviene de la "vida real" en un sentido serio de la expresión. El ejemplo del proyecto se basa en una "imitación de ficción".

Contenido web "nómada" en un museo

En un comentario deliciosamente cándido, Sherry HSI (2003) informa de un estudio para investigar las experiencias de los participantes en un museo interactivo (*The Exploratorium* de San Francisco) al utilizar un ordenador portátil con una conexión inalámbrica con un sitio web creado para intensificar las experiencias de aprendizaje. El ordenador portátil servía como una especie de guía electrónica basada en el concepto de la investigación nómada. La idea es que a medida que los humanos se trasladen por distintos espacios y ambientes físicos tengan acceso a diversos tipos de experiencias, recursos y perspectivas relacionados con fenómenos cognoscibles. Los nuevos contextos pueden generar nuevos tipos de "preguntas inductoras" o posibles explicaciones, etcétera. En un museo interactivo, las exposiciones facilitan un contexto en el que llevar a cabo algunos aprendizajes. Pero lo que puedan hacer los usuarios en este contexto estará en función del conjunto de interacciones con la exposición que puedan imaginar. Este conjunto de interacciones podría potenciarse si, junto con el entorno físico, se introduce un entorno virtual. Se trata de un entorno virtual complejo y "nómada", que represente distintos espacios (ya se trate de un espacio de juego o de un espacio de información, un espacio de preguntas o un espacio de explicación). Se desarrollaron contenidos web para cada una de las diversas exposiciones y se equipó cada ordenador portátil inalámbrico con un sensor que llamaba la URL correspondiente a cada exposición. Cuando el usuario iba a la página web pertinente,

© Ediciones Morata, S. L.

relacionada con esa exposición, podía moverse entre una serie de opciones (escuchar la información, ver vídeos, acceder a sugerencias o preguntas relacionadas con las posibles formas de interactuar con la exposición, etc.). El objetivo consistía en conseguir una integración perfecta de lo físico y lo virtual que estimulara nuevos tipos de interacciones que promovieran nuevas hipótesis, explicaciones y conocimientos de los fenómenos.

Es interesante señalar que los resultados obtenidos de la población estudiada de alumnos y otros "explicadores" voluntarios, profesores de ciencias y personal del museo fueron desiguales. Los participantes dijeron que habían tenido una sensación de aislamiento (de otras personas, de la escena social de interactividad en torno a la exposición y de la misma exposición). Por ejemplo: "era más probable que uno interactuara más con el ordenador portátil que con la exposición. [El ordenador] se convierte casi en la exposición primordial"; "en realidad, no me daba cuenta de la presencia de otras personas"; "en realidad, me sorprendió no darme cuenta de que estaba en un museo... la forma de distanciarme de la experiencia" (*ibid.*, pág. 314). Los participantes manifestaron también ciertas dificultades para conciliar e integrar los contextos virtual y físico. Por otra parte, la mayoría de ellos dijeron que el contenido web los animaba a probar nuevas formas de interacción con la exposición y a iniciar una serie de formas nuevas de pensar sobre estas exposiciones.

Una vez más, la versión de la movilidad de Internet involucrada aquí es la antítesis de la colaboración de la masa inteligente. El usuario está aislado y encapsulado en medio de un conjunto de estímulos de un menú y no colabora en una red social. No cabe duda de que los usuarios están físicamente "en el campo" y fuera del aula, pero, del mismo modo, están en gran medida "lejos" del museo. Algunos tipos de limitaciones señalados aquí acabarán resolviéndose cuando los programadores de contenidos adquieran más experiencia en la integración de lo físico y de lo virtual. No obstante, es difícil sustraerse a la idea de que los programadores estaban tratando por todos los medios de "empaquetar" todos los usos "educativos" posibles en una herramienta que, a su modo de ver, probablemente sea útil. Otro enfoque sería partir de un conjunto de experiencias bien fundadas que la gente tuviera en el museo y buscar el lugar (si lo hubiere) en el que el acceso a un aparato portátil pudiera intensificar la experiencia del museo. Es posible que esa información bien fundamentada ponga de manifiesto que el aparato puede ser una herramienta muy buena para hacer (sólo) X o, quizá, X e Y. ¿Por qué no disponer un espacio inalámbrico en el que las personas puedan utilizar con libertad los abundantes recursos de Internet para examinar lo que haya en el ciberespacio relevante para la exposición? La operación sería igualmente nómada, pero dirigida por el usuario en vez de racionada desde el exterior.

Blogueo móvil en el 399º mercado de invierno del pueblo sami

Bryan ALEXANDER (2004) cita el *blogueo* móvil (*moblogueo*) del 399º mercado de invierno del pueblo sami, en el norte de Suecia, en febrero de 2004, a cargo de un equipo de cuatro estudiantes de la Universidad de Umea (blog.humlab.umu.se/jokkmokk2004). El mercado, que se celebra de jueves a domingo de la primera semana de febrero en la ciudad lapona de Jokkmokk, próxima al Círculo Polar Ártico, es un acontecimiento anual desde 1605. Los estudiantes fueron a

© Ediciones Morata, S. L.

Jokkmokk, grabaron conciertos, entrevistaron a participantes, sobrevivieron a una caída de red que les impidió transmitir en directo el concierto de clausura —aunque obtuvieron una autorización para *audiobloguearlo* durante un período posterior al festival— y subieron material al *blog* como archivos de sonido, videoclips, fotos, otros gráficos y texto: "Los estudiantes aplicaron sus estudios universitarios sobre los sami al mundo real, entrevistaron a participantes, llevaron a cabo una investigación digital de seguimiento sobre la marcha y subieron y ampliaron comentarios en línea" (ALEXANDER, 2004, pág. 31).

El resultado es una creación cultural profunda y rica que transmite mucho más sobre el evento que cualquiera de los sitios comerciales o de relaciones públicas. Uno de los *posts* del *blog* cuenta que recibieron

> un mensaje de correo electrónico de una de nuestras lectoras de Australia que también está planeando un viaje a Suecia. Ella recibió un mensaje de correo de una persona con la que se encontró recientemente en el club de natación de su hijo. A ambas les interesa Suecia y esta otra mujer envió un enlace a nuestra lectora que ella recibió en un boletín de Suecia. En este boletín había información sobre un sitio web de Sidney que contenía noticias sobre Suecia (y el proyecto de *moblogueo* de Jokkmokk). Nuestra lectora resumió así la cadena: noticias desde Brisbane sobre noticias desde Suecia sobre noticias desde Sidney sobre noticias de Suecia.

Como mínimo, es un viaje de campo enorme. Sin embargo, es un viaje que se hizo con y para un público mucho más amplio que los participantes. El *blog*, rico como recurso que pueden aprovechar personas de comunidades diversas y con intereses distintos de cualquier parte del mundo para todo tipo de fines, refleja una colaboración que se acerca al centro de las masas inteligentes, incluyendo la obtención de la autorización para emitir el concierto después del evento cuando la red se vino abajo en Jokkmokk. Los participantes tenían todas las herramientas adecuadas para el trabajo y pudieron adaptarse sobre la marcha a un fallo importante de sus planes. Lo que estaba en juego no eran las herramientas, sino la experiencia cultural. El resultado es un ejercicio potencialmente valioso de producción de saber.

> **Reflexión y comentario**
>
> Visite la página web Smartmobs.com y observe algunos desarrollos recientes de aplicaciones *i-mode*. Examínelos tanto en relación con su uso como con su evolución técnica.
>
> ¿Hasta qué punto cree que cualquiera de estas aplicaciones tiene consecuencias significativas para la educación alfabetizadora? Si las hay, ¿cuáles? En todo caso, ¿por qué?

Algunos principios y criterios para planear la "pedagogía para el i-mode*"*

Tras destacar y comentar algunos ejemplos típicos de las iniciativas actuales, volveremos ahora a algunas cuestiones generales acerca de cómo deben tener en cuenta el *i-mode* la pedagogía y el currículum formales y en qué deben basarse las decisiones sobre los posibles usos de la red móvil (en qué principios, en qué criterios, etc.). Es obvio que el currículum y la pedagogía no deben ser rehenes del cambio tecnológico en el plano de los artefactos. Hasta la fecha, ésta ha sido en gran medida la historia de las TIC en las escuelas, con el resultado de que se han creado todo tipo de actividades artificiosas para encontrar formas de acomodar las nuevas tecnologías a las "formas" del aula. Como observa BIGUM (2002, 2003a), esto no ha funcionado. Ha "malgastado" el potencial de las nuevas tecnologías para establecer puentes con las nuevas formas de práctica social y cultural por las que podría y debería interesarse la educación escolar, como el compromiso crítico con los nuevos alfabetismos. Al mismo tiempo, ha "malgastado" el potencial que tienen las nuevas tecnologías para hacer de manera más eficiente las clases de "cosas del conocimiento" en las que las escuelas *deben* comprometer a los alumnos, como las formas de análisis y síntesis relacionadas con la evaluación y la producción de saber, en el modo en que los expertos lo hacen.

Para hacer progresar nuestro argumento, identificaremos algunos principios y criterios adecuados desde el punto de vista educativo en los que basar los juicios y las decisiones que atañen al currículum y la pedagogía en relación con Internet móvil. Reflejan el estatus de la educación formal en cuanto actividad informada por la ética —esa educación no se convierte simplemente en un reflejo de los valores e intereses de los grupos sociales más poderosos— al tiempo que mantiene la responsabilidad de la educación ante las reivindicaciones legítimas de la sociedad con respecto a ella. Por supuesto, toda la historia del pensamiento educativo es nada menos que el registro colectivo de la búsqueda de tales principios y criterios. ¡Por eso no pretendemos resolver aquí la cuestión! Por otra parte, diversos principios educativos y criterios relacionados con ellos, derivados de una perspectiva sociocultural, y con los que estamos comprometidos nos parecen especialmente relevantes para nuestros fines. Hay cuatro que destacan de modo especial. Son éstos:

- principio del aprendizaje eficaz;
- principio del aprendizaje integrado;
- principio de la apropiación y la extensión productivas en el aprendizaje;
- principio del aprendizaje crítico.

Los describimos brevemente a continuación.

Principio del aprendizaje eficaz

Según este principio, para que el aprendizaje sea eficaz, es necesario que lo que alguien aprenda *ahora* esté conectado de forma significativa y motivadora con versiones maduras o de iniciados de los *Discursos*. Entendemos los Discursos como conjuntos de prácticas sociales relacionadas, constituidas por formas peculiares de utilizar el lenguaje, actuar e interactuar, creer, valorar, gesticular, utilizar herramientas y otros artefactos en ciertos contextos (adecuados), de manera que representa o reconoce una determinada identidad o forma de hacer y estar en el mundo (GEE y cols., 1996, pág. 4, pág. 10 de la traducción al castellano). Esto implica pensar en la educación y en el aprendizaje no sólo en términos de escuelas y de niños (relacionados con unos lugares y específicos de una edad), sino, en cambio, en términos de vidas humanas como *trayectorias*, a través de diversas actividades e instituciones sociales (*ibid.*). Aprender algo es progresar hacia un entendimiento más completo del hacer y del estar, y de soltura en esos hacer y estar, de manera que se reconozca competente en relación con las formas reconocidas de "estar en el mundo". La participación en los Discursos consiste en cosas que hacemos más o menos bien o más o menos mal. Las formas maduras o de iniciados de los Discursos son, por así decir, "lo real": la forma de "hacer" un Discurso de los "usuarios maduros" que "lo hacen bien". Son versiones "auténticas", en vez de "simuladas", de las prácticas sociales en cuestión. En este sentido, para que el aprendizaje sea eficaz a veces, debe implicar hacer algo que ponga de verdad al aprendiz en el camino correcto para convertirse en un participante competente en "lo real", con independencia de cuál sea el Discurso en cuestión.

Principio del aprendizaje integrado

Desde un punto de vista sociocultural, el aprendizaje está integrado en la medida en que se satisfagan tres condiciones relacionadas con la idea clave de que el aprendizaje es inseparable de los Discursos.

La primera condición es que el aprendizaje integrado se produzca *dentro de* una actividad y no a distancia (como cuando se aprende algo *acerca de* una actividad sin participar en la misma, con la idea de aplicar lo aprendido in situ en algún momento posterior). Esto no quiere decir que un aprendizaje valioso no pueda estar descontextualizado y aplicarse más tarde, sino que, hasta ese momento, el aprendizaje no estará integrado en el sentido en el que lo utilizamos aquí.

La segunda condición amplía la primera. El aprendizaje está integrado cuando los diversos "bits" de las actividades sociales que se unen para configurar una actividad como un todo —y cuando van unidas para constituir un Discurso— se aprenden en sus *relaciones* mutuas, como consecuencia de aprenderlas *dentro de* la(s) actividad(es). En el aprendizaje integrado, aprendemos a reunir los diversos "bits" (los bits de hablar, los bits de utilizar herramientas y artefactos, los bits de acción y conducta, los bits de valorar, creer, gesticular, vestir, etc.) en un "todo" y "en vivo". Los aprendemos *orgánicamente* en sus relaciones mutuas, no como "trozos" que articular más tarde.

La tercera condición es que *cuanto más integrado* sea nuestro aprendizaje, *menos* chocará con quienes seamos, lo que seamos y lo que hagamos en las demás dimensiones discursivas de nuestras vidas. Cuanto menos entre en conflicto la "identidad" que estamos llamados a adoptar en *esta* situación de aprendizaje con las identidades que estemos llamados a adoptar —y *con las que estemos a gusto*— en el resto de nuestra vida, más integrado podrá estar nuestro aprendizaje. Steve THORNE (2003) nos pone un interesante ejemplo de la fuerza que puede cobrar el sentimiento de los estudiantes con respecto a las cuestiones relacionadas con el uso de las nuevas tecnologías en el aprendizaje. Describe una asignatura de francés como lengua extranjera en la que parte de la calificación se basaba en un elemento de la misma en el que se pedía a los alumnos que enviaran un mensaje a un amigo corresponsal electrónico* de Francia. Una alumna (Grace) optó por dejar de lado este elemento (y recibir, en consecuencia, una calificación más baja) porque asociaba el envío de mensajes por correo electrónico con la "comunicación entre niveles de poder y generaciones" (THORNE, 2003, pág. 7). Decía esta alumna que el envío de mensajes de correo electrónico era lo que hacía con los profesores o sus padres. Con los amigos utilizaba la mensajería instantánea. Grace consideraba que el correo electrónico era una herramienta cultural inadecuada para el tipo de intercambios que se producían entre los alumnos estadounidenses y sus corresponsales franceses. El aprendizaje del francés conversacional y propio de amigos mediante el correo electrónico que se pretendía conseguir con Grace no estaba *integrado* en este sentido. En realidad, se estaba pidiendo a Grace que "actuara en contra" de las demás identidades sociales y valores que eran importantes para ella. Quedando invariables el resto de las circunstancias, así, cuanto menor sea el conflicto que experimenten los alumnos con sus otras identidades sociales, más eficazmente y de buen grado aprenderán.

Principio de la apropiación y extensión productivas en el aprendizaje

Este principio es, en parte, una extensión del principio del aprendizaje integrado y, en parte, el antiguo y respetado principio de que el aprendizaje debe basarse en lo que los aprendices ya saben y han experimentado. Con respecto al primer aspecto, este principio implica buscar formas de reducir o aliviar el conflicto entre las identidades sociales durante el aprendizaje. Por ejemplo, si pudiese hacerse una adecuación aceptable desde el punto de vista educativo de la interpretación cultural de la comunicación entre iguales o amigos de Grace (por ej., mediante la mensajería instantánea) dentro de la asignatura de francés, contribuiría a integrar y fortalecer el aprendizaje al sincronizar los aspectos culturales, personales, tecnológicos y epistemológicos.

Con respecto al segundo aspecto, si los aprendices ya saben ejecutar roles y tareas discursivos que puedan trasladarse legítimamente a nuevos espacios discursivos, esto podría utilizarse para facilitar más el aprendizaje y el dominio en un campo nuevo. Por ejemplo, el hecho de saber archivar música descargada en un reproductor mp3, como un iPod, para fines de entretenimiento personal, puede transferirse rápidamente al archivo de datos de entrevistas grabadas digitalmente con fines de investigación, sin comprometer ninguna actividad. No es probable que surjan en este caso los tipos de colisiones entre culturas de uso, evidentes en el caso de Grace. Por supuesto, este aspecto del principio que comentamos —basar el aprendizaje en los conocimientos y competencias relevantes que ya tenga el aprendiz, integrándolos en el actual— es prácticamente evidente de por sí y, desde luego, lo reconoce la mayoría de los educadores. Al mismo tiempo, se ignora o subvierte a escala masiva en el aprendizaje en el aula.

---

* El término inglés es *keypal*, que también se utiliza a veces en castellano. Se trata de amigos con los que sólo se ha entrado en contacto por correo electrónico. Es el equivalente de las amistades por correo clásico, denominadas en inglés: *pen pal*. (*N. del T.*)

© Ediciones Morata, S. L.

Principio del aprendizaje crítico

En diversos lugares, GEE (1996, 2004; GEE y cols., 1996) enuncia con toda claridad el principal problema con respecto al aprendizaje eficaz socioculturalmente interpretado como los procesos de lograr un dominio fluido de los Discursos. Se refiere esto al hecho de que la mejor manera de adquirir soltura en un Discurso es a través de los procesos de aprendizaje *dentro del* Discurso. Sin embargo, cuanto más eficaz sea este aprendizaje, menos críticamente reflexiva será la perspectiva del aprendiz sobre el Discurso. Cuanto más eficaz sea el aprendizaje dentro de un Discurso, mayor será la probabilidad de que sea profundamente "adoctrinador". Como señala GEE, los Discursos no pueden tolerar la crítica desde dentro, dado que sería invitar a su propia desaparición o trascendencia.

Esta situación es problemática si creemos que la educación debe ayudar a preparar a los aprendices para que comprendan las limitaciones y el carácter constitutivo de todos y de cada uno de los Discursos y para que se comprometan y sean capaces de desempeñar unos roles activos, tratando de configurar las actividades sociales de manera progresiva y expansiva sobre la base de lo que crean y valoren. Desde esta perspectiva, es necesario crear espacios para desarrollar y negociar diferentes puntos de vista acerca de las prácticas sociales, las identidades sociales, las instituciones sociales, etcétera. Esto supone crear espacios para experimentar Discursos diferentes y enfrentados y decidir cómo abordar esta divergencia.

> **Reflexión y comentario**
>
> - ¿Cuáles de estos principios le parecen sólidos, si es que hay alguno, desde un punto de vista educativo?
> - En el caso de los que considere sólidos, ¿cuáles son sus razones?
> - En el caso de los que no le parezcan sólidos, ¿cuáles son sus razones?
> - ¿Prefiere otros principios? Si es así, ¿cuáles? ¿Por qué cree que son mejores?

Hacia unos criterios para decidir

Estos principios sugieren una serie de criterios que nos ayuden a decidir en qué medida y de qué modo podrían formar parte del aprendizaje escolar los alfabetismos característicamente *contemporáneos* —que comprenden las tecnologías, los artefactos, las actividades y las culturas de uso—, que los jóvenes consideran de interés fuera de la escuela, de manera que *refuercen* la educación. Entre ellos están (sin que sea una relación exhaustiva) criterios tales como su tendencia "a promover aproximaciones a la práctica experta", a unos "usos auténticos, no artificiales", a "la actividad colaborativa", al "reconocimiento del saber y la pericia distribuidos", a la "eficacia para el uso in situ", a "la capacidad de facilitar actividades completas", etcétera. Si algunos de estos criterios no parecen de inmediato derivados de nuestros principios, las relaciones se pondrán de manifiesto cuando nos percatemos de que los Discursos son redes distribuidas de saber, pericia, competencia. Sin colaboración y pericia, no puede haber Discursos y, sin Discursos, no puede haber aprendizaje.

© Ediciones Morata, S. L.

Esto nos lleva a un punto crucial del argumento que estamos tratando de desarrollar, relativo a los *fines* del aprendizaje escolar y a la participación en los Discursos escolares y a la relación entre el aprendizaje escolar y la participación en los Discursos "maduros" con los que presuntamente se relacionan los Discursos escolares. Salvo cuando es una actividad sin sentido, el aprendizaje es siempre "un proceso de entrada en un Discurso y de participación en el mismo" (Gee y cols., 1996, pág. 15). Sin duda, el aprendizaje escolar implica entrar en los Discursos escolares, pero la pregunta siguiente es: "¿Con qué fin?"

Si el aprendizaje escolar sólo sirve para iniciarse en los Discursos escolares, nos deshacemos de un problema importante, dado que no habría razón por la que el aprendizaje escolar *deba* tener en cuenta las actividades no escolares. Si, en cambio, creemos que los Discursos escolares del aprendizaje (proyectos escolares, historia escolar, ciencia escolar, educación física, etc.) deben mantener relaciones significativas con los Discursos "maduros", ajenos a la escuela, nos encontramos con un problema de importantes proporciones, porque las escuelas "separan el aprendizaje de la participación en los Discursos maduros" y, además, "hacen que la conexión sea completamente misteriosa" (*ibid.*, pág. 15). De ahí que nuestras preguntas inmediatas acerca de si en el aprendizaje escolar hay que contar y cómo con ciertas actividades, como *bloguear*, utilizar la mensajería instantánea, escribir mensajes de texto y, en general, estar en *"i-mode",* se convierten en un subconjunto de una cuestión mucho más amplia y fundamental.

Asumimos la idea de que los Discursos escolares de aprendizaje pueden y deben relacionarse con transparencia y eficacia con las vidas de los aprendices en cuanto trayectorias seguidas a través de diversas actividades sociales en incontables instituciones sociales y, en esa medida, deben buscar aproximaciones progresivas a versiones de los Discursos "maduras" o "de iniciados".

Escuelas productoras de saber: Una iniciativa de base en el terreno de la educación

Al buscar pistas acerca de cómo podrían tenerse en cuenta en el aprendizaje escolar y en el plano educativo los tipos de ejemplos que hemos descrito en este libro, descubrimos algunas posibilidades interesantes inherentes a una nueva iniciativa que se está desarrollando en Australia (Bigum, 2002, 2003b; Lankshear y Knobel, 2003, cap. 8). La iniciativa partió del trabajo de Chris Bigum con directores, profesores y alumnos de un reducido número de escuelas de zonas regionales y remotas de Queensland. Los protagonistas compartían su interés por dos cuestiones relacionadas entre sí. Una era cómo podría hacerse que el aprendizaje tuviera más que ver con la producción de saber que con el consumo del mismo (y, en esa medida, estuviera más conectado con la vida cotidiana de las comunidades escolares). La otra era cómo *desescolarizar* los usos de las nuevas tecnologías en las aula, para dejar de buscar cosas que hacer con las tecnologías de la información y la comunicación siguiendo las rutinas y formas establecidas del aprendizaje en el aula.

Una premisa clave subyacente al desarrollo de escuelas productoras de saber (EPS) es que los usos escolares de las tecnologías de la información y la comunicación se basen en una mentalidad que entienda las nuevas tecnologías en términos de información (BIGUM, 2002; SCHRAGE, 2001). BIGUM (2003b) señala que muchos cambios relacionados con las tecnologías de la información y la comunicación (TIC) a los que hemos asistido en esferas como los negocios, el entretenimiento y el comercio se han presentado como resultados de "la revolución de la información". Sin embargo,

> como indica Michael SCHRAGE (2001), esto es una lente peligrosamente miope con la que mirar estos cambios. Sostiene, por ejemplo, que "decir que Internet tiene que ver con la 'información' es como decir que 'cocinar' tiene que ver con las temperaturas del horno; es técnicamente exacto, pero fundamentalmente falso". SCHRAGE sigue diciendo que "el mayor impacto que han tenido y tendrán estas tecnologías se ha producido en las *relaciones* entre la personas y entre las organizaciones". Contemplar las TIC en términos de una revolución de las *relaciones* quizá no sea tan pegadizo como algunas de las otras descripciones de uso común, pero promueve una forma de pensar en las TIC en las escuelas que abre algunas posibilidades útiles.
>
> (BIGUM, 2003b, pág. 5.)

Desde este punto de vista, las escuelas pueden sopesar cómo podrían utilizarse de manera productiva las tecnologías de la información y la comunicación en términos de las nuevas relaciones que podrían desarrollarse y mediarse a través del uso de estas tecnologías, y no en términos de suministro de información o de hacer cosas antiguas de formas nuevas. El modelo de escuelas productoras de saber se basa en la idea de que, como *productoras* de saber en un sentido nuevo y significativo, las escuelas pueden establecer y consolidar nuevos tipos de relaciones dentro y fuera de los centros.

Es preciso aclarar el concepto de productoras/producción de saber que planteamos aquí. En cierto sentido, los alumnos siempre han estado envueltos en la producción de saber en el aula. Pero, casi siempre, se trata de una producción de "saber" artificial, "simulada", no experta. Está dominada por lo que BIGUM llama mentalidad de "puerta de frigorífico" con respecto al trabajo del alumno: la idea de que el profesor pone una tarea, los alumnos la realizan, el profesor la evalúa y el alumno se la lleva a casa, donde podría estar "publicada" temporalmente en la puerta del frigorífico. No hay un problema real, demanda real, necesidad real ni un saber que sea un *producto* real.

El modelo de las escuelas productoras de saber trata de superar el enfoque de puerta de frigorífico. Las escuelas que siguen este modelo han comenzado a desarrollar unas relaciones nuevas e interesantes con grupos pertenecientes a sus comunidades locales, participando en procesos que generan productos o actuaciones valoradas por los receptores para quienes se han realizado. Un aspecto importante de la negociación de la producción de ese saber es que los estudiantes ven que el producto o actuación es valorado por el cliente o público receptor de su trabajo. Los estudiantes saben que su trabajo se toma en serio y que ha de estar bien o no será aceptable para quienes se lo hayan encargado. Hasta la fecha, el nivel de compromiso, la calidad del trabajo y el aprendizaje de los alumnos han sido rutinariamente impresionantes. No se trata de proyectos del profesor con una participación periférica de los alumnos, sino de proyectos —en el sentido que tiene el término cuando se trata del desarrollo y producción de películas comerciales o automóviles— que se ofrecen a los estudiantes como problemas que resolver o, como ha ocurrido con frecuencia, problemas suscitados por los alumnos con la idea de resolverlos. Los ejemplos siguientes son típicos:

- La directora de una escuela recibió una invitación para que hablara de los desarrollos que se habían realizado en ella en un congreso estatal de directores de escuelas primarias. Ella encargó a un grupo de alumnos de 7.º para que documentara en vídeo el uso de las TIC en la escuela y preparar un CD. Los estudiantes planearon la grabación, la realizaron utilizando una cámara digital, la editaron, grabaron la voz, le pusieron música y los títulos de crédito y grabaron el CD-ROM. Después, los alumnos presentaron el producto a un público formado por más de 200 directores escolares asistentes al congreso.
- Tras un incidente de clase, un grupo de alumnos de 7.º diseñó y produjo (utilizando *software* de presentación) un CD-ROM para dar consejos a los alumnos ante situaciones de acoso. Redactaron el guión, grabaron y editaron seis juegos de rol, cada uno de ellos con tres resultados alternativos para ilustrar las consecuencias de lo que denominaron respuestas "débil", "agresiva" y "fría" a un acosador. Lanzaron el CD-ROM interactivo en una reunión pública en la escuela y comercializaron el CD-ROM en otras escuelas.
- Varios grupos de alumnos de 6.º trabajaron en colaboración con el mercado local de ganado para elaborar un documental sobre la historia de los mercados de ganado para la Beef Expo de 2003. Entrevistaron en vídeo a representantes de distintos sectores de la industria de la ganadería, grabaron in situ diversas actividades, grabaron las voces en *off* y los enlaces entre secuencias y editaron los componentes para producir el documental en CD-ROM. El producto se utilizó en una feria internacional de ganado vacuno y el ayuntamiento lo empleó para promover la región.
- Un grupo de alumnos entrevistó a "personajes" locales y los grabó en lugares turísticos en una vieja población minera con elevada tasa de desempleo que está tratando de promocionarse como lugar turístico. Los alumnos grabaron las tomas, las editaron y grabaron el producto en CD. Los datos estarán a disposición del público en distintos lugares de la población en ordenadores con pantallas táctiles para que los visitantes puedan hacerse una idea de lo que les ofrece la población (cf.: Bigum, 2003b, págs. 5-6).

Conviene señalar aquí brevemente cuatro puntos. *Primero*, estos ejemplos provienen del nivel de las escuelas primarias o elementales. La iniciativa de las escuelas productoras de saber implica a alumnos desde 1.º hasta 7.º, ambos inclusive. Evidentemente, comprometerse a la producción de saber con unos alumnos tan jóvenes sería extremadamente difícil si se basara primordialmente en el lenguaje *escrito*. En consecuencia, las escuelas de las que están tomados nuestros ejemplos han establecido actividades de "escribir con cámaras" —grabando imágenes visuales, fotos fijas y vídeo digitales— junto con la iniciación formal en el alfabetismo impreso. Su inversión en tecnologías de la información y la comunicación ha sido muy modesta, sin que dispongan de más de dos o tres ordenadores por aula más una pequeña instalación central para la edición de imágenes. En algunas aulas, los alumnos empleaban cámaras digitales de forma rutinaria para hacer su trabajo.

© Ediciones Morata, S. L.

Segundo, la estrategia de escribir con cámaras llevó rápidamente al desarrollo de una amplia base de conocimientos y destrezas de maestros y alumnos para la preparación de presentaciones audiovisuales, almacenadas habitualmente en CD-ROM y cintas VHS. No se trata, sin embargo, de una pericia relativa al empleo de equipos de imagen digital per se. Las tecnologías de la información y la comunicación no son el *centro de atención* ni la finalidad del trabajo. Son medios que desempeñan funciones útiles para apoyar el trabajo de los alumnos que tiene un valor auténtico para los grupos y públicos ajenos a la escuela. Según Bigum (*ibid.*), el hecho de que las tecnologías de la información y la comunicación den a los alumnos una modalidad de expresión adicional ha constituido un factor fundamental del éxito de la mayoría de los proyectos (y no todos los proyectos utilizan las tecnologías de la información y la comunicación).

Tercero, el enfoque de las escuelas productoras de saber se basa en una idea de la educación como "responsabilidad de toda la comunidad". Establece unas relaciones profundas y comprometidas entre las escuelas y sus comunidades. Estas relaciones son multiformes. No se trata simplemente de que los grupos de la comunidad tengan la función de ser el origen de los problemas y de la demanda de proyectos. Por el contrario, la comunidad constituye una fuente esencial de conocimientos y destrezas relevantes: la pericia necesaria para que el trabajo de los alumnos se acerque a la ejecución experta en unos Discursos "maduros". La industria ganadera no quiere un "documental de mentira". Tiene que ser bueno o será rechazado. Aquí no hay espacio para contemplaciones. En realidad, la introducción al trabajo con medios visuales digitales en una de las escuelas se produjo a través de un alumno de magisterio en prácticas que tenía un hermano que trabajaba en la producción de vídeo digital y puso a su disposición su pericia. Como dice Bigum,

> no sólo se ha convertido la comunidad en una fuente de problemas sobre los que trabajar, sino que los alumnos tienen acceso también a comunidades especializadas que los apoyan en algunos de sus proyectos. Como indicaban recientemente Moore y Young (2001, pág. 459), tenemos ahora una base sólida para "reorientar los debates sobre los niveles y el saber en el currículum desde los intentos de especificar los resultados del aprendizaje y extender los tests a la función de las comunidades, redes y códigos de práctica especializados".
>
> (2003b, pág. 7.)

Por último, en cierto sentido, muchos de los componentes de estos ejemplos, tomados uno a uno, no son nuevos. Tampoco los proyectos encierran nada especialmente destacable. La novedad de las escuelas productoras de saber estriba en que "se reúnen todos estos elementos en torno a una lógica nueva: la de que las escuelas, en cuanto productoras de saber, son lugares en los que pueden darse en serio la producción y la investigación del saber" (*ibid.*). Se invita, por tanto, a que "en vez de pensar en la escuela como en un lugar al que asisten 300 niños para proporcionarles una educación, tratemos de pensar en la escuela como en un centro de investigación poblado por 300... investigadores" (*ibid.*, pág. 10).

© Ediciones Morata, S. L.

Reflexión y comentario

- ¿Hasta qué punto le parece que el enfoque de la "escuela productora de saber" o algo por el estilo podría funcionar en su contexto profesional?
- ¿Qué ideas tiene acerca de cómo podría mejorarse ese enfoque o hacer que funcionara en condiciones a las que esté habituado?
- Si quisiera adoptar un enfoque del aprendizaje propio de las "escuelas productoras de saber", ¿por dónde empezaría? ¿Qué tipo de proyectos sería posible en su contexto? ¿Qué recursos, en el plano de conocimientos y destrezas avanzados, necesitaría y cómo podría conseguirlos?

Unas situaciones de posibilidades no artificiosas: Producción de saber móvil, cooperativo, contemporáneo, experto

Esta descripción de la iniciativa de la "escuela productora de saber" constituye un trampolín desde el dar un corto y verosímil salto a los siguientes tipos de situaciones de ficción.

Situación 1

La Soloranzo High School ha reunido un equipo investigador de alumnos de las materias de Historia, Lengua y Ciencias Sociales de entre los cursos* 8.º y 12.º. El equipo está trabajando en colaboración con tres catedráticos de Historia de una universidad local. El proyecto, encargado por el Ayuntamiento, consiste en desarrollar una historia oral de los grupos inmigrantes ya establecidos desde tiempo atrás en la ciudad. Supone la realización de entrevistas acerca de la historia de los residentes ancianos, centradas en sus experiencias de asentamiento en su país de adopción.

Ben (8.º) y Monica (11.º) se reúnen en McDonald's para revisar sus preguntas para la entrevista. Su información sobre la pareja a la que han de entrevistar les ha suscitado dudas acerca de dos de las preguntas preparadas. Sin saber muy bien qué hacer, llaman a su orientadora universitaria de investigación por el teléfono móvil de Monica y le piden consejo. Hablan durante cinco minutos y revisan el programa de la entrevista. La profesora universitaria les dice que estará en su despacho durante las dos horas siguientes y les pide que la llamen cuando lleguen a esa parte de la entrevista. Cuando llegan a la casa, Monica envía un mensaje de texto al profesor que coordina el proyecto para confirmarle que han llegado y que todo está dispuesto para la entrevista.

Ben saca del bolsillo la grabadora digital de sonido y la prepara para utilizarla. La grabadora tiene una cámara que Ben usará durante la entrevista semiestructurada tras obtener el consentimiento formal de la pareja. En esta ocasión, Monica desempeñará el papel de entrevistadora principal, aunque ambos harán

---

* La gama de edades comprendidas entre el 8.º y el 12.º grados del sistema estadounidense es la misma que media entre 2.º de E.S.O. y 2.º de Bachillerato en el sistema L.O.E. español. (*N. del T.*)

preguntas y sondearán como les ha enseñado la profesora universitaria. En el momento indicado de la entrevista, llaman a la profesora. Mediante la función de manos libres del teléfono móvil, habla con la pareja, grabando la conversación al terminar, mientras Ben sigue grabando la conversación in situ. Al acabar la profesora, Monica y Ben concluyen la entrevista, dan las gracias a la pareja, negocian un seguimiento si es necesario y se marchan.

Antes de la entrevista siguiente, tienen una hora, así que se acercan a una biblioteca pública próxima que saben que tiene acceso inalámbrico a Internet. Ben descarga los archivos de sonido y de imagen de la grabadora al ordenador portátil que les ha prestado la universidad y Monica utiliza el programa iMovie para combinar las fotos y el archivo de sonido en un único archivo y lo guarda en formato visual de Quicktime, que puede verse en distintos aparatos y plataformas digitales. Monica guarda los archivos originales* de sonido y de imagen en un pequeño disco duro externo que ha conectado con el ordenador por uno de los puertos USB**. Más tarde, otro miembro del proyecto recopilará y archivará estos archivos básicos no procesados en un CD-ROM de seguridad. Una vez grabado el archivo en formato Quicktime, Monica abre un cliente de FTP*** que le permite transferir los archivos básicos originales y el archivo en formato Quicktime sin editar a un espacio de uno de los servidores de red de la universidad que se ha dedicado al proyecto de historia oral. Al mismo tiempo, Ben entra en Internet utilizando una PDA de la escuela y añade un *post* corto al *blog* del equipo del proyecto que incluye un hiperenlace directo al nuevo archivo Quicktime e incluye en el *post* algunos detalles sobre los entrevistados, los entrevistadores y la hora y la fecha de la entrevista. Además, hace una relación de los artefactos mostrados y comentados por la pareja durante la entrevista y apunta la participación de la profesora universitaria en la misma. Una vez acabado, envían un nuevo mensaje de texto a su profesor y se dirigen a la siguiente entrevista.

Situación 2

Karl (10.º) supervisa el sistema de valoración de los distintos proyectos formales de la Soloranzo High School y mantiene un registro de personas e instituciones de la comunidad con conocimientos y destrezas relevantes, que se ha puesto a disposición de los equipos de proyectos. Él y un grupo de compañeros investigaron un conjunto de sistemas formales muy conocidos de clasificación (eBay, Amazon.com, Plastic.com) y elaboraron una escala de valoración de cinco puntos, con un espacio para que los clientes introduzcan breves observaciones

---

* El texto en inglés habla de archivos *"raw"*. Se aplica este adjetivo a los archivos de datos o de imagen no procesados, tal como se han tomado directamente. También se aplica a los datos no procesados de un archivo. Por eso, traducimos como "archivos básicos". (*N. del T.*)

** Abreviatura de *Universal Serial Bus*, o "bus universal en serie", puerto de conexión de dispositivos periféricos con un ordenador, que incluye el suministro de energía eléctrica. (*N. del T.*)

*** Abreviatura de *File Transfer Protocol*: "protocolo de transferencia de archivos". El protocolo en cuestión permite el intercambio de archivos entre sistemas informáticos conectados a una red TCP, como Internet, uno de los cuales actúa como servidor (centraliza el tráfico) y los demás, como "clientes". El protocolo permite los intercambios entre aparatos con sistemas operativos diferentes y a una velocidad relativamente grande. (*N. del T.*)

informativas sobre los resultados de los proyectos. Al finalizar cada proyecto, Karl y sus compañeros enviaron un mensaje de correo electrónico a los clientes, y les dieron una breve explicación del sistema de valoración y de retroinformación y también un número de referencia a la vez que les invitaban educadamente a introducir su evaluación en el formulario automático de la página web del proyecto ubicada en la web de la escuela. El equipo de Karl elaboró este formulario en colaboración con algunos estudiantes universitarios de pregrado matriculados en la carrera de ingeniería informática. Los participantes trabajaron muchas horas para crear una versión para la web de una interfaz que aportara información que pudiera leerse utilizando diversos navegadores, así como una versión para dispositivos móviles que pudiera leerse en teléfonos móviles y PDAs. Funciona de forma que los clientes introducen el número de referencia de su proyecto en el formulario (no es posible dejar observaciones sin este número), seleccionan una valoración de un menú desplegable y escriben hasta un máximo de 50 palabras con información descriptiva en la ventana de texto. Estas observaciones se incluyen automáticamente en la página web de valoración del proyecto, que es pública, y Karl añade después hiperenlaces a sitios web en línea y otros materiales relacionados con cada proyecto "evaluado".

Estas valoraciones constituyen un registro público formal del nivel de actuación de la escuela, tal como lo evalúan los clientes, así como datos valorativos de proyectos que contribuyen a las carpetas de evaluación de los miembros del equipo. Este registro público de valoración forma parte del procedimiento por el que la comunidad desarrolla una nueva percepción de la naturaleza y la función de la educación escolar contemporánea. La escuela de Karl reconoce que, para funcionar con eficacia como escuela productora de saber, ésta y otras escuelas productoras de saber necesitan ser, "al menos, parcialmente reconstruida en las mentes de la comunidad local" y que "proyecto a proyecto, [es] posible construir un repertorio de competencias y productos de investigación [públicamente reconocido] de acuerdo con las necesidades e intereses locales" (Bigum, 2002, pág. 139).

Karl mantiene también un registro de competencias y pericia en la comunidad que se ha puesto a disposición de la escuela en el curso de la realización de su proyecto. Este registro es público y tiene múltiples finalidades. En parte, es un registro de recursos que está a disposición de la escuela y de otros grupos (sin ánimo de lucro) de la comunidad para futuras actividades. Es también un mecanismo para la creación y mantenimiento de una red comunitaria. Además, y esto es muy importante, hace una declaración pública de la disposición colaborativa, cooperativa y de servicio a la comunidad de quienes han puesto de manifiesto su reconocimiento de que la educación es responsabilidad de toda la comunidad. Por supuesto, el registro de proyectos en la página web de la escuela identifica también a los grupos y organizaciones de la comunidad que han apoyado la reinterpretación de la educación como producción de saber "maduro" encargando proyectos.

Situación 3

En la Soloranzo High School, a cada equipo se le ha asignado un espacio del servidor para los *blogs* y sitios web de proyecto. Sarah (10.º) es "responsable" de la supervisión y mantenimiento del *blog* del proyecto de historia oral. Este *blog* funciona en tándem con el espacio del servidor de archivos de proyecto facilitado por la universidad local (del que también es responsable Sarah en relación con la solución de problemas de los procesos de transferencia de archivos y de los hiperenlaces de *blogs* con los datos archivados, enlace con la universidad, etc.). El *blog* se utiliza para documentar el proceso de investigación del equipo a medida que se desarrolla. Como hemos visto, los alumnos entrevistadores de campo pueden utilizar el *blog* para ofrecer datos actualizados a sus compañeros de equipo en tiempo real (por ej., por PDA desde un punto de conexión inalámbrica).

A Sarah le corresponde la supervisión general del *blog*, aunque todos los miembros del equipo están registrados y pueden escribir en él. Sarah hace un seguimiento de los comentarios puestos en el *blog* por los lectores, organiza la estructura del *blog*, corrige la ortografía, mantiene una lista de hiperenlaces relacionados con el proyecto, que aparecen en la barra lateral del *blog*, repara los enlaces rotos de las órdenes HTML en *posts* hechos sobre la marcha por miembros del equipo y pone un cronograma actualizado periódicamente de las tareas que hay que hacer y, en general, lleva a cabo los tipos de tareas que realizan los responsables de sitios web*. El *blog* sirve como medio de seguimiento de proyecto y como archivo del pensamiento del equipo en el decurso del tiempo. Por ejemplo, los miembros del equipo manifiestan en el *blog* ideas acerca de los patrones que comiencen a descubrir en los datos. También plantean cuestiones y hacen sugerencias acerca de cómo deba organizarse la página web final de la historia oral (¿como un archivo museístico o como un wiki con referencias cruzadas?; ¿cómo hay que editar cada archivo Quicktime para elaborar un archivo final impecable?; ¿hay que incluir los espacios de alojamiento en línea ya existentes, como Youtube.com —un espacio de alojamiento de archivos de vídeo digital—, en el producto final?). Ponen enlaces con recursos en línea relevantes para un aspecto del estudio (por ej., casos de otros proyectos en línea de historia oral, enlaces a documentos sobre métodos de investigación de historia oral), y breves resúmenes, citas y detalles de ubicación de recursos relevantes fuera de Internet (libros en bibliotecas locales, artículos de periódicos, objetos expuestos en museos locales), etc. El *blog* también recoge ideas, información y sugerencias relevantes para el estudio que señalen personas del público en general, utilizando la función de comentarios incluida en el *blog* por ej., cosas a las que haya que seguir la pista, otras personas a las que entrevistar, información sobre objetos.

El archivo de datos del servidor es una base de datos protegida por clave de acceso que contiene todo el material digital de archivo generado en el proyecto. Todos los miembros del equipo pueden acceder a él para sus distintos fines de investigación desde cualquier lugar que disponga de acceso a Internet y tenga instalado el *software* necesario para la transferencia de archivos. Entre esos fines están la carga de nuevos datos, llevar la cuenta de lo ya recogido (y de lo que no), preparar los datos para su análisis e imprimir los datos que analizar, almacenar archivos multimedia que puedan editarse con objeto de hacer las presentaciones finales, etcétera. No sólo es la principal base de datos del proyecto, sino también

---

* El término original es *webmasters*, muy utilizado también en castellano. El o la *webmaster* es la persona responsable de una página web, que se encarga de mantenerla al día y de solucionar los problemas que puedan surgir. (*N. del T.*)

© Ediciones Morata, S. L.

una fuente potencial futura de datos secundarios para proyectos posteriores, sometidos a consideraciones éticas relativas a la investigación y a la aprobación supervisada por el organismo relevante de ética de investigación. Sarah supervisa el uso que haga el equipo de su espacio del servidor, garantizando que los archivos queden almacenados de un modo lógico, que los nombres de carpetas y de archivos sean adecuadamente descriptivos y precisos, etcétera, todo ello en colaboración con su homóloga en la universidad y con su profesor de Historia (que es el miembro del claustro asignado a este proyecto).

> **Reflexión y comentario**
>
> Trate de pensar en tantas posibles objeciones que pudieran plantear profesores, administradores educativos, padres, miembros de la comunidad y planificadores de la educación con respecto al enfoque del aprendizaje destacado en las situaciones.
>
> - ¿Cuáles le parecen las objeciones más verosímiles o convincentes?
> - Si usted estuviese comprometido con el tipo de enfoque señalado, ¿cómo respondería a esas objeciones?
> - Si no creyera que el enfoque es adecuado o viable desde el punto de vista educativo, ¿qué razones aduciría? ¿Qué haría en cambio?

Conclusión

Estas situaciones son ficticias, algo casi inevitable dada la escasez de participación escolar en la red móvil hasta la fecha, pero no son en absoluto inverosímiles. Muestran que puede incorporarse al aprendizaje una serie de tecnologías, prácticas sociales y culturas de uso característicamente contemporáneas fuera de la escuela en términos que satisfagan los tipos de principios y criterios que hemos identificado. El hecho de que los estudiantes estén trabajando con expertos para adquirir auténticas competencias de investigación propias de las actividades maduras en este campo que puedan servirles en la vida posterior a la escolaridad, satisface el criterio del aprendizaje eficaz. Además, este aprendizaje está integrado. El equipo aprende haciendo in situ y los miembros adquieren los diversos componentes del procedimiento en conjunción con los demás. Por ejemplo, aprenden técnicas de gestión de datos en el proceso de aprender a recoger datos y aprenden las funciones complementarias de las herramientas de investigación y qué herramientas deben utilizarse preferentemente en determinadas ocasiones y con determinados fines. El aprendizaje se basa en lo que ya hacen y saben los jóvenes, y les abre espacios que no los subyugan, todo lo contrario, los estimulan en contextos y de formas diferentes pero no alienantes. Con respecto a la dimensión crítica del aprendizaje, el proyecto vislumbrado en las situaciones ofrece un amplio espacio para la reflexión seria sobre la diferencia discursiva. La fase de análisis de datos exige desarrollar y negociar puntos de vista. Las necesarias reflexión y negociación se centrarán parcialmente en cuestiones de diferencia cultural y, quizá, tensión. También aporta oportunidades de reflexión y diálogo sobre aspectos particulares de hacer historia oral (por ej., sensibilidad a cuestiones relacionadas con la privacidad, la dignidad, la intrusión, la validez y la verificación y de quién se beneficia).

Por último, las experiencias ficticias descritas en las situaciones concuerdan con las tres perspectivas que encuadran este capítulo: ahora podemos educar para minimizar futuras divisiones sociales; podemos educar de manera que se trasciendan las reconocidas limitaciones asociadas con los recintos de las aulas, y podemos adaptar las herramientas de aprendizaje a los ideales educativos, en vez de sacrificar estos ideales en el altar de la tecnología. Estas perspectivas facilitan un marco para planear la pedagogía que no sólo es *adecuado* para nuestra época, sino que define y recoge de forma significativa una *obligación* educativa con la generación siguiente.

CAPÍTULO VII

Memes, A/alfabetismo y aprendizaje en clase

Introducción

En el Capítulo IV mencionamos brevemente la idea de los *memes* de Internet como una dimensión de la producción y la transmisión culturales en el contexto de la descripción de ejemplos de *remixes photoshopeados*. En este capítulo, veremos algunos ejemplos de aquello que los iniciados en Internet reconocen como *memes* en línea y consideraremos algunas posibles relaciones con el pensamiento sobre el aprendizaje en el aula en las condiciones contemporáneas.

Para iniciar estos comentarios conviene distinguir el nivel en el que hablaremos de los *memes* en este capítulo, partiendo del modo de hablar sobre ellos en el emergente discurso formal de la *memética*. Hay algunas semejanzas superficiales generales entre cómo conciben los *memes* los *meméticos* a "profesionales" y cómo los conciben las personas que utilizan Internet para "generar un *meme*". No obstante, creemos que estas semejanzas no van muy allá. Nos parece muy improbable que muchos, si es que los hay, de los llamados *memes* de Internet de los tipos de los que hablaremos aquí tengan remotamente el tipo de caducidad que los *meméticos* serios adjudican a los *memes*. Por las mismas razones, a los participantes en las populares actividades del *"memeo"* en línea no suele interesarles profundizar en las cuestiones que preocupan a los estudiosos y teóricos serios de los *memes*, tales como si los *memes* están relacionados con manifestaciones físicas neurológicas en los cerebros humanos. No obstante, hay algunos aspectos muy interesantes y que merece la pena comentar en torno a los *memes* en línea que resuenan estructuralmente, aunque en un nivel bastante superficial, con las concepciones "duras" de los *memes*. Estos aspectos son los que nos interesan aquí.

El concepto de meme

Como señalamos en el Capítulo IV, los *memes* son patrones contagiosos de información cultural que pasan de mente a mente y configuran y propagan directamente acciones y mentalidades clave de un grupo social. El interés actual por los *memes* y el desarrollo conceptual y teórico de la *memética* se deriva de las ideas lanzadas por el genetista Richard DAWKINS en 1976. En su innovador libro *The Selfish Gene* ("El gen egoísta"), DAWKINS proponía un modelo evolutivo de desarrollo y de cambio culturales basado en la replicación de ideas, saberes y demás información cultural mediante la imitación y la transferencia. Su definición de *meme* postulaba cambios biológicos reales de las neuronas cerebrales cuando los *memes* infectan los cerebros. Quienes estudian los *memes* discuten esta postura y esto ha contribuido a "mutaciones" de la forma de concebir los *memes* en este campo.

DAWKINS (1999) ha recordado retrospectivamente que la finalidad que pretendía al invocar un término como "meme" para referirse a las buenas ideas, "canciones, eslóganes, modas de ropa, formas de hacer ollas o de construir arcos" (1976, pág. 192 de la edición inglesa) era defender la importancia de las pequeñas unidades de información como los genes y los *memes* en la evolución biológica y cultural (1999, pág. XVI). En *El gen egoísta*, DAWKINS decía que la "unidad real de selección natural [hablando tanto biológica como culturalmente] era cualquier tipo de replicador, cualquier unidad de la que se hicieran copias, con errores ocasionales y con cierta influencia o poder sobre su propia probabilidad de replicación" (*ibid.*).

Problemas con los "memes"

Para DAWKINS, los *memes* no son metáforas de la transmisión de ideas, sino "estructuras vivas" que residen en el cerebro; es decir, constituyen una estructura física en la red neural de cada persona (1976). No obstante, parece que al mismo DAWKINS le han sorprendido los vigorosos debates que surgieron tras la publicación de *El gen egoísta*, centrados en elaborar una teoría de la definición de *meme* de un modo más completo que la de DAWKINS. Estos debates suelen desarrollarse en tres campos, caracterizados respectivamente por definiciones biológicas, psicológicas y "sociológicas" de los *memes*.

Las definiciones biológicas tienden a seguir un modelo evolutivo de *meme* similar al del gen (por ej.: DAWKINS, 1976) o a defender una concepción epidemiológica de los *memes*. Estas últimas utilizan la metáfora de la enfermedad para explicar qué son los *memes* y cómo operan, y, en los análisis de la dinámica de los *memes*, los trata como patógenos (por ej.: GOODENOUGH y DAWKINS, 1994, citado en: WILKINS, 1998, pág. 2). Las concepciones biológicas de los *memes* suelen centrarse en los efectos que los *memes* producen en la conducta (AUNGER, 2002; BRODIE, 1995).

Las concepciones psicológicas y cognitivas de los *memes* suelen prestar mucha atención a los procesos de decisión *previos* a la acción (AUNGER, 2002, pág. 37). Desde este punto de vista, el cerebro se convierte en un procesador selectivo de información, incapaz de procesar toda la información recibida en cada

© Ediciones Morata, S. L.

momento y dedicado continuamente a seleccionar las unidades de información que se considere que merecen su atención. El interés por la atención y el procesamiento de información selectivos se centra en el modo de influir los *memes* en la decisión. Desde esta perspectiva, los *memes* se definen como ideas difundidas por "vehículos" que son manifestaciones físicas del *meme* (DENNETT, 1995, citado en: BRODIE, 1996, pág. 30).

Las definiciones sociológicas de los *memes* minimizan la cualidad física neural de los *memes* y, en cambio, prestan atención a los efectos de la organización social sobre el éxito del *meme*. Por ejemplo, desde este punto de vista, los *memes* son "las unidades de información transmitida sometidas a sesgos selectivos en determinado nivel de la organización jerárquica de una cultura" (WILKINS, 1998, pág. 2). Es decir, las estructuras sociales, como la familia, las religiones, las escuelas y los valores que las definen, las mentalidades, las formas de hacer las cosas, etc., influyen directamente en la selección de los *memes* que con mayor probabilidad tengan éxito en su contagio.

En la literatura de la *memética* (cf.: BRODIE, 1996; WILKINS, 1998) se ha criticado mucho la tendencia existente en las tres perspectivas a conceder demasiada autonomía a los *memes*. Un uso más metafórico del concepto "meme", que se basa en elementos de las tres orientaciones teóricas con respecto a los *memes* y tiene en cuenta las predilecciones humanas por los patrones, los procesos de decisión y las estructuras, contextos y actividades sociales puede ser más útil en el campo de la educación. Esto permite el examen de las modalidades y los medios de producción y transmisión culturales de manera que el análisis no se limite a unidades discretas de información, sino que tenga en cuenta de qué modo se ven envueltos los mismos *memes* en el establecimiento y la propagación de relaciones sociales. En consecuencia, es útil definir los *memes* como patrones contagiosos de información cultural que se transmiten de una mente a otra por medio de la selección, la infección y la replicación. Una idea o patrón de información no es un *meme* hasta que alguien lo replica, transmitiéndolo a otra persona y, como señalamos antes, la probabilidad de que un *meme* sea contagioso en un grupo está directamente relacionada con los valores, creencias y actividades de ese grupo (cf.: GRANT, 1990).

Esta última postura se acerca mucho a la que adoptaremos en este capítulo. Sin embargo, antes de volver al prosaico mundo cotidiano de los *memes* en línea, tenemos que hacer otras dos observaciones.

Los memes *y las redes electrónicas*

La primera tiene que ver con la importancia de Internet con respecto al interés actual por los *memes*. Numerosos investigadores interesados por la *memética* —el estudio de los *memes*— dicen que las redes electrónicas junto con las predilecciones e intereses personales crean unas condiciones ideales para propagar y dispersar *memes* (por ej.: BLACKMORE, 1999; ADAR y cols., 2004). Una manera útil de conceptualizar la forma de compartirse y transmitirse los *memes* dentro de grupos de personas y de actividades, y entre ellos, consiste en aplicarle el concepto de "espacios de afinidad" de GEE. Los espacios de afinidad son los espacios interactivos en línea y/o desconectados constituidos por personas unidas, de forma laxa o estrecha, por actividades, intereses y objetivos comunes (GEE, 2004). Aunque el *memeo* —la actividad de generar y transmitir *memes*— siempre ha formado parte de la actividad humana (BLACKMORE, 1999), creemos que el *memeo* que hace uso de espacios de afinidad relativamente bien definidos y de redes electrónicas puede señalarse útilmente como ejemplo de una "nueva" actividad de alfabetismo que merece que se le preste atención en relación con la educación alfabetizadora (LANKSHEAR y KNOBEL, 2003).

Características de los memes

La segunda observación se refiere a las características de los *memes*. DAWKINS (1976) señalaba tres características de los buenos *memes*: fidelidad, fecundidad y longevidad.

Fidelidad

La fidelidad se refiere a las cualidades del *meme* que permiten la "copia" relativamente fácil del *meme* (por ej., un mensaje de correo electrónico que contenga una idea contagiosa) que lo deje relativamente "intacto" al transmitirse de una mente a otra. Las unidades de información que tengan sentido o sean significativas para una persona y puedan imitarse o reproducirse de manera satisfactoria se convertirán más fácilmente en *memes* que las unidades de información que no sean fáciles de copiar o de comprender. Como explica Susan BLACKMORE, los *memes* pueden tener éxito por ser *recordables*, en vez de importantes o útiles (1999, pág. 57). DAWKINS pone un ejemplo muy útil de cómo puedan operar la memoria, la fidelidad y la facilidad de copia para promover un *meme* frente a otro. Poco antes de que DAWKINS acuñara el término "meme", se propuso un sinónimo alternativo: *"culturgen"* (DAWKINS, 1999, pág. XIV). Dice DAWKINS que *"culturgen"* no podía popularizarse por ser polisílaba, en vez de monosílaba; no se prestaba con facilidad a la creación de neologismos por derivación (a diferencia de *meme*, a partir de la cual se han creado*: *"memeplex"*, *"memético"*, *"metameme"*, "acervo *memético"*, etc.), y, por su sonido y su forma ortográfica, no era similar a otro concepto semejante o relacionado del modo que permite conectar "meme" con "gene". "Meme" comenzó a popularizarse y, automáticamente, llamó mucho más la atención que *"cultur-*

---

* En torno al neologismo *meme* se han creado diversos neologismos secundarios, como los indicados. *Memeplex* es la abreviatura de *meme complex*, o "complejo de *memes*", es decir, grupos o conjuntos de *memes* que se transmiten con más facilidad encuadrados en esos conjuntos que por separado (por ejemplo, tradiciones completas). La castellanización "correcta" sería, por tanto, "memeplejo", aunque es probable que se imponga el término "memeplex". En cuanto a *memético*, en este caso es traducción de *memeticist*, el especialista en el estudio científico de los *memes*: la *memética*. Hemos optado por *memético*, término homónimo del adjetivo, por semejanza con "ética" y "ético". No obstante, también podría optarse por *memetista*, al modo de "genetista" en relación con la "genética". El prefijo "meta" de *"metameme"* ya da una idea de su significado: se trata de un *meme* sobre otro *meme*. "Acervo *memético*" es traducción de la expresión inglesa *meme pool*, y hemos optado por esta traducción por su semejanza (conceptual incluso) con el caso de *gene pool*, cuya traducción es: "acervo genético". (*N. del T.*)

© Ediciones Morata, S. L.

gen". Muy pronto se convirtió en el concepto dominante para explicar la transmisión de ideas de una mente a otra.

La susceptibilidad es también un aspecto importante de la fidelidad del *meme*. "Susceptibilidad" se refiere a la "oportunidad" o "ubicación" de un *meme* con respecto a la predisposición favorable de la gente hacia él, la relevancia del *meme* en relación con los acontecimientos del momento, su relación con los *memes* anteriores y ya asentados, y los intereses y valores del espacio de afinidad en el que se lance el *meme*. Las condiciones ideales de susceptibilidad harán que los "anzuelos" y los "elementos llamativos de selección" incluidos en el diseño y función del *meme* prendan con más facilidad y de manera que maximice las posibilidades de que el *meme* se popularice y se transmita rápidamente de persona a persona sin que los filtros de advertencia u otras formas de inmunidad cultural le sirvan de obstáculo o lo frenen (cf.: BENNAHUM, en: LANKSHEAR y KNOBEL, 2003).

Fecundidad

La fecundidad se refiere a la velocidad de copia y de difusión de una idea o patrón. En otras palabras, cuanto más rápidamente se difunda un *meme*, más probable es que capte una atención sólida y sostenida, y se replique y distribuya (BRODIE, 1996, pág. 38). En parte, por eso los estudiosos de los *memes* se han fijado en la importancia de las redes electrónicas para la transmisión de los *memes*.

Richard BRODIE ha añadido recientemente una nueva dimensión al concepto de fecundidad de DAWKINS, afirmando que los *memes* tienden a infectar más rápidamente las mentes cuando el *meme* lo transmiten "personas de confianza" (*ibid.*, pág. 152). Susan BLACKMORE, una destacada *memética*, añade a esto el argumento de que la "transmisión eficaz de los *memes* depende críticamente de las preferencias, la atención, las emociones y los deseos humanos" (1999, pág. 58).

Longevidad

Cuanto más sobrevive un *meme*, más puede copiarse y transferirse a nuevas mentes, garantizando su transmisión continua. La longevidad supone que están presentes las condiciones óptimas para la replicación e innovación de un *meme*. Un ejemplo clásico de un *meme* de larga duración que se ha desarrollado en el ciberespacio es el que ha llegado a conocerse como el "timo de la carta nigeriana". Las versiones de correo electrónico de esta carta varían en cuanto a los detalles contextuales, pero lo esencial del mensaje se mantiene constante: un pariente de un ex alto funcionario del gobierno de un dictador depuesto de un país africano tiene que blanquear, a través de una cuenta bancaria intermediaria, una enorme cantidad de dinero indebidamente obtenido. Para ello, le ofrece al lector una generosa proporción de la suma total a cambio de que le facilite una cuenta en la que pueda ingresar y mantener el dinero. Las víctimas facilitan los números de sus cuentas y pronto descubren que les han vaciado sus cuentas y que el "pariente" o el "dignatario" ha desaparecido (GLASNER, 2002; WIRED, 2002). Algunos informes sostienen que el timo de la carta nigeriana genera en los EE.UU.

© Ediciones Morata, S. L.

unas pérdidas medias por víctima y año más elevadas que los robos de identidad, a pesar de que los medios de comunicación hayan aireado mucho más este último (véase: DI JUSTO y STEIN, 2002).

Memes *de Internet*

Entre los iniciados de Internet, "meme" es un término popular para describir las rápidas asunción y difusión de una determinada idea presentada como texto escrito, imagen, "cambio" lingüístico o cualquier otra unidad de "material" cultural. Este uso del término da por supuesta la longevidad, —dado que, en el plano del tiempo de los *memes* serios, la existencia de Internet no ha llegado a ser suficientemente amplia para que pueda establecerse ningún tipo de longevidad evolutiva— y desdibuja la distinción entre un *meme* per se y un nuevo vehículo de un *meme* antiguo, como atestigua el del timo de la carta nigeriana. En este caso, el *meme* es tan antiguo como el mundo: cómo hacerse rico rápidamente. Lo nuevo es el vehículo; el antiguo *meme* se viste a la moda contemporánea que, en este caso, supone desde usar el correo electrónico al blanqueo de dinero, como aspectos notorios de actualidad.

A pesar de esos deslices, que sin duda inclinan a algunos estudiosos serios de los *memes* a desaprobar las apropiaciones populistas de un concepto que debe tomarse más en serio, es interesante e informativo, desde el punto de vista del interés por aprender, considerar algunos ejemplos de *memes* relativamente antiguos y exitosos difundidos por Internet, así como algunos éxitos pasajeros menores, como el *meme "LiveJournal Batgirl"* del que hablamos en el Capítulo V. Los puristas podrían preguntarse si éste es un *meme* en algún sentido reconocible de la palabra, porque se agotó en un fin de semana. Por otra parte, para nosotros, lo interesante es el hecho de que uno o dos individuos influyentes vieran el potencial para un acontecimiento de masas que encerraba el *post* original de los dibujos de la *Batgirl*. Al percatarse de su potencial, hicieron que surgiera la posibilidad de un *meme* de corta vida (aunque estará presente durante algún tiempo en la tradición de *LiveJournal* y, quizá, más en general en Internet).

Como comentaremos más detalladamente en este capítulo, aprovecharon una especie de metaconocimiento para ver que, avivando esta chispa, podrían encender el fuego. Fue un ejemplo de Discurso popular (*Bat*-lo que sea), en combinación con un entorno en línea, un acceso fácil a un programa gráfico y medios para subir archivos a la red. Se daban las condiciones para un "enjambre" y en un abrir y cerrar de ojos se puso de manifiesto en todo su esplendor la larga cola de la red*. Los miembros de las comunidades en línea estaban en condiciones de participar y lo hicieron frenéticamente. Después, por supuesto, el *meme* fue diluyéndose y el hecho de poner una imagen de *Batgirl* en el propio *LiveJournal* dejó de tener interés. En un fin de semana, el potencial del *meme* se había agotado. Su importancia existencial, ingrediente clave del valor de supervivencia, era insuficiente para inducir algún interés adicional (a diferencia del *meme* de "hacerse rico rápidamente" de los mensajes de correo electrónico del timo de la carta nige-

---

* Véase la N. del T., pág. 71. (*N. del T.*)

riana). Así, entró en la historia de Internet, casi tan rápidamente como empezó. No obstante, mientras estuvo activo, aprovechó profundamente la quintaesencia de la cultura popular de Internet en la que, después de todo, 10 nanosegundos pueden ser un tiempo muy largo, y 5 minutos, como dice el dicho, pueden parecer más o menos una eternidad.

Estudio de algunos memes de Internet

En 2005, hicimos un pequeño estudio de los *memes* de Internet, en el sentido rebajado de "meme" que hemos empleado en este capítulo, correspondiente al período de cinco años que se extiende de 2001 a 2005.

Recogida de datos

Para generar un "acervo *memético*" utilizamos varios tipos diferentes de conocidos buscadores en línea, basándonos en la premisa de que los *memes* en línea exitosos tendrían la clase de presencia que registran esos buscadores. Seleccionamos los buscadores que se emplearon para generar este "acervo *memético*" con la idea de que conseguirían la máxima cobertura de las probables vías de difusión de los *memes* (por ej., archivos de sitios web, *blogs*, páginas de emisoras). En el primer caso, utilizamos Google.com, para buscar sitios web en general, y Technorati.com, para buscar *weblogs* en concreto. Complementamos estas búsquedas de amplio espectro con búsquedas dirigidas a objetivos. Rastreamos Wikipedia.com, porque tiene una excelente cobertura de los fenómenos de la cultura popular (SCHOLZ, 2004), mediante sus funciones de búsqueda y siguiendo las referencias en artículos o foros (por ej., comprobando los enlaces que aparecen en el artículo de *Wikipedia** sobre los *memes*, buscando información sobre un *meme* mencionado en un artículo del *New York Times*). También rastreamos archivos populares de imagen y animación, y foros como Somethingawful.com, Milkandcookies.org y Fark.org, por mencionar fenómenos populares de Internet.

Para delimitar el conjunto de datos, utilizamos cuatro criterios:

1. Versiones modificadas de las características de los *memes* exitosos de DAWKINS (*fidelidad, fecundidad* y *susceptibilidad*, y *longevidad*).
2. La transmisión ha de producirse a través de medios *en línea*.
3. Los *memes* se consideran "*exitosos*" si son lo bastante fuertes y destacados para captar la atención de los medios audiovisuales, tanto en línea como desconectados, manifestada de alguna manera, desde informes completos a menciones en la barra lateral de los periódicos, noticiarios o programas de entrevistas en televisión, artículos en publicaciones comerciales de gran difusión o revistas de información general. Con respecto a

---

* Los autores se refieren a *Wikipedia* en inglés: en.wikipedia.org/wiki/Meme. La versión en español no presenta una lista de *memes*. (*N. del T.*)

© Ediciones Morata, S. L.

este criterio, utilizamos tres bases de datos para verificar los informes de media audiovisuales de *memes* generados por la primera fase de búsqueda en Internet: Proquest (ABI/Inform), LexisNexis y WilsonWeb. Las tres hacen un seguimiento de los elementos emitidos, requieren una suscripción de pago y, en esta medida, se considera que son índices fiables y archivos de informes y artículos de los principales medios.

4. Aunque los *memes* aprovechen ideas o conceptos que puedan identificarse como *memes* conocidos y aceptados (por ej., "hacerse rico rápidamente", parodiar un icono, caricaturizar, etc.), adoptan formas suficientemente *distintivas* para que sus manifestaciones se consideren *memes* que comenzaron su vida en línea.

El acervo *memético* se resume en la Tabla 7.1. Al limitar los casos al período 2001-2005, se garantizaba un conjunto sólido de *memes* en línea que tenía lugar después de la amplia aceptación de las actividades en línea por Internet por el público en general (al menos en los países desarrollados) y reflejaba las posibilidades más generalizadas de acceso a Internet que pueden datarse aproximadamente desde 2000 en adelante (cf., informes demográficos publicados por Nielsen-Netratings.com).

Tabla 7.1. *El acervo memético*

Oolong the Rabbit (2001)
Nike Sweatshop Shoes (2001)
All Your Base Are Belong To Us (2001)
Bert is Evil (2001)
Tourist of Death (2001)
Bonsai Kitten (2002)
Ellen Feiss (2002)
Star Wars Kid (2002)
Black People Love Us (2002)
Every Time You Masturbate... God Kills a Kitten (2002)
Girl A/Nevada-tan (2003)
Badger, Badger, Badger (2003)
Read my Lips, Bush-Blair Love Song (2003)
The Tron Guy (2003)
Lost Frog/Hopkin Green Frog (2004)
Jib Jab's This Land Is My Land (2004)
Numa Numa Dance (2004)
Dog Poop Girl (2005)
Flying Spaghetti Monster/Flying Spaghetti Monsterism (2005)

Nota: Los *memes* está ordenados desde el más antiguo al más reciente.

© Ediciones Morata, S. L.

Los 19 *memes* recibieron menciones en periódicos y revistas regionales y nacionales. El *Star Wars Kid* fue mencionado en *Time Magazine*, *Wired Magazine*, artículos de la BBC, el periódico *Globe and Mail* de Toronto y el *New York Times*. El *meme* en vídeo *Numa Numa Dance* fue objeto de varios artículos del *New York Times*, además de mencionarlo la CNN (una importante red de emisoras de noticias de los EE.UU.), emitiéndose también en los programas de televisión *Today Show* y *Countdown*, en EE.UU. Cada *meme* del acervo final ha generado un conjunto de sitios web de homenaje o de parodia u otros objetos derivados (incluyendo la comercialización de productos relacionados con el tema de los *memes*).

Análisis de datos

Nos interesaba examinar estos *memes* en relación con las características que puedan facilitarnos unas "ventanas" útiles sobre la educación alfabetizadora en concreto y sobre el aprendizaje en el aula más en general. Con este fin, nuestro análisis de los *memes* como datos estaba informado por tres consideraciones:

1. ¿Qué luz pueden arrojar estos *memes* sobre la "fidelidad", la "fecundidad" y la "longevidad" de los *memes* en línea, en los sentidos de estos términos adaptados y adecuados a los contextos y los casos de las actividades populares culturales en línea?
2. Las ideas derivadas de los enfoques del análisis del discurso que nos han resultado útiles en otros contextos, en especial, los conceptos de "sistema de referencias o ideas", "sistema contextual o interpersonal" y "sistema ideológico o de visión del mundo" (por ej.: FAIRCLOUGH, 1989; KRESS y VAN LEEUWEN, 1996).
3. La idea de los alfabetismos como prácticas sociales que, a menudo, se desarrollan en espacios de afinidad.

Nuestro análisis se basó en las preguntas clave recogidas en la Tabla 7.2.

Resultados: en relación con las características de los *memes* exitosos

Nuestro análisis puso de manifiesto que la mejor manera de entender la "fidelidad", con respecto a los *memes* en línea, era en relación con la "replicabilidad". Como veremos un poco más adelante, muchos *memes* en línea de nuestro acervo no se transmitieron completamente "intactos", en el sentido de que, a menudo, el "vehículo" del *meme* cambió, se modificó, se mezcló con otros recursos referenciales y expresivos y era habitual que los participantes le dieran giros idiosincrásicos. En otras palabras, aunque el *meme* o idea contagiosa permaneciera relativamente intacta, el "aspecto" del *meme* no se mantenía siempre constante. En la mayoría de los casos, estas "mutaciones" contribuían a la "fecundidad" del *meme* en el sentido de estimular a la gente a

Tabla 7.2. *Preguntas clave para analizar los* memes *en línea*

Sistema de referencia o de ideas	El centro de atención es el significado del *meme*: • ¿Qué idea o información transmite este *meme*? ¿Cómo lo sabemos? • ¿Cómo se transmite esta idea o información? • ¿Qué significa este *meme* (en este espacio, para ciertas personas, en este punto concreto del tiempo)? ¿Cómo lo sabemos?
Sistema contextual o interpersonal	El centro de atención está constituido por las relaciones sociales: • ¿Dónde se "sitúa" este *meme* con respecto a las relaciones que implica o invoca entre personas fácilmente infectadas por este *meme*? ¿Qué nos dice esto? • ¿Qué nos dice este *meme* sobre los tipos de contextos en los que este *meme* se muestra contagioso y replicable? • ¿Qué parece dar por supuesto este *meme* acerca del saber y la verdad en este contexto concreto?
Sistema ideológico o de visión del mundo	El centro de atención está constituido por valores, creencias y cosmovisiones: • ¿Cuáles son los temas, ideas, posturas más profundos o más amplios transmitidos por este *meme*? • ¿Qué nos dicen estos temas, ideas y posturas sobre distintos grupos sociales? • ¿Qué nos dicen estos *memes* sobre el mundo o una determinada versión del mundo?
Actividades y afinidades sociales	¿Qué está sucediendo aquí y quién está implicado? ¿Cómo lo sabemos? • ¿Quién reconocería este *meme* como parte de su espacio de afinidad o como relevante para el mismo y qué nos dice esto? ¿Quién no reconocería este *meme* y cuáles podrían ser algunas consecuencias de ello? • ¿Qué tipos de espacios de afinidad podría abarcar este *meme* y qué sugiere esto? ¿Qué "descubren" las personas al hacer suyo este *meme*? • ¿Qué formas de hacer, conocer y utilizar recursos (es decir, prácticas sociales) parecen formar parte de este *meme*?

aportar su propia versión del *meme*. Un concepto como "replicabilidad" incluye el *remix* como elemento importante del complejo *meme* global; el *remix* abarca la modificación, reforma, empalme, reordenación, superimposición y demás operaciones con las imágenes, sonidos, filmes, música, manifestaciones orales, etcétera, tanto originales como diferentes.

© Ediciones Morata, S. L.

Reflexión y comentario

Compare los dos conjuntos de *memes* siguientes:

- Intercambio de ideas por correo electrónico sobre la explotación en las fábricas de Nike: geocities.com/infotaxi.nike.html *.
- El *"This Land"*, de JibJab: jibjab.com (archivado en "originales") **.
- *Badger, Badger, Badger*: weebls-stuff.com/toons/badgers.
- *Tron Guy*: tronguy.net.

- *All Your Base*: allyourbase.planettribes.gamespy.com.
- *Hopkin Green Frog*: lostfrog.org.
- *Bert is Evil*: bertisevil.tv.
- *Star Wars Kid*: www.jedimaster.net.

Basándose en su comparación, ¿por qué cree que algunos *memes* en línea pueden mantenerse relativamente intactos mientras que otros desencadenan una auténtica avalancha de *remixes*?

De los *memes* señalados aquí, ¿cuáles cree que se prestan con más facilidad a la replicación, aparte del hecho de que sean digitales?

Con respecto a la vida de los *memes*, distinta de la longevidad en sentido estricto, el proceso de búsqueda y selección utilizado para generar la serie de datos puso de manifiesto lo fácil que era encontrar abundantes archivos en línea de textos, imágenes, videoclips y otros materiales grabados, etc., de carácter *memético*, así como explicaciones detalladas de los orígenes y difusión de distintos *memes* y sus diversas permutaciones. En términos de distribución, parece que la *blogosfera* en particular es un vehículo ideal para transmitir *memes*, de manera que los *weblogs* reemplazan el correo electrónico y los foros de discusión como medio principal de difusión de *memes* (en especial para los *memes* aparecidos de 2000 en adelante). Esto concuerda con el trabajo que Eitan ADAR y sus colaboradores están llevando a cabo en el *Hewlett Packard Dynamics Lab*, que trata de seguir lo que llaman "epidemia de información" difundida a través de los *weblogs*, que ellos consideran como campos potentes para extender ideas contagiosas (ADAR y cols., 2004, pág. 1). En este estudio, el análisis de los "sistemas" contextuales o sociales de los *memes* indica también tres patrones de características diferentes que probablemente contribuyan de modo especial a la fecundidad de cada *meme*. Son algún elemento de humor, una rica especie de intertextualidad y el uso de yuxtaposiciones anómalas. Examinaremos estos aspectos en un nuevo epígrafe.

---

* Esta página web ya no existe. (*N. del T.*)
** La dirección de *"This Land"* es: www.jibjab.com/originals/this_land. (*N. del T.*)

© Ediciones Morata, S. L.

Resultados: en relación con las características y la sociabilidad discursivas

A menudo, los *memes* en línea que estudiamos eran ricos y variados en humor, incluyendo lo estrafalario y poco convencional, las chifladuras, lo estrambóticamente divertido, las parodias y la ironía mordaz. La intertextualidad era una característica regular, sobre todo en forma de referencias irónicas cruzadas a distintos acontecimientos, iconos o fenómenos cotidianos y culturales populares. El uso de la yuxtaposición anómala implicaba imágenes. Veamos cada una de estas características.

Humor

El humor es una característica clave de casi todos nuestros *memes* (reconociendo que el humor es notoriamente subjetivo). Quizá el más famoso y duradero de nuestros *memes* sea el *All Your Base Are Belong To Us* (c. 2001; véase la Figura 7.1). Las dificultades sintácticas y semánticas provocadas por los subtítulos en inglés creados para un público estadounidense de jugadores correspondientes a la secuencia animada inicial del videojuego japonés *Zero Wing* recordaban inmediatamente lo que un artículo de *Times Magazine* sobre este *meme* calificaba como humor *"geek kitsch"** (TAYLOR, 2001). En pocas palabras, esta secuencia establece el contexto del juego y está ambientada en un fututo intergaláctico, destrozado por la guerra. En ella, aparece de repente Cats**, un malvado, en una nave espacial. Cats anuncia que es el vencedor de esta guerra, pero el Capitán le responde valientemente ordenando el lanzamiento de los cazas ZIG y enfatiza que la suerte de la Tierra está en sus manos. Después, comienza el juego, en el que el jugador desempeña el papel de piloto de un caza ZIG que trata de ayudar al Capitán a derrotar a Cats.

La seriedad del diálogo sobre la amenaza de un golpe global junto con los fallos de traducción resultaban chocantes y, rápidamente, el clip se hizo muy popular, primero entre los videojugadores y programadores de *software*, extendiéndose después a públicos más amplios (sobre todo cuando se añadieron al clip una pista de voz y efectos de sonido). El clip original desencadenó una epidemia de *remix*, de manera que unos participantes activos en el *meme* produjeron una serie de tomas nuevas, muy divertidas y *photoshopeadas* basadas en el latiguillo *"All Your Base"*, incluyendo una remodelación del signo icónico de Hollywood, así como *remixes* de anuncios de vallas, señales de carretera, anuncios destacados, documentos oficiales, productos alimenticios y juguetes, etcétera para anunciar a todo el mundo que *"All Your Base Are Belong To Us"* (véase: planettribes.com/allyourbase/index.shtml***). En muchos aspectos, estos *remi-*

---

* Teniendo en cuenta el significado de *geek* (véase la N. del T., pág. 157), la expresión sería: "humor *geek* hortera". (*N. del T.*)

** Según *Wikipedia* en inglés (en.wikipedia.org/wiki/All_your_base_are_belong_to_us), del texto japonés puede deducirse que CATS es, más bien, el nombre de una organización y no el del "malvado" que aparece en el juego. (*N. del T.*)

*** La dirección ha cambiado a: allyourbase.planettribes.gamespy.com//index.shtml. (*N. del T.*)

"2101 d.C.
Ha comenzado la guerra
Capitán: ¡Dígame qué ha pasado en la Tierra!
Ingeniero de vuelo: Parece que alguien ha puesto una bomba, sin que nos diésemos cuenta.
Operador de comunicaciones: ¡Capitán! ¡Recibimos una señal!
Capitán: ¿Qué?
Operador de comunicaciones: Está apareciendo una imagen en la pantalla principal.
Capitán: ¿Tú?
CATS: Con la ayuda de las fuerzas del Gobierno de la Federación, nos hemos apoderado de todas sus bases.
CATS: En breve, su nave también le llegará su final.
Capitán: ¡No puede ser!
CATS: Aprovechen sus últimos momentos.
CATS: Ja ja ja ja ja.
Operador de comunicaciones: Capitán...
Capitán: ¡Que despeguen todas las unidades ZIG! ¡Es una orden!
Capitán: Son lo único que nos queda...
Capitán: ... para encarar nuestro futuro con esperanza...
Capitán: ¡Contamos con vosotros, ZIG!"

Figura 7.1. *Diálogo de la secuencia inicial del juego de ordenador* Zero Wing, *que establece el contexto, en su versión inglesa.*
Fuente: planettribes.com/allyourbase/story.shtml*.

xes son más divertidos que el clip original por los usos creativos de expresiones clave y la celebración de lo estrafalario que suponen. El latiguillo: *"All your base are belong to us"*, que ahora aparece con regularidad en las noticias o los artículos políticos de los medios de comunicación o en la *blogosfera* se utiliza para referirse a los ofrecimientos chapuceros y torpes para ocupar puestos de poder y cosas por el estilo. La longevidad de este *meme* parece asegurada y entre los *remixes* recientes de este *meme* está la producción danesa: *"All Your Iraq Are Belong to US"* (mb3.dk/ayiabtu).

Un segundo ejemplo, el *meme Ellen Feiss* (c. 2002), comenzó como un anuncio de televisión de Apple para su campaña dirigida a atraer a los usuarios de PC para que cambiaran a Apple. Cuando el anuncio apareció en televisión, Feiss, de 15 años, parecía estar "en otra parte" (más tarde, dijo que la filmación se había hecho cerca de medianoche y que ella había tomado una fuerte dosis de medicación antialérgica contra la fiebre del heno inmediatamente antes de empezar la filmación). Su desmañado arqueo de cejas, sus movimientos descoordinados de la mano y el uso de sus particulares efectos de sonido para describir la rotura de su ordenador, junto con las largas pausas de su monólogo, movieron a risa en todo el mundo. Apple canceló el anuncio en cuanto cayeron en la cuenta de lo que lo

---

* En la actualidad, la dirección indicada por los autores ha cambiado a esta otra: allyourbase. planettribes.gamespy.com//story.shtml. (*N. del T.*).

© Ediciones Morata, S. L.

había hecho tan popular, pero no antes de que se hubiera digitalizado y archivado en muchos sitios web. Rápidamente, Ellen alcanzó un estatus icónico entre los programadores jóvenes, los usuarios de Apple Mac y los estudiantes universitarios, todos ellos varones, claro (véase: ellenfeiss.net). Su historia se contó en libros y periódicos. Su respuesta fue esconderse y rechazó numerosas invitaciones para aparecer en importantes programas de televisión de los EE.UU. No obstante, más de tres años después de que comenzara el *meme*, todavía se puede comprar una serie de camisetas en honor de Ellen Feiss. Siguen activos numerosos sitios en honor a ella y de *remixes* (véanse, por ejemplo: ellenfeiss.gloriousnoise.com; jeffwilhelm.com/files/ellen1.mov), y todavía hay imágenes archivadas de los participantes en el concurso de imitadores de Ellen que se desarrolló en Europa (véase, por ejemplo: feiss.macfreak.org/index.html*).

Además de los tipos de humor estrambótico y situacional, cinco de los *memes* examinados en este estudio emplean el humor en comentarios sociales mordaces. El *meme Nike Sweat Shop Shoes* es un buen ejemplo al respecto. En 2000, Jonah Peretti mantuvo una serie de intercambios de correo electrónico con la empresa Nike en relación con la campaña iD de Nike que permitía a los clientes personalizar sus zapatos (Peretti, 2001). Nike no atendió la petición de Peretti de que sus nuevos zapatos llevaran bordada la inscripción "sweatshop"** y la negativa llegó en un momento en el que la empresa estaba recibiendo fuertes críticas por explotar a los trabajadores de países subdesarrollados. A pesar de las persistentes preguntas de Peretti, la empresa se refugió en alusiones a las normas de la empresa y no dio explicación lógica alguna con respecto a la orden cancelada. En enero de 2001, Peretti recogió estos intercambios en un único mensaje de correo electrónico y lo envió a algunos amigos (véase un extracto del mismo en la Figura 7.2).

El humor satírico y el comentario social que encierra la serie de mensajes de correo electrónico captó la atención popular y pronto llegó a miles de personas a través de las redes de correo electrónico. A su vez, esto llamó la atención de los medios de comunicación y el *meme* de Peretti fue objeto de una serie de noticias y artículos de revistas, incluyendo *Time*, y el mismo Peretti fue entrevistado en el *Today Show*, un programa de noticias y entrevistas muy popular en EE.UU.

Entre otros ejemplos de humor del acervo *memético* está el muy enlazado sitio web conocido como: *Black People Love Us!* (blackpeopleloveus.com). Este *meme*, creado también por Jonah Peretti, en colaboración con su hermana, es un comentario irónico —quizá "cáustico" fuese un calificativo mejor— sobre el paternalismo blanco liberal norteamericano con respecto a los norteamericanos negros. El falso sitio web "personal" consta de una serie de "testimonios" de los amigos negros de una pareja blanca de clase media que enfatizan la condescendencia que pueden encerrar las posturas liberales ingenuas sobre la diferencia social y cultural (por ej., las referencias a "ser claros", demostrando los blancos su "solidaridad" al hablar en inglés negro y manifestando sus preferencias por la música *rap*).

---

* En Internet aparecen menciones al concurso en cuestión (por ej.: forums.macgeneration.com/vbulletin/showthread.php?t=30695), pero, en abril de 2008, no se encuentra el servidor feiss.macfreak.org. (*N. del T.*)

** La palabra *sweatshop* significa, además de "maquila", "fábrica en la que se explota a los trabajadores". (*N. del T.*)

© Ediciones Morata, S. L.

De: "Personalize, NIKE iD"
A: "'Jonah H. Peretti'"
Asunto: RE: Su pedido NIKE iD o16468000

Su pedido NIKE iD se ha cancelado por una o más de las siguientes razones.
1) Su iD Personal contiene la marca registrada u otra propiedad intelectual de terceros.
2) Su iD Personal contiene el nombre de un atleta o equipo que no tenemos derecho a utilizar.
3) Su iD Personal quedó en blanco. ¿No desea ninguna personalización?
4) Su iD Personal contiene un lenguaje irreverente o inadecuado y, además, su madre nos abofetearía*.

Si desea modificar su producto NIKE iD con una nueva personalización, visítenos de nuevo, por favor, en: www.nike.com

Gracias
NIKE iD

De: "Jonah H. Peretti"
A: "Personalize, NIKE iD"
Asunto: RE: Su pedido NIKE iD o16468000

Saludos:
Mi pedido fue cancelado, pero mi NIKE iD no viola ninguno de los criterios señalados en su mensaje. La iD Personal para la personalización de mis zapatos de carrera ZOOM XC USA era la palabra "sweatshop". Sweatshop no es: 1) una marca registrada de terceros; 2) el nombre de un atleta; 3) ausencia de texto, ni 4) irreverencia. Escogí esa iD porque quería recordar las penalidades y duro trabajo de los niños que hicieron mis zapatos. Envíenmelos inmediatamente, por favor.

Gracias y feliz año nuevo:
Jonah Peretti

De: "Personalize, NIKE iD"
A: "'Jonah H. Peretti'"
Asunto: RE: Su pedido NIKE iD o16468000

Estimado cliente de NIKE iD:
Su pedido NIKE iD fue cancelado porque la iD que usted ha escogido contiene, como dijimos en la correspondencia electrónica anterior, "lenguaje inadecuado". Si desea volver a pedir su producto NIKE iD con una nueva personalización, visítenos de nuevo, por favor, en: www.nike.com

Gracias,
NIKE iD

Figura 7.2. *Un extracto del* meme "Nike Sweatshop Shoe".
Fuente: snopes.com/business/consumer/nike.asp; comprobado el 7 de marzo de 2005**.

---

* En el original inglés "would slap us", la traducción es literal. *(N del T.)*
** La página señalada sigue activa en abril de 2008 y se actualizó por última vez el 3 de enero de 2007. *(N del T.)*

Otro *meme* de crítica social que hace un uso eficaz del humor satírico es el *meme Bush-Blair Love Song*, al que nos referimos en el Capítulo III (véase la pág. 68).

> **Reflexión y comentario**
>
> Acceda a estos tres *memes* críticos sociales:
>
> - La *Bush-Blair Love Song* de *Read My Lips*: atmo.se/zino.aspx?articleID =399.
> - El intercambio de mensajes de correo electrónico relativo al *sweatshop* de Nike: snopes.com/business/consumer/nike.asp.
> - *Black People Love Us!*: blackpeopleloveus.com.
>
> ¿Quién cree que *no* encontraría particularmente divertidos estos *memes* y por qué?
>
> ¿Nos dice algo esto acerca del carácter contagioso de los *memes* en línea exitosos? Si es así, ¿qué nos dice?
>
> Vea si puede localizar otros ejemplos de *memes* en línea de éxito de la variedad crítica sociopolítica. ¿Qué los hace "exitosos"?

Intertextualidad rica

Las referencias cruzadas a un conjunto de eventos, artefactos y actividades de la cultura popular caracterizan también muchos *memes* exitosos de este estudio. Quizá el *meme* intertextual más conocido sea el *Star Wars Kid* (c. 2003). Este *meme* comenzó cuando los compañeros de un corpulento escolar canadiense de 15 años, Ghyslain, encontraron una grabación de vídeo que había hecho de sí mismo. La cinta lo mostraba imitando de manera un tanto torpe un combate con sable de luz, inspirado en las películas de *La Guerra de las Galaxias*, con un recuperador de pelotas de golf parecido a un palo de escoba. Sus amigos subieron la grabación a Kazaa —un servicio de intercambio de archivos persona-a-persona ya desaparecido— en el que lo vieron millones de usuarios, muchos de los cuales le añadieron música, efectos especiales y sonidos fácilmente reconocibles de *La Guerra de las Galaxias* (por ej., el "ssuassum" del sable de luz) para crear el *meme*, ahora famoso, del *Star Wars Kid* (por ej.: screamingpickle.com/humor/legends/StarWarsKid).

Otros *remixes* posteriores de este videoclip presentan a Ghyslain como Gandalf en *El Señor de los Anillos*, como William Wallace en la película *Braveheart* y como Neo, de las películas de *Matrix*, entre otros. Una versión mezcla un *meme* muy antiguo distribuido por correo electrónico, el *Dancing Baby* (o *Baby Cha-Cha*, c. 1996), con Ghyslain en un falso tráiler de un *buddy movie** de Hollywood, mientras que otra mezcla el clip con *Tetris*, un antiguo videojuego tremendamente popular. Es obvio que estas referencias cruzadas con películas muy conocidas, un *meme* más antiguo y juegos explotan un espacio de afinidad que

---

* Se conoce como *buddy movie* o *buddy film* la película protagonizada por una pareja, al estilo de Stan Laurel y Oliver Hardy, en *El gordo y el flaco*, o de *Starsky y Hutch*, por ejemplo. (*N. del T.*)

reconoce y aprecia esta intertextualidad, aunque, al mismo tiempo, sirven para difuminar la frontera entre la vida ordinaria y las vidas extraordinarias de los personajes de los universos fílmicos y de juegos. La popularidad de los *remixes* de *Star Wars Kid* provocó incluso una petición en línea a Lucasfilm para que incluyera al mismo Ghyslain como personaje en el *Episodio III* de la serie *precuela* de *La Guerra de las Galaxias* (petitiononline.com/Ghyslain/petition.html). A su vez, el *meme Star Wars Kid* se ha convertido en un paradigma de la cultura popular y aparece periódicamente como referencia en las series de dibujos animados y en videojuegos.

El *meme The Lost Frog*, al que nos referimos en el Capítulo IV, alude también a una serie de fenómenos de la cultura popular, a medida que se hacen *remixes* y va cambiando el texto del anuncio de la mascota perdida (c. 2004). Las imágenes remezcladas presentan los medios habituales de anuncios de "personas desaparecidas" (por ej., noticiarios, cartones de leche), escenas de masas aparentemente dedicadas a difundir la noticia de la rana perdida (por ej., pancartas de la "rana perdida" en una manifestación por la calle y en un partido de fútbol en un estadio lleno de gente) y un montón de escenarios diferentes para "recordar a Hopkin" (por ej., billetes de lotería de "rascar", la identificación de Hopkin en una lista de amigos de mensajería instantánea, Hopkin como una imagen de archivo de Internet *"not found"*). Como en el caso del *meme Star Wars Kid*, abundan las referencias a artefactos y actividades de la cultura popular: tapas de libros, portadas de álbumes de música o videojuegos modificados, así como subastas de eBay, congresos de seguidores, etcétera. Otras imágenes que parodian campañas publicitarias (por ej., un anuncio de Absolut Vodka se convierte en "Absolut Hopkin"; un anuncio de "Got Milk?" se transforma en "Got Frog?"*). Muchas imágenes de la rana perdida aluden también a otros *memes*. Por ejemplo, un aeroplano tirando de una pancarta de anuncio de la rana perdida ya había aparecido antes en una imagen remezclada de *All Your Base Are Belong To Us*, como también las señales de autopista *photoshopeadas*. Parece que esta rica estratificación de referencias cruzadas contribuye a la fecundidad de un *meme* al estimular a los *photoshopeadores* posteriores a hacer sus propias referencias populares transculturales que añaden estratos de significado para "quienes están en el ajo" a una aportación ya humorística de por sí.

> **Reflexión y comentario**
>
> Acceda a Lostfrog.org.
>
> - Haga clic en cada imagen que aparezca y, al hacerlo, trate de identificar tantas referencias *intertextuales* como pueda, haciendo búsquedas por Internet si es preciso (por ej., la subasta en eBay de Hopkin Green Frog en una tostada es, entre otras cosas, una referencia cruzada directa al sándwich de queso con la Virgen María subastado en eBay en 2004 por 28.000 dólares).
>
> - Compare su lista final con la de otra persona y comente la influencia que tienen las referencias cruzadas a una serie de iconos, artefactos y hechos de la cultura popular y cotidianos de su lista en su interacción y respuesta a este *meme*.

---

* Se trata de una campaña publicitaria estadounidense de promoción del consumo de leche de vaca. El eslogan de la misma es: "¿Has tomado leche?". Se transforma en: "¿Has encontrado la rana?" (*N. del T.*)

Yuxtaposición anómala

Además de las referencias humorísticas e intertextuales, más de la mitad de los *memes* que seleccionamos incluyen lo que podemos considerar yuxtaposiciones anómalas entre sus "anzuelos" para maximizar la susceptibilidad de la idea que se transmite de mente a mente (cf.: *Oolong the Pancake Bunny, Bert is Evil, Bonsai Kitten, Tourist of Death, Nevada-tan, Numa Numa Dance, God Kills a Kitten, All Your Base, Lost Frog* y *Star Wars Kid*). Las yuxtaposiciones son de distintos tipos.

Un tipo consiste en emparejamientos incongruentes de imágenes. La figura del *Tourist of Death** se coloca sobre fondos de una serie de acontecimientos trágicos, empezando por el ataque contra las Torres Gemelas de Nueva York. El *meme* comenzó a partir de una foto de una persona real en la terraza del World Trade Center. Después, alguien retocó la imagen, añadió un avión y la subió a Internet con una historia falsa sobre una cámara que se habría encontrado en el lugar del desastre. Más tarde, otras personas tomaron la misma imagen sonriente del turista y la insertaron en todo tipo de imágenes de desastres: el *Titanic*, huracanes, accidentes de transbordadores, etcétera. Estas operaciones yuxtaponen la imagen convencional de un turista sonriente del tipo que suele encontrarse en las fotos de viajes a lugares muy conocidos y las de acontecimientos desastrosos y dan a entender que la muerte y el caos se presentan allí donde vaya este turista aparentemente inocuo. Las mutaciones más recientes del *Tourist of Death* lo muestran en toda clase de papeles incongruentes (como reportero deportivo, personaje de videojuego, consejero político, etc.).

Otra clase de yuxtaposición es la de carácter deliberadamente provocativo o abiertamente satírico. En este plan, el sitio web del falso *Bonsai Kitten*** (c. 2002) presenta unas instrucciones paso a paso, "ilustradas", para alterar la forma de los gatos caseros suministrando a los gatitos relajantes musculares, metiéndolos en botellas y tarros durante unos meses para que los gatos tomen una forma rectilínea. Las fotos estaban retocadas y eran falsas, pero lo bastante realistas para provocar un escándalo internacional por lo que parecía ser una práctica muy cruel. Desde luego, el texto promocional, muy serio, que aparecía en el sitio web contribuía e inducía la sensación de realismo. En este caso, un conjunto absurdo de imágenes se yuxtapone a unas instrucciones inexpresivas y cuidadosamente formuladas, satirizando las tendencias decorativas de los hogares que configuran y constriñen seres vivos para adaptarlos a una estética impuesta.

El *meme Bert is Evil* constituye un buen ejemplo de yuxtaposición anómala (c. 2001). Este *meme* nació a partir de un hecho real. Comenzó con una fotografía del *muppet* Bert***, un personaje del popular programa de televisión *Sesame Street* que estuvo mucho tiempo en antena, insertaron en la foto una imagen de Osama bin Laden y subieron la imagen resultante, en plan de broma, a un foro de *photoshopeadores* en línea. Posteriormente, los seguidores de Osama bin Laden descargaron la imagen en Bangladés y la utilizaron en pancartas que se llevaron

---

* "Turista de la Muerte". (*N. del T.*)
** "Gatito bonsai". (*N. del T.*)
*** *Bert*, el personaje de *Sesame Street*, no es otro que "Blas", de "Los Teleñecos", en España, y "Beto", de "Los Muppets", en Latinoamérica. (*N. del T.*)

© Ediciones Morata, S. L.

en manifestaciones callejeras. Al parecer, los creadores de las pancartas no observaron la presencia de Bert en la imagen o no sabían quién era. La imagen de la pancarta atrajo la atención de los medios de comunicación, animando rápidamente a distintas personas a crear imágenes remezcladas que añadieran "pruebas" para sostener que, en realidad, Bert era un malvado, en vez de un inofensivo personaje de televisión infantil (véase: bertisevil.tv). Estas imágenes retocadas y animadas muestran al teleñeco actuando con el Ku Klux Klan, implicado en el asesinato del presidente Kennedy, relacionado con los asesinatos de Charles Manson y cosas por el estilo. El sentir general de estas imágenes remezcladas suele ser de "desastre moral". La mayoría de estas imágenes dan la sensación de ser "casi de *paparazzi*", de que están hechas para que parezcan tomadas con cámaras ocultas o en momentos desprevenidos. La yuxtaposición de escenarios terribles, trágicos o sórdidos y un muñeco inocuo de un programa infantil de televisión genera un tipo de humor negro, presentando unas evidencias documentales que, evidentemente, no pueden ser ciertas. La fecundidad de este *meme* quizá deba algo también a las historias de la vida real relacionadas con la divulgación de la vida oculta sórdida o inmoral de algunas estrellas del cine y la televisión, incluyendo, en especial, estrellas de la televisión infantil.

Un ejemplo inquietante de yuxtaposición anómala es el del *meme Nevada-tan* (c. 2004). Este *meme* también nació a partir de un acontecimiento de la vida real: en 2003, una escolar japonesa de 11 años estaba cubierta de sangre de una compañera a la que había degollado con un cúter antes de volver a clase. La asesina acabó siendo conocida como "Nevada-tan*", a causa de las imágenes de ella aparecidas en Internet y en medios de comunicación en las que aparecía llevando una sudadera con capucha adornada con la palabra "Nevada". La edad de Nevada-tan y su sitio web, lleno de animaciones horrendas (por ej., *The Red Room***) y de otras referencias y artefactos horripilantes de la cultura de Internet, desencadenaron debates de alcance nacional en Japón en relación con el límite de edad de culpabilidad criminal y los efectos sociales del uso de Internet. *Nevada-tan* se ha convertido en un icono de la cultura popular en ciertos grupos; su "personaje" aparece con bastante regularidad, como un personaje de *manga* o de *anime* en textos de *fanfiction*, ha impulsado la aparición de sitios web en homenaje a él, aparece como un personaje en *cosplay* (es decir, representacio-

---

* El sufijo *tan* parece una variante del sufijo *chan*, diminutivo familiar, preferentemente femenino. (*N. del T.*)

** *The Red Room* es una animación interactiva japonesa sobre una leyenda urbana denominada "La habitación roja". La historia comienza con dos amigos que hablan de un rumor que corre por Internet acerca de una ventana emergente que pregunta: "¿Te gusta...?". Si la persona cierra la ventana, muere. El más escéptico de los dos, al llegar a casa, lo busca en la web, pero no pasa nada y se desentiende. El mensaje aparece de repente. Llama al amigo, pero no contesta. De un modo u otro, la ventana acaba estando presente en todo momento, sin que haya modo de cerrarla definitivamente, al tiempo que aumenta la sensación de terror. Aparece la pregunta: "¿Te gusta el rojo?" Por último, aparece: "¿Te gusta la habitación roja?"... Después, aparece un sitio web con los nombres de todas las personas muertas y el del amigo en la parte inferior. Al día siguiente, se habla en la escuela de dos chicos de la clase de al lado que se suicidaron, pintando de rojo con su sangre sus habitaciones. Después, se ve el ordenador del protagonista, pero ahora su nombre aparece después del de su amigo. Al final, el ordenador se apaga con un sonido espeluznante. Terminado el vídeo, si el navegador del usuario permite las ventanas emergentes, aparece en pantalla una réplica exacta de la ventana asesina de la historia. (*N. del T.*)

© Ediciones Morata, S. L.

nes del papel del personaje construidas a menudo en torno a argumentos de *anime*) y se menciona en diversas canciones pop japonesas. La yuxtaposición de una escolar de aspecto ordinario con un horripilante asesinato que ni siquiera trató de ocultar crea, aparentemente, "anzuelos" de atención que transforman el caso y la persona de *Nevada-tan* en un *meme* en ciertos espacios de afinidad ocupados por personas interesadas por acontecimientos espantosos y sangrientos y por los textos japoneses y de la cultura popular, como *manga* y *anime*.

Un caso atípico

Aunque puede decirse que la fecundidad de los *memes* en línea debe mucho al uso del humor, la intertextualidad y la yuxtaposición anómala, en diferentes combinaciones, hay un *meme* del conjunto examinado que no presenta ninguna de estas características. El *meme Dog Poop Girl* (Corea del Sur, 2005) es atípico a este respecto. Comenzó con una fotografía de una joven y su perro en un tren de Corea del Sur. El perro había ensuciado el coche del tren y su propietaria se negó a limpiarlo, incluso después de que se lo pidieran reiteradamente. Otro viajero, enfadado, con su teléfono móvil tomó una foto de la maleducada viajera y de su perro y la puso en un conocido sitio web. Rápidamente, la comunidad de Internet se hizo cargo del asunto y la foto se difundió por todas partes. Sólo tuvieron que pasar unos días para que se identificara a la mujer de la foto y su información personal se publicó en línea a modo de castigo por su falta de responsabilidad ciudadana. En realidad, el *meme* se convirtió en algo parecido a una caza de brujas y la mujer se vio acosada, tanto en línea como fuera de Internet, hasta que pidió perdón por sus acciones en un foro de Internet. Este *meme* llamó poderosamente la atención de los medios de comunicación de todo el mundo sobre todo por su carácter vigilante y la pérdida del derecho de la mujer a su privacidad personal.

Elementos de una tipología de los *memes*

Basándonos en los hallazgos relativos a las preguntas utilizadas para analizar los *memes* de nuestra serie de datos, podemos bosquejar el principio de una tipología de *memes* (Figura 7.3, véase la pág. 230). Nos centraremos aquí en los que consideramos algunos aspectos de las relaciones entre *memes* e identidad.

La mayoría de los *memes* de nuestro acervo parecen apelar y basarse en las energías creativas de las personas que disfrutan con ideas divertidas, absurdas, que transmiten pocos contenidos "serios" que puedan considerarse de crítica y comentario social (siendo aquí los *memes* atípicos los *Dog Poop Girl* y *Nevada-tan*).

Entre las ideas divertidas y absurdas están la dignificación de lo banal y cotidiano con respuestas a escala épica, aunque imaginadas, a los acontecimientos reales, ficticios o fantásticos o con asignar una importancia global a hechos menores o triviales y a personas muy corrientes, sencillas o humildes. Ejemplos de ello son los *memes Lost Frog* y *Star Wars Kid*. Igualmente, la afición a lo absurdo subraya la popularidad de imágenes y secuencias de vídeo estrafalarias o anómalas como *Oolong the Pancake Bunny* y *Numa Numa Dance*, de Gary Brolsma.

© Ediciones Morata, S. L.

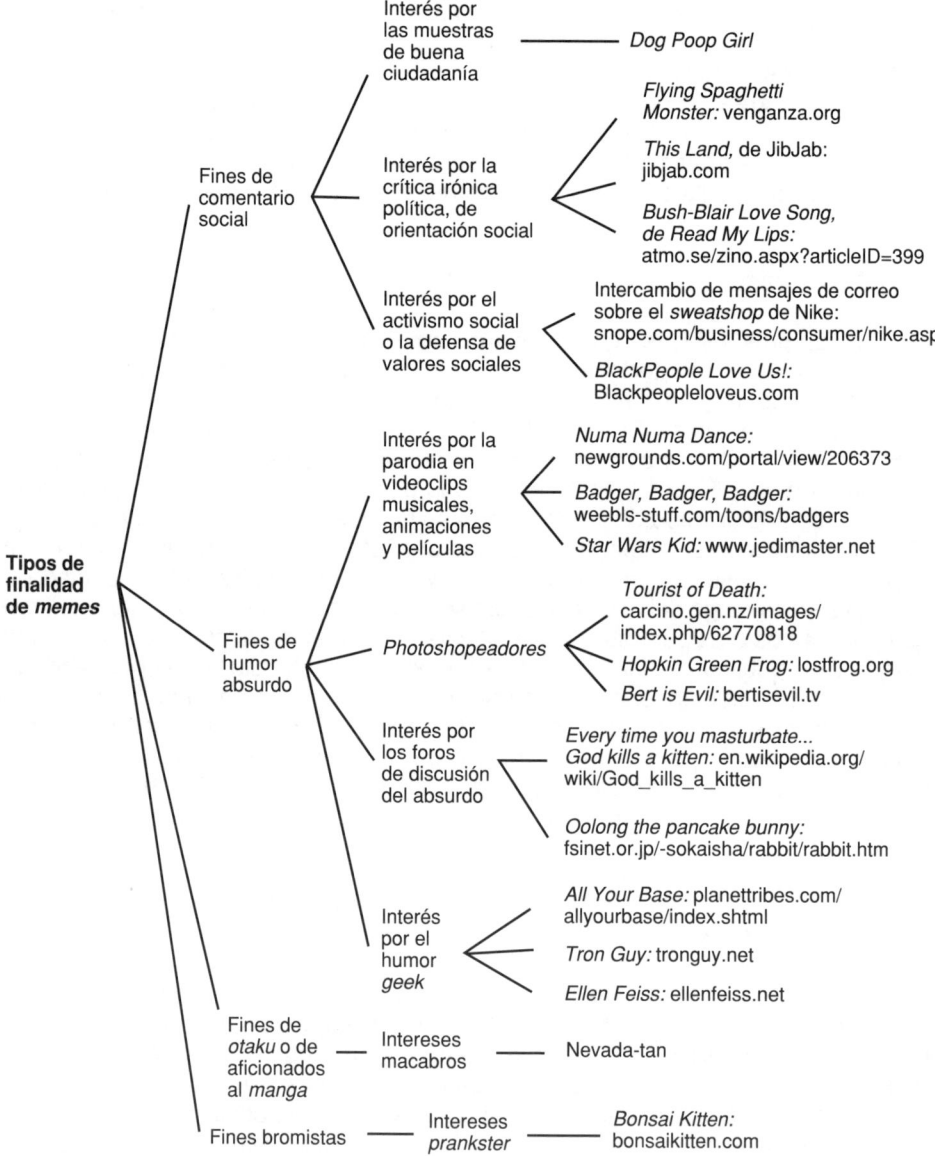

Figura 7.3. *Tipología de los* memes.

El humor irónico y satírico prevalece en los *memes* de nuestro acervo pensados con fines de crítica y comentario sociales. Por ejemplo, representar una relación tímida pero íntima entre Bush y Blair satiriza las alianzas políticas-militares entre los dos países y las presenta, en último término, como interesadas con desprecio de otros. La voz de falsete de Blair hace una mordaz alusión a las relaciones prevalentes de género de poder y servidumbre. Todos los *memes* de crítica social del acervo manifiestan cualidades serias en tono divertido.

Sean los *memes* de tipo más "absurdista" o más de crítica y comentario serios, las formas divertidas, en la mayoría de los casos, tienen relación con experiencias y actividades culturales, populares y compartidas de diversos tipos. El hecho de "coger" los *memes* depende, en mayor o menor medida, de que se tengan determinadas formas de inteligencia iniciada. Los *memes* que hemos estudiado pueden considerarse relacionados con distintos tipos de espacios de afinidad y, desde luego, contribuyen a definirlos. Entre ellos están los espacios de jugadores, los de *photoshopeadores*, los de *manga/anime*, los espacios políticos izquierdosos, los de "buenos" miembros de la comunidad y los de seguidores de la cultura popular asiática. Estos *memes* definen y se relacionan con determinados espacios de afinidad a través de guiños y palmadas en la espalda a los "iniciados". La mayoría de los *memes* que hemos analizado también se mueven entre muchos espacios de afinidad. No obstante, los "ajenos" a estos espacios se verán muy presionados para apreciar el humor o la intención de muchos de estos *memes* y para saber cómo "interpretarlos" o "tomarlos", sea de forma seria o divertida, riéndose de sí mismo, de manera irónica/sardónica/melancólica, en plan de "reírse o llorar", etcétera (recordemos las protestas por el *meme* del falso *Bonsai Kitten*. Esto respalda la afirmación de BLACKMORE, 1999, pág. 58) de que la "transmisión eficaz de los *memes* depende críticamente de las preferencias, atención, emociones y deseo humanos".

> **Reflexión y comentario**
>
> Examine los *memes* relacionados en la Figura 7.3.
>
> - ¿Cuál de ellos le llama más la atención? ¿Por qué?
> - ¿Qué puede "decirle" esto acerca de sus propios intereses, cosmovisiones, punto de vista?
> - Haga lo mismo con respecto al *meme* que menos le llame la atención.
> - Compare sus respuestas con las de uno o más compañeros o colegas?
> - ¿Qué le dicen las comparaciones, si es que le dicen algo, con respecto a "dar sentido a las cosas"?

Memes, *educación alfabetizadora y aprendizaje en clase*

¿En qué sentido podrían invitarnos los *memes* y el *memeo*, como una especie de "nuevo" alfabetismo, a pensar en la educación alfabetizadora y, más en general, en el aprendizaje en el aula? ¿Qué tipos de "ventanas" o perspectivas sobre la educación y el aprendizaje alfabetizadores podrían abrir las personas que "giran en torno" a los *memes* o participan en ellos, que "consiguen" *memes* y que están en los lugares en línea que confieren las formas de conciencia de iniciado que los *memes* atraen y promueven? Creemos que es una pregunta importante que debemos hacernos. En realidad, no es más que un caso particular de una pregunta genérica que puede aplicarse a cualquier alfabetismo nuevo. Por ejemplo, ¿en qué sentido podrían invitarnos la *fanfiction*, el *blogueo* o las actividades de *manga* (como tipos de alfabetismos nuevos) a pensar en la educación alfabetizadora y, más en general, en el aprendizaje en el aula? Concluimos este capítulo abordando brevemente cuatro reflexiones sobre la educación alfabetizadora y el aprendizaje en el aula que nos ha planteado nuestro comentario sobre los *memes*.

La importancia de la perspectiva del A/alfabetismo

Los *memes* destacan la dimensión profundamente social del lenguaje y el alfabetismo. En dos palabras, la presencia de individuos humanos es necesaria para el establecimiento, el crecimiento y la supervivencia de los *memes*. La dimensión social de los *memes* y del *memeo* enfatiza la importancia que para la educación alfabetizadora tiene abordar más actividades que únicamente la lectura y la escritura. Para explicar esta cuestión, haremos (del modo más atrevido) un *remix* de uno de nuestros *memes* favoritos, el *meme* del D/discurso de GEE (1996, 2004), como A/alfabetismos (con "A" mayúscula y "a" minúscula).

El Alfabetismo, con mayúscula, se refiere a dar sentido a las cosas de manera que estén directamente ligadas a la vida y al hecho de *estar* en el mundo (cf.: FREIRE, 1972; STREET, 1984). Es decir, cuando utilizamos el lenguaje, hacemos una especie de "movimiento" significativo o socialmente reconocible inextricablemente ligado a alguien que le otorga el ser o realiza algún elemento o aspecto de su mundo. Esto significa que el *a*lfabetismo, con minúscula, describe los procesos concretos de leer, escribir, ver, escuchar, manipular imágenes y sonidos, etc., estableciendo conexiones entre distintas ideas y utilizando palabras y símbolos que forman parte de esas actividades de Alfabetismo más numerosas y más enraizadas en la realidad. En pocas palabras, esta distinción reconoce explícitamente que el A/alfabetismo tiene que ver siempre con leer y escribir *algo* y que este algo forma parte siempre de un patrón más general de estar en el mundo (GEE y cols., 1996). Como hay múltiples formas de estar en el mundo, podemos decir que hay múltiples A/alfabetismos.

En el nivel del alfabetismo, podemos apreciar que la elaboración de una imagen *photoshopeada* del *meme Bert is Evil*, por ejemplo, supone generar un tema que conste de un montaje minuciosamente diseñado de imágenes fotográficas y dibujadas a mano, junto con palabras escritas o efectos de sonido incluidos en el mismo. Las dimensiones multimedia de la producción de este tema supone saber: qué aplicación de *software* utilizar para cortar, recortar y mezclar imágenes diversas en un nuevo "conjunto"; qué herramientas de manipulación de imagen usar y para qué efectos (por ej., utilizar la herramienta "emborronar" para suavizar los extremos de imágenes importadas o cortadas y pegadas, de manera que parezca que forman parte más "naturalmente" de la escena general); cómo generar y poner en su sitio capas de imágenes; cómo añadir una banda de sonido o tiras impresas de texto; cómo guardar el archivo resultante en un formato adecuado para Internet, y cómo subir el archivo a un foro o depósito, etcétera. En pocas palabras, la publicación de un "tema *memético*" multimodal que tenga la máxima apariencia de veracidad, con independencia del absurdo real del contenido de la aportación, requiere una serie de destrezas y competencias técnicas perfectamente afinadas.

© Ediciones Morata, S. L.

Más importante aún son, sin embargo, las actividades de Alfabetismo, con A mayúscula, relacionadas con el *memeo* implicadas en dar sentido a las cosas, conferir significación social y crear identidad en los mundos vitales propios. Los textos y montajes producidos y leídos, al ser infectados por un *meme* en línea y al propagar éste, nunca son independientes, sino que están implicados en redes de intereses, experiencias, hábitos, cosmovisiones y demás que toman y usan temas, acontecimientos, fenómenos, iconos, artefactos culturales, etc., de *determinadas* formas, a menudo idiosincrásicas. Por ejemplo, poner una imagen de un conejo con tortitas en la cabeza sólo tiene sentido en un foro en línea que celebre las respuestas extravagantes a la conversación. El *meme Pancake Rabbit* comenzó cuando se subió a un foro de discusión (véase: kimsal.com/rabbit_pancake-jpg) la imagen de un conejo manteniendo en equilibrio en la cabeza lo que se dijo que era una "tortita", junto con el pie: *"I have no idea what you are talking about... so here's a bunny with a pancake on its head"**.

Así pues, el análisis del "sistema ideacional" de un determinado *meme* ha de ser minuciosamente matizado con el fin de apreciar plenamente que los *memes* en línea exitosos son con frecuencia muy irónicos y burlones y hacen referencia a múltiples temas, eventos, prácticas culturales y valores. Pedir que el *meme* tenga "sentido" por sí mismo sería pasar por alto gran parte de lo importante, sobre todo con respecto a los *memes* absurdistas. Del mismo modo, el análisis del sistema contextual de los *memes* en línea exitosos ha de ser minuciosamente matizado y prestar mucha atención a la naturaleza con frecuencia colaborativa, acumulativa y distribuida de estos *memes*.

La concepción de los nuevos Alfabetismos, con mayúscula, reconoce que la vida cotidiana se amplifica a menudo mediante la participación y la interacción con personas con las que podríamos no encontrarnos nunca y, además, que, en los entornos en línea, estas interacción y participación pueden darse de maneras que antes eran imposibles. El *meme Lost Frog* no sólo tiene que ver con la generación de imágenes humorísticas relativas a la búsqueda de la rana perdida de un niño con su paradero. Representa una colaboración distribuida que atraviesa fronteras nacionales y lingüísticas (por ej., no todas las imágenes de la rana perdida hacen uso del inglés), y reúne a personas que probablemente no se conozcan, pero que, sin embargo, valoran las aportaciones de las otras. Las dimensiones de "A mayúscula" del *meme Lost Frog* incluyen el reconocimiento de que el *photoshopeo* de aficionados o torpe no producirá un vehículo del *meme* tan fácil de recordar o tan contagioso como otro que esté muy logrado y bien hecho en cuanto a su diseño y perfección técnica. Sin embargo, al mismo tiempo, implica también saber que una versión del *meme* particularmente humorística o conceptualmente inteligente pasará siempre por delante de la mera calidad de ejecución técnica. Supone también reconocer la intertextualidad inteligente, en forma de referencias cruzadas a otros *memes* o prácticas, creencias y fenómenos culturales (por ej., teorías conspirativas, teorías de abducción por alienígenas, la importancia de los mensajes de error del ordenador o del navegador, los roles sociales de los lazos solidarios y los medios utilizados para anunciar "personas desaparecidas", etc.).

---

* "No tengo ni idea de lo que estáis hablando... así que aquí está un conejito con una tortita en la cabeza". (*N. del T.*)

© Ediciones Morata, S. L.

Otras actividades de Alfabetismos, con mayúscula, discernibles en el acervo *memético* utilizado en nuestro estudio son participar en videojuegos, celebrar la cultura popular japonesa, practicar en actividades *fan* (que puede incluir escribir *fanfiction*, crear páginas web de homenaje, enlazar con un archivo de *memes* a través del propio *blog*, etc.), conocer un montón de "chistes de iniciados" de un espacio de afinidad en línea, conocer y estar al día de las películas de Hollywood o de actividades *fan*, como el *playback** con canciones pop o el *cosplay*.

En los albores de la Internet de masas, Ursula FRANKLIN advirtió en contra de la adopción de un "enfoque centrado en artefactos" para examinar las nuevas tecnologías. Sostenía que había que centrarse, en cambio, en el uso de la tecnología como parte de un "sistema de práctica social" (FRANKLIN, 1990). El consejo de FRANKLIN se aplica también al estudio de los nuevos A/alfabetismos. Cuando examinamos *memes* como actividades de Alfabetismo, vemos que implican mucho más que la mera transmisión o adición de temas escritos o visuales o de información per se (es decir, *a*lfabetismo). En cambio, están directamente ligadas a las formas de interactuar con los demás, a la donación de sentido y a las formas de ser, conocer, aprender y hacer.

En pocas palabras, es imposible exagerar la importancia de que los docentes tengan una mentalidad de Alfabetismo, con mayúscula, con respecto a los *memes*. Esto, a su vez, indica la importancia de considerar el tiempo dedicado a los espacios de afinidad como una auténtica dimensión del aprendizaje. Aún más, es *indispensable*; tanto para docentes como para alumnos. Algunas características propias de los espacios de afinidad que permiten el aprendizaje constituyen la trama que configura los alfabetismos, en especial los *nuevos* alfabetismos que experimentan las personas que participan en ellos. GEE (2004, págs. 9, 73) describe así los espacios de afinidad:

> [son] espacios (físicos y virtuales) especialmente diseñados construidos como recurso para las personas [que están] unidas... por un interés o empeño compartido... [Por ejemplo, los] muchísimos sitios web y publicaciones dedicados a [el videojuego *Rise of Nations*] crean un espacio social en donde las personas pueden relacionarse con otras, en el grado que deseen, pequeño o grande, para intercambiar conocimientos y adquirir los distribuidos y dispersos entre muchas personas, lugares, sitios y modalidades de Internet (revistas, *chats*, guías, grabaciones).

Entre otras características relativas al aprendizaje en particular, los espacios de afinidad concretan la participación, la colaboración, la distribución y la dispersión de la pericia, y la relación entre las personas. Nuestro objeto de estudio de los nuevos alfabetismos implica la práctica social como un todo del que forman parte el aprendizaje y el intercambio de conocimientos y destrezas. Creemos que la "lógica" de los nuevos alfabetismos abarca las características y cualidades generales destacadas por la descripción de los "espacios de afinidad" de GEE. Estas características y cualidades enfatizan los aspectos relacionales y sociales

---

* El término utilizado por los autores es *lipsynching*, derivado de *lip-synch*, abreviatura de *lip synchronization* o "sincronización con los labios", que es el término más utilizado en inglés para aludir al tipo de doblaje que en España se conoce más como *playback*, razón por la que hemos traducido la expresión inglesa por otra de ese idioma pero más utilizada en castellano. (*N. del T.*)

de cualquier actividad de los alfabetismos y llama la atención sobre diversas configuraciones sociales y de recursos en las que, y a través de las cuales, participen y aprendan las personas.

> **Reflexión y comentario**
>
> Piense en algunos espacios de afinidad, en medios digitales, en los que esté "presente" con bastante regularidad.
>
> - ¿Qué papel desempeñan esos espacios en su vida cotidiana?
> - ¿Cómo encontró por primera vez estos espacios y cómo aprendió a convertirse en participante experto en estos espacios?
> - ¿Qué lugar podrían ocupar sus ideas y actividades relativas al espacio de afinidad en los contextos escolares?

Los *memes* y el aprendizaje en relación con consideraciones cívicas y éticas

El *memeo* es una provechosa actividad que deben tener en cuenta los educadores cuando piensen en nuevas formas de participación social y de acción cívica tras el acceso generalizado a Internet y la participación en redes sociales cada vez más dispersas. BRODIE (1996) ha pedido que se preste más atención a los *memes* con los que nos infectamos y con los que infectamos a otros, así como a los efectos materiales de estas infecciones. No todos los *memes* reunidos para este estudio son benéficos y contribuyen a formas relajadas de estar en el mundo. Por ejemplo, el *meme Dog Poop Girl* suscitó de inmediato críticas por la forma activa de descubrir a la mujer y por el modo en el que fue acosada, por el cual, hasta pidió disculpas. La capacidad de este *meme* de movilizar la censura pública de esta mujer fue claramente significativa por su alcance y abrió la caja de Pandora de las cuestiones relativas a la medida en que deban utilizarse los *memes* para reparar errores relativamente menores y qué autoridad debería hacerlo. En Corea del Sur, los universitarios y los periodistas han discutido abiertamente sobre la importancia de comprender los peligros de los tipos de enfoques de "caza de brujas" del castigo público de una persona. De hecho, la participación en este *meme* transmitiendo a otros la imagen y detalles personales de la mujer no es un acto inocente, tampoco divertido ni moralmente claro, y presenta a los profesores un acontecimiento discutible que promueve un importante debate acerca de las dimensiones morales y cívicas de la participación en determinados *memes*.

El *meme Star Wars Kid* constituye también una base provechosa para que profesores y alumnos examinen lo que ocurre cuando unos protagonistas reacios de un *meme* son "adoptados" por miembros de cibercomunidades que dedican un tiempo y una energía considerables en identificar quiénes son en el metaespacio, dónde viven y quiénes pueden llamar sin querer la atención generalizada de los medios de comunicación tras comunicar en línea sus nombres. A Ghyslain no le resultó nada divertido el *meme Star Wars Kid*. Sus padres y él lo consideraron cruel e invasivo. Paradójicamente, quizá, un grupo de ciberciudadanos que se unieron y recaudaron dinero para comprarle un iPod se ofendieron cuando rehusó tener algo que ver con ellos y su iPod y denunció a algunos participantes en el *meme* por invasión de la intimidad y daños relacionados con ella. Con independencia de las intenciones, los efectos materiales de los *memes* no siempre son beneficiosos para los protagonistas del *meme*. Tampoco los protagonistas reciben necesariamente de buen grado la atención que les dedican (cf. Ellen Feiss y su anuncio de televisión para Apple; el padre de Terry, que perdió su rana; Gary Brolsma, famoso por *Numa Numa Dance*). El examen de *memes* como estos puede dar un nuevo sentido a la participación en los *memes*, incluyendo la capacidad y la disposición a considerar hasta dónde puede llevar la participación.

Los investigadores como ADAR y colaboradores nos recuerdan que las personas más poderosas e *influyentes* sociales en línea no tienen por qué ser personas y grupos destacados, sino los que *causan* la epidemia de la idea (ADAR, en conversación con ASARAVALA, 2004; ADAR y cols., 2004). Interrogar a los *memes* es una forma de considerar las ideas, anzuelos y trampas que nos infectan, cómo influyen en nuestras decisiones, acciones y relaciones con los demás, y cómo podemos responder a nuestra comprensión de estas cuestiones. El *contramemeo* es una práctica en línea bien establecida. Supone generar a propósito *memes* con la intención de neutralizar o derrotar ideas potencialmente dañinas (compárese, por ejemplo, el trabajo de Adbusters.com. Véanse también las estrategias señaladas en: memecentral.com/antidote.htm, allyourbrand.org/why.htm y dkosopedia.com/index.php/Meme).

Tomemos un ejemplo específico: Mike GODWIN (1994) documenta cómo inició un *meme* para contrarrestar lo que llamó "*meme* nazi" que vio actuar en distintos tablones de diálogo en línea a los que estaba suscrito. Describe este *meme* nazi como una práctica muy extendida en la época en que los conversadores establecían analogías directas entre lo que otra persona hubiera puesto en el tablón y el nazismo. GODWIN se sintió impulsado a contrarrestar estas analogías simplistas y ofensivas. Elaboró *"Godwin's Law of Nazi Analogies"** y lanzó este *meme* en los grupos de discusión en los que había visto alguna referencia nazi gratuita. Su "ley" original declaraba que: "A medida que aumenta un diálogo en línea, la probabilidad de que aparezca una comparación en la que intervengan los nazis o Hitler se acerca a uno". (GODWIN, 1994, pág. 1). Rápidamente, el *meme* se puso de moda y se convirtió en una especie de "indicador" para juzgar el valor de un hilo de diálogo. El enunciado original de la ley de GODWIN sufrió una serie de mutaciones en el plano de los términos, aunque la idea permaneció intacta:

> Como me dijo una vez Cliff Stoll, el autor de *Cuckoo's Egg*: "¿Ley de GODWIN? ¿No es la ley que dice que cuando un diálogo llega a una comparación con los nazis o Hitler es inútil seguir adelante?" Según mi norma (que reconozco de bajo nivel), el experimento [del *contrameme*] fue un éxito.
>
> (GODWIN, 1994, pág. 1.)

Dice GODWIN que este tipo de "ingeniería *memética*" hace una importante aportación a la salud de nuestra vida social y mental y propone que, cuando iden-

---

* "Ley de Godwin de las analogías nazis". (*N. del T.*)

© Ediciones Morata, S. L.

tifiquemos un *meme* dañino, podemos tener la responsabilidad social y moral de hacerle frente lanzando un *contrameme* positivo a la corriente de ideas. Entre los *memes* del acervo que reunimos, hay varios que se pueden clasificar como *contramemes* de éxito (*Black People Love Us!*, *The Flying Spaghetti Monster*, *This Land Is My Land* y el *Bush-Blair Love Song*). Estos *memes* son recursos generativos y, entre otras cosas, pueden utilizarse para promover el diálogo y estimular el desarrollo de puntos de vista informados —por medio de investigación y lecturas complementarias— acerca de una serie de cuestiones sociales.

> **Reflexión y comentario**
>
> - ¿Cuáles son algunas dimensiones éticas que hay que considerar ante cualquier llamada para crear un *contrameme*?
> - ¿Hasta qué punto está de acuerdo o en desacuerdo con la afirmación de Godwin de que podemos tener la responsabilidad moral y social de lanzar *contramemes* positivos a la corriente de *memes*? ¿Por qué?

Adoptar una visión expansiva del metasaber

Durante los últimos veinte ó treinta años, numerosos investigadores y autores han enriquecido nuestros conceptos y nuestra comprensión de la educación alfabetizadora, y del aprendizaje en general, al señalar el papel que desempeña el saber de metanivel en una actuación satisfactoria. En la educación alfabetizadora, por ejemplo, los autores que trabajan en áreas como la teoría de género, la alfabetización crítica, los estudios del discurso, la teoría de la comprensión, las competencias lectoras de orden superior, etcétera, tenían mucho que decir sobre los saberes y destrezas de metanivel. Más en general, los investigadores y teóricos que trabajan en campos como la ciencia cognitiva y la metacognición y, sobre todo, los que adoptan enfoques vygotskianos de la cognición social han facilitado nuevas perspectivas sobre el papel y la significación del saber y de la comprensión de metanivel en relación con una práctica competente (véase una introducción en: Gee y cols., 1996, caps. 3 y 7).

El enfoque de los nuevos alfabetismos que hemos adoptado en este libro llama la atención sobre algo que nos parece muy importante: hasta la fecha, la mayor parte del trabajo realizado se ha centrado en aspectos "meta" desde los puntos de vista epistemológico y ontológico, tal como los abordaban los enfoques disciplinarios tradicionales y, más recientemente, los trans/interdisciplinarios. Por eso, enfatizamos las relaciones del estilo de las que se producen entre conceptos lingüísticos, como "género" y "esquemas", e ideales epistemológicos, como "el respeto", "la corrección", "la racionalidad", etcétera. En perspectivas más amplias del aprendizaje, enfatizamos las relaciones entre el dominio de conceptos de física o matemáticas y el razonamiento eficaz y la resolución de problemas en esas mismas prácticas disciplinarias y en las áreas de la vida en las que se aplican (véanse: *ibid.*, 1996, caps. 3 y 7). Como insinuamos brevemente al final del Capítulo III, los alfabetismos convencionales y el espacio del libro están íntimamente relacionados con este legado ilustrado. Sin embargo, la actual explosión de nuevos alfabetismos y la ofensiva progresista para la realización de la segunda mentalidad parecen estar abriendo nuevas dimensiones de "metaelementos" que quizá haya que tomar mucho más en serio que hasta ahora en relación con el aprendizaje y la educación alfabetizadora.

Aunque no disponemos de espacio para seguir adelante en esta línea (véase una exposición al respecto en: LANKSHEAR y KNOBEL, 2002; 2003, cap. 5), la creciente importancia de lo que se ha denominado en distintos sitios como la economía de la atención (por ej.: GOLDHABER, 1997; LANHAM, 1994), converge con nuestro concepto de la segunda mentalidad y los nuevos alfabetismos para indicar la creciente importancia de las cuestiones de metanivel tales como la apreciación de lo *"cool"**, de "estar en primera fila" y de saber "la mejor manera de hacer las cosas" en un determinado espacio. Esto último es particularmente interesante y una dimensión del metasaber que los investigadores de la educación interesados por examinar el aprendizaje y la práctica pasan por alto sistemáticamente. Saber conducirse uno mismo en un espacio de red dado supone saber practicar una generosidad de espíritu que se extiende a dar consejo a *newbies*** poniendo gratuitamente a su disposición materiales o información (por ej., poniendo imágenes en línea de acceso gratuito, desvelando elementos de un juego, pagando los costes de alojamiento de un sitio web público de *fan*, facilitando retroinformación ilimitada sobre escritos o arte *fan*). Esta generosidad de espíritu también tiene que llegar con el metasaber acerca de cómo evitar que nos engañen. Por supuesto, esto se parece mucho a la vida real, aunque asume una forma especial en línea e implica gran cantidad de metaconocimientos acerca de lo que haya que buscar en una serie de interacciones:

- Saber cuándo está bien divulgar en línea detalles de contactos personales y cuándo no.
- Ser capaz de examinar la veracidad de los textos obtenidos mediante redes o espacios en línea que tengan poco que ver con la "información" o los criterios de "verdad" tradicionales y mucho con la comprensión discursiva de cómo se desarrollan las actividades en línea. Por ejemplo, saber cómo leer el código fuente de un mensaje de correo electrónico que dice ser un comunicado urgente de un banco o servicio de pagos en línea solicitando la verificación de los detalles de su cuenta y comprobar si las URLS contenidas en el mensaje y ocultas en el código a las que se acceda al hacer clic concuerdan con la URL real de su banco o son enlaces engañosos; o comprender que el sitio web del *Bonsai Kitten* era una broma porque no había ningún medio para adquirir kits para hacer "gatitos bonsais" ni detalles para ponerse en contacto con la empresa; saber acceder a documentación sobre engaños conocidos en distintos juegos multijugador en línea.

---

* En inglés, el término *cool* puede tener el significado de "fantástico", "excelente", "buenísimo", "guay" y, por extensión, "el último grito", "estar a la última", "en onda", etcétera. No obstante, quizá debido a tratarse de un monosílabo, se emplea en muchas ocasiones en jerga castellana. Por eso, aunque la expresión aparecerá traducida en la mayoría de las ocasiones, habrá casos en los que conservaremos la expresión original. (*N. del T.*)

** En inglés, *newbie* es un término de jerga preferentemente relacionada con los juegos en línea y, en general, con la actividad en Internet. Denota a la persona principiante en estas lides y tiene cierto aire despreciativo, aunque cada vez se utiliza más en un sentido neutro. Como tantos otros términos, del inglés se ha trasladado a la jerga de Internet en castellano (véase el artículo "Newbie" en *Wikipedia* en español: es.wikipedia.con/wiki/Newbie), por lo que dejamos el término original. (*N. del T.*)

© Ediciones Morata, S. L.

- Conocer engaños concretos, como el del correo electrónico nigeriano, y cómo funcionan.
- Saber qué buscar en avisos de virus de ordenador enviados por correo electrónico (por ej., de quién procede la veracidad de la lógica operativa de los virus mencionados en el mensaje de correo electrónico, la ortografía y la gramática correctas), y cómo comprobar la veracidad del aviso, realizando una búsqueda por el nombre del virus mencionado (por ej.: "Good times", "sulfnbak.exe"), así como por la palabra clave: "hoax"* (si el aviso es una broma, estará documentado en Internet).

El metasaber especialmente importante para vivir en línea abarca también:

- Saber qué *blogs* le darán prestigio si enlaza con determinados *posts* en los que lectores de estos *blogs* influyentes utilizan el *trackback* para llegar al suyo (o sea, es mucho menos probable que atraiga la atención si el *blog* influyente no admite el *trackback* en sus *posts*).
- Saber cómo utilizar los buscadores para ver quiénes enlazan con su *blog* y refuerzan las redes y alianzas sociales —y la influencia que usted pueda ejercer— enlazándolas o poniendo comentarios en sus *blogs*.
- Saber que lo raro, lo humorístico y lo claramente estrafalario es mucho más probable que llamen la atención en línea que casi cualquier otra cosa, aparte de los desastres a gran escala o las intrigas políticas (por ej., poner las instrucciones para hacer un cuadro del aparato digestivo humano a escala, es mucho más probable que atraiga la atención en línea que un relato interminable de lo que vio en la tele la noche anterior). Las empresas publicitarias están aprovechando directamente esta característica de la vida en línea dejando que lo estrambótico y las ideas con gancho tomen la delantera frente a las técnicas tradicionales de presentación de los productos de marca, como atestigua el vídeo publicitario de la emisora por satélite BSkyB, que consiste en una representación de la secuencia inicial de la popular serie de dibujos animados *Los Simpson* (youtube.com/watch?v=49IDp76jPw**). La empresa optó deliberadamente por poner en línea su vídeo, y no sólo en televisión, con el resultado de que, al cabo de su primera semana en línea, ya habían accedido a él millones de espectadores.
- Saber que la exploración y la asunción de riesgos en línea se recompensan y estimulan como raramente ocurre en las escuelas (por ej., examinar un nuevo espacio de aventuras en un videojuego requiere que el jugador entre y se mueva o cliquee alrededor y vea lo que ocurre, pues sabe que el juego puede reiniciarse en cualquier momento y que si lo hace mal, la muerte es breve); en las escuelas, la elevada exigencia de los exámenes opera de forma diametralmente opuesta, al hacer que los alumnos tengan muy pocas oportunidades de "hacerlo bien".

---

* *Hoax* significa "broma", "engaño". (*N. del T.*)
** En abril de 2008, este vídeo ya no estaba disponible en YouTube. (*N. del T.*)

© Ediciones Morata, S. L.

Si tomamos también el ejemplo de lo "último", es evidente que muchos espacios de afinidad de Internet atraen a personas que están a la "última" y profundamente entregadas a "estar a la última". Para llamar la atención, conviene estar a la última y tener lo último. Esto no es sólo cuestión de modas pasajeras en áreas nuevas. Para nosotros, el *meme* del D/discurso de GEE es una de las cosas más "a la última" que han ocurrido en torno a las áreas de estudio relacionadas con el lenguaje y los alfabetismos desde los *memes* de las "formas de vida" y el "lenguaje privado" de Ludwig WITTGENSTEIN. Como llamada de atención es insuperable. Funciona. Y no sólo funciona como "anzuelo", sino como poderosa herramienta intelectual rebosante de "metaelementos", que es mucho más importante. Pero también está lo "último de Internet", y es muy importante para el desarrollo satisfactorio de los nuevos alfabetismos y para la participación en las nuevas actividades alfabéticas, así como para hacer que funcionen la identidad y la estima.

Diversos espacios de afinidad mediados por Internet atraen a personas que buscan o hacen proselitismo de lo "último". Sitios como Boingboing.net y Slashdot.com se relacionan con la previsión de tendencias, la "gente indudablemente guay" y con la información sobre la "última novedad". Esos espacios siempre tienen un elevado "cociente de lo último" y se considera que cualquiera que desee dar la sensación de "estar en la onda" de la vanguardia de la evolución cultural o subcultural tiene que participar en ellos, ya sea como colaborador o como lector y comentarista. En línea, se considera que el hecho de contribuir directamente a difundir un nuevo *meme* mutante se considera *cool*, y generar un *meme* completamente nuevo es aún más *cool*. Quizá lo más *cool* de todo sea el hecho de estar entre los primeros en descubrir un potencial *meme* mutante en línea.

Esto denota una comprensión y unos conocimientos de metanivel de un orden muy diferente de los que hasta la fecha han acaparado la atención de la teoría y la investigación educativas y, si nuestros argumentos están interpretando exactamente las tendencias de la coyuntura actual, nos parece que, probablemente, la importancia de estos nuevos elementos meta no haga más que aumentar. No pueden intuirse más en el vacío que los tipos convencionales de metaconciencia. Presuponen experiencias y práctica de unos tipos que nos permiten descubrirlos y a ellos destacarse ante nosotros de manera que puedan ser descubiertos. Dicho de otra manera: usted no puede comprar un billete para Río de Janeiro si no sabe que está allí; de igual manera, no puede ver nuevos elementos meta si no sabe buscarlos.

El reto de las "epistemologías digitales"

Por último, nuestra exposición sobre los *memes* abre una ventana a lo que, en otros lugares (LANKSHEAR y cols., 2000; LANKSHEAR y KNOBEL, 2003, cap. 7), identificamos como el reto de las "epistemologías digitales" para la alfabetización y el aprendizaje tal como se han entendido y practicado convencionalmente. La idea clave es que una proporción importante y en aparente aumento de lo que hace y busca la gente en las actividades mediadas por las nuevas tecnologías digitales —sobre todo, las tecnologías de la información y la comunicación— no tienen nada que ver directamente con la verdad y con las reglas, procedimientos y normas establecidos para conocer. Esto *no* quiere decir en absoluto que estas cuestiones hayan dejado de ser importantes pero sí lo es llamar la atención sobre el hecho de que son otros los valores y prioridades que están atrayendo cada vez más a los aprendices de nuestros días.

Por ejemplo, el fenómeno de los *memes* en línea cuestiona el predominio creciente de las concepciones del "alfabetismo digital" de lo que supone ser un usuario competente de las nuevas tecnologías y redes. Cada vez con mayor frecuencia, los grupos políticos y otros están definiendo el alfabetismo digital en relación con la competencia técnica u operativa con los ordenadores y con Internet (cf., los informes que aparecen en LANKSHEAR y KNOBEL, 2006), y además, como la capacidad de evaluar información examinando fuentes, sopesando la credibilidad de un autor, calibrando la calidad de la redacción y de la construcción de argumentos en los textos en línea, juzgando el "valor de verdad" de éstos, etcétera (por ej.: GILSTER, 1997). Los defensores del alfabetismo digital desecharían o dejarían de lado muchos de los *memes* exitosos incluidos en este estudio porque no transmiten información "útil" o porque no se ajustan de alguna otra forma a las prioridades epistemológicas del alfabetismo digital. Esto nos parece el resultado de un punto ciego masivo. Las mentalidades del alfabetismo digital no prestan suficiente atención a la importancia de las relaciones sociales para desarrollar, refinar, mezclar e intercambiar ideas de manera fecunda y replicable, ni al importante papel que desempeñan los *memes* en el desarrollo de la cultura y la creatividad (cf.: LESSIG, 2004).

La aplicación de los criterios convencionales de evaluación de la información y de las listas de comprobación de la competencia alfabética digital (véase, por ejemplo: certiport.com) a *memes* ubicados en sitios web como: *Black People Love Us!* (blackpeopleloveus.com) carece de sentido porque el mismo sitio web es una parodia deliberada de páginas web personales y no pretende ser "cierta" en ningún sentido convencional. Las "referencias" que hacen las personas negras acerca de la pareja blanca que "creó" esta página (que, en realidad, no constituyen una pareja, sino que son hermano y hermana) pueden o no ser "ciertas" o "auténticas". Sin embargo, esto carece en absoluto de importancia. PERETTI y su hermana utilizan este sitio web para probarnos e infectarnos con lo que ellos consideran que es un mensaje muy significativo.

Desde un punto de vista técnico, el diseño del sitio web es cursi a más no poder y, sin duda, lo es intencionadamente. Lo más importante con respecto a este *meme* es el reto que supone para las actitudes "liberales", en realidad paternalistas, que tienden a reducir los problemas raciales a diferencias superficiales relativas, por ejemplo, al color de la piel y al uso del lenguaje, en vez de centrarse activamente en la mejora de las desigualdades estructurales, económicas, históricas, ideológicas y otras experimentadas por las personas de color en su vida cotidiana. Del mismo modo, aunque muchas de las imágenes sometidas a *remix* del *meme All Your Base* son técnicamente sofisticadas y elegantes, no todas pueden considerarse como obras de *photoshopeadores* expertos. No cabe duda de que la competencia técnica *no* es un criterio fundamental para insertar con éxito una imagen en la corriente de un *meme*. Lo que parece importante es que la imagen final sea clara, reconocible e inteligentemente ligada de alguna manera a la idea que transmite el *meme*. Esto tiene más que ver con la agudeza que con decir la verdad, ser correcto o mostrarse como experto en términos convencionales. Eso *no* lo hace bueno, pero lo hace significativo en cuanto afecta al pensamiento sobre la alfabetización y el aprendizaje en las condiciones contemporáneas y previsibles.

© Ediciones Morata, S. L.

CAPÍTULO VIII

¿Qué más?

Introducción

En este libro hemos pretendido desarrollar un concepto viable de los nuevos alfabetismos —de lo que se refiere a determinadas actividades sociales de codificación de significado que hacen que podamos considerarlas *nuevas*— y exponer algunos ejemplos destacados de los nuevos alfabetismos así entendidos. Con ello, hemos tratado, en la medida de lo posible, de abordar estos nuevos alfabetismos *en sus propios términos*, en vez de hacerlo en términos de sus consecuencias para el aprendizaje formal en las aulas, y sin ninguna pretensión en absoluto de transportarlas tal cual al currículum. Ciertamente, hemos tratado de evitar cualquier sugerencia de que los nuevos alfabetismos tengan que reemplazar el currículum de lectoescritura o desplazar los alfabetismos establecidos. Por el contrario, tanto en este libro (por ej.: págs. 36-38, págs. 64-70) como en otros lugares (por ej.: Lankshear y Snyder, 2000; Lankshear y Knobel, 2003, caps. 3, 4; Goodson y cols., 2002, caps. 3, 4), al examinar lo que ocurre cuando se incorporan las nuevas tecnologías a la educación alfabetizadora y, más en general, al aprendizaje escolar, nuestra respuesta ha sido con frecuencia: "Por favor, no lo hagan. Si el precio de la 'integración' de las nuevas tecnologías es imponer formas ajenas a la escuela a las sensibilidades de quienes están en ella, es mejor dejarlas *al margen* del aprendizaje".

En el centro de este libro está la idea de que el concepto de los *nuevos* alfabetismos está ligado a una mentalidad que difiere en muchos aspectos significativos de las formas históricamente conocidas y convencionales de ver el mundo. Hemos preguntado. "¿Qué es 'nuevo'?", con la idea de suscitar preguntas acerca de cuál sería la mejor manera de instaurar una relación provechosa entre *lo nuevo* y *lo ya establecido*. Si, como expertos en educación, profesores, formadores del profesorado, administradores, planificadores, padres, alumnos o comentaristas de los medios de comunicación, queremos comprometernos eficazmente en procesos que lleven a una conversación productiva entre "lo nuevo" y "lo ya establecido", debemos primero conocer dónde nos encontramos en relación con los nuevos alfabetismos.

En vez de lanzar juicios sobre el lugar de los nuevos alfabetismos en el aprendizaje formal, hemos tratado de plantear *preguntas* sobre las que creemos que merece la pena reflexionar. Son preguntas pensadas para estimular la reflexión sobre cuestiones relacionadas con los nuevos alfabetismos en general y en relación con la educación, así como preguntas acerca de dónde nos situaríamos en relación con las dos mentalidades y con los nuevos alfabetismos, y con qué fundamento nos situamos allí. También planteamos preguntas relativas a las opciones que podrían contemplarse en lo que se refiere a la inclusión de las nuevas tecnologías en los entornos formales de aprendizaje.

Al abordar nuestro objetivo hemos procurado presentar explicaciones de los distintos alfabetismos nuevos de manera que suscite el interés y la curiosidad de los lectores poco acostumbrados a ellos, con el fin de que se sientan animados a "echarles un vistazo". En realidad, hemos tratado de fomentar el interés por echar ese vistazo y observar cómo pueden experimentar esos alfabetismos quienes de verdad están *en* ellos, los *iniciados* en estos nuevos tipos de prácticas sociales. Al menos, y hasta que podamos hacer esto como educadores, no tenemos una base eficaz a partir de la cual comencemos siquiera a tratar de vislumbrar y desarrollar enfoques pedagógicos que integren las nuevas tecnologías en los procedimientos para sacar a los alumnos de donde están para llevarlos a los lugares que creemos que serán buenos para ellos, desde el punto de vista educativo. En este contexto, Jennifer STONE (2006, pág. 5) observa que un pujante cuerpo de investigación sobre sitios web populares y otros espacios en línea está contribuyendo a comprender más profundamente "la vida alfabetizada extraescolar de los jóvenes". Al mismo tiempo, sostiene que este trabajo esconde algunas limitaciones importantes. Aparte de centrarse sobre todo en sitios relacionados con algunos espacios concretos de afinidad, tampoco "tienden a abordar en profundidad de qué modo apoyan estos sitios los alfabetismos escolares" (*ibid.*). STONE cita la idea de HULL y SCHULTZ (2001) de que es importante empezar a aplicar intuiciones derivadas del estudio de esos alfabetismos a los contextos educativos.

Esto es coherente con el enfoque que hemos apoyado aquí de examinar las nuevas actividades alfabéticas, en la medida de lo posible, en sus propios términos, y considerar después en qué medida y de qué modo puedan aplicarse esas intuiciones a la educación alfabetizadora en el aula. La cuestión es cómo aplicar las intuiciones de manera que no comprometa la integridad de las actividades culturales "populares" en cuestión ni nuestros fines educativos.

STONE (2006) pone unos ejemplos muy útiles de cómo pueden informar la actividad del aula a las intuiciones derivadas de la investigación sobre alfabetismos no escolares. Por ejemplo, dedicando tiempo a los tipos de sitios en línea investigados por STONE, queda claro que los enfoques del "alfabetismo mediático crítico", basados en formas conocidas de publicidad, es inadecuado para desarrollar orientaciones críticas con respecto a los "nuevos" tipos de anzuelos y trampas que se han elaborado en torno a las afinidades como medio de fidelizar a los consumidores. Para que la educación alfabetizadora fomente unos enfoques de evaluación crítica de cómo operan *ideológicamente* ciertos tipos de sitios web muy atractivos para los adolescentes para captar inversiones y fidelidades de consumidores jóvenes, no será suficiente asumir "tipos ideales" conocidos de anuncios publicitarios. Este tipo de aplicación práctica en el aula de las intuiciones de investigación no es directo ni sencillo. Requiere una interpretación cuidadosa y sofisticada de la misma investigadora, como demuestra el trabajo de Stone. Es un trabajo exigente, y no se trata de extraer una aplicación sencilla.

Esto plantea una nueva complicación. Una cosa es que un investigador cuidadoso y sensible estudie un nuevo espacio alfabético, trate de conseguir cierto grado de comprensión de iniciado participante de lo que esté ocurriendo y emprenda después el complejo tipo de interpretación que pueda informar una iniciativa educativamente constructiva. Otra cosa, por completo diferente, es que un profesor o planificador curricular "eche un vistazo" al informe de investigación de otra persona y lo traduzca a una aplicación curricular o pedagógica. Y es así, sobre todo, si el lector tiene una experiencia personal limitada con los tipos de fenómenos investigados. Sobre los "no iniciados" pesan límites importantes para poder entender las experiencias de los "iniciados" y los artefactos y demás parafernalia discursiva que configuran estas experiencias a partir exclusivamente de los informes escritos, con independencia de lo bien concebida y presentada que esté la investigación informante.

Como explicaremos más adelante, creemos que la mejor manera de que todos los implicados en la educación busquemos "intersecciones" respetuosas y potencialmente provechosas entre diferentes espacios alfabéticos consiste en tratar de conseguir experiencia personal de los fenómenos sobre los que informa la investigación. Es una experiencia de *prácticas* sociales y no sólo de artefactos, como textos y herramientas, o de operaciones técnicas específicas, como poner comentarios o navegar por un sitio. En el artículo de Stone, los sitios web populares en la vida extraescolar de los adolescentes apuntan a prácticas sociales. Los sitios web no son sino portales. Conducen a lo significativo. Experimentar lo que es significativo en los tipos de formas que puedan llevar a aplicaciones educativamente provechosas de las *intuiciones*, que, —después de todo, son *visiones* desde el *interior*— exige el compromiso de hacerse una idea de las prácticas y de lo que las constituye.

Para continuar este razonamiento y concluir nuestra explicación de los nuevos alfabetismos en relación con las actividades cotidianas y el aprendizaje en el aula, abordaremos brevemente dos cuestiones. La primera tiene que ver con nuestra idea del Capítulo III de que la coyuntura actual de los alfabetismos puede entenderse plenamente en términos de una *dialéctica* entre los alfabetismos establecidos y los nuevos, por una parte, y entre una mentalidad establecida y otra emergente, por otra. Las tensiones entre los alfabetismos y mentalidades establecidos y emergentes tienen que "avanzar ambas hacia" una *síntesis* que, a su debido tiempo, será cuestionada por una nueva ronda de cambio y evolución. La segunda cuestión consiste en extraer algunas consecuencias provisionales de nuestra exposición en general.

Un enfoque "dialéctico" para reflexionar sobre los alfabetismos nuevos y establecidos

En su libro: *Everything Bad Is Good For You*, Steven JOHNSON (2005) dice que la participación activa en la cultura popular contemporánea está haciendo *más inteligentes* en promedio a los jóvenes en los EE.UU. (y, por implicación, en otras sociedades relevantemente similares). Describe una industria cultural que recluta a jóvenes para que se impliquen en medios de comunicación verdaderamente complejos que exigen pensamiento serio y resolución de problemas, reflexión y comparación, recuerdo y elaboración de hipótesis casi a cada momento. Presenta la complementariedad de los medios contemporáneos, de manera que, por ejemplo, los espectadores de programas populares de televisión ponen en línea sus reflexiones, estimulan el diálogo y el debate y muestran puntos de vista y cuentan cosas que permiten la interacción con otros espectadores (aficionados), contribuyendo así a reforzar las experiencias críticas, estéticas y agradables de todos. Por ejemplo:

> Los seguidores crean en colaboración documentos abiertos masivos —resúmenes de argumentos de episodios, preguntas frecuentes, guías de anécdotas de la serie— que están en línea como obras en desarrollo de la erudición popular, que retocan constantemente los fieles. Sin estos nuevos canales, se perderían para todos, salvo para los seguidores más apasionados, las sutilezas de la nueva cultura. Sin embargo, la naturaleza pública, colaborativa de estos sitios significa que docenas o centenares de seguidores pueden formar equipo para recoger todos los matices de un programa y dejar un registro para que puedan consultarlo a su arbitrio los aficionados menos motivados. Y así, el umbral de la complejidad se eleva de nuevo. Los creadores de *Los Simpson* pueden incluir en cada episodio una docena de sutiles referencias cinematográficas y confiar en que su trabajo quedará fiablemente documentado a los pocos días en la red.
>
> (JOHNSON, 2005, págs. 169-170.)

Lo mismo puede decirse de los juegos (GEE, 2003; JOHNSON, 2005, págs. 17-62) y, como hemos visto, en la *fanfiction* se producen imaginativas proyecciones de todo ello.

Ejemplo tras ejemplo, JOHNSON construye un razonamiento convincente en defensa de la afirmación de que, lejos de descender en espiral hacia un estupor que nuble la mente, la cultura popular de hoy es, en realidad, cognitivamente más exigente —*mucho* más cognitivamente exigente— que en la de generaciones anteriores. Por supuesto, no dice que en esto consista toda la cultura, ni que la cultura popular sea suficiente, de por sí, en lo que respecta al hecho de estar educado. En absoluto. En cambio, trata de recuperar el equilibrio. En parte, su acusación se dirige contra la ignorancia y los juicios indiscriminados que imputan una pobreza intelectual y moral a la cultura popular. Sostiene que la cultura popular ha cambiado espectacularmente en el período que coincide con la aparición y desarrollo de las tecnologías digitales. Sostiene, en parte, que este cambio ha ido en la dirección de una mayor complejidad y de reto cognitivo, sobre todo en áreas como la televisión y los juegos. Dice también que debemos observar detenidamente y con un sentido claramente empírico lo que está ocurriendo en la actuali-

© Ediciones Morata, S. L.

dad en la cultura popular, en vez de permitir que los prejuicios que podamos tener se manifiesten en los manidos argumentos sobre la quiebra moral e intelectual de la cultura popular. Muestra que, si miramos, podemos hallar abundante evidencia en apoyo de la afirmación de que la cultura popular es en gran parte "cognitivamente nutritiva".

Sin embargo, al mismo tiempo, hace una observación que es provechosa y reveladora para reflexionar sobre los nuevos alfabetismos en relación con los establecidos y, además, para pensar en la educación en términos de una conversación entre estos distintos alfabetismos. JOHNSON compara libros con textos en red, en relación con las diversas exigencias que nos plantean y las distintas oportunidades y posibilidades que respectivamente nos ofrecen (véase: JOHNSON, 2005, págs. 185-187).

Comienza observando que, lejos de proclamar la muerte de la escritura alfabética y su sustitución por la imagen, el crecimiento de Internet se ha traducido en que las personas lean "tanto como siempre" textos escritos y escriban más textos que nunca (*ibid.*, pág. 185). Al mismo tiempo, sin embargo, acepta la observación que se hace con frecuencia de que, en los EE.UU., "se ha hecho menos común un tipo de lectura específico e históricamente crucial" (*ibid.*). Se trata de la práctica de sentarse con un libro extenso durante un largo período de tiempo "y seguir su argumento o narración sin grandes distracciones" (*ibid.*).

Dice JOHNSON que, con los textos en red, operamos "en pulsos más cortos" que con los libros, a través de una cantidad de información muy superior y de formas mucho más participativas. Los textos en red son "más conectivos" y más "abreviados" que en los libros. Además, "las obras complicadas, secuenciales de persuasión, en las que cada premisa se basa en la anterior y en la que el desarrollo de una idea puede ocupar todo un capítulo, no se adaptan bien a la vida en la pantalla del ordenador" (*ibid.*, pág. 185).

JOHNSON dice que, con toda la importancia del correo electrónico en su vida y con todo el alimento intelectual que extrae de su *blog* (stevenberlinjohnson.com), no intentaría, ni en sueños, transmitir mediante el correo electrónico o el *blog* el razonamiento que presenta en su libro. Considera que los textos en red son intelectualmente muy ricos en unas cosas y no tanto en otras. En las "ideas, anotaciones y conversaciones" que prosperan en los espacios en línea podemos encontrar y encontramos muchas cosas que son intelectualmente deslumbrantes. Pero la inteligencia que brilla aquí es diferente, según JOHNSON, de "la inteligencia que se cultiva al leer [y, por supuesto, *escribir*] un razonamiento sostenido a lo largo de doscientas páginas" (*ibid.*, pág. 186). El libro es el medio natural para transmitir "una cosmovisión completa" y un argumento similar sirve para la ficción (la novela) con respecto a la recreación del "paisaje mental de otra conciencia" y a nuestra propia proyección en "las experiencias de otros seres humanos en primera persona" (*ibid.*, pág. 187).

Aunque podría argumentarse que el hecho de dedicar mucho tiempo a un *blog* importante probablemente permita intuir la cosmovisión completa del *bloguero*, nosotros aceptamos, sin embargo, la observación principal de JOHNSON: hay un *alfabetismo* rico y poderoso que consiste en un determinado tipo de lectura asociada con una forma establecida de texto (los *libros*). Además, y esto es crucial, este alfabetismo sigue siendo un potente medio para alcanzar recompensas sociales, económicas y culturales. Continúa siendo fundamental para la participación y el éxito académicos y profesionales. Por ejemplo, forma parte de la investigación y el estudio, ya sean científicos, literarios o "humanistas". También es imprescindible en muchos aspectos y áreas de la vida profesional que depende de la capacidad de comprender y evaluar distintos puntos de vista y formas de hacer las cosas y de desarrollar alternativas cuando y donde sea preciso. Del mismo modo que los abogados tienen que ser capaces de absorber, comprender, analizar y sintetizar grandes cantidades de información para llevar sus casos, lo mismo les ocurre a los ejecutivos, consultores, periodistas, clérigos, guionistas, narradores y administradores, entre otros muchos.

A menudo, este tipo de alfabetismo está íntimamente relacionado con la adquisición de la competencia para el pensamiento *disciplinario* y con saber cómo crear un razonamiento sostenido, a consecuencia de la comprensión de conceptos, elementos teóricos, la naturaleza y la significación de la evidencia, etcétera, que confieren los "sistemas" de conocimientos basados en las disciplinas académicas. La lectura y la escritura de las que habla JOHNSON están relacionadas con el desarrollo de cierto tipo de mente y con cierta clase de orientación con respecto a la comprensión y el modo de enfocar el mundo. El propio libro de JOHNSON ejemplifica esta cuestión. Ya al principio de su argumento, observa que los cambios que se producen en la cultura popular reflejan una interacción dinámica entre tres fuerzas importantes: la economía de la industria cultural; los apetitos del cerebro humano, y los cambios de las plataformas tecnológicas (2005, pág. 10). JOHNSON dice que, para comprender estas fuerzas y cómo interactúan, hará falta "basarse en disciplinas que normalmente no interactúan entre sí: economía, teoría narrativa, análisis de redes sociales, neurociencia" (*ibid.*, pág. 11).

En otras palabras, seguir el razonamiento de JOHNSON durante doscientas páginas no es sólo cuestión de prolongar una sucesión extensa de *palabras* que transmiten ideas y componentes entrelazados del razonamiento. Más bien, estamos siguiendo la explicación de JOHNSON acerca de cómo interactúan estas fuerzas, que está informado por su análisis y su interpretación de los datos, argumentos, puntos de vista, etcétera, que surgen dentro y entre estas diversas disciplinas. El libro de JOHNSON implica el desarrollo de un razonamiento informado por el trabajo hecho por JOHNSON y por otras personas que, a su vez, se basa en formas académicas de investigación disciplinada. En otras clases de libros que implican el desarrollo de argumentos, narraciones y puntos de vista sostenidos, es posible que los autores no se basen en el contenido, en herramientas intelectuales e interpretativas y en formas de pensar más o menos directamente relacionadas con las disciplinas académicas per se. No obstante, se basarán en *un* tipo u otro de formas sistémicas (y sistemáticas) de entender el mundo y de interactuar con él. Pueden ser religiosas, comerciales, profesionales-ocupacionales, estéticas, basadas en las rutinas sociales y culturales cotidianas y populares (véase un comentario relevante de esta cuestión en: GEE y cols., 1996, cap. 7). Es decir, siempre que sigamos el razonamiento o la narración en un libro importante, (también) estamos, al mismo tiempo, siguiendo, reflexionando sobre él y evaluando el contenido que surge de *algún* tipo de "sistema" de pensamiento, sentimiento, creencias, interpretación y juicio.

Tradicionalmente, la educación formal se ha concebido como un procedimiento de iniciación de los aprendices en un determinado conjunto de tales "sistemas", es decir, de las materias y disciplinas que definen el currículum escolar. El ideal tradicional de educar a los aprendices ha consistido en tratar de acercarlos a enfocar *sistemáticamente* su mundo utilizando modelos de investigación basados más o menos directamente en disciplinas académicas. Las religiones ofrecen "sistemas" alternativos, como hacen los mundos del trabajo y de la cultura popular. Sin embargo, históricamente, el papel de la educación ha consistido en poner a disposición de los aprendices la oportunidad de dominar un conjunto de formas sistemáticas de comprender y comprometerse con el mundo que no podemos presumir que se encuentren en otra parte.

La obra de JOHNSON, junto con la de numerosos estudiosos que investigan la cultura popular, atestigua la capacidad y la disposición de los jóvenes (y, por supuesto, de gente no tan joven) para dominar esos *sistemas*. Sabemos, sin la menor duda, que los seres humanos están preparados de forma innata para administrar sistemas. Tenemos pruebas de ello cada vez que leemos informes sobre las prácticas de los jóvenes de juego, producción de *fanfiction*, visionado activo (no como meros "espectadores") de televisión y *remix*.

Al mismo tiempo, el aprendizaje escolar formal no es muy eficaz a la hora de llevar a los aprendices al interior de los sistemas de las disciplinas académicas o a los de carácter más profesional que dominan conjuntamente el currículum (cf.: GEE y cols., 1996, págs. 159-165). A pesar de las protestas generalizadas en torno al descenso de los niveles durante los dos últimos decenios, no creemos que se trate de un fenómeno reciente. El currículum escolar ha enfatizado en exceso los contenidos y ha subestimado las herramientas de pensamiento y de análisis durante generaciones, con independencia de la retórica educativa (a pesar de las adhesiones actuales a los "enfoques constructivistas del aprendizaje", ¿con qué frecuencia encontramos reflejados en las aulas los principios del constructivismo con algo de la profundidad, la consistencia y la patente eficacia que encontramos de forma rutinaria cuando un buen *software* de juegos se cruza con las energías y la participación del jugador en los espacios de afinidad de los juegos en línea?).

Además, parece que la política educativa actual está *apartando* la educación elemental, en particular, de todo lo que se parezca al dominio sistémico-holístico que los jóvenes tienen sin problema a su alcance en tantos Discursos extraescolares. La política se está centrando de forma alarmante en las "competencias básicas" de la lectoescritura y la aritmética consideradas además, de forma independiente. No hay más que comparar la descripción de JOHNSON (2005, págs. 1-8, y 196-199) de su procedimiento informal de aprendizaje de la aritmética en torno a juegos de béisbol con dado y cartas, con los tipos de experiencias que tienen los pequeños cuando interactúan con los tipos de paquetes curriculares y de materiales de aprendizaje de "recuperación" elaborados en conjunción con las políticas del estilo de *No Child Left Behind* y las diversas versiones de *The Literacy/Numeracy Hour*, para apreciar lo que aquí está en juego. Cuando tenía 10 años, JOHNSON pasó muchas horas desarrollando un juego de simulación de béisbol de papel y lápiz y tablas denominado *American Professional Baseball Association*. Básicamente, el juego requería que el jugador escogiese beisbolistas para formar un equipo, decidir una estrategia, tirar los dados y mirar un grueso fajo de tablas impresas "de consulta" para determinar el resultado del "juego" (*ibid.*, pág. 2). A pesar de su apariencia relativamente sencilla, el juego era verdaderamente complejo y exigía que el jugador tuviera en cuenta numerosas

© Ediciones Morata, S. L.

variables. Por ejemplo, JOHNSON cita completo el artículo "Lanzamiento" en la tabla principal "Bases limpias":

> Los números de bateo bajo los que aparecen las líneas pueden modificarse según el grado del lanzador contra el que esté bateando el equipo. Observa siempre el grado del lanzador y busca posibles cambios de los números que están subrayados. "Sin cambios" remite siempre a la columna D, o izquierda, y significa siempre un sencillo. Contra los lanzadores de Grado D, nunca hay cambios: sólo se utiliza la columna izquierda. Cuando un lanzador quede eliminado del juego, anota el grado del lanzador que lo releve. Si su grado es diferente, ha de anotarse en una columna distinta cuando los números subrayados suban. Ciertos jugadores pueden tener los números 7, 8 y/u 11 en la segunda columna de sus tarjetas. Cuando aparezca uno de estos números en la segunda columna de la tarjeta del jugador, no está sometido a los cambios normales de grado. En estos casos, utiliza siempre la columna izquierda (Grado D), con independencia del grado que tenga el lanzador. En ocasiones, los lanzadores pueden tener clasificaciones A y C o A y B. Considera siempre a estos lanzadores como de Grado A, a menos que la columna A sea un sencillo. Entonces utiliza la columna C o B, según el caso, para el resultado final del juego.
> (JOHNSON, 2005, págs. 3-4.)

Y continúa JOHNSON:

> ¿Lo ha entendido? Podría tratarse también de las instrucciones del modelo de declaración de la renta, en cuyo caso pagaría gustoso a un asesor para que se las descifrara. Leyendo ahora estas palabras, tengo que ir despacio para seguir la sintaxis, pero mi yo de diez años había interiorizado de manera tan completa estos arcanos que jugué cientos de veces a los juegos APBA sin tener que consultar la letra pequeña.
> (*ibid.*, pág. 4.)

Por supuesto, la calidad de la experiencia que tuvo JOHNSON es su apetito por los juegos está hoy día generalizada, tanto entre los chicos como entre las chicas, en países como el nuestro.

Sin embargo, en una época en la que el aprendizaje formal tendría que hacer frente a la participación de los jóvenes en la cultura popular para ganarse su lealtad con respecto al aprendizaje en cuanto al dominio de los sistemas de pensamiento y acción —que es lo que hacen los juegos y los pasatiempos complejos de la cultura popular—, ese aprendizaje se está orientando (cuando no avanza decidido) en la dirección opuesta.

El problema es agudo en la formación del profesorado, cuyos programas se dedican cada vez más a equipar a los profesores con "competencias de dirección del aula" y "estrategias" para tratar con los niños que "experimentan dificultades de aprendizaje o que no están "preparados para aprender" (*sic*). A menudo, estas "competencias" y "estrategias" son poco más que parches a base de clichés y fórmulas (paquetes, kits, "oportunidades" de formación profesional continua, etc. Véase una crítica en: LARSON, 2001). Mientras sucede todo esto, se presta cada vez menos atención a garantizar que los "profesionales de la educación" del mañana acaben su preparación con "cosmovisiones educativas sólidas" basadas en formas *sistémicas* coherentes de pensar en su mundo, interpretarlo, responder a él y evaluarlo, en las que puedan basarse para dar sentido al aprendizaje formal en las

© Ediciones Morata, S. L.

complejas condiciones contemporáneas. Con excesiva frecuencia, el "sentido" que se da a los retos contemporáneos se sitúa en el nivel banal del tratamiento de temas como el "TDAH*", "la diferencia entre los cerebros de chicos y chicas" (o las "tasas de maduración"), la "falta de libros en el hogar" y que los niños "no están preparados para aprender". Esto es fatuo e insultante para los menores.

> **Reflexión y comentario**
>
> Dedique algún tiempo a participar en el juego en línea gratuito y para muchos jugadores: *The Kingdom of Loathing* (www3.kingdomofloathing.com). Preste mucha atención a cómo "apoya" el juego su participación en su calidad de *"newbie"*, por medio de tareas muy explícitas y cada vez más difíciles.
>
> - ¿A qué cosas clave ha prestado atención al comenzar a jugar a este juego?
> - ¿Por qué el mismo juego se presenta con esa pequeña documentación acerca de "cómo jugar"? ¿Qué puede decir esto a los educadores?
> - ¿Qué pueden aprender los educadores sobre el aprendizaje si manejan juegos digitales como éste?
> - Compare este juego con aquellos en los que usted participara de pequeño. ¿Hasta qué punto ratifica *The Kingdom of Loathing* las afirmaciones de JOHNSON sobre la cultura popular actual?

Algunas consecuencias provisionales

En lo que atañe a la formación del profesorado, la corrección de esta tendencia no estriba sólo en encontrar más huecos en el horario para clases magistrales (descontextualizadas) sobre teoría y contenidos. La cuestión es mucho más profunda. Es, en una palabra, una cuestión dialéctica en el sentido destacado en el Capítulo III. Sin duda, sería bueno que los docentes del mañana tuvieran un contacto mayor con la teoría educativamente relevante del que muchos tienen en la actualidad, así como la oportunidad de lidiar con argumentos y de llevar a la práctica las ideas y explicaciones que encuentren en textos, aunque el hecho es que, con frecuencia en el pasado, esta orientación sólo ha producido resultados modestos. Por otra parte, si la invitación a vérselas con conceptos, teorías y argumentos se integra en la participación en una investigación del profesorado *conceptual y metodológicamente sólida* que preste la atención debida a la formulación de cuestiones y problemas y al desarrollo de diseños válidos para investigarlos —una forma de ciencia, si quiere—, hay buenas oportunidades para que los estudiantes de formación del profesorado puedan llegar a comprender la investigación como un proceso sistemático que lleva a cabo estudios y construye razonamientos coherentes a partir de teorías, conceptos, datos, análisis, diseños y argumentaciones: una versión final de la "resolución de problemas".

La búsqueda del dominio de tipos sistémicos de enfoques de la comprensión y la interacción con aspectos del mundo de manera que pueda contribuir a desarrollar cosmovisiones educativas robustas y sólidas también podría llevarse a

---

* Trastorno por Déficit de Atención con Hiperactividad. (*N. del E.*)

cabo mediante experiencias prácticas de apoyo a maestros y profesores en activo que estén tratando de desarrollar alguna versión de una pedagogía del tipo de las "escuelas productoras de saber" (deakin.edu.au/education/lit/kps), a la que aludimos en el Capítulo VI. Esto daría oportunidades para examinar lo que implica tratar de obtener unos resultados que satisfagan las normas de competencia y pericia del mundo real, en compañía de expertos que puedan ayudar a aprendices y docentes a mantener íntimamente relacionados la teoría, los conceptos, las ideas y razonamientos, los datos y los análisis para generar valores de uso viables y prácticos. El enfoque EPS es dialéctico. Reúne elementos convencionales y nuevos que a menudo están en tensión dentro de los entornos y rutinas educativos convencionales en una "conversación" productiva y arriesgada. Opera con estas tensiones para resolverlas y trascenderlas de manera que sean provechosas para el aprendizaje. El resultado es una pedagogía diferente que no es ni del todo "convencional" ni del todo "nueva", aunque presenta huellas visibles de ambas tendencias.

Otro enfoque podría conllevar cierta participación sostenida en un espacio de afinidad de *fanfiction* (o algo similar) y hacer que esa experiencia entre en conversación con una inmersión más formal en una versión académica-erudita de la crítica literaria. Esta última posibilidad sugiere una interesante paradoja. Instaurar un nuevo alfabetismo arraigado en el espíritu de la segunda mentalidad y en la lógica de la Web 2.0, enfatizando la participación y la colaboración y movilizando la inteligencia colectiva, puede crear un contexto propicio para llegar a comprender y descubrir capacidades y prioridades típicamente asociadas con el alfabetismo establecido y convencional de la clase que Johnson relaciona con la lectura de un razonamiento sostenido en un libro. La cuestión está en que, con demasiada frecuencia, tratamos de "enseñar" estos alfabetismos sin los tipos de participación, colaboración y movilización de la inteligencia colectiva que son absolutamente imprescindibles para penetrar en el interior de los "sistemas". Ya hablemos de un "sistema", en el nivel de una lengua, o de los sistemas, en el nivel de los Discursos, ese aprendizaje está saturado de los tipos de procedimientos e interacciones que caracterizan las clases de nuevos alfabetismos descritas en este libro.

Hay otra cuestión, *completamente dialéctica*, que tenemos que abordar aquí. Del mismo modo que, en parte, alcanzamos el sentido de identidad de quiénes somos al entendernos a nosotros mismos por oposición a los otros, es decir, en relación con quienes *no* somos, es probable que adquiramos una conciencia más aguda de lo que consideramos que es la *educación* contemplándola en relación con lo que creemos que *no* es, en este caso, determinadas prácticas culturales populares. Otras personas que son *como* nosotros en sentidos relevantes, pero que son distintas de nosotros en aspectos específicos, constituyen puntos de referencia vitales para los tipos de diferenciación que atañen a la formación de la identidad. De igual manera, como señala Gee (1996, 1997), no podemos criticar un Discurso desde dentro; hemos de tener acceso a otro Discurso desde el que criticar aquél en el que estamos. Sin esa perspectiva externa, no podemos alcanzar la clase de conciencia de metanivel esencial para la crítica. De modo parecido, las prácticas culturales populares, como la *fanfiction*, son "relevantemente parecidas" al aprendizaje educativo formal, pero, al mismo tiempo, "relevantemente diferentes" de éste. La participación en "Algo distinto" de la educación puede ayudarnos a afirmar nuestro pensamiento y nuestra actividad educativos, una cosmovisión educativa, de manera inesperada, aunque provechosa y eficaz.

Consideremos, por ejemplo, la crítica literaria como un tipo de saber que podemos desear que dominen los profesores de secundaria. Una vía para "aprehender" la crítica literaria de manera que pudiera informar útilmente los enfoques de la enseñanza y el aprendizaje en el aula podría consistir en participar con entusiasmo en espacios y actividades de *fanfiction* en línea, produciendo nuestros propios *fics* y revisando los de otras personas, y reflexionar sobre los procesos de aprendizaje que intervienen aquí en relación con nuestros estudios académicos formales de crítica literaria. Escribir y revisar *fanfiction no* es lo que debe ser objeto de la asignatura de Lenguaje en secundaria o, al menos, no es *lo único* que debe ser objeto de la asignatura. Sin embargo, tiene aspectos que son "más o menos" así. ¿Dónde radican, pues, las diferencias y cómo podría establecerse una "auténtica conexión *educativa* con la *fanfiction*?

Un auténtico punto fuerte de las actividades de *fanfiction* consiste en la forma en que los participantes se apoyan mutuamente, se facilitan "guías" de *fanfic* y consejos para escribir mejores *fics*. Precisamente a través de esa participación, esa colaboración y esa movilización de inteligencia colectiva se desarrolla la pericia en los campos de los nuevos alfabetismos. De hecho, como ya indicamos, es el modo de que las personas se conviertan en "iniciadas" en las formas maduras de *cualquier* Discurso (GEE, HULL y LANKSHEAR, 1996, cap. 1). Sin embargo, esas cualidades y actividades de colaboración, apoyo e intercambio, pensadas para hacerse mutuamente "iniciados" brillan a menudo por su ausencia en el aprendizaje formal. Diversas formas de colaboración están mal vistas, sobre todo en los cursos superiores. Cada individuo tiene que "ganarse sus calificaciones" y elaborar "su propio" trabajo. El incumplimiento de normas muy conocidas, propias de un individualismo posesivo, se considera que es "hacer trampa".

Además, los tipos de colaboración propios de los espacios de *fanfic* contrastan marcadamente con las conocidas (aunque extrañas) actividades de redacción narrativa en el aula, que piden que cada alumno aporte una oración nueva para elaborar una historia en una sucesión de turnos, de manera que la "historia" resultante tiene, si acaso, una débil estructura narrativa y un escaso desarrollo de los personajes. También superan con mucho ciertas actividades corrientes en las aulas, como el examen del desarrollo de los personajes mediante círculos de comparación y contraste en diagramas de Venn que, por regla general, ponen el acento en las características físicas y no en los valores, motivaciones, relaciones con otros personajes, etcétera. Con frecuencia, en la *fanfic* y, por supuesto, en las formas maduras de escritura de ficción, se enfatizan estos últimos aspectos. Igualmente, los tipos de tutoría a cargo de compañeros y de aprendizaje por parejas, habituales en muchas clases, resultan pálidas imitaciones de lo que experimentan a diario los participantes en espacios de afinidad en línea. La participación en línea puede extenderse durante horas y en períodos de semanas y meses. En contraste con los "fragmentos" superficiales, de empezar y parar, de "colaboración" que encontramos en los ambientes formales, los jóvenes tienen la experiencia de una participación y una colaboración serias en y a través de los tipos de actividades en línea que han descrito de manera tan clara y útil personas como GEE (2003), JOHNSON (2004), JENKINS (2004), BLACK (2005a, b, 2006), LAM (2000), THOMAS (2006), LESSIG (2004), LEANDER y LOVVORN (2006), UNSWORTH y cols. (2005), entre otras.

© Ediciones Morata, S. L.

En otras palabras, la construcción de aspectos importantes de la vida en línea en espacios y grupos de afinidad vinculados a áreas de interés personal, puede ser una forma útil de llegar a comprender los fundamentos de la participación y la colaboración desde dentro, y de llegar a un punto de partida desde el que hacer transferencias a los entornos formales de aprendizaje y apropiaciones destinadas a ellos. Es decir, si queremos involucrarnos en experiencias pedagógicas que atraigan de verdad a los participantes, apoyen a los coaprendices, presenten en el momento y el lugar adecuados informaciones e ideas de modo que faciliten un aprendizaje eficaz, ¿por qué no dedicar con cierta constancia algún tiempo y alguna energía a unos espacios en los que sucede esto? ¿Por qué no pasar "allí" algún tiempo absorbiendo lo que se hace y reflexionando sobre la medida en que podría integrarse con provecho lo que allí se hace en nuestro propio trabajo como profesores y formadores del profesorado? Sabemos que esto *no* se hace con eficacia en las clases magistrales y estamos empezando a ver que, con frecuencia, se hace igual de mal en los entornos de sistemas de gestión del aprendizaje en línea, repletos, como están a menudo, de trabajos obligatorios, descargas pasivas de contenidos y la exigencia de que los mismos tipos antiguos de tareas que se hacían en la época del lápiz y papel se hagan y se entreguen ahora electrónicamente.

Algunos otros frutos potenciales de la participación en los espacios en línea

Es probable que los educadores que dedican en serio algún tiempo a utilizar y practicar los nuevos alfabetismos, entregados a aficiones que los apasionan, comprendan cómo y por qué tantas adaptaciones de las nuevas tecnologías a las aulas resultan ineficaces, antieconómicas y desatinadas. Para empezar, es probable que vean que el uso eficaz de Internet requiere períodos sostenidos y continuos en línea con restricciones mínimas. Entenderán hasta qué punto los grupos "preocupados", dentro y fuera del ámbito de la educación, exageran y dan demasiada importancia a los presuntos peligros relacionados con los entornos en línea. Más importante aún es el hecho de que estarán mejor preparados para saber cómo ayudar a lo alumnos a mantener su seguridad en línea. Es probable que se hagan una idea de cómo integrar el tiempo pasado en línea en los entornos formales en una tarea auténticamente *educativa*. En ese contexto, también es probable que comprendan hasta qué punto están comprometidas y marginadas las apropiaciones potencialmente muy educativas de Internet por el culto al miedo que opera en conjunción con las interpretaciones conservadoras del "deber de cuidar" de los alumnos.

> **Reflexión y comentario**
>
> Dedique algún tiempo en línea a buscar informes de medios de comunicación sobre las actividades en línea de los jóvenes ("seguridad de los menores en Internet" puede ser una buena expresión de búsqueda para empezar). Compare las afirmaciones que se hacen en los distintos lugares enlazados y después busque evidencias estadísticas y otra clase de evidencias empíricas que apoyen esas afirmaciones.

© Ediciones Morata, S. L.

- ¿Qué le sugiere lo que ha encontrado?
- ¿Cómo se corresponde esto con los argumentos clave planteados en los capítulos anteriores de este libro?
- ¿Cuál es su propia postura con respecto a los jóvenes y sus actividades en línea y qué razones avalan su postura?

Desde un ángulo diferente, ¿cómo podrían interpretarse los requisitos del currículum formal de manera que sean coherentes con los usos de las nuevas tecnologías, que presten el debido respeto a las sensibilidades y pasiones de los iniciados *y también* persigan auténticos fines educativos? Es mucho más fácil abordar esta cuestión conceptualmente y en la práctica si tenemos cierta comprensión bien fundada de las sensibilidades y del interés de los iniciados y, al menos, somos conscientes de que están ahí y las sienten profundamente. Por tanto, si un requisito del currículum es demostrar la producción competente de determinado tipo y género de texto, ¿puede presentar un alumno una "descripción de un proceso", una "guía en línea", un *meme photoshopeado*, un *post* anotado de un *blog* o una obra (o revisión) de *fanfic*? En unos casos, la respuesta puede ser "sí" y en otros, "no". No obstante, sin una experiencia bien fundada de estos nuevos alfabetismos careceremos de base para tomar una decisión razonable o, incluso, para concebir la pregunta. ¿Es preciso que el trabajo se haga en el tiempo y el espacio del aula para que se acepte que cumple el requisito curricular o los alumnos pueden traerlo de casa? ¿Importa si hacen o revisan el trabajo en clase mientras, en multitarea, trabajan en su *blog* o *chatean* con los amigos? ¿Hasta qué punto puede hacerse el trabajo de forma colaborativa y con quiénes? ¿Y cómo decidimos?

Otra posibilidad: ¿qué tal estaría que los alumnos que estén estudiando alguna materia de ciencias, historia, cultura francesa o cualquier otra cosa se responsabilizaran, como grupo, de hacer aportaciones o supervisar los artículos correspondientes de *Wikipedia*? ¿Qué constituye un artículo? ¿Cómo se comprueban las fuentes? ¿Cómo se prevé la audiencia? ¿Cómo se responde a las críticas, en forma de correcciones de los artículos propios hechas por otras personas? ¿Cómo hacer frente a las posibles tensiones entre la norma de artículos neutrales de *Wikipedia* y el reconocimiento de que el saber está inevitablemente influido por teorías, valores, posturas y puntos de vista? Es probable que los educadores que participan activamente en espacios en línea tengan perspectivas informadas acerca de estas cuestiones y sepan cómo aprovecharlas para informar y animar las actividades de enseñanza y aprendizaje en clase. En especial, es probable que sean capaces de identificar puntos en los que el aprendizaje en el aula pueda basarse en las sensibilidades de los alumnos y sepan cómo crear opciones para aprovecharlas.

Epílogo

En un análisis final, no defendemos la conversión de las escuelas en "patios de recreo" para los nuevos alfabetismos en el nivel de participación cultural popular. La actividad educativa es distinta de la cultura popular y diferente de ella. El día en que abandonemos esta distinción será el día en que nos despidamos de la educación formal. Al mismo tiempo, ni la una ni la otra se excluyen mutuamente. Además, el espacio alfabetizador de la escuela no es y no debe ser exclusivamente el terreno de los alfabetismos convencionales. Eso sería una irresponsabilidad. Por otra parte, someter en el tiempo de clase a los alumnos a unas experiencias restringidas, entrecortadas, desatinadas de las nuevas tecnologías en la educación alfabetizadora en concreto y en el aprendizaje en general es maleducar (sin querer).

Afortunadamente, lo "educativo" y lo "cultural popular", y lo "convencional" y lo "nuevo" pueden llevarse hacia unas conversaciones productivas y unas relaciones complementarias. Esto podrá obtenerse cuando los educadores comprendan las diferencias y las coincidencias y puedan ver dónde pueden aprovecharse los intereses y capacidades del alumno con fines educativos. En esto no hay nada nuevo. Hace mucho tiempo, DEWEY (1916/1997, 1938/1997) expresaba en gran medida la misma idea. Además, no hay una única vía ni un camino fácil para resolver esta dialéctica en nuestro tiempo. No obstante, al menos, una vía prometedora *empieza* al abrirnos a los mundos de los nuevos alfabetismos y llevando a cabo una exploración de los mismos abierta, aunque críticamente reflexiva, al tiempo que nos preguntamos periódicamente a nosotros mismos cuál es la educación adecuada a nuestra época y en qué nos basamos para mantener nuestras ideas.

© Ediciones Morata, S. L.

Bibliografía

ADAR, E., ZHANG, L., ADAMIC, L. y LUKOSE, R. (2004) "Implicit structure and dynamics of blogspace, draft research report for the HP Information Dynamics Lab". hpl.hp.corn/research/idUpapers/blogs/index.html (consultado el 4 de Marzo de 2004).
ADBUSTERS (2002) www.adbusters.org (consultado el 21 de Marzo de 2002).
AIGRAIN, P. (2003) *The individual and the collective in open information communities*, debatpublic.netlMembers/paigrain/texts/icoic.html (consultado el 16 Febrero de 2006).
ALEXANDER, B. (2004) "Going nomadic: mobile learning in higher education", *Educause Review,* Septiembre/Octubre, págs. 29-35.
ALLEN, K. e INGULSRUD, J. (2003) "Manga literacy: popular culture and the reading habits of Japanese college students", *Journal of Adolescent and Adult Literacy,* 46 (8), págs. 674-683.
AMANO, M. (2004) *Manga Design.* Köln: Taschen.
Amazon.com (2002) About Amazon.com. www.amazon.corn/exedobidos/substl misc/company-info.htmUref=gw_bt_aa/102-1153992-2446513 (consultado el 25 de Julio de 2002).
ANDERSON, C. A. (1966) "Literacy and schooling on the development threshold: some historical cases", en C. A. ANDERSON y M. J. BOWMAN (eds.) *Education and Economic Development,* págs. 347-362. Chicago, Aldine Publishing Co.
ASARAVALA, A. (2004) "Warning: Blogs can be infectious". *Wired.* March. wired.com/news/print/0,1294,62537,00.html (consultado el 7 de Marzo de 2005).
AUNGER, R. (2002) *The Electric Meme: A New Theory of How We Think.* New York, Free Press. (Trad. cast.: *El meme eléctrico: una nueva teoría sobre cómo pensamos.* Barcelona, Paidós, 2004.)
BARTON, D. (1991) "The social nature of writing", en D. BARTON y R. IVANIC (eds.) *Writing in the Community.* Londres, Sage.
— y HAMILTON, M. (1998) *Local Literacies: Reading and Writing in One Community.* Londres, Routledge.
BIGUM, C. (2002) "Design sensibilities, schools, and the new computing and communications technologies", en I. SNYDER (ed.) *Silicon Literacies,* págs. 130-140. Londres, Falmer-Routledge.
— (2003a) "The knowledge producing school: moving away from the work of finding educational problems for which computers are solutions". deakin. edu.au/education/lit/kps/pubs/comp_in_nz.rtf (consultado el 16 de Febrero de 2006).

© Ediciones Morata, S. L.

BIGUM, C. (2003b) "Knowledge producing schools". Geelong, Deakin University. Mimeo.
— (2004) "Rethinking schools and community: the knowledge producing school", en S. MARSHALL, W. TAYLOR y X. YU (eds.) *Using Community Informatics to Transform Regions.* Londres, Idea Group Publishing.
BJÖRK, S., HOLOPAINEN, J., LJUNGSTRAND, P. y AKESSON, K. (2002) "Designing ubiquitous computing games: a report from a workshop exploring ubiquitous computing entertainment", *Personal and Ubiquitous Computing* 6, págs. 443-458.
BLACK, R. W. (2005a) "Access and affiliation: the literacy and composition practices of English language learners in an online fanfiction community", *Journal of Adolescent & Adult Literacy,* 49(2), págs. 118-128.
— (2005b) "Digital resources: English language learners reading and reviewing online fanfiction, documento presentado en la National Reading Conference", Miami, FL, 30 Noviembre.
— (2006) "Not just the OMG standard: reader feedback and language, literacy, and culture in online fanfiction", documento presentado en la Annual Meeting of The American Educational Research Association, San Francisco, 10 Abril.
BLACKMORE, S. (1999) *The Meme Machine.* Oxford, Oxford University Press. (Trad. cast.: *La máquina de los memes.* Barcelona. Paidós, 2000.)
BLOOD, R. (2002a) "Introduction", en Editors of Perseus Publishing (eds.) *We've Got Blog: How Weblogs Are Changing Culture,* págs. ix-xiii. Cambridge, MA, Perseus Publishing.
— (2002b) "Weblogs: a history and perspective", en Editors of Perseus Publishing (eds.) *We've Got Blog: How Weblogs Are Changing Culture,* págs. 7-16. Cambridge, MA, Perseus Publishing.
BÖRJESSON, M. (2005) "Scenario planning resources". well.com/~mb/scenario (consultado el 4 de Abril de 2006).
BRADNER, S. y METZ, C. (2005) "The continuing road toward Internet media", *Internet Computing, IEEE,* 9(4), págs. 19-21.
BRODIE, R. (1996) *Virus of the Mind: The New Science of the Meme.* Seattle, Integral Press. (Trad. cast.: *Virus de la mente: la nueva ciencia de la memética.* Madrid. Paradigma, 2007.)
BRYANT, J., SAUNDERS-JACKSON, A., y SMALLWOOD, A. (2006) "IMing, text messaging, and adolescent social networks", *Journal of Computer-Mediated Communication,* 11(2), article 10. jcmc.indiana.edu/vol11/issue2/Bryant.html (consultado el 16 de Febrero de 2006).
CALDWELL, R. (s.f.) "Glossary for course on Anticipating the Future". ag.arizona.edu/futures/home/glossary.html (consultado el 16 de Febrero de 2006).
CASTELLS, M. (1996) *The Rise of the Network Society.* Oxford, Blackwell. (Trad. cast.: *La sociedad red.* Madrid. Alianza, 1997.)
— (2000) *The Rise of the Network Society.* 2.ª edición. Oxford, Blackwell. (Trad. cast.: *La sociedad red.* Madrid. Alianza, 2000, 2.ª ed. rev.)
CEGLOWSKI, M. (2003) "An audioblogging manifesto". idlewords.com/audio-manifesto.txt (consultado el 12 de Marzo de 2006).
CHANDLER-OLCOTT, K. y MAHAR, D. (2003a) "Adolescents' anime-inspired fanfictions: an exploration of multiliteracies", *Journal of Adolescent and Adult Literacy,* 46(7), págs. 556-566.
— y MAHAR, D. (2003b) "'Tech-savviness' meets multiliteracies: exploring adolescent girls' technology-mediated literacy practices", *Reading Research Quarterly,* 38(3), págs. 356-358.
CHATELAIN, J. (2003) "Learning from the review culture of fan fiction". jodi.ecs.soton.ac.uk/Articles/v03/i03/Chatelain/fanfic.html (consultado el 22 de Abril de 2006).

© Ediciones Morata, S. L.

CHRISTIE, F. (1987) "Genres as choice", en I. REID (ed.) *The Place of Genre in Learning: Current Debates.* Typereader Publications No.I. Geelong, Deakin University, Centre for Studies in Literacy Education págs. 22-34.
COATES, T. (2003) posting to Plasticbag.org. 11 June 2003. On permalinks and paradigms. At plastic bag.org/archives/2 003/06/ on-permalinks_and_paradigms.shtml (consultado el 16 de Febrero de 2006).
COPE, B., KALANTZIS, M. y LANKSHEAR, C. (2005) "A contemporary project: an interview", *E-Learning,* 2(2), págs. 192-207. wwwords.co.uk/elea/content!pdfs/2/issue2_2.asp#7 (consultado el 3 de Abril de 2006).
COWAN, J. y cols. (1998) "Destino Colombia: a scenario process for the new millennium", *Deeper News,* 9(1), págs. 7-31.
DAVIES, J. (2006) "Affinities and beyond: developing new ways of seeing in online spaces". *E-Learning,* 3(2), págs. 217-234.
— y MERCHANT, G. (2007) "Inside out: academic blogging and new literacies, an autoethnography", en M. KNOBEL y C. LANKSHEAR (eds.) *A New Literacies Sampler.* Nueva York, Peter Lang (en prensa).
DAWKINS, R. (1976) *The Selfish Gene.* Oxford, Oxford University Press. (Trad. cast.: *El gen egoísta. Las bases biológicas de nuestra conducta.* Barcelona. Salvat, 1994.)
— (1999) "Foreword", en S. BLACKMORE, *The Meme Machine,* págs. VII-XVII. Oxford, Oxford University Press. (Trad. cast.: *La máquina de los memes.* Barcelona. Paidós, 2000.)
DENNETT, D. (1995) *Darwin's Dangerous Idea.* Nueva York, Simon and Schuster.
DEWEY, J. (1916/1997) *Democracy and Education.* Nueva York, The Free Press (1.ª ed. en 1916 por Macmillan). (Trad. cast.: *La peligrosa idea de Darwin: evolución y significados de la vida.* Barcelona. Galaxia Gutenberg, 2000.)
— (1916/1997) *Democracy and Education.* Nueva York, The Free Press (1.ª ed. en 1916 por Macmillan). (Trad. cast.: *Democracia y educación.* Madrid. Morata, 2004, 6.ª ed.)
— (1938/1997) *Experience and Education.* Nueva York, Touchstone (1.ª ed. en 1938 por Kappa Delta Pi). (Trad. cast.: *Experiencia y educación.* Madrid. Biblioteca Nueva, 2004.)
DIBBELL, J. (2002) "Portrait of the blogger as a young man", en Editors of Perseus Publishing (eds.) *We've Got Blog: How Weblogs Are Changing Culture,* págs. 69-77. Cambridge, MA, Perseus Publishing.
DI JUSTO, P. y STEIN, T. (2002) "The cost of online fraud in the U.S.", *Wired,* 12: 44.
DOCTOROW, C. (2004) <boingboing.net/2004/11/06/all_your_basestyle_t.html> Saturday, 6 Noviembre (consultado el 10 de Octubre de 2005).
FACER, K., JOINER, R., REID, J., HULL, R. y KIRK, D. (2004) "Savannah: mobile gaming and learning?" *Journal of Computer Assisted Learning,* 20(5), págs. 399-409.
FAIRCLOUGH, N. (1989) *Language and Power.* Londres, Longman.
FLINTHAM, M., BENFORD, S., ANASTASI, R., HEMMINGS, T., CRABTREE, A., GREENHALGH, C., TANDAVANITJ, N., ADAMS, M. y ROW-FARR, J. (2003) "People at leisure: social mixed reality: Where on-line meets on the streets: experiences with mobile mixed reality games", *Proceedings of the SIGCHI Conference on Human Factors in Computing Systems,* págs. 569-576. Nueva York, ACM Press.
FRANKLIN, U. (1990) *The Real World of Technology.* Toronto, House of Anansi.
FREIRE, P. (1972) *Pedagogy of the Oppressed.* Harmondsworth, Penguin. (Trad. cast.: *Pedagogía del oprimido.* Madrid. Siglo XXI, 2008, 19.ª ed.)
— (1973) *Cultural Action for Freedom.* Harmondsworth, Penguin. (Trad. cast.: *Acción Cultural para la libertad.* Santiago de Chile, ICIRA, 1968 y Buenos Aires, Tierra Nueva, 1975.)
— y MACEDO, D. (1987) *Literacy: Reading the Word and the World.* South Hadley, MA, Bergin and Garvey. (Trad. cast.: *Alfabetización. Lectura de la palabra y lectura de la realidad.* Barcelona, Paidós - Ministerio de Educación y Ciencia, 1989.)

© Ediciones Morata, S. L.

GALLO, J. (2004) "Weblog journalism: between infiltration and integration". *Into the Blogosphere.* blog.lib.umn.edulblogosphere/weblo~journalism.html (consultado el 22 de Octubre de 2004).

GARRETT, J. (c.2005) "Eats, blogs and leaves". Blogger Help: Advice. help.blogger.corn/bin/answer.py?answer=1058&topic=47 (consultado el 24 de Enero de 2006).

GEE, J. P. (1990) *Social Linguistics and Literacies: Ideology in Discourses.* Londres, Falmer. (Trad. cast.: *La ideología en los discursos. Lingüística social y alfabetizaciones.* Madrid. Morata-Fundación Paideia, 2005.)

— (1991) "What is literacy?" en C. MITCHELL y K. WEILER (eds.) *Rewriting Literacy: Culture and the Discourse of the Other,* págs. 159-212. Nueva York, Bergin and Garvey.

— (1996) *Social Linguistics and Literacies: Ideology in Discourses.* 2.ª ed. Londres, Falmer.

— (1997) "Foreword: a discourse approach to language and literacy", en C. LANKSHEAR, *Changing Literacies,* págs. XIII-XIX. Buckingham, Open University Press.

— (2000) "Teenagers in new times: a new literacy studies perspective", *Journal of Adolescent and Adult Literacy,* 43(5), págs. 412-423.

— (2003) *What Video Games Have to Teach Us About Learning and Literacy.* Nueva York, Palgrave. (Trad. cast.: *Lo que nos enseñan los videojuegos sobre el aprendizaje y el alfabetismo.* Málaga. Aljibe.)

— (2004) *Situated Language and Learning: A Critique of Traditional Schooling.* Londres, Routledge.

—, HULL, G. y LANKSHEAR, C. (1996) *The New Work Order: Behind the Language of the New Capitalism.* Sydney, Allen and Unwin. (Trad. cast.: *El nuevo orden laboral: lo que se oculta tras el lenguaje del neocapitalismo.* Maçanet de la Selva, Girona. Pomares, 2002.)

GEVERS, N. (2001) "Future remix: an interview with Ian McDonald". *Infinity Plus.* infinityplus.co.uk/nonfiction/intimed.htm (consultado el 22 de Abril de 2006).

GILLMOR, D. (2004) *We the Media.* Sebastopol, CA, O'Reilly Media Inc.

GILSTER, P. (1997) *Digital Literacy.* Nueva York, John Wiley and Sons Inc.

GLASNER, J. (2002) "Nigeria hoax spawns copycats". wired.com/news/business/0,1367,53115,00.html *Wired.* Junio (consultado el 7 de Marzo de 2005).

GODWIN, M. (1994) "Meme, counter-meme". *Wired.* Issue 2.10. wired.com/wired/archive/2.10/godwin.if_pr.html (consultado el 24 de Noviembre de 2005).

GODWIN-JONES, R. (2003) "Blogs and wikis: environments for online collaboration", *Language Learning and Technology,* 7(2), págs. 12-16.

— (2005) "Emerging technologies: messaging, gaming, peer-to-peer sharing: language learning strategies and tools for the millennial generation", *Language, Learning & Technology,* 9(1), págs. 17-23.

GOLDHABER, M. (1997) "The attention economy and the net", *First Monday.* first-monday.dk/issues/issue2-4/goldhaber (consultado el 24 de Abril de 2006).

GOODENOUGH, O. y DAWKINS, R. (1994) "The 'St Jude' mind virus", *Nature,* 371: 24.

GOODSON, I., KNOBEL, M., LANKSHEAR, C. y MANGAN, M. (2002) *Cyber Spaces/Social Spaces: Culture Clash in Computerized Classrooms.* Nueva York, Palgrave Press.

GRAFF, H. (1979) *The Literacy Myth: Literacy and Social Structure in the Nineteenth Century City.* Nueva York, Academic Press.

GRANT, G. (1990) "Memetic lexicon". pespmc1.vub.ac.be/MEMLEX.html (consultado el 5 de Marzo de 2005).

GREEN, B. (1988) "Subject-specific literacy and schoollearning: a focus on writing", *Australian Journal of Education,* 30(2), págs. 156-169.

— (1997) "Literacy, information and the learning society, Keynote address to the Joint Conference of the Australian Association for the Teaching of English, the Australian

Literacy Educators' Association, and the Australian School Library Association". Darwin: Darwin High School, Northern Territory, Australia, 8-11 de Julio.
— y Bigum, C. (1993) "Aliens in the classroom", *Australian Journal of Education,* 37(2), págs. 119-141.
Hale, L. (2005) "An historical perspective on Mary Sue", *The Fanfic Symposium,* trickster.org/symposium/symp174.htm (consultado el 8 de Octubre de 2005).
Hatcher, J. (2005) "Of otakus and fansubs: a critical look at anime online in light of current issues in copyright law", *SCRIPT-ed.* 2(4).
Hawkins, E. (2004) *The Complete Guide to Remixing: Produce Professional Dance-Floor Hits on Your Home Computer.* Boston, Berklee Press.
Heath, S. (1983) *Ways With Words: Language, Life and Work in Community and Classrooms.* Cambridge, Cambridge University Press.
Heylighen, F. (1998) "What makes a meme successful? Selection criteria for cultural evolution", *Proceedings of the 16th International Congress on Cybernetics,* págs. 423-418. Namur, Association Internat. de Cybernetique.
Hicks, D. (2001) *Reading Lives: Working-Class Children and Literacy Learning.* Nueva York, Teachers College Press.
Hirsch, E. D. Jr. (1987) *Cultural Literacy: What Every American Needs to Know.* Boston, MA, Houghton Mifflin.
Hirst, P. (1974) *Knowledge and the Curriculum.* Londres, Routledge and Kegan Paul.
Hoggart, R. (1957) *The Uses of Literacy: Aspects of Working Class Life.* Londres, Chatto.
Hsi, S. (2003) "A study of user experiences mediated by nomadic web content in a museum", *Journal of Computer Assisted Learning,* 19(4), págs. 308-319.
Hull, G. y Schultz, K. (eds.) (2001) *School's Out! Bridging Out-of-School Literacies with Classroom Practice.* Nueva York, Teachers College Press.
Ito, M. (2003) "A new set of social rules for a newly wireless society", *Japan Media Review,* 13 Marzo, 1-4. www.ojr.org/japan/wireless/1043770650.php (consultado el 14 de Marzo de 2003).
— (2005a) "Personal, portable, pedestrian: lessons from Japanese mobile phone use", *Japan Focus* (30 Octubre 2005), consultado el 16 de Febrero de 2006 en www. j a panfocus. org/ article.asp ? id=4 34
— (2005b) "Otaku media literacy". http://www.itofisher.com/mito/publications/otaku_media_lit.html (consultado el 22 de Junio de 2006).
— (2006) "Japanese media mixes and amateur cultural exchange", en D. Buckingham y R. Willett (eds.) *Digital Generations: Children, Young People, and the New Media* (en prensa).
Jenkins, H. (1988) "Star Trek rerun, reread, rewritten: fan writing as textual poaching", *Critical Studies in Mass Communications,* 5(2), págs. 85-107.
— (1992) *Textual Poachers: Television, Fans, and Participatory Culture.* Nueva York, Routledge.
— (2004) "Why Heather can write". *Technology Review.* 6 Febrero. technologyreview. com/articles/04/02/wo_jenkins020604.asp (consultado el 27 de Diciembre de 2005).
Johnnycakesdepp (2004) "Eternity in bliss". fanfiction.net/s/2033837/1 (consultado el 6 de Marzo de 2006).
Johnson, S. (2005) *Everything Bad is Good For You: How Today's Popular Culture 15 Actually Making Us Smarter.* Nueva York, Riverhead.
Kalantzis, M. y Cope, B. (1997) *Multiliteracies: Rethinking What We Mean by Literacy and What We Teach as Literacy in the Context of Global Cultural Diversity and New Communications Technologies,* documento no. 21. Haymarket, NSW, Centre for Workplace Communication and Culture.
Klopfer, E. y Squire, K. (e. p.) "Environmental detectives: the development of an augmented reality platform for environmental simulations", *Educational Technology Research & Development* (e. p.).

KNOBEL, M. (1999) *Everyday Literacies: Students, Discourses and Social Practice.* Nueva York, Peter Lang.
— y LANKSHEAR, C. (2004a) "Form and effect in weblogging", *International Journal of Learning,* 11, págs. 1289-1297.
— y LANKSHEAR, C. (2004b) "Planning pedagogy for i-mode: from flogging to blogging via wi-fi". Publicado conjuntamente en *English in Australia,* 139 (Febrero) y en *Literacy Learning in the Middle Years,* 12(1), págs. 78-102. (Tema especial de la International Federation for the Teaching of English).
— y LANKSHEAR, C. (2006) "Weblog worlds and constructions of effective and powerful writing: cross with care, and only where signs permit", en J. ROWSELL y K. PAHL (eds.) *Travel Notes from the New Literacy Studies: Instances of Practice.* Clevedon, Multilingual Matters.
KOMAN, R. (2002) "Lessig on the future of the public domain". oreillynet.com/pub/a/network/2002/04/02/lessig.html (consultado el 22 de Abril de 2006).
— (2005) "Remixing culture: an interview with Lawrence Lessig". oreilly net.com/pub/a/policy/2005/02/24/lessig.html (consultado el 22 de Abril de 2006).
KOPOMAA, T. (2000) *The City in Your Pocket: Birth of the Mobile Information Society.* Helsinki, Gaudeamus.
KRESS, G. (2003) *Literacy in the New Media Age.* Londres, Routledge. (Trad. cast.: *El Alfabetismo en la era de los nuevos medios de comunicación.* Archidona, Málaga. Aljibe, 2005.)
— y VAN LEEUWEN, T. (1996) *Reading Images: The Grammar of Visual Design.* Londres, Routledge.
LAM, W .S.E. (2000) "L2 literacy and the design of the self: a case study of a teenager writing on the Internet", *TESOL Quarterly,* 34(3), págs. 457-482.
LANHAM, R. (1994) "The economics of attention. Proceedings of 124th Annual Meeting, Association of Research Libraries". sunsite.berkeley.edu/ARL/ Proceedings/124/ps2econ.html (consultado el 2 de Julio de 2000).
— (1995) "Digitalliteracy", *Scientific American,* 273(3), págs. 160-161.
LANKOSKI, P., HELIÖ, S., NUMMELA, J., LAHTI, J., MÄYRÄ, F. y ERMI, L. (2004) "A case study in pervasive game design: the Songs of North", en A. HYRSKYKARI (ed.) *Proceedings of the Third Nordic Conference on Human-Computer Interaction,* pág. 413-416. Nueva York, ACM Press.
LANKSHEAR, C. (1999) "Literacy studies in education", en M. PETERS (ed.) *After the Disciplines: The Emergence of Culture Studies,* págs. 199-227. Westport, CT, Bergin and Garvey.
— y BIGUM, C. (1999) "Literacies and new technologies in school settings", *Pedagogy, Culture and Society,* 7(3), págs. 445-465.
— y KNOBEL, M. (2003) *New Literacies: Changing Knowledge and Classroom Learning.* Buckingham y Philadelphia, Open University Press.
— y KNOBEL, M. (2006) "Digital literacies: policy, pedagogy and research considerations for education", *Nordic Journal of Digital Literacy,* 1(1).
—, PETERS, M. y KNOBEL, M. (2000) "Information, knowledge and learning: some issues facing epistemology and education in a digital age", *Journal of Philosophy of Education,* 34(1), págs. 17-40.
— y SNYDER, I. (2000) *Teachers and Technoliteracy.* Sydney, Allen & Unwin.
LATTERELL, C. (2006) *ReMix: Reading and Composing Culture.* Nueva York, Bedford/St Martins.
LEANDER, K. (2003) "Writing travellers' tales on new literacyscapes", *Reading Research Quarterly,* 38(3), págs. 392-397.
— (2005) *Fieldnote Excerpts from the SYNchrony Project.* Nashville, TN, Vanderbilt University .

© Ediciones Morata, S. L.

Leander, K. y Lovvorn, J. (2006). "Literacy networks: Following the circulation of texts, bodies, and objects in the schooling and online gaming of one youth". *Cognition & Instruction* 24(3), págs. 291-340.
Lehmann, E. (2006) "Wikipedia firestorm spread quickly", *The Lowell Sun,* 7 Febrero. lowellsun.com/ci_3484460 (consultado el 14 de Febrero de 2006).
Lent, A. (2003) "Far out and mundane: the mammoth world of manga", *Phi Delta Kappa Forum,* 84(3), págs. 28-41.
Lessig, L. (2004) *Free Culture: How Big Media Uses Technology and the Law to Lock Down Culture and Control Creativity.* Nueva York, Penguin. (Trad. cast.: *Por una cultura libre: cómo los grandes grupos de comunicacion utilizan la tecnología y la ley para clausurar la cultura y controlar la creatividad.* Madrid. Traficantes de sueños, 2005.)
— (2005) "Creative commons", documento presentado en la 2005 Annual ITU Conference, "Creative Dialogues". Oslo, Network for IT —Research and Com— petence in Education (ITU), University of Oslo.
Lih, A. (2004) "Wikipedia as participatory journalism: reliable sources?" Documento para el 5th International Symposium of Online Journalism, Austin TX, University of Texas, 16-17 de Abril.
Lunenfeld, P. (1999) "Unfinished business", en P. Lunenfeld (ed.) *The Digital Dialectic.* Cambridge. MA, The MIT Press.
Machinima.com (2006) "What is machinima?" *Machinima.com.* machinima.com/article.php?article=186 (consultado el 14 de Febrero de 2006).
Mäenpää, P. (2001) "Mobile communication as a way of urban life", en A. Warde y J. Gronow (eds.) *Ordinary Consumption,* págs. 107-123. Londres, Routledge.
McBride, K. (2004) "Journalism in the age of blogs", *Poynter Ethics Journal,* www.poynter.org/column.asp?id=53&aid=71447 (consultado el 18 de Octubre de 2004).
McClellan, J. (2004) "How to write a blog-buster", *The Guardian Online,* 8 Abril. technology.guardian.co.uk/online/story/0,3605,1187545,00.html (consultado el 4 de Abril de 2006).
McManus, R. (2004) Tom O'Reilly interview Part 3: eBooks and remix culture. readwriteweb.com/archives/tim_oreilly_int_2.php (consultado el 22 de Abril de 2006).
Martin, J. (1993) "Genre and literacy: modeling context in educational linguistics", *Annual Review of Applied Linguistics,* 13, págs. 141-172.
Martin, J. y Rothery, J. (1993) "Grammar: making meaning in writing", en B. Cope y M. Kalantzis (eds.) *The Powers of Literacy: A Genre Approach to Teaching Writing,* págs. 137-153. Londres, Falmer.
Mattila, P. y Fordell, T. (2005) "Moop: using an m-learning environment in primary schools", documento presentado en la 4th World Conference on Mobile Learning, Cape Town, South Africa, 25-28 October.mlearn.org.za/CD/papersl Mattila.pdf (consultado el 16 de Febrero de 2006).
Memmott, C. (2005) "Comic pages make room for manga", *USA Today,* 29. Diciembre. news.yahoo.com/s/usatoday/20051229/en_usatoda y/comicspagesmakeroomformanga (consultado el 29 de Diciembre de 2005).
Merchant, G. (2005) "Digikids: cool dudes and the new writing", *E-Learning,* 2(1), págs. 50-60.
— (e. p.) "Digital writing in the early years", en D. Leu, J. Coiro, M. Knobel y C. Lankshear (eds.) *A Handbook of New Literacies Research.* Mahwah, NJ, Erlbaum.
Moore, R. y Young, M. (2001) "Knowledge and the curriculum in the sociology of education: towards a reconceptualisation", *British Journal of Sociology of Education,* 22(4), págs. 445-461.
Mortensen, T. (e. p.) "Of a divided mind: weblog literacy", en D. Leu, J. Coiro, M. Knobel y C. Lankshear (eds.) *A Handbook of New Literacies Research,* Mahwah, NJ, Erlbaum.

© Ediciones Morata, S. L.

M.P. (2005) "The good, the bad, and the ugly in (game) fanfiction writing", *The Fanfic Symposium,* trickster.org/symposium/symp169.htm (consultado el 8 de Octubre de 2005).

NAISMITH, L., LONSDALE, P., VAVOULA, G. y SHARPLES, M. (s. f.) Literature review in mobile technologies and learning, Bristol: NESTA Futurelab. http://www.futurelab.org.uk/download/pdfs/research/lit_reviews/futurelab_review_11.pdf (consultado el 22 de Junio de 2006).

NARDI, B. (2002) "I'm blogging: a closer look at why people blog. Submitted to Communications of the ACM". home.comcast.net~diane.schiano/Blog.draft. pdf (consultado el 12 de Julio de 2005).

NEGROPONTE, N. (1995) *Being Digital.* Nueva York, Vintage Books. (Trad. cast.: *El mundo digital.* Barcelona. Edciones B, 1995.)

OLIVER, B. (2005) "Mobile blogging, 'Skyping' and podcasting: targeting undergraduates communication skills in transnational learning contexts", documento presentado en la 1st Microlearning 2005 conference. microlearning.org/ micropapers/MLproc_2005_oliver.pdf (consultado el 28 de Enero de 2006).

OOI, J. (2004) "Blogs give Dan Rather '60+1 Minutes'", *Screenshots ...,* Domingo, 12 September. ieffooi.com/archives/2004/09/september_8_cbs.php (consultado el 22 de Octubre de 2004).

O'REILLY, T. (2005) "What is web 2.0?": Design patterns and business models for the next generation of software.oreillynet.com/pub/a/oreilly/tim/news/2005/09/30/ what-is-web-20.html (consultado el 4 de Abril de 2006).

PAPERT, S. (1993) *The Children's Machine: Rethinking School in the Age of the Computer.* Nueva York, Basic Books. (Trad. cast.: *La máquina de los niños: replantearse la educación en la era de los ordenadores.* Barcelona. Paidós, 1995.)

PERETTI, J. (2001) "My Nike adventure", *The Nation,* 9 Abril. Reimpreso por CorpWatch corpwatch.org/article.php?id=147 (consultado el 7 de Marzo de 2004).

PERRONE, J. (2004) "Random reality bites", *The Guardian Online,* 5 Julio. technology.guardian.co.uk/online/weblogs/story/0,,1254467,00.html (consultado el 31 de Diciembre de 2005).

PLANT, S. (2001) *On the Mobile: The Effects of Mobile Telephones on Social and Individual Life.* Informe realizado por Motorola. www .motorola.com/mot!documents/0,,296,00.pdf (consultado el 27 de Junio de 2003).

PLOTZ, D. (2000) "Luke Skywalker is gay? Fanfiction is America's literature of obsession", *Slate,* slate.msn.corn/id/80225 (consultado el 19 de Noviembre de 2004).

POOL, C. (1997) "A conversation with Paul Gilster", *Educational Leadership,* 55, págs. 6-11.

POWNELL, D. y BAILEY, G. (2001) "Getting a handle on handhelds: what to consider before you introduce handhelds into your school", Junio, *Electronic School.com* (consultado el 4 de Abril de 2006).

PRINSLOO, M. y BREIER, M. (eds) (1996) *The Social Uses of Literacy: Theory and Practice in Contemporary South Africa.* Amsterdam y Johannesburg, John Benjamins and SACHED Books.

PUGH, S. (2004) "The democratic genre: fan fiction in a literary context", *Refractory: A Journal of Entertainment Media.* 5. refractory.unimelb.edu.au/journalissues/vol5/pugh.html (consultado el 27 de Diciembre de 2005).

REZAK, A. y ALVERMANN, D. (2005) "Why choose one? Multimodality, identity, literacy practices of LiveJournal bloggers", documento presentado en la National Reading Conference, Miami, FL, 2 Diciembre de 2005.

RHEINGOLD, H. (2002) *Smart Mobs: The Next Social Revolution.* Cambridge, MA, Perseus. (Trad. cast.: *Multitudes Inteligentes: la próxima revolución social.* Barcelona. Gedisa, 2004.)

ROSCHELLE, J. (2003) "Unlocking the learning value of wireless mobile services", *Journal of Computer Assisted Learning,* 19(3), págs. 260-272.

© Ediciones Morata, S. L.

Rowan, L. y Bigum, C. (1997) "The future of technology and literacy teaching in primary learning situations and contexts", en C. Lankshear, C. Bigum y cols. (investigadores) *Digital Rhetorics: Literacies and Technologies in Education -Current Practices and Future Directions,* Vol. 3. Children's Literacy National Projects, Brisbane, QUT/DEETY A.

Sanchez, F. (2003) "HIST 101: History of manga". AnimeInfo.org—Anime University. animeinfo.org/animeu/hist102-11.html (consultado el 24 de Noviembre de 2003).

Scholz, T. (2004) "It's new media: but is it art education?" *fibreculture: internet theory + criticism + culture.* 3. journal.fibreculture.org/issue3/issue3_scholz.html (consultado el 7 de Noviembre de 2005).

Schrage, M. (2001) "The relationship revolution". seedwiki.corn/wiki/Yi-Tan/TheRelationship-Revolution.htm?wiki pageversionid=417 577 &edit=yes&i=8 7 (consultado el 4 de Abril de 2006).

Schwartz, J. (2003) "Professors vie with web for class's attention", *New York Times* (2 de Enero de 2003).

Schwartz, P. (1991) *The Art of the Long View.* Nueva York, Doubleday.

Scollon, R. y Scollon, S. (1981) *Narrative, Literacy, and Face in Interethnic Communication.* Norwood, NJ, Ablex.

Scribner, S. y Cole, M. (1981) *The Psychology of Literacy.* Cambridge, MA, Harvard University Press.

Shanmugasundaram, K. (2002) "Weblogging: lessons learned", en Editors of Perseus Publishing (ed.) *We.ve Got Blog: How Weblogs Are Changing Culture,* págs. 142-144. Cambridge, MA, Perseus Publishing.

Shirky, C. (2003) "Power laws, weblogs and inequality", shirky.corn/writings/power law_weblog.html (consultado el 7 de Marzo de 2006).

Sholle, D. y Denski, S. (1993) "Reading and writing the media: critical media literacy and postmodernism", en C. Lankshear y P. McLaren (eds.) *Critical Literacy: Politics, Praxis and the Postmodern,* págs. 297-323. Albany, NY, SUNY Press.

Smith, I., Consolvo, S. y LaMarca, A. (2005) "Pervasive gaming: The Drop–pragmatic problems in the design of a compelling, pervasive game", *Computers in Entertainment,* 3(3), págs. 4-8.

Somogyi, V. (2002) "Complexity of desire: Janeway/Chakotay fan fiction", *Journal of American & Comparative Cultures,* Fall-Winter, págs. 399-405.

Spector, R. (2000) *Amazon.com: Get Big Fast.* San Francisco, CA, Harper Business.

Squire, K. (e. p.) "Video game literacy: a literacy of experience", en D. Leu, J. Coiro, M. Knobel y C. Lankshear (eds.) *A Handbook of New Literacies Research.* Mahwah, NJ, Erlbaum.

Stalder, F. y Hirsh, J. (2002) "Open source intelligence". subsol.c3.hu/subsol_2/contributors2/stalder-hirshtext.html (consultado el 16 de Febrero de 2006).

Steinkuehler, C. (e. p.) "Cognition and literacy in massively multiplayer online games", en D. Leu, J. Coiro, M. Knobel y C. Lankshear (eds.) *A Handbook of New Literacies Research~Mahwah,* NJ, Erlbaum.

Stone, J. (2006) "The 'unofficial' literacy curriculum: popular websites in adolescents' out-of-schoollives", documento presentado en la Annual Meeting of The American Educational Research Association, San Francisco, 11 Abril.

Street, B. (1984) *Literacy in Theory and Practice.* Cambridge, Cambridge University Press.

— (ed.) (1993) *Cross-Cultural Approaches to Literacy.* Cambridge, Cambridge University Press.

— (2001) "Introduction", en B. Street (ed.) *Literacy and Development: Ethnographic Perspectives.* Londres, Routledge.

Taylor, C. (2001) "All your base are belong to us", *Time,* 157(9), pág. 4.

THOMAS, A. (2005) "Fictional blogging and the narrative identities of adolescent girls", manuscrito inédito. personal.edfac.usyd.edu.au/staff/thomasa/AngelaThomas-BlogPaper.html (consultado el 13 de Marzo de 2006).
— (2006) "MSN was the next big thing after Beanie Babies: children's virtual experiences as an interface to their everyday lives", *E-Learning,* 3(2).
— (e. p.) *e-selves / e-literacies / e-worlds: Children's Identities and Literacies in Virtual Communities.* Nueva York, Peter Lang.
THORNE, S. (2003) "The internet as artefact: immediacy, evolution, and educational contingencies, or 'the wrong tool for the right job?" documento presentado en la American Educational Research Association Annual Meeting, Chicago, 21 Abril.
TUNBRIDGE, N. (1995) "The cyberspace cowboy", *Australian Personal Computer,* Diciembre, págs. 2-4.
UNSWORTH, L., THOMAS, A., SIMPSON, A. y ASHA, J. (2005) *Children's Literature and Computer Based Teaching.* Maidenhead, Open University Press.
US DEPARTMENT OF EDUCATION (2002) "No Child Left Behind Act". ed.gov/nclb (consultado el 24 de Abril de 2006).
VAN DER HEIJDEN, K. (1996) *Scenarios: The Art of Strategic Conversation.* Chichester, John Wiley.
VAVOULA, G. y SHARPLES, M. (2002) "KLeOS: a personal mobile knowledge and learning organising system", en M. MILDRAD y U. HOPPE (eds.) *Kinshuk: Proceedings of the IEEE International Workshop on Mobile and Wireless Technologies in Education,* págs. 152-156. Vaxjo, Suecia, 29-30 Agosto.
WACK, P. (1985a) "The gentle art of reperceiving", *Harvard Business Review,* Septiembre-Octubre, págs. 73-89.
— (1985b) "Scenarios: shooting the rapids", *Harvard Business Review,* Noviembre-Diciembre, págs. 139-150.
WALKER, J. (2005) "Weblog", en D. HERMAN, M. JAHN y M. RYAN (eds.) *Routledge Encyclopedia of Narrative Theory.* Londres y Nueva York, Routledge.
WEBB, R. (1955) *The British Working Class Reader.* Londres, Allen and Unwin.
WEXLER, P. (1988) "Curriculum in the closed society", en H. GIROUX y P. MCLAREN (eds.) *Critical Pedagogy, the State and Cultural Struggle,* págs. 92-104. Albany, NY, SUNY Press.
WHYBARK, M. (2004) "Hopkin explained". 22 de Nobiembre. mike.whybark.corn/archives/001951.html (consultado el 9 de Marzo de 2005).
Wikipedia. en. wikipedia.org/wiki/Main_Page. See entries for: Anime; Audioblogging; Blog; Blog fiction; Fan fiction; i-mode; Manga; Mindset, Photoshopping; Podcasting; Remix; Vlog.
WILKINS, J. (1998) "What's in a meme?" *Journal of Memetics–Evolutionary Models of Information Transmission.* 2. Jom-emit.cfpm.org/1998/vol2/wilkins_js.html (consultado el 1 de Marzo de 2005).
WIRED (2002) "Nigeria e-mail suckers exist", *Wired,* Abril. wired.corn/news/culture/0,1284,51725,00.html (consultado el 7 de Marzo de 2005).
WRIGHT, M. (2003) *YOU Back the Attack: WE'LL Bomb Who We Want!* Nueva York, Seven Stories Press.
— (2005) *If You're Not a Terrorist ...Stop Asking Questions.* San Diego, CA, Xlibris Corporation.
— (2006) *Surveillance Means Security.* NY, Seven Stories Press.
WRIGHT, T. (2004) "Blog fiction". *trAce: Online Writing Centre,* 16 de Enero. trace.ntu.ac.uk/Process/index.cfm?article=91 (consultado el 13 de Marzo de 2006).

© Ediciones Morata, S. L.

Índice de nombres

Adar, Eytan, 220, 236.
Adbusters media Foundation, 136-138.
Aigrain, Philippe, 97, 98.
Alexander, Bryan, 185, 194, 195.

Barlow, John Perry, 47-48, 51-52, 65.
Bahn, Christopher, 149.
Bau, David, 169.
Bezos, Jeff, 49-50, 57, 183.
Bigum, Chris, 67, 186, 189-190, 196, 200-204.
Black, Rebecca, 96, 126-127.
Blackburn, Brandon, 140.
Blackmore, Susan, 133, 212, 231.
Blair, Tony, 77, 135.
Blood, Rebecca, 142, 144, 160.
Brodie, Richard, 211, 235.
Buckhead, 171.
Bush, George W., 56, 77, 170.

Caldwell, Roger, 45.
Ceglowski, Maciej, 176.
Certiport, 37.
Cheney, Dick, 151.
Cima, Alessandro, 86.
Coates, Tom, 93.
Cole, Michael, 18, 26, 74-75, 80.
Cope, Bill, 31-32, 83.
Crowther, Will, 131.
Curry, Adam, 179.

Dawkins, Richard, 132, 211-214, 216.
Denski, Stan, 35.

Dewey, John, 255.
Dibbell, Julian, 160.

Educational Testing Service, 38.
Electronic Frontier Foundation, 47.
Eley, Steve, 156.
Eng, Lawrence, 130-131.

Feiss, Ellen, 222.
Ford, Paul, 155.
Franklin, Ursula, 234.
Freire, Paulo, 24, 25.

Gaffney, Chuck, 140.
Gaily, Jamie Dee, 169.
Gallo, Jason, 170.
Garfield, Steve, 180.
Garrett, Jennifer, 161.
Gee, James Paul, 18, 26, 28, 32-33, 76, 79-80, 90, 95, 126-127, 129, 196, 199, 212, 232, 234, 240, 251-252.
Gillmor, Dan, 142.
Gilster, Paul, 36-37.
Global Digital Literacy Council, 37.
Godwin, Mike, 236.
Godwin-Jones, Bob, 97.
Graff, Harvey, 26.
Green, Bill, 67.
Gunn, Tim, 174.

Halliday, Michael, 34.
Heath, Shirley Brice, 26.
Hirsch, E. D., 30.

© Ediciones Morata, S. L.

Hirsch, Jesse, 98.
Hirst, Paul, 35.
Hoggart, Richard, 26.
Hsi, Sherry, 193-194.

Ikes, Harold, 134.
Ito, Mizuko, 78, 131, 140, 184, 187.

Jarvis, Jeff, 165-166.
Jenkins, Henry, 115, 252.
Johnnycakesdepp, 117-118.
Johnson, Steven, 158-159, 165, 245-249, 252.

Kalantzis, Mary, 31-32, 82.
Kapor, Mitch, 91.
Kress, Gunther, 76.

Lam, Wan Shun Eva, 252.
Lanham, Richard, 36, 39.
Lasn, Kalle, 136.
Laura K., 172-174.
Leander, Kevin, 68-69, 252.
Lehmann, Evan, 98.
Lessig, Lawrence, 88-89, 112-114, 139, 145, 175, 252.
Lih, Andrew, 97, 98.

Malkin, Michelle, 163-164.
McBride, Kelly, 170, 171.
McDonald, Ian, 121.
Mortensen, Torill, 143.

Naismith, Laura, 184, 186, 188-189, 190-191.
Negroponte, Nicholas, 46-47, 51.

O'Reilly, Tim, 53-56, 58, 60-61, 71, 91, 92-93, 99, 100, 107, 121.

Papert, Seymour, 66.
Peretti, Jonah, 223-224, 241.
Perrone, Jane, 161.
Plotz, David, 94.

Rather, Dan, 163, 170.
Raymond, Eric, 99.
Read My Lips, 77, 217, 285.
Reynolds, Glenn, 149.
Reynolds, Tom, 162.
Rheingold, Howard, 183-184, 186, 188, 193.
Roschelle, Jeremy, 185-186.

Sanger, Larry, 97.
Schrage, Michael, 60-61, 201.
Schwartz, Peter, 101, 102.
Scollon, Ron, 26.
Scollon, Suzanne, 26.
Scribner, Silvia, 18, 26, 74-75, 80.
Shirky, Clay, 163-164.
Sholle, David, 35.
Silver Excel Fox, 94, 119-121.
Sites, Kevin, 175.
Spector, Robert, 49.
Stalder, Felix, 98.
Stone, Jennifer, 243-244.
Street, Brian, 26, 75.

TankerKC, 171.
Tezuko, Osamu, 123.
Thomas, Angela, 62-63, 155-156, 252.
Thorne, Steven, 197, 198.
Tunbridge, Nat, 47.

Unsworth, Len, 252.

Wales, Jimmy, 97.
Walker, Jill, 155.
Watson, Andi, 169.
Webb, Robert K., 26.
Whybark, Mike, 134.
Wikimedia Foundation, 97.
Winer, Dave, 147, 149-150, 165, 168, 178.
Winters, Alexia, 127-129.
Wright, Micah, 138.
Wright, Tim, 154.

© Ediciones Morata, S. L.

Índice de materias

A la última ("*cool*"), 240.
Acción cultural, 25-34.
——transformadora, 25.
Alfabetismo como práctica social, 74-76.
Alfabetismos. Definición de, 74.
Alfabetización. Alfabetismo digital, 36-38.
— como ideal educativo, 24.
—— "industria", 29.
—— objeto de investigación, 29.
— "crítica", 30.
— "cultural", 30.
— de información, 35.
— de los medios de comunicación, 35.
— "fuerte", 30, 33.
—. Multialfabetizaciones, 30, 31-32, 40.
—. "Tecnoalfabetización", 30.
— "tridimensional", 30-31.
— y desarrollo económico, 24.
AMV (vídeo *anime* de música), 88, 140-141.
Analfabetismo, 23-26.
Anime, 122-132.
—. Estilo artístico, 123.
—. *Fan subs/digisubs*, 125.
—. *Fans*, 124.
—. Temas populares de, 119.
Aprendizaje ambulante, 188-189.
—. Criterios para decidir utilizar las tecnologías móviles en el, 199-200.
— crítico, 199.
——. Apropiación y extensión productivas, 198.

Aprendizaje eficaz, 196.
— en un museo, 193-194.
—. Espacios de afinidad y, 95, 126.
— integrado, 197.
—. *MOOP* (proyecto de aprendizaje interactivo), 192-193.
—. Principios de la "pedagogía en *i-mode*", 195-196.
Atención en la *blogosfera*, 163-164.
—. Larga cola de la web, 164-165.
— y ley del poder, 163.
—— *memes*, 238-240.
Átomos y bits, 46-47, 51-52.
Australian language and literacy policy (1991), 29.
Automatización. Primera fase, 49-50, 183.
—. Segunda fase, 49-50, 183.

"Betalectura" (en la ficción de seguidores), 94-95.
Blogs de ficción, 154-156.
—. Diarios, 153-157.
—. Calidad de los, 158-162.
—. Enlaces con comentario, 147-150.
—. *Fotologs*, 153, 172.
— híbridos, 157-158.
—. Servicios metablog, 150-153.
— y el *fan art*, 129-132.
—— la *fanfiction*, 126-127.
—— el proyecto *Runway*, 171-175.
Bloguear. Actividad participativa, 162-175.
—. *Audioblogueo*, 175-176.

© Ediciones Morata, S. L.

Bloguear. Blogueo móvil, 194-195.
—. Dimensiones culturales del *blogueo*, 147-150.
—. Estética del *blogueo*, 146, 161-162.
—. Finalidades del *blogueo*, 144, 159-160.
—. Historia del *blogueo*, 143-144.
—. Punto de vista, 160-161.
—. Suscripción a *blogs* (*sindicación*), 92-93.
Blogueo, 91-93.
—. Definición del, 143-144.
Brecha digital, 186-187.

Ciberespacio, 45-47, 52, 64-65, 88, 194, 212.
Crisis de la alfabetización, 26.
Cultura popular. (*Véanse también*: AMV, Anime, Blogs/bloguear, Fanfiction, Manga.)

Dialéctica, 43.
D/discurso, 28.
Discursos. Participación en los, 79-82.
—. Pertenencia a los, 79-82.
— y alfabetización fuerte, 33.
— — coordinaciones, 79-81.

Economía de la atención, 238.
Educación alfabetizadora, 25, 45.
— — y *memes*, 231-241.
"Epistemologías digitales", 240-241.
Escribir con cámaras, 203.
"Escuelas productoras de saber", 189, 200-204, 251.
— — —. Productos típicos del aprendizaje de las, 202-203.
Espacio. Como ciberespacio, 45-47, 51-52.
— físico, 45-46, 51-52, 67.
—. Fractura del espacio, 44-45, 64.
—. Perspectivas sobre el, 61-63.
— y *copyright*, 88-90.
Espacios de afinidad, 77, 90, 95, 126, 132, 214, 218, 228, 229, 231, 234, 240, 248, 253.
Estudios sobre el nuevo alfabetismo, 38-39.
Etiquetas (*tags/tagging*), 58-59, 105-106, 107, 152.
— — y *folksonomía*, 58-59, 107.

Fan art, 129-132.
Fanfiction, 94-96, 126-132, 251-252.
— como *remix*, 114-122.
— y espacios de afinidad, 95.
— — revisión a cargo de iguales, 96, 117, 121-122.

Filtros, 51.
— en Internet, 51.
Flickr.com, 104-107.
— como web 2.0, 105.
— y *folksonomía*, 107.
— — el etiquetado (*tagging*), 107.
Folksonomía, 58-59, 107-108.

Herramientas para la participación, 166-169.

Identidad/identidades, 126.
— —. En los juegos, 126.
— —. Identidades proyectivas, 127.
— —. Trabajo de identidad, 126-129.
Informática sin cables, 184-186.
— — —. En las aulas, 68-70.
Inteligencia colectiva, 57-59.

Juegos de rol, 126-127.
— — — y juego de identidad, 126-127.

Lectura, 23.

Machinima, 85-86.
Manga, 40-41, 122-132.
—. Estilos de dibujo, 123-124.
—. *Fanmanga*, 125-132.
—. *Fans (otaku)*, 123.
—. Japón, 122.
— y *fan art*, 129-132.
— — *fanfiction*, 125-129.
"Masas inteligentes", 183, 186, 193.
Mediacasteo, 142, 154, 175-180.
Meme *"All Your Base Are Belong To Us"*, 217, 220, 221, 226, 241.
— *"Badger, Badger, Badger"*, 217, 230.
— *"Batgirl LiveJournal"*, 215-216.
— *"Bert is Evil"*, 217, 220, 227-228, 229.
— *"Black People Love Us"*, 217, 223, 237, 241.
— *"Bonsai Kitten"*, 217, 227, 230, 238.
— *"Dog Poop Girl"*, 217, 229, 235.
— *"Ellen Feiss"*, 217, 222, 230.
— *"Every Time You Masturbate... God Kills a Kitten"*, 217, 230.
— *"Flying Spaghetti Monster"*, 217, 230, 237.
— *"Girl A/Nevada-tan"*, 217, 228.
— *"Hopkin Green Frog"*, 77, 133-136, 217, 226, 229.
— *"Jib Jab's This Land Is My Land"*, 217, 230.

Índice de materias

Meme "*Nike Sweatshop Shoes*", 217, 223-225.
— "*Numa Numa Dance*", 217, 227, 229, 236.
— "*Oolong the Rabbit*", 217, 229, 233.
— "*Read My Lips*", 77, 217, 230.
— "*Star Wars Kid*", 217, 220, 225, 235.
— "*The Tron Guy*", 217, 230.
— "*Tourist of Death*", 217, 227, 230.
Memes, 132, 135, 169-170.
—. Análisis de datos, 218.
—. Características de los, 213-215.
————. Fecundidad y susceptibilidad, 214, 216.
————. Fidelidad, 213-214, 216.
————. Longevidad, 215, 216.
—. Concepto de, 211-213.
—. Consideraciones cívicas y éticas de los, 235-237.
— de internet, 215-216.
—. Definiciones biológicas de los, 211.
—— psicológicas de los, 211.
—— sociológicas de los, 211.
—. Educación alfabetizadora, 231-241.
—. Humor, 221-225.
—. Intertextualidad, 226.
—. Memética, 210-211.
—. Metaconocimiento y, 238-240.
—. Redes electrónicas, 212.
—. Tipología de, 229-231.
—. Yuxtaposición anómala, 227-228.
Mentalidad 1 frente a mentalidad 2, 48, 50.
— del novel (o "inmigrante"), 48, 64-68.
—. Forma de pensar de "puerta de frigorífico", 201.
—. Formas divergentes de pensar, 47-50, 64-68.
—. Veterano (o "nativo"), 48, 64-65.
—. Mentalidades de alfabetización digital, 241.
Metaconocimiento y uso de Internet, 238-240.
"*Modding*" (modificación estética o funcional de ordenadores), 86.
Modificación de imagen como *memes*, 132-136.
———— política, 136-138.
— de imagen ("*photoshopear*"), 132-139.
——— y afinidades, 133-136.
Motores de búsqueda, 152, 167, 170, 216, 239.
"Multialfabetizaciones", 30, 31-32, 40.
Multitarea, 62-63, 68-70.

National Children's Literacy Projects, 29.
"Nuevos" alfabetismos, 38-39, 70-72.
——. Paradigma y casos periféricos, 100-101.
—— y las "nuevas técnicas", 82-90.
——— los "nuevos valores", 90-91.
— filtros, 150.
Noveles (o "inmigrantes"). Mentalidad de los noveles, 48, 64-68.

Otaku, 123, 125, 131, 140-141.
— y *anime digisub*, 125.
—— futuro de la alfabetización, 140.

Permalinks. Enlaces permanentes, 92.
Planificación de escenario, 101-104.
Podcasteo, 81, 83-85, 175-179, 187, 188.
Prácticas *fan*. Ejemplos de, 129-132.
——. Fan art, 129-132.
——. Fananime, 122-132.
——. Fanmanga, 122-132.
—— y educación alfabetizadora, 131-132.
Praxis, 25.
— de reflexión y acción, 25.
Principios del aprendizaje para utilizar tecnologías móviles, 195-199.
Productos de saber (Las escuelas como), 200-204.

Red móvil, 183.
Redes de amigos, 188.
Relaciones e información, 60-61.
— escuela-comunidad, 203-204.
—. Revolución de relación, 60-61.
Remix, 88-90.
— como AMV, 140-141.
—— anime, 122-132.
—— escritura, 112-114.
—— fan art, 129-130.
—— fanfiction, 114-122.
—— imágenes *photoshopeadas*, 132-139.
—— manga, 122-132.
—— política, 136-138.
— de imágenes como diversión, 132-136.
— digital como escritura, 112-114.
—— y *copyright*, 112.
—. Remix digital, 89-90.
— y música grabada, 111-112.
Reto cognitivo, 245-249.
——. Cambios recientes en, 245-249.
—— y alfabetización, 245-249.
—— y formación del profesorado, 250-254.

© Ediciones Morata, S. L.

Sabotaje cultural (*Culture Jamming*), 136-138.
— — (*Culture Jamming*). *Adbusters*, 136-138.
— — (*Culture Jamming*) como carteles antibélicos, 138.
Seguridad en Internet, 51, 70, 238-239.
Servicios de *metablog*, 150-153.
— — —. Agregadores, 150-153.
— — —. Índices, 152.
— — —. Motores de búsqueda específicos de blogs, 151-153.
Situación. Viñetas de, 204-208.
Suscripción a *blogs*. Agregadores RSS, 84, 92-93, 168.
— — — (*sindicación*), 92-93, 168, 178.

Tecnologías móviles digitales, 190-192.
Teléfonos móviles, 183-186.
Teóricos del género, 34.

Timo de la carta nigeriana, 215-216, 239.
Tipos de *blogs*, 144, 147-158.

Valor. Paradigmas enfrentados de, 52.
Videocasteo, 177, 180.
Veteranos (o "nativos"). Mentalidad veterana, 48, 64-68.

Web 1.0, 53-61.
Web 2.0, 53-61.
— — como modelo de negocio, 53.
— — y confianza, 57.
— — — mentalidades, 53-61.
Weblogueo. Véase: *Blogueo*.
Wikipedia, 96-100.
— como web 2.0, 99.
Wikis, 97.

Zine. Cultura, 28.